PERSONAL-WIRTSCHAFT

Ein Lehr- und Arbeitsbuch

von
Professor Dipl.-Kfm. **Heinz Jäger**
Dipl.-Soz.-Verw. (VWA) **Bernd Mitterer**
Oberstudienrat (OStR) **Norbert Sack**

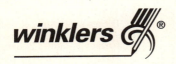

Vorwort

Eine systematische und fundierte Personalarbeit ist für Betriebe und Mitarbeiter zu einem unverzichtbaren Bestandteil erfolgreicher betrieblicher Tätigkeit geworden. Das Ziel und Anliegen dieses Lehr- und Arbeitsbuches ist es, die Personalwirtschaftslehre auf der Grundlage wissenschaftlicher Erkenntnisse und langjähriger Erfahrungen in Lehre und Praxis darzustellen.

Dabei war es für die Autoren eine besondere Verpflichtung, neuere Entwicklungen und Veränderungen im betrieblichen Alltag zu behandeln und diese Einflüsse auf die Personalarbeit dem interessierten Leser näher zu bringen.

Das Buch „Personalwirtschaft" ist sowohl für Mitarbeiter geeignet, die Personalverantwortung übernehmen, als auch für diejenigen, die ein Studium mit betriebswirtschaftlicher Fachrichtung erfolgreich abschließen wollen.

Es bietet einen Überblick über alle Gebiete personalwirtschaftlicher Tätigkeit unter Beachtung der arbeits- und sozialversicherungsrechtlichen Aspekte. Eine besondere Berücksichtigung fand der Themenkreis „Personalführung" (Kap. 9).

Das Buch eignet sich sowohl für Studenten an Hochschulen, Fachhochschulen mit betriebswirtschaftlichem Schwerpunkt als auch für Teilnehmer von Fortbildungsmaßnahmen zur Vorbereitung auf das Ziel:

> **Personalfachkaufmann/-frau**
> **Fachwirt/Fachwirtin**
> **Betriebswirt/Betriebswirtin**
> **Technischer Betriebswirt/Technische Betriebswirtin**
> **Industriemeister/-innen aller Fachrichtungen**

Für die zuletzt genannten Zielgruppen ist das Buch wegen der veränderten und höheren Anforderungsprofile im fachübergreifenden Teil der Industriemeisterausbildung ebenfalls konzipiert.

Durch zahlreiche weiterführende Fragen am Ende der jeweiligen Kapitel wird der Leser im Selbst- oder Fernstudium angeregt eine Erfolgskontrolle vorzunehmen und die Lerninhalte weiter zu vertiefen.

Darmstadt, Sommer 2000   Verfasser und Verlag

2., aktualisierte Auflage, 2004
© Bildungshaus Schulbuchverlage
Westermann Schroedel Diesterweg
Schöningh Winklers GmbH
Postfach 11 15 52 · 64230 Darmstadt
Telefon: 06151 8768-0 · Fax: 06151 8768-61
http://www.winklers.de
Druck: westermann druck GmbH, Braunschweig
ISBN 3-8045-**3922**-X

Dieses Werk und einzelne Teile daraus sind urheberrechtlich geschützt. Jede Nutzung – außer in den gesetzlich zugelassenen Fällen – ist nur mit vorheriger schriftlicher Einwilligung des Verlages zulässig.

PERSONALWIRTSCHAFT

1 Grundlagen der Personalarbeit und Personalpolitik

1.1	Begriffliche Grundlegung	7
1.2	Das betriebliche Personalwesen	13
1.3	Neue Einflussgrößen auf das Personalwesen	16
1.3.1	Qualitätsmanagement (Total Quality Management – TQM)	16
1.3.1.1	Kontinuierlicher Verbesserungsprozess (KVP)	17
1.3.1.2	Grundprinzipien von KVP	17
1.3.1.3	Zielsetzung von KVP	19
1.3.1.4	Umsetzungsstrategien	19
1.3.2	KAIZEN	20
1.3.2.1	Die 3M-Checkliste	22
1.3.3	Change Management	24
1.4	Träger des betrieblichen Personalwesens	26
1.5	Der Produktionsfaktor Arbeit	28
1.6.	Bedeutung und Einordnung des Personalwesens	31
1.6.1	Allgemeine Einordnung des Personalwesens	32
1.6 2	Einordnung des Personalwesens in einem kleineren Betrieb	32
1.6.3	Einordnung des Personalwesens in einem mittleren Betrieb	33
1.6.4	Einordnung des Personalwesens in einem größeren Betrieb	34
1.7	Betriebliche und außerbetriebliche Fortbildung	36
1.7.1	Gewerblich-technische Fortbildung zum Industriemeister	37
1.7.2	Industriemeister 2000/Metall	38
1.7.3	Kaufmännisch-berufliche Fortbildungsmaßnahmen	40
1.7.3.1	Personalfachkaufmann/-frau	40
1.7.3.2	Bankfachwirt/-in	42
1.7.4	Weitere Fortbildungskonzepte	43
1.7.4.1	Technischer Fachwirt IHK	43
1.7.4.2	Technischer Betriebswirt IHK	43
1.7.4.3	Berufl. IT-Weiterbildung IHK	44
1.7.4.4	Angebote weiterer Bildungsträger	44

2 Organisation und Verwaltung des Personalwesens

2.1	Zielvorgaben für die Personalarbeit	46
2.2	Aufgaben des Personalwesens	49
2.3	Personalorganisation und Personalverwaltung	50
2.3.1	Arbeitsrichtlinien	51
2.3.2	Formulare, Vordrucke und Serienbriefe	51
2.3.3	Personalstatistik	52
2.3.4	Sozialbilanz u. Sozialbericht	58
2.3.5	Personalcontrolling	58
2.3.6	Outsourcing	59
2.4	Personalwesen und Betriebsverfassungsrecht	62
2.4.1	Allgemeines	63
2.4.2	Mitwirkungs- und Beschwerderecht des Arbeitnehmers	64
2.4.3	Soziale Angelegenheiten	65
2.4.4	Arbeitsplatzgestaltung	66
2.4.5	Personelle Angelegenheiten	66
2.4.6	Wirtschaftliche Angelegenheiten	69
2.4.7	Mitbestimmung der Arbeitnehmer im Aufsichtsrat	71

3 Personalaufwendungen und Personalentgelt

3.1	Personalaufwand und Sozialaufwand	75
3.2	Lohn- und Gehaltsfestsetzung	77
3.2.1	Die Bedeutung des Tarifvertrages	77
3.2.2	Betriebsvereinbarungen	78
3.2.3	Der Einzelarbeitsvertrag	79
3.3	Entgeltformen	80
3.3.1	Zeitlohn	80
3.3.2	Mengenlohn	81
3.3.3	Gehalt	83
3.4	Zuschläge Neben- und Sonderleistungen	84
3.4.1	Prämien	84
3.4.2	Urlaubsgeld und Weihnachtsgratifikation	85
3.4.3	Zuschläge und Arbeitslohn	85

Inhaltsverzeichnis

3.4.4	Gesetzl. Sozialaufwendungen	85
3.4.5	Sonstige Lohn- und Gehaltsbestandteile	86
3.5	Die Abrechnung des Entgelts	87
3.6	Gewinnbeteiligung	89
3.6.1	Durchführung der Gewinnbeteiligung	90
3.6.2	Gewinnverwendung	91
3.6.3	Vermögensbildung für Arbeitnehmer	91

4 Personalplanung

4.1	Personalbedarfsplanung	95
4.1.1	Aufgaben der Personalbedarfsplanung	95
4.1.2	Arten des Personalbedarfs	96
4.1.3	Methoden der Personalbedarfsplanung	98
4.1.3.1	Kennzahlenmethode	98
4.1.3.2	Arbeitsplatz- bzw. Stellenplanmethode	100
4.1.3.3	Arbeitsbeschreibung	104
4.1.3.4	Arbeitsplatz- und Personaldatenanalyse	105
4.1.3.5	Weitere erwünschte Mitarbeiterqualifikationen (Schlüsselqualifikationen)	106
4.1.3.5.1	Die Rolle der Intelligenz	106
4.1.3.5.2	Emotionale Intelligenz	107
4.2	Personalbeschaffung	109
4.2.1	Aufgaben der Personalbeschaffung	109
4.2.2	Interne Personalbeschaffung	110
4.2.3	Externe Personalbeschaffung	113
4.2.3.1	Vermittlung durch die Agentur für Arbeit	113
4.2.3.2	Einschaltung eigener Mitarbeiter, Geschäftsfreunde	114
4.2.3.3	Kontakte zu externen Bildungsträgern	114
4.2.3.4	Arbeitnehmerüberlassung bzw. Personalleasing	114
4.2.3.5	Anwerbung von Arbeitskräften durch Bekanntmachung im Betrieb	117
4.3	Personalwerbung durch Stellenangebote	119
4.3.1	Auswahl der Zeitung bzw. Zeitschrift	120
4.3.2	Arten von Stellenanzeigen	120
4.3.3	Aufbau einer Stellenanzeige	123
4.4	Personaleinsatz	128
4.4.1	Auswahlinstrumente der externen Personalbeschaffung	129
4.4.2	Der Personalfragebogen	133
4.4.3	Die Eignungsfeststellung	134
4.4.4	Die persönliche Vorstellung	137
4.4.5	Der Abschluss des Arbeitsvertrages	138
4.5	Personalsteuerung und Personaleinsatz	145
4.5.1	Gründe für einen gesteuerten Personaleinsatz	145
4.5.2	Zuweisung des neuen Arbeitsplatzes	146
4.5.3	Informationen über den neuen Arbeitsplatz	146
4.5.4	Arbeitsunterweisung – Arbeitseinweisung (4-Stufen-Methode)	147
4.5.5	Beobachtung des neuen Mitarbeiters	152
4.6	Personalfreisetzung	153
4.6.1	Gründe für die Auflösung eines Arbeitsverhältnisses	153
4.6.2	Kündigung	154
4.6.3	Die Personalfreisetzung	156
4.6.4	Outplacement	158
4.6.5	Arbeitszeugnis	159
4.6.6	Auskunftpflicht	160
4.6.7	Das Austrittinterview	160

5 Personalentwicklung

5.1	Begriff und Inhalt	162
5.2	Träger der Personalentwicklung	164
5.3	Zielfestlegung und Planung	166
5.3.1	Anlässe für die Personalentwicklung	167
5.4	Instrumente der Bedarfsermittlung	167
5.5	Methoden der Personalentwicklung	169
5.6	Coaching	170
5.7	Erfolgskontrolle	171

Inhaltsverzeichnis

6 Stellenbeschreibung

6.1 Begriff der Stellenbeschreibung 173
6.2 Einführung von Stellenbeschreibungen 173
6.3 Inhalt einer Stellenbeschreibung 174

7 Arbeitsbewertung

7.1 Begriff und Aufgaben der Arbeitsbewertung 177
7.2 Arten der Arbeitsbewertung (Anforderungsermittlung) ... 178
7.2.1 Summarische Arbeitsbewertung 179
7.2.1.1 Rangfolgeverfahren 179
7.2.1.2 Lohngruppenverfahren 180
7.2.2 Analytische Arbeitsbewertung 181
7.2.2.1 Arbeitsbeschreibung 181
7.2.2.2 Anforderungsanalyse 181
7.2.2.3 Quantifizierung der Anforderungen (Arbeitsbewertung) 182
7.2.2.3.1 Das Rangreihenverfahren 183
7.2.2.3.2 Das Stufenverfahren 183
7.3 Neuere Entwicklungen in der Arbeitsbewertung 185

8 Mitarbeiterbeurteilung

8.1 Entwicklungs- und Leistungsbeurteilung 188
8.2 Vorteile einer Mitarbeiterbeurteilung 189
8.3 Anlässe einer Mitarbeiterbeurteilung 189
8.4 Beurteilungsbogen, Beurteilungsgrundsätze und -kriterien 189
8.5 Formen der Mitarbeiterbeurteilung 195
8.6 Phasen einer Mitarbeiterbeurteilung 196
8.6.1 Beobachtungsphase 196
8.6.2 Beschreibungsphase 197
8.6.3 Bewertungsphase 197
8.6.4 Beurteilungsgespräch 198
8.6.5 Auswertungsphase 198
8.7 Beurteilungsfehler 199
8.8 Vorgesetztenbeurteilung 200
8.9 Assessmentcenter (AC) 202

9 Personalführung

9.1 Der Vorgesetzte 206
9.1.1 Hierarchie der Vorgesetzten .. 206
9.1.2 Autorität des Vorgesetzten (persönliche, fachliche, betriebliche Autorität) 206
9.2 Der Mitarbeiter 208
9.2.1 Mitarbeiterkenntnis 210
9.2.1.1 Menschen- und Mitarbeitertypen 210
9.2.1.2 Persönlichkeitsbild vom Mitarbeiter 212
9.2.2 Mitarbeitermotivation 212
9.2.2.1 Grundlagen 212
9.2.2.2 Motivationstheorie von A. H. Maslow 213
9.2.2.3 Zweifaktorentheorie von F. Herzberg 214
9.2.2.4 X- und Y-Theorie von McGregor 215
9.2.2.5 Schlussfolgerungen/Motivationsanalyse 215
9.2.3 Der Mitarbeiter in der Gruppe 216
(Begriff der Gruppe, formelle und informelle Gruppe, Soziogramm/Soziomatrix)
9.3 Führungskonzeptionen 219
9.3.1 Führungssysteme 219
9.3.1.1 Klassische Organisationssysteme 219
(patriarchalisches, Linien-, Funktionsmeister-, Stab-Liniensystem)
9.3.1.2 Neuere Organisationssysteme 223
(Matrixorganisation, divisionale Organisation)
9.3.1.3 Struktur der Gruppenorganisation 224
(Leankonzepte, Mehrstufige Divisionalisierung, Teamgestaltungsmodelle)
9.3.2 Weisungsformen 229
(Kommando, Befehl, Auftrag, Anordnung, Anweisung)

9.3.3	Führungsstile und Führungsverhalten 231		9.5.3	Kritik und Tadel 261
9.3.3.1	Traditionelle Führungsstile ... 231		9.5.4	Die Mitarbeiterinformation .. 262
9.3.3.2	Aktuelle Führungsstile 231		9.5.5	Das Mitarbeitergespräch 263
9.3.3.3	Führungsstil-Kontinuum 232		9.5.6	Die Mitarbeiterbesprechung 264
9.3.3.4	Verhaltensgitter (managerial-grid) von Blake/Mouton 233		9.5.7	Körpersprache und Menschenkenntnis 265
9.3.3.5	Dreidimensionales Konzept von Simon 234		9.5.8	Umgang mit Konflikten 269
9.3.3.6	Dreidimensionales Konzept von Hersey/Blanchard 235		**10**	**Elektronische Datenverarbeitung in der Personalwirtschaft**
9.3.3.7	Die vier Führungssysteme von Likert 236		10.1	Historische Eingliederung ... 272
9.4	Führungstechniken 238		10.2	Standardsoftware im Betrieb 273
9.4.1	Management-by-Objectives .. 239		10.2.1	Textverarbeitung 273
9.4.2	Management-by-Delegation .. 242		10.2.2	Tabellenkalkulation 273
9.4.3	Das Harzburger Führungsmodell 243		10.2.3	Datenbanken 274
9.4.4	Management-by-Techniken als Teilsysteme 246		10.3	Branchensoftware 275
9.4.4.1	Management by Exception ... 246		10.4	Neue Medien 275
9.4.4.2	Management by Motivation .. 247		10.4.1	CD-ROM, DVD 275
9.4.4.3	Management by System 248		10.4.2	Internet 276
9.4.4.4	Management by Ideas 249		10.5	EDV im Betrieb 277
9.4.5	Management-by-Techniken von geringer Bedeutung 249		10.6	Kleine Begriffskunde zu aktuellen EDV-Anwendungen im Betrieb 277
9.4.6	DIB-Managementsystem 251			
9.4.7	Führungsgrundsätze 253		10.7	Simulationssoftware im Betrieb 280
9.4.7.1	Der W. Bertelsmann Verlag GmbH & Co. KG, Bielefeld .. 254		10.8	MIS: Managementinformationssysteme 281
9.4.7.2	Führungsleitlinien des Versandhauses Otto, Hamburg 255		10.9	Datenschutz im Betrieb 281
9.4.7.3	Führungsleitsätze der Fordwerke Köln 256		10.9.1	Ermittlung von Personaldaten 283
9.4.8	Leitbild – Leitideen – Leitbildbeauftragter 257		10.9.2	Personalstatistik 284
			10.10	Technischer Datenschutz 284
9.5	Führungsmittel 259			
9.5.1	Kontrolle 259			
9.5.2	Anerkennung und Lob 260			

Sachwortverzeichnis 286

1 Grundlagen der Personalarbeit und Personalpolitik

1.1 Begriffliche Grundlegung

Eine einheitliche Terminologie für das betriebliche Personalwesen gibt es zurzeit nicht. Manche Begriffe haben sich aber im Laufe der Jahre durchgesetzt und sind inzwischen Allgemeingut geworden. Das trifft z. B. für die Bezeichnungen **„betriebliches Personalwesen"**, **„betriebliches Sozialwesen"** und **„betriebliches Bildungswesen"** bzw. „betriebliches Ausbildungswesen" zu. Hier handelt es sich um eine allgemein verwendete und auch allgemein akzeptierte Gliederung des Personalwesens.

„Betriebliches Personalwesen" bedeutet die gesamte Palette aller auf die Mitarbeiter im Betrieb bezogenen personellen Maßnahmen. In gleicher Weise verstehen wir unter „betrieblichem Sozialwesen" den gesamten Komplex aller auf die Mitarbeiter im Betrieb bezogenen sozialen Maßnahmen. Zu einer sinngleichen Definition kommt man bei den Begriffen „betriebliches Bildungswesen" bzw. „betriebliches Ausbildungswesen".

Einige Autoren sind der Meinung, dass es unzweckmäßig sei, zwischen betrieblichem Personalwesen und betrieblichem Sozialwesen zu unterscheiden, weil beide Bereiche sehr stark miteinander verzahnt sind. In der Tat stehen Personalfragen und soziale Probleme oft in einem sehr engen Zusammenhang.

Es sei auch angemerkt, dass die Bezeichnung **„Personalpolitik"** nicht einheitlich verwendet wird. Manche Autoren setzen Personalpolitik und Personalwesen gleich; wiederum andere unterscheiden drei Bereiche des Personalwesens, nämlich Personalpolitik, Personalführung und Personalverwaltung.

Sodann ist auch der Begriff „Personalwesen" nicht unumstritten. Einige Autoren bezeichnen ihn als wenig hilfreich, weil zu statisch, und vergleichen ihn mit anderen betrieblichen Funktionen wie Finanzwesen, Rechnungswesen, Materialwesen usw. Sie sind der Meinung, dass in dem Begriff „Personalpolitik" eher das dynamische und gestalterische Element der Personalarbeit zum Ausdruck kommt.

Schwierig gestaltet sich auch die Aufgabe, einen geeigneten Oberbegriff für das gesamte Personalwesen zu finden. Am ehesten bietet sich hier der Terminus **„Personalwirtschaft"** an. Bei der Bezeichnung Personalwirtschaft steht die ökonomische Seite einer wirtschaftlichen Versorgung mit geeigneten Mitarbeitern und des wirtschaftlichen Einsatzes eines jeden Mitarbeiters im Vordergrund. In diesem (engeren) Sinne soll Personalwirtschaft zum Ausdruck bringen, dass die menschliche Arbeitskraft als Produktionsfaktor Arbeit ein relativ knappes und auch teures Wirtschaftsgut ist und daher rationell eingesetzt werden muss. Die Gesellschaft und jedes einzelne Unternehmen haben die Verpflichtung, für eine optimale Ausbildung, Fortbildung, Entwicklung und Erhaltung der Arbeitskraft sowie für einen den Fähigkeiten, Wünschen und Erwartungen des Mitarbeiters entsprechenden Arbeitseinsatz und für einen umfassenden Schutz der menschlichen Arbeitskraft zu sorgen.

Der Begriff **Personalwirtschaft** eignet sich darüber hinaus im weiteren Sinne auch sehr gut als ein Oberbegriff für den gesamten Komplex der betrieblichen Personalarbeit. In diesem Sinne wird Personalwirtschaft in der Tat auch sehr häufig verwendet.

Als weiterer, häufig anzutreffender Begriff ist die Bezeichnung „**Personalmanagement**" zu nennen. Diesem Begriff liegt zunächst der allgemeine Managementgedanke im institutionellen Sinne zugrunde, wenn wir z. B. von dem Management einer Unternehmung in den verschiedenen betrieblichen Hierarchiestufen als Top-, Middle-, Lowermanagement sprechen. Der Begriff Management wird aber auch häufig mit bestimmten Zusatzbezeichnungen versehen. Wir meinen z. B. mit „Leanmanagement" die schlanke Unternehmung oder Unternehmensorganisation. Wir verwenden weiter den Begriff „Managementfunktionen" für die bekannten unternehmerischen Führungsfunktionen Zielsetzung, Planung, Entscheidung, Realisierung, Kontrolle und Kommunikation. Hier wird der Managementbegriff eher im funktionellen Sinne gebraucht.

Ohne Zweifel nimmt die Personalführung in dem Begriff Personalmanagement einen herausragenden Platz ein. Daher wird Personalmanagement auch gern mit Personalführung gleichgesetzt und manchmal auch als Synonym für Personalwesen verwendet.

Als weiteren personalwirtschaftlichen Begriff finden wir in Literatur und Praxis auch häufig den Begriff „**Personalmarketing**". Die Bezeichnung Marketing wird allgemein gern mit „Märkte schaffen" oder „Kunden gewinnen" oder ähnlich umschrieben. Der Begriff Personalmarketing geht davon aus, dass auch neue Mitarbeiter wie Kunden umworben werden müssen. Denn der Betrieb bietet hier die Ware „Arbeitsplatz" an und muss daher wie beim allgemeinen Marketing bei der Suche neuer Mitarbeiter auf die Beschäftigungsvorteile im eigenen Unternehmen hinweisen. Das geschieht im Übrigen sehr oft in Stellenangeboten, die nach dem Schema „Wir sind, wir suchen, wir bieten, wir erwarten" oder ähnlich aufgebaut sind.

Das setzt voraus, dass die Arbeitsplätze und auch das gesamte Arbeitsumfeld so beschaffen sind, dass sie potenziellen Bewerbern die Erfüllung ihrer Wünsche und Erwartungen in einer Weise gestatten, sodass sie von einer Beschäftigung in einem anderen Unternehmen absehen. Wichtig ist hierbei auch die bereits im Unternehmen Beschäftigten durch ein geeignetes „innerbetriebliches Personalmarketing" zu erhalten und an das Unternehmen langfristig zu binden.

Begriffliche Grundlegung 1.1

In diesem Buch werden die nachstehend aufgeführten Fachbegriffe verwendet:

Als Oberbegriff wird die Bezeichnung **„Betriebliche Personalwirtschaft"** gewählt. Betriebliche Personalwirtschaft umfasst somit die Bereiche „Betriebliches Personalwesen", „Betriebliches Sozialwesen" und „Betriebliches Bildungswesen".

Betriebliche Personalwirtschaft wird hier im Sinne einer Personalwirtschafts**lehre** verstanden, d. h. einer systematischen Darstellung und Erläuterung personalwirtschaftlicher Themen, Sachverhalte, Theorien, Lehrmeinungen, Problemlösungsansätze. Diese Personalwirtschaftslehre stellt gewissermaßen ein umfassendes personalwirtschaftliches Instrumentarium zum wahlweisen Einsatz in Betrieb und Unternehmung zur Verfügung.

Das **„betriebliche Personalwesen"** umfasst alle auf den Mitarbeiter im Betrieb bezogenen personellen Maßnahmen und wird gern in zwei Gruppen, Personalorganisation und Personalführung, eingeteilt.

Zur **Personalorganisation** zählen u. a.:
- Personalplanung, allgemein
- Personalbedarfsplanung
- Personalbeschaffung und Personalwerbung
- Personaleinstellung und Personalfreisetzung
- Personaleinsatz und Personalsteuerung
- Personalaufwendungen und Personalentgelt
- Personalbeurteilung und Personalentwicklung
- Arbeitsanalyse und Arbeits(platz)bewertung
- Personal- und Bildungscontrolling
- Personalverwaltung (-administration)/EDV

Zur **Personalführung** gehören u. a.:
- Vorgesetzter und Mitarbeiter
- Mitarbeiterkenntnis und Mitarbeitermotivation
- Mitarbeiter und Mitarbeitergruppen
- Führungssysteme und Führungsorganisation
- Führungsstile und Führungsverhalten
- Management-by- und andere Führungstechniken
- Führungsmittel

Unter **„betrieblichem Sozialwesen"** werden alle auf den Mitarbeiter im Betrieb bezogenen sozialen Maßnahmen verstanden. Betriebliche soziale Maßnahmen gehen über die gesetzlichen sozialen Maßnahmen (z. B. gesetzliche Sozialversicherung) hinaus und umfassen tarifvertragliche und/oder mit dem Betriebsrat über Betriebsvereinbarungen geregelte betriebliche soziale Leistungen. Auch individuelle mit dem Arbeitnehmer im Arbeitsvertrag getroffene Vereinbarungen über betriebliche soziale Leistungen sind möglich.

1 Grundlagen der Personalarbeit und Personalpolitik

Beim betrieblichen Sozialwesen kann danach unterschieden werden, ob einzelne Maßnahmen oder Einrichtungen dem einzelnen Mitarbeiter oder der gesamten Belegschaft zugute kommen. Maßnahmen, überwiegend für einzelne Mitarbeiter, sind z. B. ärztliche Betreuung und Gesundheitspflege, Beihilfen, Wohnungsfürsorge, Altersversorgung, Unfallhilfe usw. Einrichtungen, vorwiegend für die Gesamtheit der Mitarbeiter, sind u. a. Kantine, Kindergarten, Erholungs-/Urlaubsheime, Sportstätten, Freizeiteinrichtungen, Betriebsfeiern und -ausflüge.

Unter **„betrieblichem Bildungswesen"** werden alle Maßnahmen des Unternehmens zur Ausbildung oder Fortbildung der Mitarbeiter im Betrieb (intern; on the job) oder auch Weiterbildungsmaßnahmen außerhalb des Betriebes (extern; off the job) verstanden. Beispiele hierfür sind u. a.:

- Vermittlung von Schlüsselqualifikationen
- Ausbildung in einem Ausbildungsberuf
- Berufliche Umschulung
- Berufliche Anpassungsfortbildung
- Berufliche Aufstiegsfortbildung (Weiterbildung)
- Förderung allgemein bildender Maßnahmen (z. B. Sprachen)

Schließlich seien noch die Begriffe betriebliche Personalpolitik, betriebliche Sozialpolitik und betriebliche Bildungspolitik definiert. Unter „Politik" werden hier ausgewählte Mittel und Wege verstanden, die geeignet sind bestimmte konkrete Betriebs- oder Unternehmensziele zu erreichen. Die hier im Einzelfall oder auch grundlegend eingesetzten Instrumente werden von einer der „Politik" vorausgehenden „Lehre" oder „Theorie" entwickelt und bereitgestellt.

Unter **betrieblicher Personalpolitik** verstehen wir die von der Unternehmens- oder Betriebsleitung aufgestellten Grundsätze oder die von ihr veranlassten oder tolerierten praktischen Maßnahmen zur Realisierung des Personalwesens, z. B. Wahl des Führungsstils, Grad der Mitentscheidung oder Mitbestimmung der Mitarbeiter, Gleitzeitvereinbarung usw.

Unter **betrieblicher Sozialpolitik** verstehen wir die in einem Betrieb oder einer Unternehmung vereinbarten und angebotenen sozialen Einrichtungen und sozialen Hilfen für einzelne Mitarbeiter oder für die Gesamtbelegschaft.

Betriebliche Bildungspolitik schließlich lässt den Stellenwert erkennen, den man der beruflichen Aus- und Weiterbildung der Mitarbeiter einräumt. Es geht hier z. B. um die Frage, ob ein Betrieb überhaupt und ausreichend ausbildet oder ob er es vorzieht, anderen Betrieben die Ausbildung zu überlassen. Es geht auch um die Frage, wie Betriebe es mit der beruflichen Weiterqualifikation ihrer Mitarbeiter halten.

Durch die enormen Innovationsschübe, die in immer kürzeren Zeitabständen erfolgen und Produktion und Dienstleistungen permanent vor neue Aufgaben und Probleme stellen, wird die betriebliche Bildungsarbeit künftig

Begriffliche Grundlegung 1.1

immer wichtiger. Nur Betriebe mit einem Stamm hoch qualifizierter und gut motivierter Mitarbeiter werden in einer globalisierten Wirtschaft auf Dauer Erfolg haben.

„**Betriebliche Personalwirtschaftspolitik**" fasst die drei genannten „Politik"-Begriffe mit den dargestellten Inhalten zusammen.

Die hier verwendeten Definitionen aus dem Personalbereich werden in Literatur und Praxis nicht einheitlich benutzt. Wie in anderen Bereichen, so gibt es auch in der Personalwirtschaft – wie bereits erwähnt – keinen einheitlichen Sprachgebrauch. Die hier gegebenen Definitionen stellen eine brauchbare Arbeitsgrundlage dar.

Das Schaubild auf der nächsten Seite soll die hier dargestellten Zusammenhänge noch einmal verdeutlichen.

Aufgaben

1. Wie heißt ein zutreffender Oberbegriff für die Bezeichnungen „betriebliches Personalwesen", „betriebliches Sozialwesen" und „betriebliches Bildungswesen"?
2. Worin unterscheiden sich die Begriffe „Personalwirtschaft", „Personalmarketing", „Personalmanagement"?
3. In welche Teilbereiche teilt man zweckmäßigerweise das „Personalwesen" ein?
4. Mit welchen Aufgaben befasst sich die Personalorganisation?
5. Mit welchen Problemstellungen befasst sich die Personalführung?
6. Nennen Sie Beispiele für eine individuelle und eine kollektive Personalbetreuung im Betrieb.
7. Stellen Sie die Aufgabenstellungen
    a) des Personalwesens und der Personalpolitik,
    b) des betrieblichen Sozialwesens und der betrieblichen Sozialpolitik,
    c) des betrieblichen Bildungswesens und der betrieblichen Bildungspolitik gegenüber und erläutern Sie diese an Beispielen.
8. Geben Sie dem Begriff „Politik" eine Definition, die für die Begriffe betriebliche Personalwirtschaftspolitik, Personalpolitik, Sozialpolitik, Bildungspolitik brauchbar ist.

1 Grundlagen der Personalarbeit und Personalpolitik

Betriebliche Personalwirtschaft

Betriebliches Personalwesen	Betriebliches Sozialwesen	Betriebliches Bildungswesen
Beschäftigung eines Mitarbeiters oder einer Mitarbeitergruppe	Soziale Maßnahmen für einzelne Mitarbeiter oder die gesamte Belegschaft	Berufliche und allgemein bildende Förderung der Mitarbeiter

im Rahmen gesetzlicher, tarifvertraglicher und betrieblicher Bestimmungen unter Berücksichtigung berechtigter Mitarbeiterinteressen/Erwartungen

Betriebliches Sozialwesen – Soziale Betreuung

individuell	kollektiv
ärztl. Betreuung	Kantine
Gesundh.-Pflege	Kindergarten
Beihilfen	Erholungs-/Urlaubsheime
Wohnungsfürsorge	Sportstätten
Altersversorgung	Sportangebote
Unfallhilfe	Betriebsfeiern
	Betriebsausflüge
	Betriebsfeste

Betriebliches Bildungswesen – Personalbildung

- Berufsausbildung
- Schlüsselqualifikationen
- Berufliche Umschulung
- Berufliche Anpassungsfortbildung
- Berufliche Aufstiegsfortbildung
- Laufbahnpläne
- Karrierepläne
- Personalentwicklung
- Allgemeinbildung, z. B. Sprachen usw.

Betriebliches Personalwesen

Personal-organisation	Personal-führung
Personal-	Vorgesetzter
bedarfsplanung	Mitarbeiter
beschaffung	MA-Kenntnis
einstellung	MA-Motivation
freistellung	MA-Gruppen
steuerung	Führungssysteme
verwaltung/EDV	Führungs-
controlling	organisation
führung	Führungsstile
einsatz	Führungsverhalten
aufwendungen	Management-by-
entgelt	Techniken
beurteilung	Führungsmittel
werbung	
Arbeitsanalyse	
Arbeitsbewertung	

Betriebliche Personalpolitik	Betriebliche Sozialpolitik	Betriebliche Bildungspolitik

Betriebliche Personalwirtschaftspolitik

Mittel und Wege zur Verwirklichung der betrieblichen, wirtschaftlichen und sozialen Ziele

1.2 Das betriebliche Personalwesen

Das betriebliche Personalwesen hat sich in den letzten Jahrzehnten grundlegend verändert. Es kann nicht, wie früher häufig geschehen, mit anderen betrieblichen Funktionsbereichen wie Einkauf, Lagerwesen, Produktion, Absatz, Finanzwesen, Rechnungswesen verglichen und auf eine Stufe gestellt werden. Denn das Personalwesen durchdringt alle betrieblichen Bereiche. In allen Abteilungen findet gewissermaßen „Personalwesen" statt. Das Personalwesen sorgt dafür, dass in allen Bereichen das benötigte Personal quantitativ und qualitativ zum richtigen Zeitpunkt und am richtigen Ort verfügbar ist. Es schafft außerdem die Voraussetzungen für eine ökonomische Arbeitsgestaltung, die einerseits die Wirtschaftlichkeit der Betriebe gewährleistet und zum anderen den Anforderungen einer Humanisierung von Arbeit und Arbeitsplätzen gerecht wird.

Hauptgegenstand des betrieblichen Personalwesens ist der wirtschaftlich arbeitende Mensch, der in eine betriebliche Organisation eingebunden ist und in der Regel in Gemeinschaft mit anderen wirtschaftlich arbeitenden Menschen gemeinsame Ziele verfolgt, z. B. in Verbindung mit Sachmitteln Waren herstellt oder Dienstleistungen erbringt.

Bei der Betrachtung des wirtschaftlich arbeitenden Menschen im Betrieb müssen die Forschungsergebnisse und Erkenntnisse vieler Wissenschaften herangezogen werden, die für das Personalwesen Hilfswissenschaften darstellen. Dazu zählen Arbeitsphysiologie, Arbeitspsychologie, Arbeits- und Betriebssoziologie, Arbeitsmedizin, Arbeitstechnologie, Arbeitsökonomie, Arbeitssicherheit, Arbeitspädagogik, Arbeits- und Sozialrecht. Man kann daher das betriebliche Personalwesen mit Recht als eine interdisziplinäre Wissenschaft bezeichnen.

Das betriebliche Personalwesen wurde früher überwiegend als eine rein administrative Tätigkeit des Anwerbens, Einstellens, Entlassens, der Auszahlung der Löhne und Gehälter usw. verstanden und daher der Verwaltung zur beiläufigen Erledigung überantwortet. Diese Auffassung wird schon seit langem nicht mehr vertreten. Inzwischen weiß man, dass die Aufgaben des Personalwesens nicht nebenher wahrgenommen werden können. Das Aufgabengebiet hat sich aus vielerlei Gründen so sehr erweitert und auch qualitativ verändert, dass von einem Personalmitarbeiter ein sehr hohes Maß an Fachkenntnissen und Einfühlungsvermögen gefordert werden muss. Zwar kann auch heute ein kleinerer Betrieb mit wenigen Beschäftigten keinen hauptberuflichen Personalleiter einstellen, aber der für Anwerbung, Einstellung und Betreuung von Personal verantwortliche Mitarbeiter – in der Regel wird es sich hier um den Inhaber handeln – muss sich auf seine Aufgaben auf jeden Fall gründlich vorbereiten und diese mit großer Sorgfalt durchführen.

Die Entwicklung des Personalwesens wird in der personalwirtschaftlichen Literatur, vor allem von Friedrichs (Moderne Personalführung, München), allgemein in drei Phasen eingeteilt:

a) **Verwaltungsphase** (bis ca. 1950): Die Hauptaufgaben von Betrieb und Unternehmungen werden im Wiederaufbau, in der Bewältigung technischer Probleme, in der Absicherung von Umsatz, Liquidität und Rendite gesehen. Personalfragen werden wie andere technische Aufgaben nebenbei erledigt und beschränken sich weitgehend auf Einstellung, Einsatz, Entlohnung, Entlassung.

b) **Anerkennungsphase** (von 1950 bis ca. 1970): Zunehmende arbeits- und sozialrechtliche Bestimmungen, komplizierte Technologien, differenziertere Berufsanforderungen, schwierigere Personalverwaltungs- und -führungsaufgaben machen es erforderlich, dem Personalwesen einen deutlich höheren Stellenwert einzuräumen.

c) **Integrationsphase** (von 1970 bis ca. 1990): Durch weitere arbeits-, sozial-, tarifrechtliche Bestimmungen, gesellschaftliche Änderungsprozesse, Zwang zur Rationalisierung, steigende Personalkosten usw. kommt ein Unternehmen ohne ein gegliedertes Personalwesen nicht mehr aus. Personalleiter und damit das Personalwesen werden in der Unternehmenshierarchie höher angesiedelt und z. T. in die Unternehmensleitung integriert.

Eine vierte Phase sei angeschlossen:

d) **Innovationsphase** (ab ca. 1990): Diese Phase ist gekennzeichnet durch einen dramatischen Arbeitsplatzabbau und durch eine extrem hohe Arbeitslosigkeit als Folge eines enormen Wirtschaftswachstums mit erheblichen Produktivitätsfortschritten in einer globalisierten Wirtschaft. Auf diese neuen Situationen müssen neue Antworten gefunden werden. Staat und Gesellschaft, Politik und Parteien, Arbeitgeberverbände und Gewerkschaften, aber auch die einzelnen Unternehmungen sind dringend zum gemeinsamen Handeln aufgerufen. Auch das betriebliche Personalwesen steht vor neuen Herausforderungen auf nahezu allen Gebieten der klassischen Personalarbeit.

Einige Gründe für die Änderungen im Personalwesen:

a) Die nahezu revolutionierenden Strukturwandlungen in Wirtschaft, Politik und Gesellschaft haben auch auf die Unternehmungen durchgeschlagen und bewirkt, dass Betriebe und Vorgesetzte heute grundlegend andere Einstellungen zu ihren Mitarbeitern haben. Die Mitarbeiter sind zu Partnern geworden, vom Betrieb und von den Vorgesetzten geachtet, geschätzt, gefördert, umworben und als gleichwertig anerkannt.

b) Die Mitarbeiter selbst sind aufgrund besserer Schulbildungsmöglichkeiten (Fachhochschulreife, Abitur), ihrer Sprachkenntnisse, der erworbenen beruflichen Kenntnisse und Fertigkeiten, ihrer „Weltgereistheit" usw. zunehmend selbstbewusster geworden und treten ihren Vorgesetzten gegenüber deutlich selbstsicherer auf als früher.

Das betriebliche Personalwesen 1.2

c) Neue Rohstoffe, Herstellungsverfahren und Produkte stellen überaus hohe Anforderungen an die Qualität der Erzeugnisse. Der Betrieb muss über ein wirksames Qualitätsmanagement (z. B. ISO 9000 ff.) verfügen und durch Zusammenarbeit aller eigenen Mitarbeiter (in den Arbeitsgruppen oder in besonderen Qualitätszirkeln) sowie im Zusammenwirken mit Vorlieferanten und Abnehmern dauerhaft einen hohen Qualitätsstandard gewährleisten.

d) In gleichem Maße werden auf hohem Niveau neue Anforderungen an die Mitarbeiter gestellt. Es wird von ihnen eine hervorragende Fachkompetenz, Methodenkompetenz und Sozialkompetenz gefordert. Die Betriebe versuchen durch ein entsprechendes Qualifikationsmanagement diese neuen personellen Anforderungen zu erfüllen.

e) Es entstehen daher in den Betrieben neue Formen der Zusammenarbeit, neue Formen des Lernens und Lehrens, neue Formen des Führens und Geführtwerdens im kooperativen Führungsstil. Der Teamgedanke steht obenan. Das Miteinander in einer weitgehend autonomen Arbeitsgruppe, das gegenseitige Geben und Nehmen, Mitdenken, Mitwissen, Mitgestalten, Mitbestimmen, Mitverantworten und ständiges kooperatives Lernen im Betrieb sind der Schlüssel zum Erfolg für Mitarbeiter und Betrieb.

f) In viel stärkerem Umfang als je zuvor haben sich in den letzten Jahren die gesetzlichen arbeits- und sozialrechtlichen Bestimmungen und Verordnungen wie Arbeitsschutz, Unfallverhütung, Umweltschutz, Betriebsverfassung, Mitbestimmung, Arbeitszeitschutz, Entgeltfortzahlung und viele andere ausgeweitet oder verändert und fordern von den Personalmitarbeitern im Betrieb ein hohes Maß an juristischen Kenntnissen und Erfahrungen, auch im internationalen und im Europa-Recht.

Aus den genannten Gründen kommt heute kein Betrieb mehr daran vorbei, grundlegende Aufgaben im Personalbereich zu übernehmen, gleichgültig, ob dies in einem kleineren Betrieb durch eine qualifizierte Kraft „nebenberuflich" oder in einem größeren Betrieb durch hauptberufliche Spezialisten geschieht. Zu diesen grundlegenden Aufgaben zählen u. a.:

- Aufbau einer zweckmäßigen Personalorganisation,
- Entwicklung von Grundsätzen für die Personaleinstellung, Personalsteuerung, Personalbetreuung und Personalförderung,
- langfristige Personalplanung einschließlich der Ausbildung, beruflichen Fortbildung und beruflichen Förderung,
- Anwendung arbeitswissenschaftlicher Erkenntnisse und Methoden,
- Beachtung aller einschlägigen gesetzlichen Bestimmungen,
- Schaffung und Verwaltung sozialer Einrichtungen.

1 Grundlagen der Personalarbeit und Personalpolitik

> **Aufgaben**
>
> 1. Welche grundlegenden Änderungen sind in den letzten Jahrzehnten im Personalwesen eingetreten?
> 2. Nennen Sie Gründe für diese grundlegenden Veränderungen im Personalwesen.
> 3. Nach welchen Kriterien richtet es sich, ob in einem Betrieb ein „nebenberuflicher" oder ein „hauptberuflicher" Personalfachmann Personalaufgaben betreut?
> 4. Welche grundlegenden Aufgaben zählen zu einer zeitgemäßen Personalorganisation?
> 5. Welche Auswirkungen kann ein mangelhaft organisiertes Personalwesen in einem Betrieb auf die Belegschaft haben?

1.3 Neue Einflussgrößen auf das Personalwesen

1.3.1 Qualitätsmanagement (Total Quality Management – TQM)

Qualitätsmanagement verfolgt u. a. folgende Ziele: die Kosten verringern, Zeit sparen und die Qualität nachhaltig verbessern.

Unternehmen, die mit den verschiedensten Methoden erfolgreich versucht haben ihre Produktqualität nachhaltig zu verbessern, kamen zu dem Ergebnis, dass es im Verlauf der Veränderungen zu erheblichen Verbesserungen in bereichsübergreifender Zusammenarbeit und unternehmensweitem Informationsfluss kam.

Ohne motivierte Mitarbeiter ist dies alles jedoch nicht zu erreichen. Diese Motivation erwächst aber erst allmählich aus Teilerfolgen in jedem einzelnen kleinen Bereich (z. B. im eigenen Arbeitsbereich), sodass der Mitarbeiter die zu Anfang höhere Mehrarbeit nicht nur „für andere" macht. Der Bezug zum eigenen Arbeitsbereich ist also sehr wichtig. Fehlt dieser Bezug, so ist mit tatsächlichen oder vorgespiegelten Hindernissen zu rechnen, die einen Fortschritt verschleppen oder unmöglich machen und andere Mitarbeiter demotivieren.

Die Möglichkeiten, Verbesserungen im innerbetrieblichen Ablauf sowie bei Produkten zu erreichen, sind vielfältiger Art. Bei dieser Gelegenheit soll nur auf die bekanntesten Verfahren, speziell unter dem personalwirtschaftlichen Aspekt, eingegangen werden. Kostenbetrachtungen und zu beachtende organisatorische Spielregeln können in der Fachliteratur vertieft werden.

1.3.1.1 Kontinuierlicher Verbesserungsprozess (KVP)

Als allgemeiner Versuch einer Definition von KVP kann nach W. Pfeiffer (Nürnberg) „die Gesamtheit der Denkprinzipien, Methoden und Verfahrensweisen zur effektiven und effizienten Gestaltung der gesamten Wertschöpfungskette industrieller Güter" verstanden werden.

Aus dieser recht abstrakten Formulierung geht nur unzureichend hervor, dass der einzelne Mitarbeiter ebenfalls einen Nutzen aus diesem Denkprozess zieht.

Direkter, da mitarbeiterbezogen, formuliert ist KVP eine Strategie zum Auffinden und Beseitigen von Reibungsverlusten in der Aufbau- und Ablauforganisation. KVP bezieht nicht nur die Kenntnisse und die Erfahrungen jedes Mitarbeiters zur Mitgestaltung ein, sondern ist dringend auf dessen aktive Teilnahme angewiesen, um aus einem kleinen Strohfeuer (Aktionismus zur Verbesserung in der Anfangsphase) in einen selbstverständlichen permanenten Prozess vieler kleiner Verbesserungen einzumünden.

1.3.1.2 Grundprinzipien von KVP

1) **Steigerung der Wertschöpfung**
   Steigerung der Wertschöpfung soll durch die systematische und bewusste *Beseitigung von Verschwendung* (auch in Form von Zeit) und bessere Ausnutzung von Ressourcen aller Art erreicht werden. Hierbei unterscheidet man zwischen *offensichtlicher* und *versteckter Verschwendung*. Der einzelne Mitarbeiter wird das wahre Ausmaß von Verschwendung erst im Dialog mit anderen Mitarbeitern oder Bereichen erkennen.
   Grundsatz: Eine kleine Verschwendung von Energie, Material oder Zeit hat, auf ein Unternehmen hochgerechnet, ein enormes Einsparpotenzial. Wer als einzelner Mitarbeiter oder als Team den Anstoß zur Beseitigung von Verschwendung gibt, kann in der Regel mit erheblichen Prämien rechnen. Zudem erfährt jeder Mitarbeiter eine höhere Aufmerksamkeit und Wertschätzung in seinem Berufsleben.

2) **Interne Kunden-Lieferanten-Beziehung**
   Die interne Kunden-Lieferanten-Beziehung beendet das „Abteilungsdenken". Bisher lagen Fehler stets in der vorgelagerten oder nachgeordneten Abteilung. Ein ganzheitliches Denken über Abteilungsgrenzen hinweg verfolgt nur ein Ziel: „Was kann *ich* dazu beitragen, den gesamten Prozess der Produktion oder ihn begleitender Maßnahmen zu unterstützen?" Die nachfolgende Abteilung ist nicht mehr mein Feind, der mir Fehler nachweist oder unterschiebt, sondern mein Partner beim Erreichen des gemeinsamen Zieles z. B. Termintreue. Jeder Mitarbeiter ist zugleich Kunde der vorausgegangenen Prozessschritte und gleichzeitig Lieferant für die nachgelagerten.

Hierbei geht die Prozessorientierung weit über die reinen Produktionsschritte hinaus, da Vorprodukte auch aus Informationen, Freigaben, Plänen, Konzepten usw. bestehen können. Erfreulich an diesem Prinzip der Kunden-Lieferanten-Beziehung ist, dass es ebenfalls im Bereich der bisher oft ausgesparten Administration und anderer Dienstleistungen ein- und umsetzbar ist.

Kundenzufriedenheit

Wurde das selbst gesteckte Ziel erreicht? Maßstab für die erfolgreiche Umsetzung der Leistungserstellung ist die interne und externe *Kundenzufriedenheit*. Ergänzend zu der bekannten Stellenbeschreibung eines einzelnen Mitarbeiters kommen nun *funktionsüberschreitende Beschreibungen von prozessorientierten Schnittstellen* hinzu; sie können diese in Zukunft evtl. sogar ersetzen.

3) **Synchronisation** und neue Spielregeln
Wurden in der Vergangenheit durch Ziele von oben speziell wirtschaftliche Ziele verfolgt, so spricht man heute von TOP-DOWN-Vorgängen. Wie vorher beschrieben, sind jedwede Ziele nur durch geeignete Mitarbeiter umsetzbar. Geeignet heißt heute *nicht:* angepasst, obrigkeitshörig, vorschriften- und rückversicherungsorientiert, sondern aktuellen Aufgaben flexibel und selbstständig handelnd gegenüberzutreten. Den eigenen Handlungsrahmen von unten her (BOTTOM-UP) auszuschöpfen und mit neuen Antworten auf evtl. alte Fragestellungen zu reagieren, ist erforderlich.

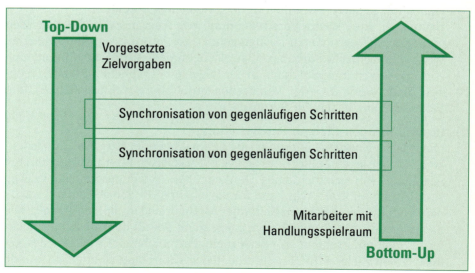

Bildhafte Darstellung der Vorgehensweise zur Erreichung eines vereinbarten Zieles

Die Konkurrenz der oben beschriebenen (gegenläufigen) Vorgehensweisen ist beabsichtigt, erfordert deshalb zur Regulierung dieses dauernden Spannungszustandes neue Spielregeln. In diesem Zusammenhang spricht man häufig auch von der Notwendigkeit der **Synchronisation** von BOTTOM-UP und TOP-DOWN (s. Skizze).

1.3.1.3 Zielsetzung von KVP

KVP gliedert sich in seiner Zielsetzung in *wirtschaftliche* und *soziale Ziele*. Das Erreichen wirtschaftlicher Ziele lässt sich dabei leichter nachweisen als die im Folgenden beispielhaft aufgeführten sozialen Ziele:

- Steigerung der Teamfähigkeit
- Steigerung der Verantwortungsbereitschaft und -übernahme
- weitgehende Identifikation mit den Produkten und unternehmerischen Zielen
- kooperatives Führungsverhalten und Verringerung der Hierarchieebenen (Lean)
- höhere Qualifizierung von Mitarbeitern
- Freude an der Arbeit

1.3.1.4 Umsetzungsstrategien

Schnelle, unreflektierte Versuche, KVP einzusetzen, münden evtl. in nicht ausgegorenen Maßnahmen wie:

- planlose Bildung von Teams und Arbeitsgruppen
- Übertragung *aller Macht* statt definierter Entscheidungsbefugnisse auf die Mitarbeiter
- blindes Streichen von Hierarchieebenen

Richtig angewandt, wird Verantwortung *unter Vorgabe von Zielen von oben* delegiert. Unten bleibt aber Raum, den angemessenen Weg zu erarbeiten und umzusetzen. Hier bekommt der Mitarbeiter Möglichkeiten, seine Kreativität oder andere bisher nicht eingesetzte Talente zum Nutzen aller einzusetzen und weiterzuentwickeln. Für den Mitarbeiter ist es höchst unbefriedigend, wenn er ohne Zielvorgabe arbeitet. Er würde womöglich in bester Absicht seine Kraft und Zeit ohne Anerkennung vergeuden. Dies führt zwangsläufig zu Demotivation und muss vermieden werden.

Probleme bei der Umsetzung

Es sei nicht verschwiegen, dass bei unzureichender Akzeptanz durch Vorgesetzte zwar Qualitätszirkel eingerichtet werden, aber deren Wirksamkeit durch subtile Methoden untergraben werden können. (Hier ist das frühere Hierarchiedenken noch nicht überwunden; Stichwort: Intelligenz kann nur in der Spitze eines Unternehmens vorhanden sein, schließlich werden Manager fürs Denken bezahlt.) Erst wenn alle Gruppen sich als Partner eines größeren Systems erkennen, werden alle Beteiligten feststellen, dass es auch nach organisatorischen Umstellungen für jede Ebene noch genug zu tun gibt, ohne Verlust an Autorität und Einfluss.

Informationsfluss ist alles

Eine rasche Umsetzung von selbst gesteckten Zielen im Team trägt in besonderer Weise zur Erreichung speziell der sozialen Ziele bei. Das Management behält die Verantwortung in Hinsicht auf übergeordnete Ziele sowie die Koordination der verschiedenen Teams. Dabei spielt der ständige Informationsfluss (Erarbeitung von Konzepten, Lösungsstrategien, Rückmeldung über erreichte Teilergebnisse) eine zentrale Rolle.

Erst längerfristig wird eine über den direkten Arbeitsplatz und die Abteilungsgrenzen hinausgehende Verbesserung im Erkennen und Umsetzen funktionsübergreifender Teams erkennbar werden.

1.3.2 KAIZEN

Eine andere Methode, Probleme zu lösen, kommt unter dem Namen **KAIZEN** aus Japan.

KAI (Veränderung) und **ZEN** (zum Besseren) sind in der japanischen Kultur weit über produktionstechnische Gesichtspunkte hinaus verwurzelt. Jeder, auch der private Bereich, kann durch kleine (kleinste) Schritte verbessert werden. Veränderung ist nichts Bedrohliches, sondern etwas Selbstverständliches. Dieser philosophische Denkansatz hilft sich vom Gestern zu lösen und ohne Revolution durch kleine Veränderungen zu neuen Verfahren, Produkten und Anschauungsweisen ohne großes Risiko zu gelangen. Nur wer Veränderungen verhindert (aus ängstlichem konservativem Verständnis heraus), ist von dem später einsetzenden „Erdbeben", der unkontrollierbaren Revolution, überrascht. Evolution, Verändern in ständigen kleinen Schritten, bewahrt das Bewährte, ohne Neues zu verhindern. In der jetzigen Zeit, die gekennzeichnet ist durch rasanten Wandel auf allen Ebenen, sind alle Beteiligten aufgefordert die Notwendigkeit von Veränderungen zu akzeptieren und als Chance für die Gestaltung der Zukunft zu begreifen. Unternehmensstrategisch kann daraus ebenfalls der Unterschied zwischen planmäßigem Agieren und erzwungenem Reagieren abgeleitet werden.

Merksatz im Alltag

Einen Fehler einmal zu machen, ist normal, ihn zweimal zu machen, ist töricht. (Ergänzung: ohne vorher zu reagieren)

Neue Einflussgrößen auf das Personalwesen 1.3

Ein Fehler, als Chance zur Verbesserung begriffen, verliert sein negatives Image. „Hier ist ein Fehler passiert", klingt fast wie eine positive Nachricht, wenn jeder akzeptiert, dass ein erkannter Fehler frühzeitig beseitigt werden kann.

Die frühere Vertuschungsmentalität, das Suchen nach dem Sündenbock und mögliche Sanktionen haben menschliche Energie unproduktiv verschlungen, ohne das eigentliche Problem zu lösen.

Die Zehnerregel

Hier sei ebenfalls an die „Zehnerregel" (nach Pfeiffer), die bei der Entwicklung neuer Produkte Gültigkeit hat, erinnert. Sie besagt: In jeder nachfolgenden Stufe kostet ein nicht erkannter oder beseitigter Fehler schon **10-mal** mehr, um ihn auszumerzen!

Obwohl KAIZEN weitreichende gedankliche Ansätze bietet, wird es im Betrieb meist als einfach anzuwendende, kurzfristige Lösungsstrategie eingesetzt. Aus Sicht der Personalführung kommt es durch die Anwendung von KAIZEN zu einer Atmosphäre von Offenheit und Sachlichkeit.

Die Frage **„Wer hat diesen Fehler verursacht?"** tritt zurück hinter den Gedanken **„Wie können wir in Zukunft diesen Fehler vermeiden?"**. Diese Gedanken führen oft nach gründlicher Analyse von Fehlerursachen zu so genannten *Standardisierungen* von Prozessabläufen.

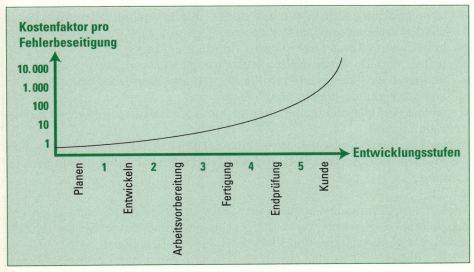

Die Zehnerregel

1 Grundlagen der Personalarbeit und Personalpolitik

1.3.2.1 Die 3M-Checkliste

Das Unternehmen fordert seine Mitarbeiter auf die **„3M-Checkliste"** zu beachten. Die 3 M bedeuten

- **M**uda (Verschwendung),
- **M**uri (Überlastung) und
- **M**ura (Abweichung).

Diese drei Prüfkriterien sind nicht nur auf Produktionsschritte anwendbar, sondern ebenfalls auf alle Arbeitsweisen von Menschen.

Die Umsetzung von Total Quality Management (TQM) durch KAIZEN bzw. KVP stellt hohe Anforderungen an die Mitarbeiter, vor allem aber an die Führungskräfte. Sie müssen sich von lang antrainierten oder praktizierten Verhaltensweisen trennen. (siehe Abb. TQM)

Neue Rollen durch Vereinbarungen

Neben lang- und kurzfristigen Zielvereinbarungen tritt ein „Gesetzeswerk", das die Rollenerwartungen von Management, Mitarbeitern, Team und Kunden neu definiert. So z. B.:

- Verantwortungsübernahme und direkte Einflussnahme aller Mitarbeiter werden erwartet und gewünscht.
- konsequente Kundenorientierung (intern und extern)
- teamorientierte Arbeitsweise (nach Prozessen ausgerichtet)
- kooperativer Führungsstil mit Freiräumen und Zielvereinbarungen
- ergebnisverantwortliches Handeln
- Abbau von Hierarchien mit geringerem Autoritätsniveau (flache Organisation/Lean)
- weit reichende Personalentwicklung der Mitarbeiter zur Umsetzung von Problemlösungen inkl. notwendiger Moderations- und Präsentationstechniken

Diese Umstrukturierungsmaßnahmen, auch im sozialen Bereich, erfordern regelmäßige begleitende fachkundige Unterstützung durch Seminare, Gesprächsforen, Ausschüsse und Workshops für alle Beteiligten.

Aus dieser Sicht handelt es sich nicht nur um einen langwierigen (z. B. einmal/Woche über Monate und Jahre), sondern auch kostenintensiven Prozess.

Neue Einflussgrößen auf das Personalwesen 1.3

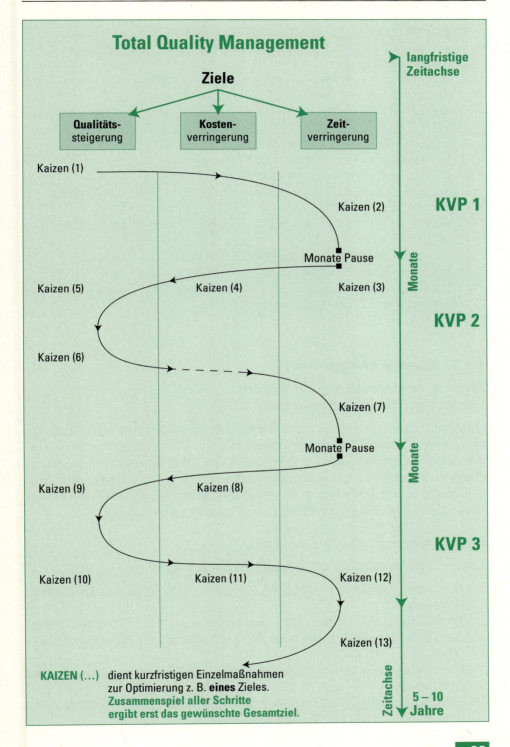

Aufgaben

1. Nennen Sie Aspekte für mögliche kleinste Verbesserungen in kleinsten Schritten zu einem selbst gewählten betrieblichen Beispiel (z. B. aus dem Arbeitsprozess, der Kundenbetreuung usw.).
2. Welchen Einfluss billigen Sie einem schlagkräftigen Unternehmensslogan zu?
3. Versuchen Sie für ein Unternehmen einen eigenen Slogan zu entwerfen, der geeignet ist die Mitarbeiter zu Verbesserungen anzuregen.
4. Welche Idee steht hinter KAIZEN?
5. Erläutern Sie Grundprinzipien des kontinuierlichen Verbesserungsprozesses.
6. Finden Sie im Bereich der Produktion oder Dienstleistung Beispiele für Verschwendung.
7. Entwerfen Sie Fragen, um die Kundenzufriedenheit zu erforschen.
8. Nennen und erläutern Sie soziale Ziele von KVP.
9. Welche Fehler gelten als Standardfehler bei der Einführung von KVP und müssen deshalb vermieden werden?

1.3.3 Change Management

Nichts ist so beständig wie der Wandel!
Daraus folgt: *Wir müssen uns ändern!*

Gutes Management bezieht nicht nur Mitarbeitersteuerungs- und Führungsmaßnahmen sowie Führungsprinzipien in seine Überlegungen mit ein, sondern *auch sich selber!* Kein System und keine Organisation sind so gut, als dass man sie nicht ab und zu einer kritischen Prüfung unterziehen sollte. Hier heißen die neuen Prüfsteine z. B. Internationalisierung der Märkte, Globalisierung, Privatisierung oder Einsatz von Zukunftstechnologien.

Veränderungen ja, aber wo ansetzen?

Konkret bedeutet dies für das gesamte Führungssystem:

1. Bestandsaufnahme des aktuellen Zustandes (Mitarbeiter- und Kundenbefragungen)
2. Entwicklung von Zielen mittel- und langfristiger Natur in unterschiedlichen Bereichen (kurzfristig erreichte Ziele erhöhen die Akzeptanz, Quick Hits)
3. Entwicklung von Maßnahmen zur Umsetzung (Anpassung an veränderte Bedingungen)
4. Durchführung der geplanten Maßnahmen (Kosten bis in Milliardenhöhe bei totalem Umbau von großen Konzernen)

Neue Einflussgrößen auf das Personalwesen 1.3

Betätigungsfelder für Change Management

Hier nun beispielhaft einige Arbeitsfelder (ohne Wertung) für Change Management:

- Führungskräfteprogramm,
  z. B. Managing people first = Schulung von 100 bis ca. 2 000 Führungskräften in der Startphase in großen Unternehmen;
  Heranbilden von *Change Agents* im CAP = Change Acceleration Program
- Qualifizierung und Personalentwicklung
- Personalwirtschaftliche Instrumente
- Weiterentwicklung der Kommunikationsstrukturen
- Personalbestandsänderungen

Maßnahmen

Ob Produktions- oder Dienstleistungsunternehmen, es gibt keine Tabus, was Inhalt und Ebenen angeht. Die Konzernspitze, Vorstände usw. haben erkannt, dass auch sie durch **Vorleben** ihrer gesetzten Forderungen (z. B. Teamfähigkeit usw.) Zeichen der Veränderung geben können. Teilnahme an Workshops, Seminaren auf unterschiedlichen Ebenen (Direktor bis Putzfrau) ist somit erwünscht und wird teilweise schon praktiziert.

Neben der Entwicklung von neuen personalwirtschaftlichen Instrumenten, z. B. *Verantwortung statt Titel,* stehen bei großen Unternehmen auch Überlegungen an durch **Beteiligung am Produktivvermögen,** z. B. bei Aktiengesellschaften mit Zuteilung von Optionsscheinen, risikolos günstige Anteilsscheine mit garantierten Gewinnen gezielt zur Mitarbeitermotivation einzusetzen (eine Möglichkeit für Investivlohn).

Änderung der **Unternehmenskultur** wird häufig nach innen und außen sichtbar durch einprägsame Slogans, z. B. **Der Kunde kommt zuerst!** (Put the customer first), oder durch den Versuch, ein früheres negatives Image durch Umfunktionieren zu verbessern. (Hierzu ein unternehmerisches Beispiel: „BA = Bloody Awful" wird zu „BA = The worlds favourite Airline".)

Beispiel zur Notwendigkeit von Change Management

Um die Notwendigkeit von Change Management zu demonstrieren, soll ein kurzes Beispiel dienen.

Die Tätigkeit bei einem *Energieversorgungsunternehmen,* bisher in den Köpfen der Mitarbeiter gekennzeichnet durch lebenslange sichere Anstellung mit gering ausgeprägtem Leistungswillen, wird durch die Öffnung der Energiemärkte vor eine völlig neue Situation gestellt. (Anmerkung: Ähnlich der Deutschen Post AG als früherem Monopolist führt die Liberalisierung der verschiedensten Dienstleistungsmärkte zur Notwendigkeit, sich dem Leistungsvergleich bzw. dem Wettbewerb zu stellen.) Sowohl das Management wie alle Mitarbeiter müssen jede ihrer Aktivitäten auf Effektivität und Kundenakzeptanz überprüfen und gegebenenfalls tief greifende evtl. schmerzhafte Änderungen durchführen. Zu denen zählt auch Abschied von lieb gewonnenen Privilegien.

Folgen von Change Management

Arbeitsverfahren, Mitarbeiteraufgaben, Kompetenzen und ganze Abteilungen werden in völlig neuem Licht betrachtet. Die Fragen: „Brauchen wir dies oder das?" oder „Müssen wir alles in eigener Regie machen?" führen zu neu aufgeteilten Unternehmen (z. B. fraktale Fabrik), zu Outplacementmaßnahmen, zu Outsourcing, Einsatz von Fremdfirmen, evtl. zu neuen Besitzverhältnissen oder überhaupt erst zur Privatisierung.

Dass all diese Maßnahmen sehr viele Ängste und Emotionen bei *allen* Beteiligten auslösen, ist nach einer sicher geglaubten Zukunft allzu verständlich.

Falls diese Maßnahmen aber nicht oder nur unzureichend durchgeführt werden, muss das *ganze* Unternehmen mit beträchtlichen negativen Folgen rechnen, da es nicht mehr wettbewerbsfähig ist.

Aufgaben

1. Versuchen Sie Bereiche in einem Unternehmen zu finden, die nach Ihrer Meinung globaler Änderungen bedürfen.
2. Wie könnte Ihrer Meinung nach ein Seminar zum Thema Change Management beginnen? (These: …)
3. Führen Sie aus, weshalb Change Management nicht nur Begeisterungsstürme auslöst.

1.4 Träger des betrieblichen Personalwesens

Unter Trägern des betrieblichen Personalwesens werden Personen oder Institutionen verstanden, die die betriebliche Personalwirtschaft bzw. die betriebliche Personalpolitik im Sinne der unternehmerischen Zweckerfüllung und Zielerreichung gestalten, entscheiden, bestimmen oder auch nur beeinflussen. Sie tragen in unterschiedlicher Form zur Willensbildung im Unternehmen bei.

Wir können generell zwischen internen Trägern, die innerhalb eines Unternehmens tätig werden, und externen Trägern, die außerhalb eines Unternehmens Einfluss nehmen, unterscheiden.

Träger des betrieblichen Personalwesens 1.4

a) **Interne Träger**
   (1) die Geschäftsleitung, die insbesondere für Grundsatzentscheidungen zuständig ist,
   (2) Vorgesetzte, soweit sie unterstellte Mitarbeiter haben und Entscheidungs- und Weisungsbefugnisse besitzen,
   (3) die Personalleitung, insbesondere für grundsätzliche Entscheidungen im Personalwesen,
   (4) alle mit Personalaufgaben und Personalverantwortung betrauten Mitarbeiter und Vorgesetzten,
   (5) Ausbilder für die berufliche Erstausbildung,
   (6) Personen, die für die berufliche Fortbildung und Personalentwicklung zuständig sind,
   (7) der Betriebsrat bzw. Personalrat einschl. Jugend- und Auszubildendenvertreter,
   (8) Einigungsstelle gem. § 76 BetrVG,
   (9) Arbeitnehmervertreter im Aufsichtsrat und Vorstand von Kapitalgesellschaften,
   (10) schließlich jeder Mitarbeiter bzw. Gruppen von Mitarbeitern mit durchaus unterschiedlichen Zielsetzungen (wirtschaftliche und soziale Ziele).

b) **Externe Träger**
   (1) Gewerkschaften und ihre Vertreter,
   (2) Arbeitgeberverbände und ihre Vertreter,
   (3) Industrie- und Handelskammern,
   (4) die Agenturen für Arbeit,
   (5) Lieferanten und Kunden des Unternehmens,
   (6) externe Berater (Recht, Steuern, Finanzen, Werbung),
   (7) externe Personaldienstleister (Personalbeschaffung, Personalleasing, Personalentwicklung),
   (8) Kapitaleigner und Gesellschafter,
   (9) Fremdkapitalgeber,
   (10) Arbeitsgerichte,
   (11) der Gesetzgeber.

Aufgaben

1. Nennen Sie weitere Träger des betrieblichen Personalwesens und erläutern Sie deren Beiträge zur Willensbildung im Unternehmen.
2. Träger des Personalwesens üben entweder eher einen direkten oder eher einen indirekten Einfluss auf das Unternehmen aus. Nehmen Sie eine entsprechende Zuordnung vor.

> 3. Welchen Einfluss auf das betriebliche Personalwesen üben Linien- oder Stabsmitarbeiter aus?
> 4. Überlegen Sie, welche von den aufgeführten Trägern des betrieblichen Personalwesens eher wirtschaftliche Ziele, welche dagegen eher soziale Ziele anstreben.
> 5. Welche Auswirkungen haben „gute Beziehungen", etwa der Geschäftsleitung, zu einzelnen Trägern des betrieblichen Personalwesens?
> 6. Können sich weltanschauliche oder politische Einstellungen bei den Trägern des betrieblichen Personalwesens auf personelle Entscheidungen auswirken?

1.5 Der Produktionsfaktor Arbeit

Wenn wir vom Produktionsfaktor Arbeit sprechen, meinen wir damit ausschließlich die menschliche Arbeitskraft. Die Arbeitskraft ist das höchste Gut des Menschen. Sie ist in den meisten Fällen seine einzige Erwerbsquelle. Wegen der großen Bedeutung der Arbeitskraft für jeden Menschen sollte er bemüht bleiben die Qualität seiner Arbeit ständig zu verbessern. Wirtschaft und Gesellschaft haben heute die Verpflichtung, die menschliche Arbeitskraft vor Überforderung, Ausbeutung- und Schädigung zu schützen. Zahlreiche Gesetze sorgen für den Schutz der Arbeitskraft.

Die Volkswirtschaftslehre kennt die Produktionsfaktoren Arbeit, Boden, Kapital, mit deren Hilfe Güter und Dienstleistungen „produziert" werden.

In der Betriebswirtschaftslehre sprechen wir dagegen von den Produktionsfaktoren Arbeit, Betriebsmittel und Werkstoffe. Man bezeichnet diese drei Faktoren auch als Elementarfaktoren. Dabei wird der Produktionsfaktor Arbeit überwiegend als ausführende und überwachende Tätigkeit angesehen.

In beiden Betrachtungsweisen finden wir den Produktionsfaktor Arbeit. Seit Gutenberg wird der Produktionsfaktor Arbeit differenzierter betrachtet. Neben der den Elementarfaktoren zuzurechnenden ausführenden und überwachenden Tätigkeit enthält der Produktionsfaktor Arbeit auch einen dispositiven Faktor.

Wer Güter und Dienstleistungen erstellen will, muss die Elementarfaktoren einsetzen und kombinieren und darauf achten, dass sie einen möglichst hohen Ertrag abwerfen. Einsatz und Kombination der Elementarfaktoren ist Aufgabe der Geschäfts- oder Betriebsleitung. Sie erbringt damit eine dispositive Leistung.

Diese dispositive Leistung und damit der dispositive Teil des Produktionsfaktors Arbeit umfassen:

- Unternehmerische Aufgaben festlegen; Ziele setzen;
- Planung auf wissenschaftlicher Grundlage (Alternativplanungen);
- Entscheidung, welche Planungsalternative durchgeführt werden soll;
- Schaffung des organisatorischen Rahmens für die Realisierung;
- Kontrolle durch Messung und Beurteilung der Ergebnisse.

Schaubildlich lässt sich das Gesagte wie folgt darstellen:

Betriebliche Produktionsfaktoren							
Elementarfaktoren			Dispositiver Faktor Arbeit				
Betriebsmittel	Werkstoffe	ausführende und überwachende Arbeit	Ziele setzen	Alternativplanungen	Entscheidung treffen	Realisieren	Kontrollieren

Der Produktionsfaktor Arbeit ist unter den Produktionsfaktoren sicher der empfindlichste und sensibelste. Es sei nur daran erinnert, dass auf ihn in Produktion und Dienstleistung immer dann verzichtet werden kann, wenn er durch Maschinen, Roboter, Automaten oder durch eine EDV-gestützte Organisation ganz oder teilweise ersetzt werden kann.

Der drastische Personalabbau und die enorm hohe Arbeitslosigkeit seit den 90er-Jahren liefern den Beweis. Eine Ursache dieser Entwicklung liegt möglicherweise darin, dass der Produktionsfaktor Arbeit als zu teuer angesehen wird.

Darüber hinaus nimmt der Produktionsfaktor Arbeit aber auch noch in anderer Hinsicht eine besondere Stellung ein. Während sich die übrigen Produktionsfaktoren Betriebsmittel und Werkstoffe streng nach wirtschaftlichen Gesichtspunkten organisieren lassen, entstehen beim Einsatz des Produktionsfaktors Arbeit neben technischen und wirtschaftlichen Problemen auch menschliche Probleme der Leistungsfähigkeit und Leistungsbereitschaft. Die Leistungsfähigkeit des Mitarbeiters hängt vom KÖNNEN, aber auch von seiner Disposition oder Tagesform ab. Seine Leistungsbereitschaft hat etwas mit seinem WOLLEN zu tun, das wiederum beeinflusst wird von seinen persönlichen und sozialen Bedürfnissen. Je besser es gelingt, die individuellen Bedürfnisse des Mitarbeiters bei der Gestaltung des Arbeitsprozesses zu berücksichtigen, desto wirksamer wird der Einsatz des Produktionsfaktors Arbeit auch in wirtschaftlicher Hinsicht sein.

Außer den erwähnten drei Produktionsfaktoren, die in der volkswirtschaftlichen und betriebswirtschaftlichen Terminologie heute allgemein anerkannt werden, sind einige Autoren der Meinung, dass es durchaus **weitere Produktionsfaktoren** gäbe.

Genannt werden hier u. a. z. B.:

- Produktionsfaktor Information
- Produktionsfaktor Kommunikation
- Produktionsfaktor Intelligenz
- Produktionsfaktor Wissen

Formal kann die **menschliche Arbeit** nach verschiedenen **Gesichtspunkten** auf vielerlei Art eingeteilt bzw. unterschieden werden:

a) Nach dem Grad der Ausbildung unterscheiden wir ungelernte, angelernte und aufgrund einer systematischen Berufsausbildung gelernte Arbeit, z. B. eines Facharbeiters.
b) Nach der Art der Arbeit kennen wir körperliche (muskelmäßige) und geistige Arbeit.
c) Nach der Gestaltung des Arbeitsplatzes sprechen wir von Handarbeit, Maschinenarbeit, Bildschirmarbeit, Kontrollarbeit usw.
d) Nach der Gestaltung des Arbeitssystems kennen wir ortsgebundene oder ortsveränderliche Einzelarbeit oder Gruppenarbeit.
e) Eine neue Form der Heimarbeit ist die sog. Telearbeit.
f) Das Arbeitsrecht unterscheidet Arbeiter, Angestellte und leitende Angestellte nach dem BetrVG.

Zum rationellen Einsatz des Produktionsfaktors Arbeit und zur Steigerung seiner Effizienz ist die **Arbeitsteilung** von besonderer Wichtigkeit. Wir unterscheiden hier:

a) die natürliche Arbeitsteilung, z. B. in der Familie unter den Familienmitgliedern,
b) die Entstehung der Berufe, z. B. Bauer, Maurer, Bäcker, Schreiner, Händler, Arzt,
c) die Aufspaltung der Berufe, z. B. Arzt für Allgemeinmedizin und zahlreiche Spezialisten (Fachärzte),
d) die internationale Arbeitsteilung unter den einzelnen Volkswirtschaften verschiedener Länder, der im Zeitalter der Globalisierung der Märkte eine besondere Bedeutung zukommt,
e) die technische Arbeitsteilung durch Zerlegung eines Arbeitsprozesses in mehrere Teilschritte und Verteilung der Arbeit auf verschiedene Mitarbeiter (Fließarbeit).

Die Arbeitsteilung macht eine Spezialisierung möglich, gestattet zur Erleichterung für den Menschen den Maschineneinsatz, steigert die Produktivität, verbilligt dadurch die Erzeugnisse und trägt zur Verbesserung des Lebensstandards der Menschen wesentlich bei.

Aufgaben

1. Wie heißen die Produktionsfaktoren
   a) in der Terminologie der Volkswirtschaftslehre,
   b) in der Terminologie der Betriebswirtschaftslehre?
2. Warum kommt dem Produktionsfaktor Arbeit eine besondere Bedeutung zu?
   In welcher Form tragen Betriebe und Gesellschaft dieser besonderen Bedeutung des Produktionsfaktors Arbeit Rechnung?
3. Der Produktionsfaktor Arbeit wird in der Betriebswirtschaftslehre in zwei Aspekte unterteilt. Wie heißen diese?
4. Ordnen Sie den beiden Aspekten des Produktionsfaktors Arbeit die ihnen zugrunde liegenden Aufgaben zu und erläutern Sie diese an Beispielen.
5. Warum fehlt in der Aufzählung der dispositiven Aufgaben die Durchführung?
6. Welche Bedeutung haben die beiden Aspekte des Produktionsfaktors Arbeit für den Betrieb? Sind Tendenzen für eine Gewichtsverlagerung erkennbar?
7. Warum kann der Produktionsfaktor Arbeit nicht, wie die beiden übrigen Produktionsfaktoren, streng nach technisch-wirtschaftlichen Gesichtspunkten eingesetzt werden?
8. Nennen Sie weitere Einteilungskriterien für die menschliche Arbeit und erläutern Sie diese.
9. Nennen Sie Vor- und Nachteile der technischen Arbeitsteilung durch Zerlegung des Arbeitsprozesses in Teilschritte aus der Sicht des die Arbeit verrichtenden Menschen.

1.6 Bedeutung und Einordnung des Personalwesens

Wie die Personalpolitik ein Teil der Unternehmenspolitik ist, so ist auch die Personalorganisation ein Teil der Unternehmens- bzw. Betriebsorganisation.

Der Unterschied zwischen Unternehmen und Betrieb ist bekannt: Unter **Unternehmung** versteht man den rechtlich-finanziellen Rahmen des wirtschaftlichen Geschehens. Die Unternehmung tritt z. B. unter einer bestimmten Unternehmensform als eine im Handelsregister eingetragene Firma mit der Außenwelt in Verbindung. Dagegen ist es Aufgabe des **Betriebes,** den eigentlichen Unternehmenszweck zu realisieren. Der Betrieb stellt Güter her oder erbringt Dienstleistungen; er ist die technisch-organisatorische Dimension. Überwiegend handelt es sich bei Unternehmung und Betrieb um dasselbe

1 Grundlagen der Personalarbeit und Personalpolitik

Erkenntnisobjekt „Betriebswirtschaft". Ein Unternehmen kann aber auch aus mehreren Betrieben bestehen.

Wie eine „Betriebswirtschaft" als Betrieb oder Unternehmung aufgefasst werden kann, wird auch im Arbeitsrecht zwischen betrieblicher Mitbestimmung des Betriebsrates nach dem Betriebsverfassungsgesetz und Mitbestimmung von Arbeitnehmervertretern in den Aufsichtsräten von Unternehmungen in der Rechtsform der Kapitalgesellschaft nach besonderen Mitbestimmungsgesetzen unterschieden, worauf an anderer Stelle noch näher eingegangen wird.

1.6.1 Allgemeine Einordnung des Personalwesens

Für eine dynamische und einheitliche Personalarbeit sollte der für Personalfragen zuständige Mitarbeiter grundsätzlich entweder der Geschäftsleitung unmittelbar unterstellt sein oder einen direkten Draht zur Geschäftsleitung haben. Ordnet man ihn dagegen der kaufmännischen oder der technischen Leitung zu, dann gehen Dynamik und Einheitlichkeit in der Personalarbeit leicht verloren. Es kann vorkommen, dass der kaufmännische Leiter eine Personalentscheidung im technischen Betrieb trifft, mit der der gleichgestellte technische Leiter nicht einverstanden ist. Wenn aber die Geschäftsleitung die Personalentscheidung trifft, dann ist die Einheitlichkeit in der Personalarbeit sichergestellt.

1.6.2 Einordnung des Personalwesens in einem kleineren Betrieb

Unter einem kleineren Betrieb wird hier ein Betrieb verstanden, der etwa bis zu 300 Mitarbeiter beschäftigt. Für diese Betriebsgrößenklasse werden hier zwei Versionen einer Einordnung vorgestellt:

1. **Personalwesen, der Geschäftsleitung direkt unterstellt und zugeordnet**
   Diese Gliederung ist eher für kleinere Unternehmungen dieser Kategorie mit relativ wenigen Beschäftigten zweckmäßig, wie die folgende Abbildung zeigt:

Der im Personalwesen tätige Mitarbeiter bereitet die personalen Entscheidungen nach vorheriger Absprache mit der technischen und kaufmännischen Leitung vor und lässt sie dann durch die Geschäftsleitung treffen. Häufig nimmt in diesen kleineren Betrieben auch die Geschäftsleitung selbst (vielfach nur aus einem oder zwei Inhabern bestehend) die Geschäfte der Personalleitung wahr.

2. **Personalwesen, der kaufmännischen Leitung zugeordnet**
Von den größeren Betrieben dieser Kategorie wird das Personalwesen in der Regel der kaufmännischen Leitung unterstellt oder in den kaufmännischen Bereich integriert. Das kann, wie nachstehende Abbildung zeigt, in zwei Varianten geschehen:

Würde man den mit Personalfragen beauftragten Mitarbeiter der kaufmännischen Leitung unterstellen, könnte dieser erst auf der dritten bzw. – alternativ – im ungünstigeren Fall auf der vierten Ebene tätig werden.

1.6.3 Einordnung des Personalwesens in einem mittleren Betrieb

Unter einem mittleren Betrieb wird hier ein Betrieb verstanden, der zwischen 300 und 1 000 beschäftigten Mitarbeitern zählt. Für einen solchen Betrieb empfiehlt es sich, neben der technischen und kaufmännischen Leitung eine gleichwertige Personalleitung einzurichten. Der Personalleitung sind – je nach den betrieblichen Erfordernissen – mehr oder weniger Personalsachbearbeiter zu unterstellen, wie folgende Abbildung zeigt:

1.6.4 Einordnung des Personalwesens in einem größeren Betrieb

Betriebe mit mehr als 1000 Mitarbeitern werden zu einer weiteren Gliederung der Personalleitung kommen. Die Personalleitung steht – wie schon bei den mittleren Betrieben – gleichberechtigt neben der technischen und kaufmännischen Leitung und ist der Geschäftsleitung unmittelbar unterstellt. Man richtet zweckmäßigerweise die drei Abteilungen Personalwesen, Sozialwesen und Betriebliches Bildungswesen ein, denen Abteilungsleiter vorstehen. Jede der genannten drei Abteilungen wird weiter zu untergliedern sein, wobei sich eine Aufgliederung statt in Arbeiter und Angestellte nach **Funktionen** empfiehlt. Die Aufteilung des Personalwesens in Arbeiter und Angestellte gehört der Vergangenheit an (personale Organisation). Die funktionale Gliederung ist wichtiger geworden. Die nachstehende Abbildung veranschaulicht dieses Gliederungsschema:

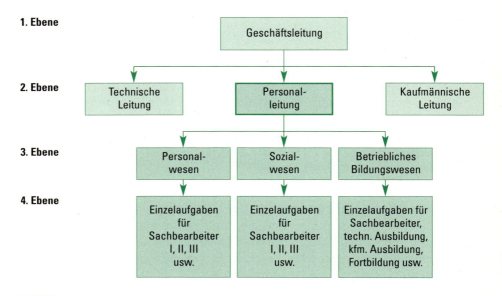

Bedeutung und Einordnung des Personalwesens 1.6

In sehr großen Betrieben und Unternehmungen, z. B. bei Aktiengesellschaften, ist die Personalleitung häufig beim Unternehmensvorstand als Arbeitsdirektor angesiedelt. Der obere Teil des letzten Einordnungsschemas hätte bei einem dreigeteilten Vorstand dann das folgende Aussehen:

Es sei in diesem Zusammenhang noch darauf hingewiesen, dass größere Betriebe, z. B. in der Rechtsform einer Aktiengesellschaft, nach den geltenden Mitbestimmungsgesetzen

a) bei mehr als 1 000 Beschäftigten im Montanbereich,
b) bei mehr als 2 000 Beschäftigten im Nichtmontanbereich

einen so genannten Arbeitsdirektor als Mitglied des Vorstandes wählen müssen. In diesen Fällen genießt die Personalwirtschaft die höchstmögliche Priorität in einem Unternehmen. (s. § 1 und § 13 MontanmitbestG und § 1 und § 33 MitbestG)

Die hier dargestellten Organisationsformen der Personalwirtschaft sind Grundformen, die vielgestaltig abgewandelt werden können. So ist bei größeren Betrieben die Einrichtung von Stabsstellen bei der Personalleitung und auch bei den Leitungen der Abteilungen Personal-, Sozial- und betriebl. Bildungswesen möglich. Genannt seien hier Stabsstellen für Rechtsfragen oder Grundsatzfragen. Größere Filialunternehmen verfügen meist bei der Unternehmensleitung über ein differenziert gegliedertes zentrales Personal-, Sozial- und betriebl. Bildungswesen. Hier werden alle Personalangelegenheiten der leitenden Angestellten und der Hauptverwaltung bearbeitet. In den einzelnen Filialen gibt es dann je einen weiteren Personalleiter, der die einschlägigen Aufgaben nach Weisung der Zentrale „vor Ort" durchführt.

Zu weiteren Formen der klassischen und neueren Führungsorganisation siehe auch Kap. 9.3.1.1 und 9.3.1.2.

Je nach Größe eines Betriebes und je nach Umfang und Anforderungen der jeweiligen Stelle wird die Vorbildung der Stelleninhaber unterschiedlich sein. Der Personalleiter eines Großbetriebes hat in der Regel ein abgeschlossenes Hochschulstudium als Betriebswirt, Volkswirt, Psychologe, Soziologe, Jurist, Diplom-Ingenieur. Vielfach wird für diese Position auch die Promotion verlangt.

Die Leiter der selbstständigen Abteilungen Personal-, Sozial- und betriebliches Bildungswesen sind häufig Absolventen von Fachhochschulen, z. B. Fachbereich Wirtschaft oder Sozialwesen. Die Sachbearbeiter im Personalbereich sollten eine Fortbildung zum Personalfachkaufmann oder eine ähnlich Qualifikation besitzen.

> **Aufgaben**
>
> 1. Worin unterscheiden sich Betrieb und Unternehmung? Welches sind ihre typischen Merkmale und Aufgabenstellungen?
> 2. Nennen Sie praktische Beispiele, dass eine Unternehmung auch sehr viele Betriebe umfassen kann.
> 3. Was verstehen Sie unter „personaler" und „funktionaler" Organisation im Personalbereich? Führen Sie dazu je ein Beispiel an.
> 4. Nennen Sie Vor- und Nachteile einer „personalen" und „funktionalen" Personalorganisation.
> 5. Welche Vorteile hat es, wenn der Personalfachmann in einem Betrieb direkt der Geschäftsleitung unterstellt wird?
> 6. Worin besteht der grundsätzliche Unterschied für die Einordnung des Personalwesens in einem kleineren, mittleren und größeren Betrieb?
> 7. Welche Möglichkeiten zur Einrichtung von Stabsstellen sehen Sie im Personalbereich?
> 8. Zeichnen Sie das Organisationsschema mit der Eingliederung des Personalwesens für Ihren oder einen Ihnen bekannten Betrieb und vergleichen Sie dieses mit den Schemata dieses Abschnittes.
> 9. Welche Aus- bzw. Vorbildung sollten nach Ihrer Meinung die Inhaber der verschiedenen Stellen im Personalbereich haben? Begründen Sie Ihre Auffassung.

1.7 Betriebliche und außerbetriebliche Fortbildung

An die betriebliche Berufsausbildung schließt sich in der Regel die berufliche Fortbildung an. Die Fortbildung kann sein

a) eine **Anpassungsfortbildung** zur Anpassung an betriebliche, technologische, wirtschaftliche Veränderungen oder

b) eine **Aufstiegsfortbildung** zur Vorbereitung auf höher qualifizierte Aufgaben im Betrieb. Die Aufstiegsfortbildung bezeichnet man auch häufig als Weiterbildung.

Im Allgemeinen kann man davon ausgehen, dass die Anpassungsfortbildung in letzter Zeit verstärkt am Arbeitsplatz stattfindet (intern: on the job), die Aufstiegsfortbildung vielfach in Seminaren oder Lehrgängen bei Verbänden,

Kammern, Fachschulen, Fachhochschulen oder sonstigen Bildungseinrichtungen durchgeführt wird (extern: off the job).

Die Industrie- und Handelskammern haben in Zusammenarbeit mit Wirtschaft, Gewerkschaften und Politik in den letzten Jahren zahlreiche Fortbildungsmöglichkeiten geschaffen, die mit zertifizierten Abschlussprüfungen enden. Das gilt sowohl für den gewerblich-technischen als auch für den kaufmännischen Bereich.

1.7.1 Gewerblich-technische Fortbildung zum Industriemeister

Für die Absolventen einer entsprechenden industriellen Berufsausbildung wurden Industriemeisterausbildungen konzipiert und dafür Rahmenstoff- und Lernzielpläne erarbeitet. In einer heute in der Regel vom Bundesminister für Bildung und Wissenschaft erlassenen Rechtsverordnung werden die Prüfungsbedingungen und Prüfungsinhalte für die Industriemeisterprüfungen festgelegt. Zuständige Stelle für die Durchführung von Industriemeisterprüfungen sind die Industrie- und Handelskammern.

Industriemeisterausbildungen gibt es für sehr viele industrielle Fachrichtungen, z. B. Metall, Elektrotechnik, Textil und Bekleidung, Kunststoff und Kautschuk usw. Von den Industriemeistern müssen andere Meister, z. B. die Handwerksmeister, unterschieden werden. Für die Handwerksmeister sind die Handwerkskammern die zuständige Stelle. Auch in anderen Bereichen gibt es Meisterausbildungen, z. B. in der Hauswirtschaft, Landwirtschaft mit den jeweils zugehörigen zuständigen Stellen.

1.7.2 Industriemeister 2000/Metall

Unter der Bezeichnung Industriemeister 2000 sind seit mehreren Jahren Reformbestrebungen im Gange, die Industriemeisterausbildung zu aktualisieren und den veränderten beruflichen Anforderungen anzupassen. Den Anfang hat hier die Fachrichtung Metall gemacht, für die eine Neuregelung vorliegt. Die dazu erlassene Rechtsverordnung regelt verbindlich die neue Ausbildung und Prüfung für Industriemeister Metall. Zurzeit läuft die Ausbildung nach den neuen Bestimmungen in der Fachrichtung Metall. Da die Rechtsverordnung einen gewissen Modellcharakter hat, werden die anderen industriellen Fachrichtungen bald folgen. Die Qualifikation zum Industriemeister Metall umfasst:

1. fachrichtungsübergreifende Basisqualifikationen,
2. handlungsspezifische Qualifikationen,
3. berufs- und arbeitspädagogische Qualifikationen.

1 Grundlagen der Personalarbeit und Personalpolitik

Die berufs- und arbeitspädagogischen Qualifikationen werden nicht mehr im Industriemeisterlehrgang vermittelt und geprüft; sie sind vielmehr Zulassungsvoraussetzungen und müssen durch die erfolgreich abgelegte Ausbildereignungsprüfung nachgewiesen werden. Die Industriemeisterprüfung besteht aus zwei Teilen:

I. **fachrichtungsübergreifende Basisqualifikationen,**
II. **handlungsspezifische Qualifikationen.**

Die **fachrichtungsübergreifenden Basisqualifikationen** bestehen aus 5 Prüfungsbereichen: rechtsbewusstes Handeln; betriebswirtschaftliches Handeln; Anwendung von Methoden der Information, Kommunikation und Planung; Zusammenarbeit im Betrieb; Berücksichtigung naturwissenschaftlicher und technischer Gesetzmäßigkeiten. Die Prüfung erfolgt schriftlich in Form von anwendungsbezogenen Aufgabenstellungen in den 5 Fächern. Das Bestehen dieses ersten Prüfungsteils und der Nachweis der Ausbilderqualifikation gemäß der Ausbilder-Eignungsverordnung sind Zulassungsvoraussetzungen für den zweiten Teil der Prüfung.

Bei den **handlungsspezifischen Qualifikationen** geht das neue Qualifizierungskonzept davon aus, dass der Industriemeister als mittlere, technische Führungskraft in den betrieblichen Funktionsfeldern Betriebstechnik, Fertigung und Montage tätig sein wird. Zum Nachweis der handlungsspezifischen Qualifikationen im zweiten Prüfungsteil wurden 3 Handlungsbereiche „Technik", „Organisation" sowie „Führung und Personal" geschaffen, die den drei vorgenannten betrieblichen Funktionsfeldern zuzuordnen sind. Jedem der drei aufgeführten Handlungsbereiche werden jeweils 3 Qualifikationsschwerpunkte zugeordnet, wie die folgende Übersicht zeigt:

Handlungsbereich:		(1) Technik	(2) Organisation	(3) Führung und Personal
Qualifikations-schwerpunkt	a)	Betriebstechnik	Betriebliches Kostenwesen	Personalführung
	b)	Fertigungstechnik	Planungs-, Steuerungs-, Kommunikationssysteme	Personalentwicklung
	c)	Montagetechnik	Arbeits-, Umwelt- und Gesundheitsschutz	Qualitätsmanagement

Im zweiten Prüfungsteil werden 3 funktionsfeldbezogene und die Handlungsbereiche integrierende Situationsaufgaben unter Berücksichtigung der fachrichtungsübergreifenden Basisqualifikationen gestellt. Zwei der Situationsaufgaben sind schriftlich zu lösen, eine Situationsaufgabe ist Gegenstand eines situationsbezogenen Fachgespräches.

Die Bearbeitungszeit der schriftlichen Situationsaufgaben beträgt jeweils mindestens 4, insgesamt jedoch nicht mehr als 10 Stunden. Das Fachgespräch soll pro Prüfungsteilnehmer mindestens 45 Minuten und höchstens 60 Minuten dauern.

Einige **Anmerkungen zu der neuen Industriemeisterausbildung** Metall:

(1) Die Zulassungsvoraussetzungen für die Industriemeisterausbildung wurden verbessert, um Gelegenheit zu einer früheren und zügigeren beruflichen Aus- und Weiterbildung zu geben; sie lauten alternativ:

   a) Abschlussprüfung in einem anerkannten Metall- oder metallnahen Beruf und 1 Jahr Berufspraxis;

   b) Abschluss in einem sonstigen anerkannten Beruf und 3 Jahre Berufspraxis;

   c) ohne beruflichen Abschluss = 6 Jahre Berufspraxis.

(2) Da die neue Prüfungsordnung Metall einen gewissen Modellcharakter hat, ist anzunehmen, dass neue Prüfungsordnungen anderer industrieller Fachrichtungen einen ähnlichen Aufbau haben. Das könnte bedeuten:

   a) Die fachrichtungsübergreifenden Basisqualifikationen gelten auch für andere industrielle Fachrichtungen;

   b) die berufs- und arbeitspädagogischen Kenntnisse und Fertigkeiten müssen nicht mehr innerhalb der Industriemeisterausbildung erworben werden, sondern gelten als Zulassungsvoraussetzungen;

   c) es wird Abschied genommen von prüfungsfächerbezogenen Prüfungen mit Abfragecharakter. Form und Inhalt von Prüfungen werden künftig in starkem Maße anwendungsbezogen sein und von konkreten Handlungsfeldern ausgehen, in denen Industriemeister tätig sind.

(3) Die Rechtsverordnung für die Durchführung von Industriemeisterprüfungen enthält umfangreiche und detaillierte Informationen, Anregungen und Hinweise für die Erstellung von anwendungsbezogenen Aufgaben für den ersten Prüfungsteil und von handlungsorientierten und integrierten Situationsaufgaben für den zweiten Prüfungsteil. Inzwischen liegt auch ein neuer ausführlicher Rahmenstoffplan mit Lernzielen für diese neue Industriemeisterausbildung vor.

1.7.3 Kaufmännisch-berufliche Fortbildungsmaßnahmen

Die von den Industrie- und Handelskammern in Zusammenarbeit mit Wirtschaft, Gewerkschaften und Politik entwickelten kaufmännischen Fortbildungskonzepte lassen sich grob in zwei Kategorien einteilen:

a) eine überwiegend **funktionsbezogene Fortbildung** zum Fachkaufmann. Fachkaufleute können die Funktionen und Aufgaben, in denen sie eine vertiefte Fortbildung erfahren haben, in Betrieben aller Art einsetzen. Zu den Fachkaufleuten zählen z. B. der Personalfachkaufmann, der Fachkaufmann für Marketing, der Fachkaufmann für Einkauf und Logistik, der Sekretariatsfachkaufmann, der Bilanzbuchhalter, der Fachkaufmann für das Controlling. Natürlich gibt es bei allen aufgezählten Fachkaufleuten auch die weibliche Form, z. B. die Personalfachkauffrau.

b) die überwiegend **branchenbezogene Fortbildung** zum Fachwirt. Fachwirte erhalten für ihre Branche oder Sparte eine eher dienstleistungsorientierte, ganze Aufgabenfelder umfassende Fortbildung. Sie sind befähigt qualifizierte administrative und operative Aufgaben in ihrer jeweiligen Branche oder Sparte zu übernehmen. Es gibt den Industriefachwirt, Handelsfachwirt, Bankfachwirt, Versicherungsfachwirt, Verkehrsfachwirt, Leasingfachwirt, Immobilienfachwirt, Fachwirt für das Sozial- und Gesundheitswesen, Fachwirt für die Alten- und Krankenpflege, Medienfachwirt usw. Natürlich gibt es auch hier die weibliche Form, z. B. die Immobilienfachwirtin.

Am Beispiel des Personalfachkaufmanns und des Bankwirts soll die kaufmännische Fortbildung näher erläutert werden.

1.7.3.1 Personalfachkaufmann/-frau:

Am 1. Juni 2002 trat die neue Rechtsverordnung über die Prüfung zum anerkannten Abschluss Geprüfter Personalfachkaufmann/Geprüfte Personalkauffrau in Kraft. Spätestens bis zum 31. Mai 2005 müssen Prüfungsverfahren nach der bisherigen alten Verordnung zu Ende geführt werden.

Die Zulassungsvoraussetzungen lauten:

1. eine mit Erfolg abgelegte Abschlussprüfung in einem anerkannten kaufmännischen oder verwaltenden Ausbildungsberuf und danach eine mindestens zweijährige Berufspraxis
 ODER
2. eine mit Erfolg abgelegte Abschlussprüfung in einem anderen anerkannten Ausbildungsberuf und danach eine mindestens dreijährige Berufspraxis
 ODER
3. eine mindestens fünfjährige einschlägige Berufspraxis

Bis zum Ablegen der letzten Prüfungsleistung ist der **Nachweis der berufs- und arbeitspädagogischen Kenntnisse** nach der Ausbilder-Eignungsverordnung nachzuweisen.

Die Ausbildung und die schriftliche Prüfung erfordern Kenntnisse und Fertigkeiten in **vier Handlungsbereichen:**

1. Personalarbeit organisieren und durchführen,
2. Personalarbeit als Grundlage rechtlicher Bestimmungen durchführen,
3. Personalplanung, marketing und -controlling gestalten und umsetzen,
4. Personal- und Organisationsentwicklung steuern.

Die ministerielle Rechtsverordnung enthält für jeden der 4 Handlungsbereiche ausführliche und anspruchsvolle Qualifikationsschwerpunkte, die als Anforderungen und Inhalte der Prüfungen gelten. Für den Handlungsbereich (2) lauten diese z. B.:

Handlungsbereich 2
Qualifikationsschwerpunkte für den Handlungsbereich
„Personalarbeit auf Grundlage rechtlicher Bestimmungen durchführen":

1. Individuelles u. kollektives Arbeitsrecht anwenden,
2. Rechtswege kennen u. das Prozessrisiko einschätzen,
3. Einkommens- u. Vergütungssysteme umsetzen,
4. Sozialversicherungsrecht anwenden,
5. Sozialleistungen des Betriebes gestalten,
6. Personalbeschaffung durchführen,
7. Administrative Aufgaben einschl. der Entgeltabrechnung bearbeiten.

Die **Abschlussprüfung** besteht aus vier schriftlichen Prüfungen: je Handlungsbereich eine. Die mündliche Prüfung wird in Form eines Fachgesprächs durchgeführt.

In der **schriftlichen Prüfung** werden je Handlungsbereich komplexe Situationsaufgaben gestellt. Die **mündliche Prüfung** besteht aus einem situationsbezogenen Fachgespräch, das von einer betrieblichen Beratung ausgeht. Der Prüfungsteilnehmer soll für die Geschäftsleitung Lösungsvorschläge erarbeiten. Für die mündliche Prüfung kann er selbst zwei Themenvorschläge mit einer Grobgliederung einreichen.

Einige Anmerkungen zu der neuen Rechtsverordnung über die Prüfung zum anerkannten Abschluss Geprüfter Personalfachkaufmann/Geprüfte Personalfachkauffrau vom 1. Juni 2002: Diese Verordnung hat ebenfalls Modellcharakter für weitere kaufmännische Fortbildungsmaßnahmen zu Fachwirten oder Fachkaufleuten, die sich zurzeit in Vorbereitung befinden und sicher bald folgen werden. Insbesondere sei auf den grundsätzlich anderen Aufbau der Lerninhalte und der Abschlussprüfungen hingewiesen, die stärker anwendungsorientiert sind, von konkreten Handlungsfeldern ausgehen und Abschied nehmen von prüfungsfächerbezogener Stoffvermittlung und Prüfungsaufgaben mit Abfragecharakter. Diese neuen und modernen Tendenzen gebieten natürlich auch in den Kursen und Lehrgängen darauf abgestellte Lehr- und Unterweisungsmethoden.

1.7.3.2 Bankfachwirt/-in

Zugrunde liegt die Verordnung zur Prüfung zum anerkannten Abschluss geprüfter Bankfachwirt/geprüfte Bankfachwirtin vom 1. März 2000.

Die Prüfung gliedert sich in die Prüfungsteile 1. **grundlegende Qualifikationen** und 2. **spezielle Qualifikationen.**

Der Prüfungsteil grundlegende Qualifikationen enthält die Bereiche:
1. **Allgemeine Bankbetriebswirtschaft** (z. B. Jahresabschluss, Controlling, Bankpolitik u. a.)
2. **Allgemeine Betriebswirtschaft** (z. B. Rechnungswesen, Kostenrechnung, Finanzierung u. a.)
3. **Personal und Kommunikation** (z. B. Personalwirtschaft, Arbeitsrecht, Projektarbeit u. a.)
4. **Volkswirtschaft** (z. B. Güter- und Kapitalmärkte, Geld, Kredit, Währung, Wi.- u. Sozialpolitik)

Im Prüfungsteil spezielle Qualifikationen wählt der Prüfungsteilnehmer einen dieser Prüfbereiche:
A. **Privatkundengeschäft**/B. **Immobiliengeschäft**/C. **Firmenkundengeschäft**

Die **schriftliche Prüfung** wird in den vier Bereichen der grundlegenden Qualifikationen durchgeführt. Es handelt sich um praxisorientierte Aufgabenstellungen. Die Zeitdauer der schriftlichen Prüfungen soll mindestens 90 Minuten betragen und 120 Minuten nicht überschreiten.

Die **mündliche Prüfung** besteht aus einem praxisorientierten Situationsgespräch. Dem Prüfungsteilnehmer werden zwei übergreifende praxisbezogene Fälle zur Wahl gestellt. An einem ausgewählten Fall muss er beweisen, dass er in der Lage ist die Sachverhalte systematisch zu analysieren, zielorientiert zu bearbeiten und darzustellen sowie Gespräche situationsbezogen vorzubereiten und durchzuführen. Die Dauer der mündlichen Prüfung beträgt maximal 20 Minuten. Der Prüfungsteilnehmer hat Anspruch auf eine Vorbereitungszeit von 20 Minuten.

Als **Zulassungsvoraussetzungen** zur Abschlussprüfung gelten:
1) Abschlussprüfung als Bank- oder Sparkassen-Kaufmann + 2 Jahre Praxis
   ODER
2) Abschluss einer anderen kfm. oder verwaltenden Berufsausbildung + 3 Jahre Praxis
   ODER
3) insgesamt 6 Jahre einschlägige Berufspraxis.

1.7.4 Weitere Fortbildungskonzepte

1.7.4.1 Technischer Fachwirt IHK

Er erfährt eine umfassende betriebswirtschaftliche und gewerblich-technische Fortbildung, die ihn befähigt, zusammen mit seinen ausreichenden beruflichen Erfahrungen, betriebswirtschaftliche Aufgaben in technisch orientierten Funktionsbereichen mit hoher Sach- und Führungskompetenz wahrzunehmen. Hier wird also erstmalig eine Brücke zwischen Wirtschaft und Technik geschlagen und werden die sonst säuberlich getrennten Aus- und Weiterbildungsqualifikationen auf technischem und kaufmännischem Gebiet zusammengeführt. Bemerkenswert und wichtig ist, dass als Zulassungsvoraussetzung zur Abschlussprüfung entweder eine kaufmännische oder eine gewerblich-technische Berufsausbildung von mindestens 3 Jahren und eine ebenso lange praktische Tätigkeit auf kaufmännischem oder technischem Gebiet gefordert wird.

1.7.4.2 Technischer Betriebswirt IHK

Während alle bisher besprochenen beruflichen Weiterbildungsmaßnahmen als Industriemeister, Fachkaufleute, Fachwirte einschl. technischer Fachwirt eine gehobene Fortbildung etwa auf der Stufe eines Fachschulabschlusses (z. B. Techniker, Betriebswirt) darstellen, ist der technische Betriebswirt IHK eine Stufe höher angesiedelt. Denn Voraussetzung zur Zulassung zu diesem Studium und zur Ablegung der Abschlussprüfung ist die Industriemeisterprüfung oder das Techniker- oder das Ingenieurexamen. Für Techniker und Ingenieure werden zusätzlich 2 Jahre einschlägige berufliche Praxis gefordert.

Diese gemischt technische und betriebswirtschaftliche Fortbildung führt zu fachübergreifenden Qualifikationen und verknüpft technisches Können mit betriebswirtschaftlichen Kenntnissen und Managementkompetenzen.

Dieser relativ neuen beruflichen Weiterbildung zum technischen Betriebswirt IHK kommt auch noch aus einem anderen Grund eine große Bedeutung zu. Bisher war die berufliche Fortbildung mit der Industriemeisterprüfung bzw. der Abschlussprüfung zum Fachkaufmann oder Fachwirt praktisch beendet. Der technische Betriebswirt IHK ist eine echte Alternative zum Hochschulstudium, zum Beispiel zum Diplom-Wirtschaftsingenieur.

1 Grundlagen der Personalarbeit und Personalpolitik

1.7.4.3 Berufliche It-Weiterbildung IHK

Einen breiten Raum in der beruflichen Fortbildung nehmen die IT-Weiterbildungsmaßnahmen der Kammern ein. Nach Vorliegen einer eigenen Rechtsverordnung für die IT-Fortbildung sind Interesse und Nachfrage für diese Weiterbildung groß.

Es handelt sich hierbei um zahlreiche Zertifizierungs-Lehrgänge, aufgebaut nach dem Baukastenprinzip, die zum Teil als Zulassungsvoraussetzungen für bestimmte IT-Kammerprüfungen gelten.

Die neue Struktur der IHK-IT-Weiterbildung orientiert sich am Unternehmensbedarf und enthält:

- 2 strategische Managementkonzepte für die oberste Führung,
- 4 operative Managementkonzepte für die mittlere Führung,
- 29 spezialisierte Profile für entsprechend spezialisierte Mitarbeiter.

Die hier aufgeführten Zertifizierungs-Lehrgänge entsprechen international gültigem ISO-Standard.

Es sei noch erwähnt, dass es zurzeit vier IT-Ausbildungsberufe gibt.

Die bisher aufgeführten beruflichen Fortbildungsmaßnahmen werden ausschließlich durch Abschlussprüfungen vor der Industrie- und Handelskammer abgeschlossen. Aber nicht alle Industrie- und Handelskammern führen **alle** Weiterbildungen durch und nicht an allen Kammern kann man die Abschlussprüfung ablegen. Interessenten wenden sich am besten an ihre zuständige IHK, um zu erfahren, wo eine bestimmte Prüfung abgelegt werden kann. Dort erhält man in der Regel auch Informationsmaterial über Lehrgänge, Lerninhalte und Prüfungsanforderungen.

1.7.4.4 Angebote weiterer Bildungsträger

Aber nicht nur die Industrie- und Handelskammern führen berufliche Weiterbildungsmaßnahmen durch. Es gibt auch von zahlreichen **anderen beruflichen Bildungswerken** interessante und brauchbare Offerten. Es handelt sich z. B. um Fachschulen, Fachhochschulen, Hochschulen, Gewerkschaften, Unternehmerverbände und private Bildungsinstitute. Besonders erwähnt werden soll an dieser Stelle die breite Aus- und Fortbildungspalette des **REFA-Verbandes** mit seinen zahlreichen Grund-, Fach- und Sonderlehrgängen zur Ergonomie, Arbeitswissenschaft und Betriebsorganisation. Besonders qualifiziert sind auch die Ausbildungen zum REFA-Techniker, REFA-Ingenieur und REFA-Lehrer. Auskünfte erteilt der REFA-Verband in Darmstadt.

Betriebliche und außerbetriebliche Fortbildung 1.7

Aufgaben

1. In den kaufmännischen Bereichen kennen wir funktionsbezogene und branchenbezogene Fortbildungsmaßnahmen.
   a) Welcher Unterschied besteht zwischen beiden Arten der beruflichen Fortbildung?
   b) Nennen Sie Beispiele für funktionsbezogene und branchenbezogene berufliche Fortbildungsmaßnahmen.
2. In welchen technischen Bereichen finden Fortbildungsmaßnahmen und Abschlussprüfungen zum Meister statt?
3. Informieren Sie sich bei der für Sie zuständigen IHK oder Handwerkskammer, welche Industriemeister- oder Handwerksmeisterprüfungen dort abgelegt werden können.
4. Erkundigen Sie sich bei der für Sie zuständigen IHK, welche kaufmännischen Fortbildungsprüfungen dort abgelegt werden können und wer Vorbereitungslehrgänge auf diese Prüfungen durchführt.
5. Lassen Sie sich von Ihrer IHK die beruflichen IT-Weiterbildungsprogramme sowie die Verordnungen über die Prüfungen „Geprüfter Bankfachwirt" und „Geprüfter Personalfachkaufmann" geben.
6. Wenden Sie sich an Ihren örtlichen REFA-Verband oder an die Zentrale des REFA-Verbandes in Darmstadt und fordern Sie ein Verzeichnis über die von dieser Organisation durchgeführten Fortbildungslehrgänge an.

2 Organisation und Verwaltung des Personalwesens

2.1 Zielvorgaben für die Personalarbeit

Vor jeder Planung, Entscheidung und Durchführung betrieblicher Aufgaben steht die Zielsetzung; so auch in der Personalwirtschaft.

Wir unterscheiden grundsätzlich:

a) **Wirtschaftliche Ziele** sind Ziele, die von der Betriebswirtschaft (Unternehmung oder Betrieb) in ihrer Eigenschaft als technisch-ökonomisches System abgeleitet werden. Diese Ziele richten sich vornehmlich auf die Verbesserung der betrieblichen bzw. unternehmerischen Situation, z. B. Umsatzoptimierung, Gewinnmaximierung, Kostenminimierung, volle Auslastung der Kapazitäten. Die wirtschaftlichen Ziele sind auch abhängig von der Unternehmungsform. So streben z. B. erwerbswirtschaftliche Unternehmungen eine Gewinnmaximierung an; genossenschaftliche Unternehmungen möchten Vorteile und Nutzen für ihre organisierten Mitglieder erwirtschaften und gemeinwirtschaftliche oder öffentliche Unternehmungen erbringen für die Allgemeinheit Leistungen zum Selbstkostenpreis oder auch darunter.

b) **Soziale Ziele,** die von der Betriebswirtschaft in ihrer sozio-ökonomischen Dimension angestrebt werden. Eine Besonderheit der sozialen Ziele liegt darin, dass sie sich im Allgemeinen auf die Verbesserung der materiellen und immateriellen Bedingungen der Arbeitnehmer wie höhere Löhne, Verkürzung der Arbeitszeit, Gleitzeit, betriebliche Rente usw. beziehen. So gesehen werden diese Ziele nicht nur von der Unternehmensleitung, sondern sehr stark von den Erwartungen, Bedürfnissen, Interessen, Forderungen der Mitarbeiter bestimmt und beeinflusst.

Generell werden die wirtschaftlichen und sozialen Ziele weiter unterteilt:

a) **Sachziele:** Bei den Sachzielen steht die Frage „**Was** soll erreicht werden?" im Vordergrund. Sachziele fixieren gewissermaßen einen angestrebten Endzustand.

b) **Formalziele:** Bei den Formalzielen lautet die Frage: „**Wie** soll etwas erreicht werden?" Formalziele legen gewissermaßen die zur Zielerreichung geeigneten und ausgewählten Mittel, Strategien und Entscheidungen fest.

Zielvorgaben für die Personalarbeit 2.1

Wenn beide Zielvarianten miteinander kombiniert werden, ergibt sich das folgende, mit einigen Beispielen versehene Schema.

	Sachziele Frage = *WAS?*	**Formalziele** Frage = *WIE?*
Wirtschaftliche Ziele (Ziele der Unternehmung, des Betriebes)	Umsatz Sicherheit Wachstum	Gewinnmaximierung Kostendeckung Produktivität Wirtschaftlichkeit Rentabilität
Soziale Ziele (Ziele der Personalwirtschaft)	Personalbereitstellung Personalentwicklung Soziale Integration Arbeitszufriedenheit	Motivierung d. MA Kooperative Führung Arb.-Identifikation Gerechte Entlohnung Gleitende Arbeitszeit

Wirtschaftliche und soziale Ziele

Die genaue Einstufung oder Einordnung eines bestimmten Zieles als Sachziel oder Formalziel ist nicht immer möglich. Es kann z. B. die Gleitzeit als Sachziel einen Zustand darstellen; als Formalziel kann die Gleitzeit ein Mittel sein, das zur größeren Arbeitszufriedenheit der Mitarbeiter beiträgt. Aus diesem Grunde wird in der Personalarbeit häufig auf die Unterteilung in Sachziele und Formalziele verzichtet.

Wirtschaftliche Ziele stellen häufig Globalziele dar. Sie müssen durch Unterziele konkretisiert, verfeinert und operationalisiert werden. Unter Operationalisierung verstehen wir ein Feinziel quantifizierbar und überprüfbar zu machen. Zum Beispiel: Die Krankenstandsquote in der Abteilung X soll innerhalb der nächsten 3 Monate von 10 % auf 8 % reduziert werden. Ein Gesamtunternehmensziel kann in Unterziele für Unternehmensbereiche, Abteilungen, Arbeitsgruppen, Sachbearbeiter untergliedert werden, wie die folgende Darstellung zeigt:

```
            Gesamtunternehmung
           Unternehmensbereiche
                Abteilungen
               Arbeitsgruppen
               Sachbearbeiter
```

Die Ziele werden von der Spitze der Pyramide nach unten immer konkreter. Eine solche Zieldarstellung wird in der betriebswirtschaftlichen Literatur als Zielhierarchie oder als Zielsystem bezeichnet.

Da die wirtschaftlichen Ziele im Allgemeinen primär die Interessen der Unternehmung oder des Betriebes berücksichtigen, die sozialen Ziele dagegen mehr die Interessen der Mitarbeiter, können Konflikte entstehen. Bezüglich des Zusammenwirkens von wirtschaftlichen und sozialen Zielen können grundsätzlich drei verschiedene Konstellationen unterschieden werden:

1. **Ziel-Komplementarität:** Wirtschaftliche und soziale Ziele entsprechen einander, ergänzen sich, gehen in die gleiche Richtung und stimmen überein. Beispiel: Die Einführung der gleitenden Arbeitszeit bedeutet für den Mitarbeiter größere Freiheitsräume. Für das Unternehmen liegen Vorteile vielleicht in einer erleichterten Arbeitskräftebeschaffung.
(wirtschaftl. Ziel = +; soziales Ziel = +)
2. **Ziel-Konkurrenz:** Wir haben es hier mit einer Gegenläufigkeit der Ziele zu tun. Dafür 2 Beispiele:
   (1) Einführung einer kürzeren Arbeitszeit durch die Gewerkschaften bei vollem Lohnausgleich
   (wirtschaftl. Ziel = –; soziales Ziel = +)
   (2) Absatzrückgänge erfordern Rücknahme der Produktion und Einführung von Kurzarbeit oder Entlassungen.
   (wirtschaftl. Ziel = +; soziales Ziel = –)
3. **Ziel-Indifferenz:** Die Ziele beeinflussen sich gegenseitig nicht.
Beispiel: Der Betrieb richtet eine Mittagessenausgabe ein; dadurch muss nicht unbedingt die betriebliche Leistung gesteigert werden.
(wirtschaftl. Ziel = **± 0**; soziales Ziel = +)

Wir bezeichnen im Allgemeinen

- komplementäre Beziehungen als Zielharmonie,
- konkurrierende Beziehungen als Zielkonflikt,
- indifferente Beziehungen als Zielneutralität.

Die Personalwirtschaft sollte versuchen die wirtschaftlichen Ziele und die sozialen Ziele möglichst in Einklang zu bringen und zu harmonisieren.

Es gibt sicherlich sehr viele und unterschiedliche wirtschaftliche Ziele auf allen Unternehmens-/Betriebsebenen. Ebenso ist die Zahl der sozialen Ziele praktisch unbegrenzt. Es lassen sich mühelos viele Ziele und Mittel zu deren Realisierung nennen, die zur Verbesserung der Situation der Mitarbeiter im Betrieb beitragen und daher aus der Sicht der Belegschaft, aber auch aus der Sicht des Unternehmens wünschenswert sein können. Einige Beispiele hierfür folgen:

- Sicherung des betrieblichen Arbeitsfriedens
- Erhaltung eines optimalen Arbeitskräftepotenzials
- Gestaltung der Lohn- und Gehaltspolitik einschl. Sozialpolitik
- Förderung der Leistungsbereitschaft und der Arbeitseffizienz
- Steuerung der qualitativen und quantitativen Personalmaßnahmen
- Abstimmung der Unternehmensinteressen mit den Interessen der Mitarbeiter

2.2 Aufgaben des Personalwesens

Die Aufgaben des Personalwesens lassen sich wie folgt gliedern:

a) Grundsatzfragen
b) Fachaufgaben
   des betrieblichen Personalwesens

Grundsatzfragen

- Personalforschung, Personalmarketing, Arbeitsplatzanalyse
- Personalcontrolling
- Personalplanung, Personalwerbung, Personalauswahl
- Erstellung und Überwachung von Personalführungsgrundsätzen
- Gestaltung der Mitarbeiterinformation und -kommunikation
- Gestaltung von Arbeitsplätzen und Arbeitsumgebung
- EDV-Einsatz im Personalwesen, Datenerfassung, Datenschutz
- rechtliche Rahmenbedingungen für die Personalarbeit
- Erstellung von Richtlinien für personelle Fachaufgaben

Fachaufgaben
des betrieblichen Personalwesens

- Personaleinstellungen, Versetzungen, Freistellungen
- Personaleinführung, Personaleinarbeitung, Personaleinsatz
- Überwachung der Abwesenheit und Steuerung der Fluktuation
- Abwicklung der Lohn- und Gehaltsabrechnung
- Anwendung der gesetzlichen, tarifvertraglichen und betrieblichen Vorschriften
- Personalausbildung, Weiterbildung, Förderung der Mitarbeiter
- Anpassung der Mitarbeiterqualifikation an geänderte Anforderungen
- Wahrnehmung der betriebsverfassungsrechtlichen Aufgaben
- Verwaltung der sozialen Einrichtungen
- Gewährung von Sozialleistungen
- Gesundheitliche und ärztliche Betreuung der Mitarbeiter
- Aufrechterhaltung der Arbeitssicherheit
- Regeln für den betrieblichen Umweltschutz
- Bearbeitung von individuellen und kollektiven Personalkonflikten
- Bearbeitung von Rechtsstreitigkeiten
- Abwicklung der Personaladministration
- vertrauensvolle Zusammenarbeit mit dem Betriebsrat

Aufgaben

1. Welche wirtschaftlichen Ziele verfolgen im Allgemeinen erwerbswirtschaftliche, genossenschaftliche und gemeinwirtschaftliche Unternehmungen?
2. Welche grundsätzlichen Aufgaben (Zwecke) im Betrieb erfüllen wirtschaftliche und soziale Ziele?
3. Wirtschaftliche und soziale Ziele werden oft in Formalziele und Sachziele unterteilt. Wie lautet die grundsätzliche Fragestellung bei diesen beiden Arten von Zielen?
4. Bei der Umsetzung von Zielen können sich wirtschaftliche und soziale Ziele schon einmal gegenläufig verhalten. Wie bezeichnen wir eine solche Situation? Nennen Sie dafür ein Beispiel.
5. Welche weiteren anderen Situationen des Zielverhaltens zwischen sozialen und wirtschaftlichen Zielen kennen Sie noch? Erläutern Sie diese.
6. Was verstehen wir unter Operationalisierung von Zielen?
7. Was ist ein Zielsystem oder eine Zielhierarchie? Worauf muss bei der Ableitung von Zielen besonders geachtet werden?
8. Was bedeutet die Aussage: Jedes Unternehmen ist ein technisch-ökonomisches und ein soziökonomisches System? Können von diesen Bezeichnungen bestimmte Ziele abgeleitet werden? Zum Beispiel welche?

2.3 Personalorganisation und Personalverwaltung

Um die Aufgaben des Personalwesens durchzuführen, braucht ein Betrieb je nach Größe und Art eine entsprechende Organisationsform der Personalabteilung. Die Organisationsformen wurden in den Kapiteln 1.6 und 9.3.1 dargestellt. Es empfiehlt sich, die Aufgaben funktional zu gliedern und für besondere Bereiche Stabsstellen einzurichten.

Gleichgültig, welche Organisationsformen man wählt: Es gehört zu den ersten Aufgaben der Personalabteilung, sich grundsätzliche Arbeitsrichtlinien zu geben. Sodann ist es wichtig, die Personalarbeit zu vereinheitlichen und zu rationalisieren. Dies geschieht, indem man Formulare und Vordrucke in Verbindung mit Musterbriefen entwickelt.

Schließlich ist die Einrichtung und Führung einer Personalstatistik vorzusehen. Dadurch können alle wichtigen personalwirtschaftlichen Daten erfasst, verglichen und ausgewertet werden.

2.3.1 Arbeitsrichtlinien

An dieser Stelle soll nicht auf den Inhalt der einzelnen Arbeitsrichtlinien näher eingegangen werden. Bei den wichtigsten grundsätzlichen Regelungen handelt es sich um

- allgemeine Personalrichtlinien,
- Pläne für die Personalorganisation,
- Arbeitsplatzbeschreibungen,
- Stellenbeschreibungen,
- Stellenpläne und Stellenbesetzungspläne,
- Arbeitsordnungen,
- Betriebsvereinbarungen,
- Lohn- und Gehaltsregelungen,
- allgemeine und besondere Führungsgrundsätze,
- Beurteilungsgrundsätze,
- Richtlinien für das Sozialwesen,
- Berichts- und Informationswesen.

Diese und weitere grundsätzliche Richtlinien werden oft in Personalhandbüchern zusammengefasst.

2.3.2 Formulare, Vordrucke und Serienbriefe

Geeignete Formulare, Vordrucke und Serienbriefe können die Personalarbeit wesentlich vereinfachen. Der Organisationsmittelhandel hält eine Reihe von Hilfsmitteln wie Personalordner, Personalkarteikarten, Lohn- und Gehaltslisten bereit. Es gibt auch eine umfangreiche Literatur mit Mustern und Beispielen für Vordrucke und Standardbriefe. Schließlich existieren auch komplette Formularsysteme für die betriebliche Personalverwaltung. Die vorhandenen Materialien können z. T. im Original übernommen und in den Betrieben genutzt werden. Bei Bedarf sollte die Personalabteilung betriebsindividuelle Formulare und Vordrucke einführen. Zum Teil werden Vordrucke, Tabellen, Formulare usw. auch durch ein gutes EDV-System einschl. aller benötigten Auswertungen ausgedruckt.

Nachfolgend werden solche Vorgänge und Aufgaben aus dem Personalbereich zusammengestellt, die sich standardisieren lassen. Diese Zusammenstellung erhebt keinen Anspruch auf Vollständigkeit:

- Arbeitsverträge für Arbeiter, Angestellte, leitende Angestellte, Probearbeitsverhältnisse, Aushilfskräfte usw.,
- Beurteilungsbogen für Arbeiter, Angestellte, leitende Angestellte, Auszubildende,
- Personalfragebogen,
- Formulare für Personalanforderungen,

- Formulare für ärztliche Einstellungsuntersuchungen,
- Serienbriefe für Stellenbewerber,
- Serienbriefe für die Einholung von Auskünften,
- Serienbriefe im Zusammenhang mit der Probezeit,
- Serienbriefe für Änderungen des Arbeitsverhältnisses,
- Serienbriefe für Ernennungen und Beförderungen,
- Formulare für Unfall-, Urlaubs-, Krank- und Fehlmeldungen,
- Formulare und Serienbriefe für freiwillige Sozialleistungen,
- Serienbriefe und Formulare in Verbindung mit der Beendigung des Arbeitsverhältnisses,
- Serienbriefe für Ehrungen, Jubiläen, Pensionärsbetreuung,
- Formulare für Arbeitszeugnisse, Bescheinigungen, Quittungen anlässlich des Ausscheidens von Mitarbeitern,
- Formular für Mitteilungen an den Betriebsrat,
- Formular für innerbetriebliche Mitteilungen.

Für die Abfassung von Serienbriefen für das Personalwesen sowie für die „Verwaltung" aller Vordrucke und Formulare leistet die EDV wertvolle Dienste. Serienbriefe, Vordrucke, Formulare usw. werden auf Datenträgern gespeichert und können jederzeit abgerufen, d. h. für jeden speziellen Fall neu „geschrieben" werden. In Verbindung mit einer EDV-Adressendatei werden so alle Serienbriefe, Vordrucke, Formulare usw. für das Personalwesen EDV-mäßig schnell, sicher und fehlerfrei erstellt.

2.3.3 Personalstatistik

Die Personalstatistik arbeitet mit personalwirtschaftlichen Kennzahlen. Diese haben die Aufgabe, das Geschehen im Personalbereich zu erfassen, darzustellen und auszuwerten. Sie erstreckt sich auf alle Bereiche der betrieblichen Personalarbeit. Die Personalstatistik sollte einfach, übersichtlich, eindeutig, vergleichbar und aktuell sein. Hauptbereiche der Personalstatistik sind

- Personalbestand und Personalentwicklung,
- Altersstruktur,
- Personalanwesenheit bzw. Personalabwesenheit,
- Personalwechsel,
- Personal- und Sozialaufwand.

Personalbestand und Personalentwicklung. Der Personalbestand sollte nach Männern und Frauen, Arbeitern und Angestellten, Inländern und Ausländern erfasst werden. In größeren Betrieben ist eine weitere Unterteilung nach Betriebsabteilungen oder Aufgabenbereichen möglich. Wenn man den Personalbestand laufend, z. B. monatlich, erfasst, erhält man die Entwicklung des

Personalorganisation und Personalverwaltung 2.3

Personalbestandes. Der durchschnittliche Personalbestand eines Jahres errechnet sich folgendermaßen:

① $$\frac{\text{Monatsanfangsbestand} + 12 \text{ Monatsendbestände}}{13}$$

Die monatlichen Werte können bei Saisonbetrieben ziemlich unterschiedlich sein. Man kann aus der Statistik des Personalbestandes weitere **Kennzahlen** zur Belegschaftsstruktur errechnen, z. B. Verhältnis Arbeiter zu Angestellten:

② $$\frac{\text{Arbeiter}}{\text{Angestellte}}$$

Prozentualer Anteil der Arbeiter und Angestellten an der Gesamtbelegschaft:

③ $$\frac{\text{Arbeiter, Angestellte} \cdot 100}{\text{Gesamtbelegschaft}}$$

Prozentualer Anteil der ungelernten, angelernten und gelernten Mitarbeiter an der Gesamtbelegschaft:

④ $$\frac{\text{ungelernte, angelernte, gelernte Mitarbeiter} \cdot 100}{\text{Gesamtbelegschaft}}$$

Prozentualer Anteil der männlichen und weiblichen Mitarbeiter an der Gesamtbelegschaft:

⑤ $$\frac{\text{männliche, weibliche Mitarbeiter} \cdot 100}{\text{Gesamtbelegschaft}}$$

Prozentualer Anteil der inländischen und ausländischen Mitarbeiter an der Gesamtbelegschaft:

⑥ $$\frac{\text{inländische, ausländische Mitarbeiter} \cdot 100}{\text{Gesamtbelegschaft}}$$

Altersstruktur der Belegschaft. Es ist nicht unwichtig, die altersmäßige Zusammensetzung der Mitarbeiter zu kennen. Dabei sollte man Altersstufen von etwa 5 Jahren bilden. Der Altersaufbau errechnet sich wie folgt:

① $$\frac{\text{Arbeitskräfte je Altersstufe} \cdot 100}{\text{Gesamtbelegschaft}}$$

Aus der altersmäßigen Zusammensetzung erfolgt die Berechnung der Nachwuchsquote.

Unter Nachwuchsquote versteht man diejenige Zahl der Mitarbeiter in Prozent zur Gesamtbelegschaft, die jährlich als Nachwuchs neu eingestellt werden muss, um die derzeitige Alterszusammensetzung und den zahlen-

2 Organisation und Verwaltung des Personalwesens

mäßigen Bestand der Belegschaft zu erhalten. Als Hilfsgröße für die Berechnung der Nachwuchsquote benötigt man die durchschnittliche Berufs- oder Erwerbstätigkeit der Mitarbeiter. Diese errechnet sich wie folgt:

❷ Durchschnittsalter der infolge Tod, Alter, Invalidität oder Heirat endgültig aus dem Arbeitsprozess ausscheidenden Mitarbeiter
minus
Durchschnittsalter der erstmalig in den Arbeitsprozess eintretenden jugendlichen Mitarbeiter (z. B. als Auszubildende).

Beträgt z. B. die durchschnittliche Erwerbstätigkeit 20 Jahre und hat der Betrieb im Durchschnitt 1200 Beschäftigte, dann errechnet sich die Nachwuchsquote wie folgt:

❸ $\dfrac{1\,200 \text{ Beschäftigte}}{20 \text{ Jahre}} = 60 \text{ junge Mitarbeiter}$

Die Nachwuchsquote in Prozent ergibt sich aus:

❹ $\dfrac{60 \cdot 100}{1\,200} = 5\,\%$ oder (vereinfacht)

❺ $\dfrac{100\,\%}{20 \text{ Jahre}} = 5\,\%$

Die Nachwuchsquote wird bei männlichen und weiblichen Mitarbeitern unterschiedlich sein. Daher empfiehlt sich eine getrennte Berechnung.

Natürlich ändert sich der altersmäßige Aufbau der Belegschaft, wenn bei Abwanderungen von Mitarbeitern vor ihrem endgültigen Ausscheiden aus dem Erwerbsleben neue Mitarbeiter einer anderen Altersstufe (z. B. jüngere Mitarbeiter) eingestellt werden.

Personalanwesenheit und Personalabwesenheit. Die Zahl der nominell vorhandenen und die Zahl der tatsächlich verfügbaren Mitarbeiter stimmen meistens nicht überein, da einzelne durch Urlaub, Krankheit oder aus sonstigen Gründen vorübergehend fehlen. Aus diesem Grund hat die Personalabteilung eine Abwesenheitsstatistik zu führen. Die Abteilungen melden die fehlenden Mitarbeiter täglich der Personalabteilung. Die Meldung enthält auch den Abwesenheitsgrund und die voraussichtliche Abwesenheitsdauer auf dieser sog. Tagesmeldung. Aus der Abwesenheitsstatistik berechnet man z. B.

❶ Krankenstandsquote in % $= \dfrac{\text{Krankheitstage} \cdot 100}{\text{Sollarbeitstage}}$

❷ Unfallquote in % $= \dfrac{\text{Zahl der Unfälle} \cdot 100}{\text{Gesamtbelegschaft}}$

Personalorganisation und Personalverwaltung 2.3

❸ Urlaubsquote in % $= \dfrac{\text{Urlaubstage} \cdot 100}{\text{Sollarbeitstage}}$

Diese Kennzahlen sind für die Personalbedarfs- und Personaleinsatzplanung besonders wichtig.

Personalwechsel (Fluktuation). Bei der statistischen Erfassung des Personalwechsels ist es wichtig, Informationen über Ursachen und Ausmaß der Fluktuation zu ermitteln.

Zu diesem Zweck sollte man die Fluktuation analysieren.

Man erfasst die Ursachen des Personalwechsels nach folgenden Kriterien:

(1) **vom Arbeitnehmer ausgehende Gründe:**
   a) **durch den Betrieb unbeeinflussbar** wie z. B. Tod, Pensionierung, Erwerbs- und Berufsunfähigkeit, Vertragsablauf;
   b) **durch den Betrieb beeinflussbar** wie z. B. Entlohnung, Abwerbung, Betriebsklima, Führungsstil, Art der Arbeit.

(2) **vom Arbeitgeber ausgehende Gründe:**
   wie z. B.
   fehlende Eignung,
   Auftragsmangel,
   Rationalisierung,
   fristlose Entlassung.

Die Gründe für das Ausscheiden sollten durch ein offenes Abschiedsgespräch oder durch einen Fragebogen erforscht werden. Nur so kann man Fehler im Betrieb erkennen und abstellen. Die Fluktuationsanalyse sollte auch die Dauer der Betriebszugehörigkeit der ausscheidenden Mitarbeiter festhalten, weil sie interessante Aufschlüsse zulässt. Aus den Zahlen der Fluktuationsanalyse kann man die Fluktuationsquote und die Ausscheidungsgründe wie folgt berechnen:

❶ Fluktuationsquote in %

$= \dfrac{\text{Anzahl der Abgänge pro Jahr} \cdot 100}{\text{durchschnittlicher Personalbestand}}$

❷ Fluktuationsquote in % wegen Betriebsklima

$= \dfrac{\text{Anzahl Abgänger wegen schlechten Betriebsklimas pro Jahr} \cdot 100}{\text{durchschnittlicher Personalbestand}}$

Man kann auch die gesamten Abgänge pro Jahr gleich 100 % setzen und den prozentualen Anteil für jeden Fluktuationsgrund ermitteln. Auf diese Weise erhält man Aufschluss über die Fluktuationsstruktur. Weitere Kennzahlen zur Fluktuation sind:

2 Organisation und Verwaltung des Personalwesens

❸ Durchschnittliche Betriebszugehörigkeit

$$= \frac{\text{Gesamtdienstjahre der Belegschaft}}{\text{Gesamtzahl der Beschäftigten}}$$

❹ Entlassungskoeffizient in %

$$= \frac{\text{Entlassungen pro Jahr} \cdot 100}{\text{durchschnittlicher Personalbestand}}$$

❺ Quote der freiwillig Ausgeschiedenen in %

$$= \frac{\text{Zahl der freiwillig Ausgeschiedenen} \cdot 100}{\text{durchschnittlicher Personalbestand}}$$

❻ Verhältnis der Abgänge zu den Zugängen

$$= \frac{\text{Zahl der Abgänge pro Jahr}}{\text{Zahl der Zugänge pro Jahr}}$$

Eine Kennzahl größer 1 deutet bei der Formel 6 ein Schrumpfen, eine Kennzahl kleiner 1 eine Ausweitung der Beschäftigten an.

Personal- und Sozialaufwand. Beim Personal- und Sozialaufwand verdichtet man statistisches Material zu Personal- (1–6) und Sozialkennziffern (7–12):

❶ Durchschnittslohn

$$= \frac{\text{Summe aller Löhne}}{\text{Zahl der Arbeiter}}$$

❷ Durchschnittsgehalt

$$= \frac{\text{Summe aller Gehälter}}{\text{Zahl der Angestellten}}$$

❸ Durchschnittliches Arbeitsentgelt

$$= \frac{\text{Summe aller Löhne und Gehälter}}{\text{Gesamtzahl aller Beschäftigten}}$$

❹ Lohn- bzw. Gehaltsintensität

$$= \frac{\text{Löhne oder Gehälter} \cdot 100}{\text{Summe aller Löhne und Gehälter}}$$

Personalorganisation und Personalverwaltung 2.3

❺ Prozentuale Quote der Zuschläge usw.

$$= \frac{\text{Zuschläge, Prämien, Urlaubslöhne, Sonderzuwendungen usw.} \cdot 100}{\text{Summe aller Löhne und Gehälter}}$$

❻ Personalkostenbelastung des Umsatzes in %

$$= \frac{\text{Summe aller Löhne und Gehälter} \cdot 100}{\text{Umsatz}}$$

❼ Übertarifliche Entlohnung

$$= \frac{\text{Effektivlöhne}}{\text{Tariflöhne}}$$

❽ Gesetzlicher Sozialaufwand in % der Lohnsumme

$$= \frac{\text{Summe aller gesetzlichen Sozialaufwendungen} \cdot 100}{\text{Summe aller Löhne und Gehälter}}$$

❾ Freiwilliger Sozialaufwand in % der Lohnsumme

$$= \frac{\text{Summe aller freiwill. Sozialaufwendungen oder einzelner Sozialaufw.} \cdot 100}{\text{Summe aller Löhne und Gehälter}}$$

❿ Sozialleistungen je Beschäftigtem

$$= \frac{\text{Sozialaufwand}}{\text{Zahl der Beschäftigten}}$$

⓫ Gewinnbeteiligung in % der Löhne und Gehälter

$$= \frac{\text{ausgeschütteter Gewinn} \cdot 100}{\text{Summe aller Löhne und Gehälter}}$$

⓬ Ausbildungskosten je Auszubildendem

$$= \frac{\text{Summe der Berufsausbildungskosten}}{\text{Zahl der Auszubildenden}}$$

Die Statistik wird heute überwiegend mithilfe der EDV geführt, ausgewertet und als Tabellen, z. T. unterstützt durch grafische Darstellungen, ausgedruckt. Die entsprechenden Kennzahlen werden ermittelt. Wenn notwendig und zweckmäßig, werden Durchschnittswerte, Spannweiten, mittlere einfache und mittlere quadratische Abweichungen (Standardabweichung) sowie Streuungskoeffizienten berechnet und ausgewiesen.

Die Personalstatistik ist wie jede andere Statistik eine Vergleichsrechnung. Sie gewinnt an Aussagekraft, wenn die ermittelten Zahlen und Werte verglichen werden mit den entsprechenden Zahlen und Werten früherer Zeiträume (Zeitvergleich) und mit denen anderer Betriebsabteilungen, Betriebe, vergleichbarer Unternehmungen (Betriebsvergleich). Erfassung und Auswertung der Personalstatistik sollten daher so beschaffen sein, dass sie diese Vergleichswerte stets mitliefern.

Auf mathematisch-statistische Berechnungs- und Auswertungsmethoden (Abweichungen, Trendberechnungen, Korrelationen u. a.) wird nicht eingegangen. Auf die entsprechende Fachliteratur sei verwiesen.

2.3.4 Sozialbilanz und Sozialbericht

Jedes Unternehmen sollte bestrebt sein eine soziale Verantwortung zu übernehmen und diese auch „sichtbar" zu machen. Die **Sozialbilanz** ist keine Bilanz im Sinne des Steuer- oder Handelsrechts, sondern eine Auflistung aller Aktivitäten (Investitionen) in das sog. Humanvermögen. Unter Humankapital versteht man den Wert der Mitarbeiter an Wissen und Können. Schon daraus lässt sich erkennen, dass diese Werte nicht in einer herkömmlichen Bilanz zu erfassen sind.

Der **Sozialbericht** gibt Auskunft über sämtliche Aufwendungen, die für das Personal (z. B. Beschaffungs-, Einarbeitungs-, Entwicklungs- und Freisetzungskosten) gemacht worden sind.

Im Gegensatz zum Sozialbericht steht bei der **Sozialbilanz** die soziale Verpflichtung des Unternehmens im Vordergrund. So werden im Besonderen die (guten) Leistungen herausgestellt, die für das Unternehmen nach außen hin einen Nutzen bringen und somit auch gesellschaftlich anerkannt werden. Leistungen in diesem Sinne sind u. a. betriebliche Sozialleistungen, Kulturprogramme, Aufwendungen für die Umwelt. Häufig werden diese Informationen über Werks- oder Firmenzeitungen in Umlauf gebracht. Insofern hat die Werkszeitung auch den Charakter einer Sozialbilanz. Durch Veröffentlichungen kommt das Unternehmen einem gewissen Informationsbedürfnis nach. Zum Weiteren können sicherlich über eine solche Bekanntmachung ein positives Image hergestellt und ein guter Standort in der Gesellschaft erreicht werden. So gesehen gehört dieser Aspekt selbstverständlich mit zur Corporate Identity.

2.3.5 Personalcontrolling

Unter Personalcontrolling versteht man ein zentrales Steuerungssystem. Es beeinflusst sämtliche personalwirtschaftlichen Funktionen. Es wäre falsch, Personalcontrolling ausschließlich als ein Kontrollinstrument zu verstehen, obwohl es sich u. a. auch um ein solches handelt. Primär ist es ein Instrument, das die betriebliche Personalarbeit zielorientiert steuert, interveniert, bewertet und kontrolliert. Es handelt sich um ein strategisches Instrument, welches die

Managementprozesse (Ziele setzen – Planung – Entscheidung – Realisation – Kontrolle) begleitet und unterstützt.

Der Blick des Personalcontrollings ist vorwärts gerichtet, d. h., Trends sollen erfasst werden, um somit ein möglichst frühzeitiges Reagieren (Warnsystem) zu ermöglichen. Ein wichtiges Anliegen ist auch die Personalkostenstruktur zu erfassen, zu beobachten und, wenn erforderlich, zu beeinflussen. Controlling ist zunächst eine Aufgabe des Topmanagements und Personalcontrolling steht in der Verantwortung des Personalmanagements. Falls erforderlich sind eigens dafür vorgesehene Stellen zu bilden. Der Personalcontroller hat eine sehr verantwortungsvolle Aufgabe, da er für die gesamte Personalarbeit zuständig ist. Er muss z. B. rechtzeitig gesetzgeberische Vorhaben erkennen, analysieren und mit entsprechenden Maßnahmen reagieren.

Die Funktion eines Personalcontrollings soll an einem Beispiel aus der Personalentwicklung dargestellt werden:

- Bei der Personalentwicklung sind im Hinblick auf den Bedarf zunächst die Ziele festzulegen.
- Im Planungsbereich stellt sich dann die Frage, ob Personalentwicklungsmaßnahmen (Schulung) zum Ziel führen.
- Bei der Durchführung von Schulungen ist zu beobachten, wie die Personalentwicklungsmaßnahmen greifen. Eventuell ist durch Entscheidung einzugreifen, z. B. Abberufung des Trainers und Bestellung eines externen Bildungsträgers.
- In der letzten Stufe ist zu überprüfen, inwieweit die Maßnahmen erfolgreich waren bzw. ob die gesteckten Ziele auch tatsächlich erreicht wurden. Diese abschließende Erfolgskontrolle ist unerlässlich; ggf. ist eine Zielkorrektur erforderlich.

Personalcontrolling ist vergleichbar mit einem Seismografen, der Veränderungen aufspürt und sichtbar macht. Beim Personalcontrolling handelt es sich gewissermaßen um einen internen Unternehmens- oder Personalberater. Unternehmen, die dieses Instrument erfolgreich einsetzen, haben sicherlich größere Chancen auf dem Markt, wettbewerbsfähig zu bleiben.

2.3.6 Outsourcing

Outsourcing heißt sinngemäß „Ausgliedern von Unternehmensbereichen", die nicht zum Kernbereich gehören, an externe spezialisierte Dienstleistungsunternehmen. Diese Möglichkeit ist in Zeiten verstärkter Personalkosteneinsparung für das Unternehmen von Bedeutung.

Neue Trends lassen erkennen, dass die Nachfrage nach Dienstleistungen im kaufmännischen und gewerblichen Bereich zunimmt. Insofern profitieren Anbieter auf dem Markt vom Outsourcing und Leanmanagement. Im Rahmen des Outsourcings werden abgeschlossene Projekte oder auch Teilaufgaben an

Dritte übertragen. Eine Lohn- und Gehaltsabrechnung, das Finanzwesen oder auch Aufgaben der Personalbeschaffung können z. B. externen Unternehmen übertragen werden. Eine solche Maßnahme bedeutet immer auch eine Entlastung im Personalbereich.

Vorteile aus der Sicht des Auftraggebers:

- Der externe Anbieter ist ein Spezialist und verfügt über ein entsprechendes Fachwissen;
- neue Ideen und Erfahrungen werden zur Verfügung gestellt;
- gute Transparenz durch konkrete Aufgabenübertragung;
- Kostenreduzierung, da nur die „gekauften" Leistungen bezahlt werden.

Nachteile bzw. Probleme des Auftraggebers können sich wie folgt einstellen:

- das externe Dienstleistungsunternehmen gewährt Dritten Einblick in interne betriebliche Abläufe;
- u. U. Nichtbeachtung des Datenschutzes beim Auftragnehmer;
- längere Bearbeitungswege und -zeiten, z. B. beim Ausstellen von Bescheinigungen für die Mitarbeiter;
- nach einer gewissen Zeit entfremdet sich der Auftraggeber mehr und mehr von diesen Tätigkeiten. Durch eine solche Entfremdung gewinnt man nicht mehr den Zugang zum Aufgabengebiet.

Outsourcing kann, wie schon erwähnt, für bestimmte Projekte angewandt werden, z. B. Personalbeschaffungsvorgänge für Führungskräfte, inkl. Durchführung eines Assessmentcenters, oder Maßnahmen der Personalentwicklung. Auch die Verpachtung einer Betriebskantine ist eine Form des Outsourcings. Umfrageergebnisse bei Unternehmen lassen erkennen, dass abgegebene Projekte vom Ergebnis her überwiegend positiv beurteilt wurden. Jedoch wird vereinzelt auch festgestellt, dass manche Unternehmen eine Rücknahme vorgenommen haben (Insourcing), um den beschriebenen Nachteilen wirksam zu begegnen.

Insgesamt handelt es sich beim Outsourcing nicht nur um ein Mittel, Kosten kurzfristig zu senken, sondern auch um ein strategisches Instrument, um die Wettbewerbsfähigkeit langfristig zu erhöhen. Auch sollte berücksichtigt werden, dass Outsourcing auch die Chance bietet sich besser auf die Kernaufgaben zu konzentrieren.

Jedoch sollen die nachfolgend genannten **Nachteile für die Mitarbeiter** im Unternehmen nicht unerwähnt bleiben:

- Sorge und Ängste um den Arbeitsplatz,
- entstehende Demotivation und Unzufriedenheit,
- Personalfreisetzung, da Tätigkeiten wegfallen,
- ggf. neuer Personaleinsatz an anderen Arbeitsplätzen.

Personalorganisation und Personalverwaltung 2.3

Aufgaben

1. Überlegen Sie, welche Richtlinien, Merkblätter, Formulare, Vertragsmuster, Serienbriefe usw. ein umfassendes Handbuch für die Personalabteilung Ihres Betriebes enthalten könnte und führen Sie Ihre Vorschläge nach und nach aus. Verwenden Sie dazu die einschlägige Literatur wie Personalhandbücher, Formularbücher, Zeitschriften usw.
2. Nennen Sie einige statistische Kennzahlen zur Belegschaftsstruktur.
3. Was verstehen wir unter „Nachwuchsquote" und wie errechnet man den betrieblichen Nachwuchsbedarf?
4. Was bedeutet Fluktuation? Von welchen Faktoren hängt das Ausmaß der Fluktuation ab?
5. Was ist eine Fluktuationanalyse? Wie würden Sie eine solche Analyse durchführen?
6. Nennen Sie Vor- und Nachteile, wenn das Durchschnittsalter einer Belegschaft einschließlich der Führungskräfte
   a) relativ niedrig
   b) relativ hoch
   liegt.
7. Welche Rückschlüsse ziehen Sie aus der Feststellung, dass die durchschnittliche Betriebszugehörigkeit in Jahren in einem Betrieb relativ niedrig ist?
8. a) Die Personalstatistik gehört zu den Hilfsmitteln der betrieblichen Personalarbeit. Informieren Sie sich anhand der Literatur über die Bedeutung einer Personalstatistik.
   b) Welche personalwirtschaftlichen Sachverhalte sollten statistisch aufbereitet werden?
9. a) Welches Ziel wird mit der Festlegung von Kennzahlen verfolgt?
   b) Nennen Sie Beispiele für Kennzahlen.
   c) Eine Möglichkeit, die Personalkostenentwicklung insgesamt oder für bestimmte Personalkostenarten zu überwachen, ist die Kontrolle mithilfe von Kennzahlen bzw. Kennziffern. Hierzu können u. a. Gliederungszahlen und Beziehungszahlen herangezogen werden. Was wird unter Gliederungszahlen und Beziehungszahlen verstanden?

2.4 Personalwesen und Betriebsverfassungsrecht

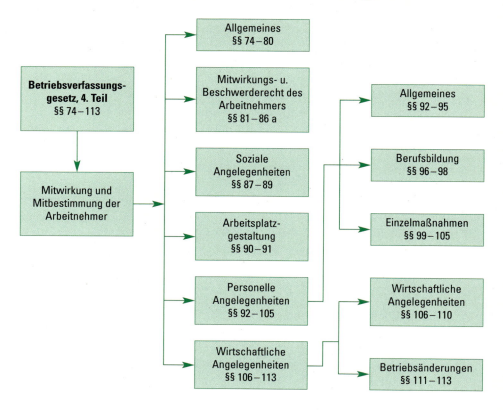

In Betrieben mit in der Regel mindestens 5 ständigen wahlberechtigten Arbeitnehmern, von denen 3 wählbar sind, kann ein **Betriebsrat** für eine jeweils vierjährige Amtsdauer gewählt werden. Wahlberechtigt sind alle Arbeitnehmer, die das 18. Lebensjahr vollendet haben; wählbar sind alle Arbeitnehmer über 18 Jahre, die dem Betrieb mindestens 6 Monate angehören.

In Betrieben mit in der Regel mindestens 5 Arbeitnehmern, die das 18. Lebensjahr noch nicht vollendet haben (jugendliche Arbeitnehmer) oder die zu ihrer Berufsausbildung beschäftigt werden und das 25. Lebensjahr noch nicht vollendet haben, können **Jugend- und Auszubildendenvertretungen** für die Dauer von 2 Jahren gewählt werden. Wählbar zur Jugend und Auszubildendenvertretung sind alle Arbeitnehmer unter 25 Jahren. Arbeitnehmer in der Berufsausbildung zwischen 18 und 25 Jahren nehmen an der Wahl zum Betriebsrat und zur Jugend- und Auszubildendenvertretung teil. Allerdings können Mitglieder des Betriebsrates nicht zu Jugend- und Auszubildendenvertretern gewählt werden.

Wird in Betrieben ein Betriebsrat nicht gewählt, kann der Arbeitgeber aufgrund seines **Direktionsrechts** alle Anordnungen einseitig treffen, soweit diese nicht gegen gesetzliche, tarifvertragliche oder einzelvertragliche Bestimmungen verstoßen. Besteht dagegen im Betrieb ein Betriebsrat, so können bestimmte Angelegenheiten im sozialen, personellen und wirtschaftlichen Bereich nur im Einvernehmen mit dem Betriebsrat geregelt werden, weil dem Betriebsrat umfassende Mitwirkungs- und Mitbestimmungsrechte zustehen. Die Rechte des Betriebsrates für die innerbetriebliche Mitbestimmung sind im **Betriebsverfassungsgesetz** geregelt. Die vorstehende Übersicht weist die einzelnen Mitwirkungs- und Mitbestimmungsbereiche und die zugehörigen Paragrafen des Betriebsverfassungsgesetzes aus dem Jahr 2001 aus. Die **überbetriebliche Mitbestimmung** oder Mitbestimmung im **Unternehmensbereich** hat ihre Regelung in besonderen Mitbestimmungsgesetzen gefunden, z. T. gilt aber auch noch das Betriebsverfassungsgesetz 1952.

Nachfolgend werden die wichtigsten gesetzlichen Bestimmungen erläutert. Es ist notwendig, weitergehende Informationen in der Fachliteratur bzw. in den entsprechenden Gesetzen zu suchen, z. B.

1) Arbeitsgesetze, dtv-Taschenbuch, Nr. 5006, in der jeweils neuesten Ausgabe, z. B. 63. Auflage 2003.
2) Arbeitsrecht von A–Z, dtv-Taschenbuch Nr. 5041, in der jeweils neuesten Ausgabe, z. B. 16. Auflage 2001. (Schaub)

2.4.1 Allgemeines (§§ 74–80 BetrVG)

Arbeitgeber und Betriebsrat sollen mindestens einmal im Monat zu einer Besprechung zusammentreten, um über strittige Fragen zu verhandeln. Arbeitskampfmaßnahmen zwischen Arbeitgeber und Betriebsrat sind nicht zulässig. Betätigungen, die den Arbeitsfrieden stören, sind verboten, ebenso parteipolitische Betätigungen in den Betrieben. Betriebsrat und Arbeitgeber haben darauf zu achten, dass eine unterschiedliche Behandlung der Arbeitnehmer im Betrieb unterbleibt und dass die freie Entfaltung der Persönlichkeit aller Arbeitnehmer gefördert wird.

Bei Meinungsverschiedenheiten ist bei Bedarf oder durch Betriebsvereinbarung eine ständige **Einigungsstelle** zu bilden. Arbeitgeber und Betriebsrat bestellen eine gleich große Anzahl von Beisitzern. Beide Seiten müssen sich außerdem auf einen neutralen Vorsitzenden einigen, andernfalls wird dieser vom Arbeitsgericht bestellt. Die Einigungsstelle wird auf zweierlei Art und Weise tätig.

a) In denjenigen Fällen, in denen der Spruch der Einigungsstelle die Einigung zwischen Arbeitgeber und Betriebsrat ersetzt, wird die Einigungsstelle auf Antrag einer Seite tätig. Der Spruch der Einigungsstelle ist verbindlich. Das ist immer bei den echten Mitbestimmungsrechten des Betriebsrates der Fall. Bei Ermessensüberschreitungen durch die Einigungsstelle kann das Arbeitsgericht angerufen werden.

b) In allen anderen Fällen, in denen dem Betriebsrat nur das Mitwirkungs- oder Anhörungsrecht zusteht, wird die Einigungsstelle nur auf Antrag beider Seiten tätig. Hier ersetzt der Spruch der Einigungsstelle die Einigung zwischen Arbeitgeber und Betriebsrat nur dann, wenn beide Seiten sich vorher oder nachträglich dem Spruch unterwerfen.

Um gemeinsame Beschlüsse durchzuführen, schließen Betriebsrat und Arbeitgeber **Betriebsvereinbarungen** ab. Betriebsvereinbarungen bedürfen der Schriftform. Diese sind an geeigneter Stelle im Betrieb auszulegen. In der Regel können die Vereinbarungen mit einer Frist von 3 Monaten gekündigt werden, soweit nichts anderes vereinbart wurde. Die Mitglieder des Betriebsrates dürfen in ihrer Tätigkeit nicht gestört oder behindert oder benachteiligt werden. Das gilt auch für Auszubildende, die in der Jugend- und Auszubildendenvertretung tätig sind. Zu beachten ist, dass Betriebs- und Geschäftsgeheimnisse nicht weitergegeben werden dürfen. Die **Geheimhaltungspflicht** erstreckt sich auch auf Sachverständige, die der Betriebsrat nach Vereinbarung mit dem Arbeitgeber zu Erfüllung seiner Aufgaben heranziehen kann. Der Arbeitgeber muss den Betriebsrat rechtzeitig und umfassend informieren und ihm alle erforderlichen Unterlagen zur Verfügung stellen. Der Betriebsrat hat im Übrigen folgende **allgemeine Aufgaben** zu erfüllen:

- Er muss die Einhaltung aller gesetzlichen und sonstigen Bestimmungen im Betrieb überwachen.
- Er hat Anregungen von Arbeitnehmern, der Jugend- und Auszubildendenvertretung usw. entgegenzunehmen und beim Arbeitgeber entsprechende Maßnahmen zu beantragen.
- Er hat die Eingliederung von Schwerbehinderten, ausländischen Arbeitnehmern, sonstigen schutzbedürftigen Personen sowie die Beschäftigung älterer Arbeitnehmer im Betrieb zu fördern.
- Er hat die Durchsetzung der tatsächlichen Gleichstellung von Frauen und Männern sowie die Vereinbarkeit von Familie und Erwerbstätigkeit zu fördern.

2.4.2 Mitwirkungs- und Beschwerderecht des Arbeitnehmers (§§ 81–86 a BetrVG)

Der Arbeitgeber hat den einzelnen Mitarbeiter über dessen Aufgaben und Verantwortung sowie über die Art der Tätigkeit zu unterrichten und ihn besonders auf Unfall- und Gesundheitsgefahren aufmerksam zu machen. Über Veränderungen in seinem Arbeitsbereich ist der Arbeitnehmer rechtzeitig zu informieren.

Der Arbeitnehmer kann verlangen zu betrieblichen Angelegenheiten, die seine Person betreffen, gehört zu werden und dazu Vorschläge zu unterbreiten. Der Arbeitnehmer darf, auch zusammen mit dem Betriebsrat, Einblick in seine Personalakten nehmen. Er kann verlangen, dass ihm die Zusammensetzung seines Arbeitsentgeltes sowie Leistungsbeurteilungen erläutert werden. Schließlich kann der Arbeitnehmer sich beim Arbeitgeber beschweren, wenn er vom Arbeitgeber oder von Arbeitnehmern benachteiligt wird. Dabei kann er den Betriebsrat hinzuziehen. Der Arbeitgeber muss den Arbeitnehmer über die Behandlung der Beschwerde unterrichten.

2.4.3 Soziale Angelegenheiten (§§ 87–89 BetrVG)

Unter sozialen Angelegenheiten versteht das Betriebsverfassungsgesetz vornehmlich die Arbeitsbedingungen der Arbeitnehmer in den Betrieben. Der Betriebsrat hat hier ein Mitbestimmungsrecht. Kommt eine Einigung zwischen Arbeitgeber und Betriebsrat nicht zustande, so ersetzt der Spruch der Einigungsstelle die Einigung zwischen Arbeitgeber und Betriebsrat. Das Gesetz räumt dem Betriebsrat ein Mitbestimmungsrecht ein, wenn es um folgende Fragen geht:

- Betriebsordnung und Verhaltensweisen der Arbeitnehmer im Betrieb,
- Beginn und Ende der täglichen Arbeitszeit, die Pausen sowie die Verteilung der Arbeitszeit auf die einzelnen Wochentage,
- vorübergehende Verkürzung oder Verlängerung der betriebsüblichen Arbeitszeit,
- Zeit, Ort und Art der Auszahlung der Arbeitsentgelte,
- Aufstellung allgemeiner Urlaubsgrundsätze und eines Urlaubsplanes,
- Einführung und Anwendung von technischen Einrichtungen zur Überwachung von Verhaltensweisen und Leistungen der Arbeitnehmer,
- Regelungen zur Verhütung von Arbeitsunfällen,
- Form, Ausgestaltung und Verwaltung von betrieblichen Sozialeinrichtungen,
- Zuweisung, Kündigung, Festlegung der Nutzungsbedingungen für Werkswohnungen,
- Aufstellung von Entlohnungsgrundsätzen und die Einführung neuer Entlohnungsmethoden,
- Festsetzung der Akkord- und Prämiensätze und vergleichbarer leistungsbezogener Entgelte,
- betriebliches Vorschlagswesen,
- Grundsätze für die Durchführung von Gruppenarbeit; Gruppenarbeit im Sinne dieser Vorschrift liegt vor, wenn im Rahmen des betrieblichen Arbeitsablaufs eine Gruppe von Arbeitnehmern eine ihr übertragene Gesamtaufgabe im Wesentlichen eigenverantwortlich erledigt.

Alle anderen sozialen Angelegenheiten können durch freiwillige Betriebsvereinbarungen zwischen Arbeitgeber und Betriebsrat geregelt werden.
Der Betriebsrat hat außerdem bei der Bekämpfung von Unfall- und Gesundheitsgefahren mitzuwirken und kann Arbeitgeber, Behörden u. a. An-

regungen geben. Zu fachlichen Besprechungen auf diesem Gebiet ist er hinzuzuziehen. Der Betriebsrat hat ferner einen Anspruch auf Niederschriften über Untersuchungen, Besichtigungen und Besprechungen in Fragen der Unfallverhütung und des Gesundheitsschutzes. Über Unfälle im Betrieb muss ihn der Arbeitgeber unterrichten.

2.4.4 Arbeitsplatzgestaltung (§§ 90–91 BetrVG)

Der Betriebsrat hat einen Anspruch darauf, rechtzeitig vom Arbeitgeber unter Vorlage der erforderlichen Unterlagen unterrichtet zu werden über die Planung

- von Neu-, Um- und Erweiterungsbauten von Fabrikations-, Verwaltungs- und sonstigen betrieblichen Räumen,
- von technischen Anlagen,
- von Arbeitsverfahren und Arbeitsabläufen,
- der Arbeitsplätze.

Der Betriebsrat hat auch einen Anspruch darauf, Näheres über die Auswirkungen auf die Art der Arbeit und die Anforderungen an die Arbeitnehmer zu erfahren. Vorschläge und Bedenken des Betriebsrates sollen bei der Planung berücksichtigt werden. Werden die Arbeitnehmer in besonderer Weise belastet, so kann der Betriebsrat angemessene Maßnahmen zur Abwendung, Milderung oder zum Ausgleich der Belastung verlangen. Kommt hier eine Einigung mit dem Arbeitgeber nicht zustande, so entscheidet die Einigungsstelle (§ 91 BetrVG).

2.4.5 Personelle Angelegenheiten (§§ 92–105 BetrVG)

Allgemeine personelle Angelegenheiten (§§ 92–95 BetrVG). Der Arbeitgeber ist gehalten den Betriebsrat über die Personalplanung, über den gegenwärtigen und zukünftigen Personalbedarf, über personelle Maßnahmen (auch der Berufsbildung) rechtzeitig und umfassend anhand von Unterlagen zu unterrichten. Zweck dieser Informationspflicht ist es, Härten für die Arbeitnehmer zu vermeiden. Außerdem kann der Betriebsrat verlangen, dass Arbeitsplätze vor ihrer Besetzung im Betrieb ausgeschrieben werden.

Schließlich bedürfen Personalfragebogen, persönliche Angaben in schriftlichen Arbeitsverträgen, die Aufstellung von Beurteilungsgrundsätzen sowie Richtlinien über die personelle Auswahl bei Einstellungen, Versetzungen, Umgruppierungen und Kündigungen der Zustimmung des Betriebsrates. In größeren Betrieben mit mehr als 500 Arbeitnehmern kann der Betriebsrat verlangen, dass besondere Auswahlrichtlinien aufgestellt werden. Kommt bei diesen Maßnahmen eine Einigung nicht zustande, entscheidet wieder die Einigungsstelle verbindlich.

Berufsbildung (§§ 96–98 BetrVG). Arbeitgeber und Betriebsrat sollen gemeinsam die berufliche Bildung fördern. Der Arbeitgeber hat mit dem Betriebsrat über die Errichtung und Ausstattung betrieblicher Berufsbildungseinrichtungen zu beraten. Bei der Durchführung betrieblicher Bildungsmaßnahmen hat der Betriebsrat ein Mitbestimmungsrecht; bei der Durchführung überbetrieblicher Berufsbildungsmaßnahmen kann der Betriebsrat für die Teilnahme von Arbeitnehmern an diesen Veranstaltungen Vorschläge unterbreiten. Einigen sich Arbeitgeber und Betriebsrat nicht, entscheidet die Einigungsstelle. Schließlich kann der Betriebsrat bei Vorliegen bestimmter Voraussetzungen der Bestellung eines Ausbilders widersprechen oder verlangen, dass ein vorhandener Ausbilder abberufen wird. Im Falle einer Nichteinigung muss hier aber das Arbeitsgericht angerufen werden.

Personelle Einzelmaßnahmen (§§ 99–105). In Betrieben mit mehr als 20 wahlberechtigten Arbeitnehmern hat der Arbeitgeber den Betriebsrat vor jeder **Einstellung,** Eingruppierung, Umgruppierung und Versetzung zu unterrichten, ihm alle Unterlagen auszuhändigen und seine Zustimmung zur Einstellung einzuholen. Unter bestimmten Voraussetzungen kann der Betriebsrat die Zustimmung verweigern, z. B. wenn die Einstellung gegen gesetzliche und andere Vorschriften verstößt, wenn Auswahlrichtlinien nicht beachtet wurden, wenn beschäftigte Arbeitnehmer durch die Einstellung ihren Arbeitsplatz verlieren oder Nachteile erleiden könnten und wenn eine geforderte innerbetriebliche Stellenausschreibung unterblieben ist oder wenn der Neue den Betriebsfrieden stören könnte. Der Widerspruch muss vom Betriebsrat innerhalb einer Woche schriftlich unter Angabe der vorgenannten Gründe erklärt werden; sonst gilt seine Zustimmung als erteilt.

Zum Schutz des Arbeitnehmers vor voreiligen und unbedachten **Kündigungen** ist der Betriebsrat vor jeder Kündigung zu hören. Der Arbeitgeber hat dem Betriebsrat die Gründe mitzuteilen. Eine ohne Anhörung des Betriebsrates ausgesprochene Kündigung ist unwirksam. Der Betriebsrat kann bei ordentlicher Kündigung innerhalb einer Woche, bei einer außerordentlichen Kündigung innerhalb von 3 Tagen unter Angabe von Gründen dem Arbeitgeber seine Bedenken schriftlich vorlegen. Äußert er sich innerhalb dieser Frist nicht, gilt seine Zustimmung als erteilt.

Es gibt also einen Unterschied zwischen außerordentlichen und ordentlichen Kündigungen. Bei **außerordentlichen** Kündigungen hat der Betriebsrat nur das Recht, seine **Bedenken** zu äußern. Der Arbeitnehmer kann hier aber gegen die Bedenken des Betriebsrates entlassen werden. Das gilt allerdings nicht bei außerordentlichen Kündigungen von Mitgliedern des Betriebsrates, der Jugend- und Auszubildendenvertretung, des Wahlvorstandes und von Wahlbewerbern. In diesen Fällen muss der Betriebsrat auch einer außerordentlichen Kündigung zustimmen. **Verweigert** der Betriebsrat die Zustimmung, kann der Arbeitgeber das Arbeitsgericht anrufen und beantragen die Zustimmung des Betriebsrates zu ersetzen.

Bei einer **ordentlichen** Kündigung kann der Betriebsrat ebenfalls seine Bedenken äußern. In einer Reihe von im Betriebsverfassungsgesetz besonders und abschließend aufgezählten Fällen kann er aber auch einer Kündigung widersprechen.

Das ist der Fall, wenn

- der Arbeitgeber bei der Auswahl der zu Kündigenden soziale Gesichtspunkte nicht ausreichend berücksichtigt hat,
- die Kündigung vereinbarten Auswahlrichtlinien widerspricht,
- der Gekündigte an einem anderen Arbeitsplatz im Betrieb eingesetzt werden könnte,
- die Weiterbeschäftigung des Gekündigten nach zumutbarer Umschulung oder Fortbildung oder zu geänderten Vertragsbedingungen möglich ist und sich der Arbeitnehmer damit einverstanden erklärt.

Weiterbeschäftigung während eines Kündigungsrechtsstreites. Auch nach altem Recht gab es für den Arbeitnehmer, der gegen eine Kündigung geklagt hat, ein eingeschränktes Weiterbeschäftigungsrecht (§ 102 Abs. 5 BetrVG). Dieses ist durch ein Urteil des Bundesarbeitsgerichts (1985) erheblich ausgedehnt worden. Danach hat der gekündigte Arbeitnehmer generell einen Anspruch auf Weiterbeschäftigung über den Ablauf der Kündigungsfrist oder bei einer fristlosen Kündigung über deren Zugang hinaus bis zum rechtskräftigen Abschluss des Kündigungsschutzprozesses immer dann, wenn nach Feststellung des Gerichts die Kündigung offensichtlich unwirksam ist.

Im Falle eines **Widerspruchs** durch den Betriebsrat – nicht im Falle von Bedenken gegen die Kündigung – muss die Personalabteilung dem Arbeitnehmer zusammen mit der Kündigung eine Abschrift der Stellungnahme des Betriebsrates aushändigen, damit der Arbeitnehmer die Aussichten einer Kündigungsschutzklage besser beurteilen kann.

Will der Arbeitnehmer geltend machen, dass eine Kündigung sozial ungerechtfertigt ist, muss er innerhalb von 3 Wochen nach Zugang der Kündigung Klage beim Arbeitsgericht auf Feststellung erheben, dass das Arbeitsverhältnis durch die Kündigung nicht aufgelöst ist.

Wenn ein Arbeitsgericht in erster Instanz feststellt, dass die Kündigung aus irgendeinem Grund nicht in Ordnung ist (z. B. Beanstandung der Sozialklausel nach § 102 Abs. 3 Satz 1 BetrVG), muss der Gekündigte weiterbeschäftigt werden, so lange, bis ein höheres Gericht endgültig entschieden hat. Das kann bei einem Prozess beim Landesarbeitsgericht in der Regel mindestens 1 Jahr, bei einem Prozess vor dem Bundesarbeitsgericht evtl. 3 Jahre dauern. So lange bleibt der Mitarbeiter im Betrieb, auch wenn die Kündigung in letzter Instanz doch für rechtens erklärt wird.

Während des Rechtsstreites kann das Arbeitsverhältnis auch durch Urteil des Arbeitsgerichtes aufgelöst werden, wenn Arbeitnehmer oder Arbeitgeber dies beantragen. In diesem Fall muss der Arbeitgeber an den Arbeitnehmer eine Abfindung zahlen. Arbeitnehmer und Arbeitgeber können den Antrag auf Auflösung des Arbeitverhältnisses bis zum Schluss der letzten mündlichen Verhandlung in der Berufungsinstanz stellen. (§§ 8 und 9 KSchG)

Die hier ausführlich geschilderten Mitbestimmungsrechte des Betriebsrates bei einer Einstellung und einer Kündigung gelten nicht für **leitende** Angestellte im Sinne des Betriebsverfassungsgesetzes. Allerdings muss der Arbeitgeber beabsichtigte Einstellungen oder personelle Veränderungen bei leitenden Angestellten dem Betriebsrat rechtzeitig mitteilen.

Im Übrigen gelten für leitende Angestellte folgende Sonderregelungen:

Das Gesetz über **Sprecherausschüsse der leitenden Angestellten** vom 21. Dezember 2000 schreibt die Bildung von besonderen Sprecherausschüssen vor. In Betrieben mit in der Regel 10 leitenden Angestellten werden zeitgleich mit den Betriebsratswahlen Sprecherausschüsse für die Dauer von 4 Jahren gewählt.

Das Sprecherausschussgesetz enthält keine Mitbestimmungsrechte, sondern nur wenige Mitwirkungsrechte. So muss der Arbeitgeber vor Abschluss einer Betriebsvereinbarung oder sonstigen Vereinbarung mit dem Betriebsrat, die rechtliche Interessen der leitenden Angestellten berühren, den Sprecherausschuss rechtzeitig anhören. Außerdem können Arbeitgeber und Sprecherausschuss Richtlinien über den Inhalt, den Abschluss oder die Beendigung von Arbeitsverhältnissen der leitenden Angestellten schriftlich vereinbaren. Schließlich ist der Sprecherausschuss vor jeder Kündigung eines leitenden Angestellten zu hören. Eine ohne seine Anhörung ausgesprochene Kündigung ist unwirksam.

Arbeitgeber und Sprecherausschuss sollen vertrauensvoll zusammenarbeiten. Das Gleiche gilt für Betriebsrat und Sprecherausschuss, die sich gegenseitig zu ihren Sitzungen einladen können. Einmal im Jahr soll eine gemeinsame Sitzung des Sprecherausschusses und des Betriebsrates stattfinden.

2.4.6 Wirtschaftliche Angelegenheiten (§§ 106–113 BetrVG)

Unterrichtung in wirtschaftlichen Angelegenheiten (§§ 106–110 BetrVG). Nach dem Betriebsverfassungsgesetz ist in Betrieben mit mehr als 100 Arbeitnehmern ein **Wirtschaftsausschuss** zu bilden. Seine Mitglieder – mindestens 3, höchstens 7 – werden vom Betriebsrat bestimmt und haben dem Unternehmen anzugehören. Auch leitende Angestellte können zu Mitgliedern des Wirtschaftsausschusses berufen werden. Dem Wirtschaftsausschuss muss mindestens ein Betriebsratsmitglied angehören. Er hat die Aufgabe, wirtschaftliche Angelegenheiten mit dem Unternehmer zu beraten und den Betriebsrat zu unterrichten. Daher sollte er aus sachkundigen Mitgliedern bestehen.

Der Wirtschaftsausschuss tagt einmal im Monat. Der Unternehmer bzw. sein Vertreter berichtet ihm über wirtschaftliche Angelegenheiten, insbesondere über

- die wirtschaftliche und finanzielle Lage des Unternehmens,
- die Produktions- und Absatzlage,
- das Produktions- und Investitionsprogramm,
- Rationalisierungsvorhaben,
- Fabrikations- und Arbeitsmethoden, insbesondere die Einführung neuer Arbeitsmethoden,
- die Einschränkung oder Stilllegung von Betrieben oder von Betriebsteilen,
- die Verlegung von Betrieben oder Betriebsteilen,
- den Zusammenschluss von Betrieben,
- die Änderung von Betriebszielen oder der Betriebsorganisation,
- sonstige Vorgänge und Vorhaben, welche die Interessen der Arbeitnehmer wesentlich berühren,
- Fragen des betrieblichen Umweltschutzes.

In Betrieben mit mehr als 1 000 Arbeitnehmern muss der Unternehmer mindestens einmal im Vierteljahr die Arbeitnehmer schriftlich über die wirtschaftliche Lage und die Entwicklung des Unternehmens unterrichten; in Betrieben mit mehr als 20 und weniger als 1 000 Arbeitnehmern kann diese vierteljährliche Unterrichtung auch mündlich, z. B. in einer Betriebsversammlung, erfolgen.

Wirtschaftsausschuss und Betriebsrat sind bei der Abfassung dieses „Lageberichtes" hinzuzuziehen.

Betriebsänderungen (§§ 111–113 BetrVG). In Betrieben mit mehr als 20 Arbeitnehmern muss der Unternehmer den Betriebsrat über geplante Betriebsänderungen rechtzeitig und umfassend unterrichten und sich mit ihm beraten. Betriebsänderungen sind solche, die mit wesentlichen Nachteilen für die Belegschaft verbunden sind. Betriebsänderungen können sein:

- Einschränkung oder Stilllegung des ganzen Betriebes oder von wesentlichen Betriebsteilen,
- Verlegung des ganzen Betriebes oder von wesentlichen Betriebsteilen,
- Zusammenschluss mit anderen Betrieben,
- Änderungen der Betriebsorganisation, der Betriebsziele oder der Betriebsanlagen,
- Einführung grundlegend neuer Arbeitsmethoden und Fertigungsverfahren.

Die Beratung zwischen Unternehmer und Betriebsrat hat den Zweck, einen **Interessenausgleich** herbeizuführen. Dieser ist schriftlich niederzulegen und von beiden Seiten zu unterschreiben. Bei wirtschaftlichen Nachteilen für die

Arbeitnehmer ist ein **Sozialplan** aufzustellen, um Härten möglichst zu vermeiden. Auch der Sozialplan ist schriftlich niederzulegen und von Betriebsrat und Unternehmer zu unterzeichnen.

Kommt eine Einigung über den Interessenausgleich oder den Sozialplan nicht zustande, kann der Präsident der Regionaldirektion um Vermittlung ersucht werden. Bleibt dieser Vermittlungsversuch ergebnislos, kann die Einigungsstelle angerufen werden. Die Einigungsstelle entscheidet verbindlich über den Sozialplan, möglichst in Anwesenheit des Präsidenten der Regionaldirektion. Bei nicht erfolgter Einigung über den Interessenausgleich macht die Einigungsstelle einen Vorschlag, der aber für den Unternehmer nicht verbindlich ist. Weicht der Unternehmer von diesem Vorschlag ohne zwingenden Grund ab und entstehen dadurch Kündigungen bzw. Entlassungen, so können die betroffenen Arbeitnehmer den Arbeitgeber auf Zahlung einer Abfindung nach den Bestimmungen des Kündigungsschutzgesetzes verklagen (§ 113 BetrVG).

Der Betrieb unterliegt auch einer **erzwingbaren Sozialplanpflicht** bei Betriebseinschränkungen, die lediglich in einem Personalabbau aus betriebsbedingten Gründen bestehen. § 112 a BetrVG enthält dazu die folgende vierstufige Staffelung nach Betriebsgrößen und die zugehörige Personalreduzierung in Prozent bzw. in absoluten Zahlen, ab der die erzwingbare Sozialplanpflichtigkeit beginnt:

Betriebsgröße (Zahl der Arbeitnehmer)		Personalabbau (Zahl der Entlassungen)
	weniger als 60	20 % oder mindestens 6
mindestens 60	weniger als 250	20 % oder mindestens 37
mindestens 250	weniger als 500	15 % oder mindestens 60
mindestens 500		10 % oder mindestens 60

2.4.7 Mitbestimmung der Arbeitnehmer im Aufsichtsrat

Der Aufsichtsrat ist ein gesetzlich vorgeschriebenes Organ bei bestimmten Kapitalgesellschaften. So schreibt das Aktiengesetz in den § 95 ff. verbindlich vor, dass Aktiengesellschaften und Kommanditgesellschaften auf Aktien einen Aufsichtsrat bilden müssen, der aus mindestens drei Mitgliedern zu bestehen hat. Die Zahl der Aufsichtsratsmitglieder, die immer durch drei teilbar sein muss, kann durch die Satzung auch höher angesetzt werden, jedoch sind obere Grenzen festgelegt. Die Höchstzahl der Aufsichtsratsmitglieder beträgt bei einem Grundkapital

bis zu	1,5 Mio. € =	9 Personen,
von mehr als	1,5 Mio. € =	15 Personen,
von mehr als	10,0 Mio. € =	21 Personen.

Nach dem Aktiengesetz hat der Aufsichtsrat folgende **Aufgaben:**

- Er bestellt den Vorstand, überwacht seine Tätigkeit und kann ihn bei Vorliegen eines wichtigen Grundes auch abberufen.
- Er prüft den Jahresabschluss, den Geschäftsbericht, den Prüfungsbericht und den Vorschlag des Vorstandes bezüglich der Gewinnverwendung.
- Er hat der Hauptversammlung Bericht zu erstatten.
- Er hat die Interessen der Anteilseigner und der Arbeitnehmer gegenüber dem Vorstand zu vertreten.

Das Genossenschaftsgesetz schreibt für Genossenschaften ebenfalls die Bildung eines Aufsichtsrates vor. Dagegen stellt das GmbH-Gesetz frei, ob ein Aufsichtsrat bestellt wird. Die Satzung kann, muss aber nicht unbedingt einen Aufsichtsrat vorsehen. Da der Aufsichtsrat wichtige Aufgaben im Unternehmensgeschehen wahrnimmt, ist seine Zusammensetzung häufig ein Zankapfel zwischen den Sozialpartnern. Daher schreiben die Mitbestimmungsgesetze auch vor, wie sich die Aufsichtsräte aus Anteilseignern und Arbeitnehmervertretern zusammensetzen müssen. Die Mitbestimmungsgesetze ergänzen damit die handelsrechtlichen Vorschriften über die Bildung eines Aufsichtsrates.

Montanmitbestimmungsmodell. Im Jahre 1951 wurde in der Bundesrepublik Deutschland die Mitbestimmungsregelung für die Montanindustrie eingeführt. Bei dieser Regelung handelt es sich um eine paritätische Mitbestimmung, weil Anteilseigner und Arbeitnehmer je 5, 7 oder 10 Vertreter in den Aufsichtsrat entsenden. Beide Seiten müssen sich sodann auf ein weiteres neutrales Mitglied einigen. Eine Besonderheit der Montanmitbestimmung liegt darin, dass eines der Vorstandsmitglieder als Arbeitsdirektor besonders für das Personal- und Sozialwesen zuständig ist. Zurzeit gilt die Gesetzesänderung vom 23. März 2001.

Mitbestimmung nach dem Betriebsverfassungsgesetz 1952. Obwohl das Betriebsverfassungsgesetz 1952 durch zwei neue Betriebsverfassungsgesetze 1972 und 2001 abgelöst wurde, gelten einige Bestimmungen des alten Gesetzes weiter. Das Betriebsverfassungsgesetz 1952 ist zuständig für Kapitalgesellschaften, die nicht der Montanmitbestimmung unterliegen, sowie für diejenigen Unternehmungen, die nicht von dem Mitbestimmungsgesetz 1976 erfasst werden. Nach den entsprechenden gesetzlichen Regelungen besteht der Aufsichtsrat einer Aktiengesellschaft oder einer Kommanditgesellschaft auf Aktien aus $1/3$ Arbeitnehmervertretern und $2/3$ Vertretern der Anteilseigner. Die gleiche Regelung gilt für eine GmbH sowie für eine Genossenschaft, soweit sie mehr als 500 Arbeitnehmer beschäftigen. Auch wenn das Handelsrecht dies nicht vorsieht, ist hier ein Aufsichtsrat zu bestellen. Dagegen brauchen in Aktiengesellschaften und Kommanditgesellschaften auf Aktien, soweit sie Familiengesellschaften sind und weniger als 500 Arbeitnehmer beschäftigen, keine Arbeitnehmervertreter in den Aufsichtsrat berufen zu werden. Die Stelle eines Arbeitsdirektors gibt es in diesem Mitbestimmungsmodell nicht.

Mitbestimmung nach dem Mitbestimmungsgesetz 1976. Dieses Mitbestimmungsgesetz trifft zu für Aktiengesellschaften, Kommanditgesellschaften auf Aktien, GmbHs und Genossenschaften, die mehr als 2000 Arbeitnehmer beschäftigen. Es gilt dagegen nicht für Unternehmungen, die der Montanmitbestimmung unterliegen.

Die von dem Gesetz betroffenen Unternehmungen müssen einen Arbeitsdirektor bestellen (§ 33 MitbestG) und einen Aufsichtsrat in folgender Zusammensetzung wählen:

Zahl der beschäftigten Arbeitnehmer im Unternehmen	Vertreter der Anteilseigner	Arbeitnehmervertreter	
		insgesamt	davon durch Gewerkschaft nominiert
bis 10 000	6	6	2
bis 20 000	8	8	2
über 20 000	10	10	3

Von den Arbeitnehmern, die Mitglied des Unternehmens sein müssen, haben die Arbeiter, Angestellten und leitenden Angestellten Anspruch auf mindestens einen Sitz.

In Unternehmungen bis 8 000 Arbeitnehmer ist die Urwahl die Regel, die Wahl über Delegierte möglich, aber die Ausnahme. In Unternehmungen über 8 000 Arbeitnehmer ist die Wahl durch Delegierte die Regel, die Urwahl möglich, jedoch die Ausnahme. Die Arbeitnehmer können sich bezüglich des Wahlverfahrens jeweils mit Mehrheit für die Ausnahme entscheiden.

Ein neutrales, unparteiisches Aufsichtsratsmitglied wie bei der Montanmitbestimmung gibt es in diesem Modell nicht. Dafür hat im Falle der Stimmengleichheit der Vorsitzende bei der zweiten Abstimmung eine weitere Stimme, die den Ausschlag gibt. Der Vorsitzende des Aufsichtsrates und sein Stellvertreter werden aus seiner Mitte mit $2/3$-Mehrheit gewählt. Wird diese Mehrheit nicht erreicht, wählen die Anteilseigner den Vorsitzenden, die Arbeitnehmervertreter den stellvertretenden Vorsitzenden.

2 Organisation und Verwaltung des Personalwesens

Aufgaben

1. Wer besitzt das aktive und passive Wahlrecht zu den Betriebsratswahlen?
2. Wann kann in einem Betrieb ein Betriebsrat gewählt werden?
3. Welche Arbeitnehmer wählen eine Jugend- und Auszubildendenvertretung?
4. Was verstehen wir unter dem Direktionsrecht des Arbeitgebers? Wann erhält dieses Recht eine besondere Bedeutung?
5. Was ist nach dem Betriebsverfassungsgesetz eine Einigungsstelle, wie setzt sie sich zusammen und auf welche Art und Weise wird sie tätig?
6. Welche allgemeinen Aufgaben hat der Betriebsrat nach dem Betriebsverfassungsgesetz zu erfüllen?
7. Was beinhaltet das Mitwirkungs- und Beschwerderecht des einzelnen Arbeitnehmers nach dem Betriebsverfassungsgesetz?
8. Nennen Sie einige wichtige Punkte aus dem Bereich der sozialen Angelegenheiten, bei denen der Betriebsrat ein Mitbestimmungsrecht hat.
9. Welche Rechte hat der Betriebsrat bezüglich der Arbeitsplatzgestaltung?
10. Hat der Betriebsrat in Fragen der Berufsausbildung besondere Rechte? Welche?
11. Wann kann der Betriebsrat einer Einstellung widersprechen?
12. Der Betriebsrat ist vor jeder Kündigung zu hören! Welche Rechte spricht das Betriebsverfassungsgesetz dem Betriebsrat in diesem Punkt zu?
13. „Leitende Angestellte" nehmen nach dem Betriebsverfassungsgesetz eine besondere Stellung ein.
    a) Was sind leitende Angestellte?
    b) Um welche Sonderstellung handelt es sich?
    c) Gibt es für sie eine eigene gesetzliche Regelung? Wenn ja, welche?
14. Welche Aufgaben hat der Wirtschaftsausschuss? Wann muss er nach dem Betriebsverfassungsgesetz gebildet werden?
15. Für welche Kapitalgesellschaften schreibt das Handelsrecht die Bildung eines Aufsichtsrates vor?
16. Welche Aufgaben hat der Aufsichtsrat einer Aktiengesellschaft nach dem Aktiengesetz?
17. Wie ist in der Bundesrepublik Deutschland die Mitbestimmung der Arbeitnehmer im Aufsichtsrat nach dem Montanmitbestimmungsmodell geregelt?
18. Wie setzt sich der Aufsichtsrat einer Gesellschaft nach der Mitbestimmungsregelung des Betriebsverfassungsgesetzes 1952 zusammen?
19. Welche Mitbestimmungsregelung trifft das Mitbestimmungsgesetz 1976 und für welche Unternehmungen gilt es?
20. Was ist ein „Arbeitsdirektor" und welche besonderen Aufgaben obliegen ihm?

3 Personalaufwendungen und Personalentgelt

3.1 Personalaufwand und Sozialaufwand

Jedem Unternehmen entstehen bei der Erstellung von Gütern oder Dienstleistungen Aufwendungen, die entweder Aufwendungen für Rohstoffe, Gebäude, Maschinen, Werkzeuge usw. oder aber Aufwendungen für die menschliche Arbeitskraft sind. Lohn und Gehalt sind das Entgelt für den Produktionsfaktor Arbeit. Soweit Aufwendungen für Maschinen, Werkzeuge u. a. anfallen, spricht man von Kapitalaufwand. Aufwendungen für die menschliche Arbeitskraft nennt man Personalaufwand.

Man kann den Personalaufwand unterteilen in Arbeits- und Sozialaufwand. Zum Arbeitsaufwand gehört nur das Entgelt für die geleistete Arbeit einschließlich aller Zulagen.

Zum Sozialaufwand zählen

- gesetzliche,
- tarifvertragliche und
- freiwillige

Sozialleistungen. Zu den letzteren gehören Gesundheitsvorsorge, Kantine, Wohnungsfürsorge, betriebliche Altersrenten usw.

Die Frage nach einer **gerechten Entlohnung** der Arbeit ist nicht leicht zu beantworten. „Keiner verdient, was er verdient" – wer könnte das nicht von sich selbst und von anderen sagen? Diese Frage befasst sich mit einem äußerst schwierigen Problem, mit dem sich jede Generation neu auseinander setzen muss.

Unternehmer und Gewerkschaften kämpfen ständig um die Verteilung der Arbeitserträge. „Die Lohnquote der Arbeitnehmer muss zulasten der Gewinnquote der Arbeitgeber angehoben werden!" oder „Die Arbeitnehmer müssen stärker am Produktivvermögen beteiligt werden!" – So oder ähnlich lauten Forderungen der Gewerkschaften.

Sind die Forderungen berechtigt? Was ist ein gerechter Lohn? Ist es der Lohn für die erbrachte Leistung? Ist es der Lohn für die Schwere der Arbeit oder ist es der Lohn, den man „braucht", um selbst oder mit seinen Familienangehörigen „angemessen" leben zu können?

Einen gerechten Lohn im objektiven Sinne wird es nicht geben können. Anstreben kann man nur einen relativ gerechten Lohn. Das heißt, jeder Arbeitnehmer wird prüfen, ob er im Vergleich zu seinen Arbeitskollegen oder im Vergleich zu ähnlichen Tätigkeiten in anderen Betrieben „richtig" oder relativ gerecht entlohnt wird. Die Voraussetzungen für einen relativ gerechten Lohn sind Klarheit, Vergleichbarkeit, Nachprüfbarkeit und Objektivität.

Bemessungsgrundlagen für einen relativ gerechten Lohn können sein:

a) Die **Leistungen** = leistungsgerechter Lohn. Der Lohn muss der individuellen Leistung entsprechen. Das geschieht durch verschiedene Verfahren der Leistungsentlohnung.
b) Die **Anforderungen** = anforderungsgerechter Lohn. In diesem Fall muss der Lohn den körperlichen, geistigen, seelischen Anforderungen entsprechen, welche Arbeitsplatz, Arbeitsablauf und Arbeits- und Umweltbedingungen an den Menschen stellen. Das geschieht durch verschiedene Methoden der Arbeitsbewertung.
c) **Soziale Gesichtspunkte** = bedarfsgerechter oder Soziallohn. Der Soziallohn ist der Lohn, welcher die unterschiedlichen sozialen Belastungen des Arbeitnehmers wie Familienstand, Zahl der Kinder, außergewöhnliche Belastungen berücksichtigt.
d) Die **Qualifikation,** d. h. der Grad der Ausbildung und beruflichen Fortbildung und als Folge daraus die Vielseitigkeit seiner Einsatzmöglichkeiten im Betrieb.

Die Personalabteilung ist für den sozialen Frieden im Betrieb mitverantwortlich. Zufriedenheit oder Unzufriedenheit der Mitarbeiter sind aber weitgehend von einer gerechten Entlohnung abhängig. Dabei ist zu beachten, dass die Lohnkosten fast für jeden Betrieb eine wichtige Kostenart darstellen und alle verantwortlichen Stellen im Betrieb sind deshalb ständig aufgefordert, Kosten – auch Lohnkosten – einzusparen.

Aufgaben

1. Überlegen Sie, was im Einzelnen Bestandteil des Personalaufwandes, Sozialaufwandes und Kapitalaufwandes ist.
2. Worin besteht der Unterschied zwischen einem leistungsgerechten und einem anforderungsgerechten Lohn?
3. Diskutieren Sie die Frage, ob ein „Soziallohn" in einer freien Wettbewerbswirtschaft von den Unternehmungen gewährt werden kann.
4. Beurteilen Sie, ob eine qualifikationsorientierte Vergütung eine Berechtigung hat.

3.2 Lohn- und Gehaltsfestsetzung

3.2.1 Die Bedeutung des Tarifvertrages

Tarifverträge werden zwischen den Gewerkschaften und Arbeitgeberverbänden (Verbandstarifverträge), in Sonderfällen auch mit einzelnen Arbeitgebern (Haus- oder Firmentarifverträge), abgeschlossen. Sie regeln die Arbeitsbedingungen wie Arbeitszeit, Höhe der Löhne und Gehälter, Zuschläge, Urlaubsdauer usw. Der Inhalt eines Tarifvertrages darf gegen zwingende gesetzliche Bestimmungen nicht verstoßen. Tarifverträge werden für bestimmte Branchen meist auf regionaler Ebene abgeschlossen, z. B. für den Einzelhandel in Nordrhein-Westfalen oder für die Eisen-, Metall- und Elektroindustrie Nordrhein-Westfalens.

Manchmal ist es unklar, ob der Tarifvertrag zur Lohn- und Gehaltsfindung herangezogen werden kann. Dann muss die Frage der Tarifgebundenheit geprüft, d.h. festgestellt werden, ob Arbeitnehmer und Arbeitgeber unter den Tarifvertrag fallen. Diese Frage ist zu bejahen, wenn

a) der Arbeitnehmer Mitglied der Gewerkschaft ist und der Arbeitgeber entweder selbst Tarifvertragspartei oder Mitglied des Arbeitgeberverbandes ist, der den Tarifvertrag mit dieser Gewerkschaft abgeschlossen hat.
b) der Tarifvertrag für allgemein verbindlich erklärt wurde.
c) Arbeitgeber und Arbeitnehmer ausdrücklich im Arbeitsvertrag vereinbaren, dass der Tarifvertrag gelten soll, obwohl beide nicht tarifgebunden sind.

Muss der Tarifvertrag zugrunde gelegt werden, weil einer der vorgenannten drei Fälle zutrifft, dann kann man davon ausgehen, dass die Arbeiter geschlossen unter dem Recht des Tarifvertrages stehen. Bei Angestellten muss besonders differenziert werden. Die Angestellten sind zu gliedern in jene, die unter dem Tarifvertrag stehen (Tarifangestellte), und in solche, die nicht unter den Tarifvertrag fallen (außertarifliche Angestellte). Die Entscheidung darüber, wer unter den Tarifvertrag fällt und wer nicht, liegt allein in den Händen der Tarifvertragspartner. Die Tarifpartner regeln im Allgemeinen die Ausnahmen. Nicht jeder Angestellte, der übertariflich bezahlt wird oder aus dem Tarifvertrag „herausfällt", ist automatisch außertariflicher Angestellter. Tarifverträge können in ihrem persönlichen Geltungsbereich z. B. vorsehen, dass Angestellte mit einem Aufgabengebiet, das höhere Anforderungen stellt als die höchste tarifliche Gehaltsgruppe ausweist, als außertarifliche Angestellte gelten.

Im Allgemeinen werden auch „leitende Angestellte" im Sinne von § 5 Abs. 3 des Betriebsverfassungsgesetzes (zur selbstständigen Einstellung und Entlassung berechtigt; Generalvollmacht oder Prokura besitzend; arbeitgeberähnliche Aufgaben durchführend) als außertarifliche Angestellte eingestuft, obwohl außertarifliche Angestellte und leitende Angestellte nicht automatisch identisch sind. In der Regel dürfte der Kreis der außertariflichen Angestellten größer als der der leitenden Angestellten sein.

Wenn ein Tarifvertrag einem Arbeitsverhältnis zugrunde liegt, so gilt der Inhalt des Tarifvertrages als Mindestarbeitsbedingung, der nicht zu Ungunsten des Arbeitnehmers abgeändert werden darf (Grundsatz der Unabdingbarkeit eines Tarifvertrages). Ein Verzicht auf tarifliches Recht ist nicht möglich. Tarifliche Rechte eines Arbeitnehmers gelten nach Ablauf eines Tarifvertrages so lange weiter, bis sie durch vertragliche oder andere tarifliche Abmachungen ersetzt werden. Neue Tarifvertragsbestimmungen gehen sofort in den bisherigen Arbeitsvertrag ein. Der Arbeitsvertrag braucht also bei tariflichen Änderungen nicht abgeändert zu werden (Grundsatz der Unmittelbarkeit eines Tarifvertrages). Die Arbeitgeber sind verpflichtet die für ihren Betrieb maßgeblichen Tarifverträge an geeigneter Stelle im Betrieb auszulegen.

Im Allgemeinen pflegt man die Tarifverträge einzuteilen in meist jährlich kündbare Lohn- bzw. Gehaltstarifverträge, in Manteltarifverträge mit entsprechend längeren Kündigungsfristen sowie in Sondertarifverträge, z. B. über Urlaubsgeldzahlungen, Leistungsbeurteilungen für Arbeiter und Angestellte, Rationalisierungsabkommen usw.

Lohn- und Gehaltstarifverträge enthalten die zu zahlenden Vergütungen für Arbeiter, Angestellte und Auszubildende; dazu oft auch Einstufungsrichtlinien.

3.2.2 Betriebsvereinbarungen (§ 77 BetrVG)

Wie der Inhalt eines Tarifvertrages, so geht auch der Inhalt einer Betriebsvereinbarung unmittelbar in jeden Arbeitsvertrag ein. Betriebsvereinbarungen dürfen nicht gegen gesetzliche Bestimmungen und nicht gegen Regelungen des Tarifvertrages verstoßen. Die Betriebsvereinbarungen regeln im Allgemeinen nicht die materiellen Arbeitsbedingungen wie Löhne, Gehälter, Leistungszulagen, Überstundenzuschläge, weil das Aufgabe des Tarifvertrages ist. Wenn aber ein Tarifvertrag den Abschluss ergänzender Betriebsvereinbarungen ausdrücklich zulässt, können auch in einer Betriebsvereinbarung Lohn- und Gehaltsbestandteile geregelt werden.

Betriebsvereinbarungen werden zwischen Arbeitgeber und Betriebsrat abgeschlossen. Sie gelten, anders als Tarifverträge, für alle Arbeitnehmer des Betriebes mit Ausnahme der leitenden Angestellten, für die sie andernfalls ausdrücklich vereinbart werden müssten.

In Betriebsvereinbarungen werden vornehmlich die sozialen Belange im Betrieb wie Jubiläumszuwendungen, Gratifikationen, Ruhegelder, Erfolgsbeteiligungen, zusätzlicher Urlaub usw. geregelt.

Betriebsvereinbarungen können, wenn nicht anders vereinbart, mit einer Frist von 3 Monaten gekündigt werden.

3.2.3 Der Einzelarbeitsvertrag

In den Fällen, in denen Tarifverträge **nicht** zur Anwendung kommen, werden die Arbeitsbedingungen durch einen Einzelarbeitsvertrag festgelegt. Der Einzelarbeitsvertrag wird zwischen Arbeitgeber und Arbeitnehmer individuell abgeschlossen. Arbeitsverträge können auch mündlich vollgültig abgeschlossen werden. Dennoch empfiehlt sich bei nicht tarifgebundenen Arbeitsverhältnissen eine vollständige schriftliche Vereinbarung aller Vertragsbedingungen. Im Übrigen verpflichtet das sog. Nachweisgesetz vom 20. Juli 1995, den Arbeitgeber spätestens einen Monat nach dem vereinbarten Arbeitsbeginn die wesentlichen Vertragsbedingungen schriftlich festzulegen. Die Niederschrift ist zu unterzeichnen und ein Exemplar dem Arbeitnehmer auszuhändigen (§ 2 NachwG).

Sollte es vorkommen, dass ein tarifgebundener Arbeitsvertrag, eine Betriebsvereinbarung, ein Tarifvertrag und gesetzliche Bestimmungen unterschiedliche Regelungen enthalten, dann gilt nach dem Günstigkeitsprinzip im Allgemeinen die für den Arbeitnehmer günstigste Regelung. Wenn z. B. das Bundesurlaubsgesetz 24 Werktage, der Tarifvertrag 25 Werktage, die Betriebsvereinbarung 28 Werktage und der Arbeitsvertrag nur 21 Werktage Urlaub vorsehen, so hat der Arbeitnehmer einen Anspruch auf 28 Werktage Urlaub. In gleicher Weise gilt auch die günstigste Regelung, wenn Lohn- und Gehaltsbestandteile konkurrierend festgelegt werden.

Aufgaben

1. Besorgen Sie sich den für Ihren Bereich zuständigen Manteltarifvertrag, Lohntarifvertrag, Gehaltstarifvertrag und evtl. weitere Sondertarifverträge und analysieren Sie diese in Bezug auf ihren Inhalt, ihre Geltungsbereiche, Laufzeiten und Kündigungsmöglichkeiten.
2. Worin unterscheiden sich Tarifangestellte, außertarifliche Angestellte und leitende Angestellte?
3. Was bedeuten die Grundsätze der Unabdingbarkeit und Unmittelbarkeit eines Tarifvertrages?
4. Was ist eine Betriebsvereinbarung und zwischen welchen Personen oder Parteien wird sie abgeschlossen?
5. Stellen Sie am Beispiel Ihres Betriebes fest, was in einer Betriebsvereinbarung üblicherweise geregelt wird.
6. Was verstehen wir unter dem „Günstigkeitsprinzip" im Arbeitsvertragsrecht?

3.3 Entgeltformen

Lohn und Gehalt sind das Entgelt für den Produktionsfaktor Arbeit, für die im Betrieb geleistete Arbeit. Entgeltformen sind der Zeitlohn, der Mengenlohn und das Gehalt. Lohn und Gehalt werden oft durch verschiedene Zuschläge ergänzt. Andererseits hat der Betrieb Lohn und Gehalt um Abzüge wie Steuern, Sozialversicherungsbeiträge u. a. zu kürzen.

3.3.1 Zeitlohn

Beim Zeitlohn wählt man die Arbeitszeit, die der Mitarbeiter aufgrund des Arbeitsvertrages dem Arbeitgeber zur Verfügung stellt, als Bemessungsgrundlage. Sicher ist es nicht richtig, den Zeitlohn als leistungsunabhängig zu bezeichnen und von „Anwesenheit" als Grundlage für die Lohnberechnung zu sprechen. Auch beim Zeitlohn erwartet man eine bestimmte Leistung und schreibt in vielen Fällen die Leistung auch konkret vor. Für den Mitarbeiter wird die Entlohnung auf der Basis der abgeleisteten Stunden berechnet. Der Lohn für eine Zeiteinheit berechnet sich aus

Anzahl der Stunden · Stundensatz.

Als Lohnabrechnungszeitraum gilt heute auch beim Arbeiter – wie in der Regel beim Angestellten – meistens der Monat. Nur noch selten ist es üblich, dem Arbeiter Abschlagszahlungen zur Verfügung zu stellen. Die endgültige Abrechnung erfolgt mit der Lohnzahlung am Ende des Monats.

Der Zeitlohn kann als reiner Zeitlohn ohne ausgewiesene Leistungskomponente gewährt werden; er kann aber auch eine bestimmte Leistungsbezogenheit aufweisen. Wird beim Zeitlohn die erbrachte Leistung berücksichtigt und führt eine Leistungsveränderung zu einer Differenzierung des Zeitlohnes, sprechen wir auch vom **Pensumlohn,** der bereits einen Übergang vom Zeitlohn zum Mengen- oder Akkordlohn darstellt. Bei der Gehaltszahlung gibt es ebenfalls eine ähnliche Regelung mit Leistungsbezogenheit. So erhält z. B. ein Reisender ein Grundgehalt als Fixum und zusätzlich eine leistungsabhängige Provision.

Der Zeitlohn wird besonders in folgenden Fällen angewandt:

- Die aufzuwendende Arbeitszeit ist nicht vorausbestimmbar, z. B. bei der Durchführung von Reparaturen,
- die Arbeit erfordert einen hohen Grad von Genauigkeit, z. B. bei Präzisionsarbeiten, bei Materialprüfungen, bei der Endkontrolle,
- die Arbeitsmenge kann vom Mitarbeiter nicht beeinflusst werden, z. B. bei der Materialausgabe im Lager,

- der Mitarbeiter kann auf die Gestaltung der Arbeitsaufgabe nicht einwirken, z. B. beim Pförtnerdienst,
- die Arbeit erfordert ein besonders hohes Maß an Aufmerksamkeit, z. B. wegen erhöhter Unfallgefahren.

Der Vorteil des Zeitlohnes liegt in seiner einfachen Berechnung. Nachteilig wirkt sich allerdings der mangelnde Leistungsanreiz aus. Kontrollen durch Vorgesetzte sind deshalb erforderlich. Der im Tarifvertrag festgelegte Stundenlohn muss, von Ausnahmen abgesehen, dem Mitarbeiter garantiert werden.

3.3.2 Mengenlohn

Beim Mengenlohn, der häufig Leistungslohn oder Akkordlohn genannt wird, ist die geleistete Arbeitsmenge Bemessungsgrundlage für die Lohnberechnung. Die Bezeichnung „Leistungslohn" dürfte aber irreführen, denn der Zeitlohn honoriert ebenfalls eine Leistung. Auch der Prämienlohn ist in den meisten Fällen eine besondere Form des Leistungslohnes. Man spricht deshalb an dieser Stelle besser vom Akkordlohn. Den Akkordlohn kann man auf der Basis von Mengen (Stück, Gewicht, Meter) oder auf der Basis von Vorgabezeiten ermitteln. Im ersten Fall spricht man vom Geldakkord, im zweiten vom Zeitakkord.

Beim **Geldakkord** zahlt man für eine Mengeneinheit einen bestimmten Betrag, z. B. 4,00 € pro gefertigtes Stück. Fertigt der Arbeiter in 2 Stunden 7 Stück, so erhält er einen effektiven Stundenlohn von 14,00 €.

Beim **Zeitakkord** gewährt man für eine Mengeneinheit eine bestimmte Vorgabezeit, z. B. 20 Minuten pro Stück. Fertigt der Arbeiter in einer Stunde 4 Stück, so hat er in 60 Minuten die Leistung für 80 Minuten erbracht. Die Leistung wird mit dem Minutenfaktor (auch Stundenfaktor möglich) multipliziert. Den Minutenfaktor errechnet man aus dem Akkordrichtsatz, der oft auch als Ecklohn bezeichnet wird. Dieser geht vom tariflichen Stundenlohn aus und liegt in der Regel 10–25 % darüber. Der Akkordrichtsatz ist vielfach auch der Satz, der den Akkordarbeitern garantiert wird. Beträgt der tarifliche Stundenlohn 10,00 €, dann beträgt bei einem Zuschlag von 20 % der Akkordrichtsatz 12,00 €. Daraus errechnet sich ein Minutenfaktor von 12,00 € : 60 = 0,20 €. Ein Arbeiter, der in 60 Minuten eine Leistung von 80 Minuten erbringt, erzielt somit einen effektiven Stundenlohn von 80 · 0,20 € = 16,00 €.

Der **Zeitakkord** hat gegenüber dem Geldakkord bestimmte Vorteile. Der Geldakkord wird bei jeder tariflichen Lohnänderung geändert, beim Zeitakkord nur der Minutenfaktor. Es kann vorkommen, dass ein Betrieb 100 verschiedene Werkstücke im Akkord herstellt, für die es 100 verschiedene Geldakkordsätze gibt. Bei einer Änderung des Lohntarifvertrages müssen dann

100 Akkordsätze geändert werden. Hat der gleiche Betrieb aber 10 Lohngruppen, dann sind bei einer tarifvertraglichen Lohnänderung nur 10 Minutenfaktoren neu zu berechnen. Sowohl der Geldakkord als auch der Zeitakkord werden aufgrund von Zeitmessungen im Rahmen von Arbeits- und Zeitstudien ermittelt.

Den Akkordlohn kann man in folgenden Fällen anwenden:
- die geleistete Menge ist exakt und relativ einfach messbar,
- die Mitarbeiter haben einen direkten Einfluss auf die hergestellte Menge,
- man möchte einen besonderen Leistungsanreiz geben.

Der Vorteil des Mengen- oder Akkordlohnes besteht tatsächlich dann, wenn ein stärkerer Anreiz zur Leistungssteigerung vorliegt. Nachteilig kann sich auswirken, wenn Mitarbeiter nur auf die Menge der Arbeit, weniger auf deren Güte achten. Bei Akkordarbeiten muss aus diesem Grunde die Qualitätskontrolle möglicherweise verstärkt werden.

Die Akkordarbeit kann als **Einzel**akkord oder als **Gruppen**akkord verrichtet werden. Beim Einzelakkord wird die Leistung des einzelnen Mitarbeiters getrennt erfasst und vergütet, beim Gruppenakkord die gesamte Leistung eines Teams. Der durch die Gruppe erzielte Verdienst wird entweder gleichmäßig oder gestaffelt unter die Mitglieder verteilt.

Anmerkungen zum Zeitlohn und Mengenlohn

Der Zeitlohn in seiner bisherigen Form vergütet immer eine in der Vergangenheit erbrachte tatsächliche Leistung. Hierbei handelt es sich im Allgemeinen um eine Normalleistung, die im Einzelfall definiert werden muss. Neuere Tendenzen beim Zeitlohn gehen nicht mehr von einer erbrachten Leistung aus, sondern stellen auf die Vereinbarung künftiger Leistungen ab. Hier bespricht der Vorgesetzte mit seinem Mitarbeiter in einem vertragsähnlichen Gespräch die zu erbringende Normalleistung und vereinbart die Bedingungen. Der Mitarbeiter verpflichtet sich in einem vorgegebenen Zeitraum eine bestimmte Leistung zu erbringen; das Unternehmen verpflichtet sich für diesen Zeitraum eine feste Vergütung zu zahlen.

Grundsätzlich können solche Vereinbarungen auch mit einer Gruppe von Mitarbeitern getroffen werden, z.B. für Montagearbeiten auf einer Fertigungsinsel oder ähnliche Fertigungen. Wichtig ist dabei, dass das Fertigungsprogramm in allen Einzelheiten sorgfältig und genauestens geplant wird.

Der Mengenlohn tritt in neuerer Zeit in seiner Bedeutung immer mehr zurück. Das liegt im Wesentlichen daran, dass der Mitarbeiter angesichts einer zunehmenden Automatisierung, Mechanisierung, Computerisierung der Fertigung kaum noch Möglichkeiten hat die Arbeitsabläufe von sich aus zu beeinflussen. Seine Aufgabe besteht heute im Wesentlichen darin, dass er für den störungsfreien Produktionsablauf und eine bestmögliche Nutzung der Maschinen Verantwortung trägt.

So gesehen, ist auch eine Wandlung in der Entlohnung vom Akkordlohn zum Zeitlohn festzustellen. Dieses neue Zeitlohnsystem sollte, gegebenenfalls in Verbindung mit Prämien oder Leistungszulagen, individuell so gestaltet werden, dass es Betrieb und Mitarbeitern Vorteile bringt und die Mitarbeiterverantwortung und -motivation steigert.

3.3.3 Gehalt

Das Arbeitsentgelt der Angestellten und der Beamten bezeichnet man als Gehalt. Es wird in der Regel als Monatsgehalt festgelegt. Bei sehr qualifizierten Angestellten vereinbart man auch ein Vierteljahresgehalt oder ein Jahresgehalt.

Das Gehalt kann aus mehreren Bestandteilen bestehen, aus dem Grundgehalt und aus Zulagen. Die Zulagen können leistungsunabhängig sein, wie das im öffentlichen Dienst beim Ortszuschlag der Fall ist. Die Zulagen können aber auch einen Leistungsbezug haben wie bei Reisenden und Verkäufern. Diese können neben einem relativ niedrigen Grundgehalt eine Leistungszulage unterschiedlicher Höhe hinzuverdienen. Beim Reisenden spricht man in der Regel von Provisionen, beim Verkäufer von Verkaufsprämien.

In den Gehaltstarifverträgen werden die Gehälter für Tarifangestellte meistens nach Gruppen ausgewiesen. Die Tarifverträge enthalten in Form von Arbeitsbeschreibungen bzw. Tätigkeitsmerkmalen Hinweise über die Einstufung eines Angestellten in eine bestimmte Gehaltsgruppe. Dem Monatsgehalt liegt in der Regel eine bestimmte Stundenzahl zugrunde, z. B. 160 Stunden pro Monat.

Wenn ein Angestellter Anspruch auf eine Überstundenvergütung hat, wird die Überstunde mit $^1/_{160}$ des Monatsgehaltes zuzüglich Überstundenzuschlag vergütet. Die Tarifverträge enthalten meistens entsprechende Vorschriften.

Bei außertariflichen Angestellten muss im Arbeitsvertrag festgelegt werden, ob Überstunden bezahlt werden. Je qualifizierter der Angestellte, desto weniger kommt in der Regel eine Überstundenvergütung infrage. In solchen Fällen gelten mit dem Gehalt alle Arten von Mehrarbeit als abgegolten.

Bei Teilzeitangestellten wird das Gehalt entsprechend gekürzt.

Manchmal kommt es vor, dass mit bestimmten qualifizierten Angestellten Netto- statt Brutto-Gehaltsvereinbarungen getroffen werden. In diesen Fällen hat der Angestellte zwar Anspruch auf Auszahlung des vereinbarten Nettogehaltes, der Betrieb muss aber – ausgehend von einem entsprechend höheren Bruttogehalt – Steuern und Sozialversicherungsbeiträge berechnen und abführen.

3 Personalaufwendungen und Personalentgelt

Aufgaben

1. Wir unterscheiden Zeitlohn, Mengenlohn und Gehalt. Nennen Sie die Bedingungen, unter denen es günstiger ist, einen Zeitlohn anstelle eines Mengenlohnes zu gewähren.
2. In welchen Fällen würden Sie einem Mengenlohn den Vorzug geben?
3. Der Mengenlohn wird häufig auch Akkordlohn genannt. Worin unterscheidet sich der Geldakkord vom Zeitakkord? Welche Vorteile bietet der Zeitakkord gegenüber dem Geldakkord?
4. Was verstehen wir unter „Minutenfaktor"? Wie wird dieser Faktor ermittelt? Wann und wie wird der Minutenfaktor eingesetzt?
5. Worauf muss ein Betrieb achten, der statt einer Brutto-Gehaltsvereinbarung mit einem Angestellten eine Netto-Gehaltsvereinbarung trifft?
6. Beschreiben und begründen Sie neuere Tendenzen beim Zeitlohn gegenüber früheren Regelungen.
7. Worin liegen die Gründe, dass in neuerer Zeit eine Wandlung in der Entlohnung vom Akkordlohn zum Zeitlohn erkennbar ist?

3.4 Zuschläge, Neben- und Sonderleistungen

Zu den bisher dargestellten Lohn- und Gehaltsformen kommen vielfach noch Zuschläge hinzu. Die Zuschläge werden gewährt, wenn sie im Gesetz, im Tarifvertrag, in der Betriebsvereinbarung oder im Arbeitsvertrag vorgesehen sind bzw. der Betriebstradition oder betrieblicher Übung entsprechen. Die wichtigsten Zuschlagsarten sind:

3.4.1 Prämien

Sowohl der Zeitlohn (als Lohn und Gehalt) als auch der Mengen- bzw. Akkordlohn lassen sich durch Prämien verändern. Für die Berechnung der Prämie müssen einmal die Gründe, zum anderen die Bemessungsgrundlagen festgelegt werden. Gründe für die Gewährung einer Prämie können sein

- Leistungsmenge, z. B. Mehrleistungen beim Umsatz, bei den gefertigten Stückzahlen usw.,
- Materialausnutzung, z. B. sparsamer Umgang mit Fertigungs- und anderen Materialien,
- Nutzungsgrad der Maschinen, z. B. Reduzierung von Leerzeiten durch Maschinenstillstände, Reparaturen, Rüst- und Wartungszeiten,

- Termineinhaltung,
- Güte und Genauigkeit der Arbeit, z. B. Einhaltung von Qualitätsstandards, Verbesserung der Qualität, Reduzierung der Ausschussquote,
- Unfallverhütung usw.

Die Bemessungsgrundlage wird je nach Prämienart unterschiedlich sein. Sie muss nach dem Verursachungsprinzip exakt ermittelt und bekannt gemacht werden, damit die Prämien auch von den Mitarbeitern nachgeprüft werden können.

3.4.2 Urlaubsgeld und Weihnachtsgratifikation

In vielen Tarifverträgen ist ein Urlaubsgeld vorgesehen. Art und Zeitpunkt der Auszahlung und evtl. Rückzahlungsklauseln sind den Tarifverträgen bzw. bei außertariflichen Angestellten den Arbeitsverträgen zu entnehmen.

Die Weihnachtsgratifikation ist heute eine allgemein übliche Leistung, wenngleich sie in vielen Fällen tarifvertraglich nicht abgesichert ist, sondern Jahr für Jahr vom Arbeitgeber neu als widerrufliche, freiwillige Zahlung gewährt wird. Wenn die Widerrufsklausel fehlt und 3 Jahre lang eine Weihnachtsgratifikation gezahlt wurde, liegt eine „betriebliche Übung" vor, die vom Arbeitgeber grundsätzlich nicht einseitig aufgekündigt, sondern nur mit Zustimmung eines jeden einzelnen Mitarbeiters zurückgenommen werden kann (Urteil BAG 10 AZR 69/96).

3.4.3 Zuschläge und Arbeitslohn

Mehrarbeit muss in der Regel als Überstundenbezahlung abgegolten werden, sofern nicht eine Vereinbarung besteht, dass geleistete Mehrarbeit „abgefeiert" werden muss. Für Mehrarbeit, Sonntags- und Feiertagsarbeit, Nachtarbeit und besondere Erschwernisse oder Gefahren bei der Arbeit müssen die gesetzlichen, tariflichen oder arbeitsvertraglichen Zuschläge gezahlt werden. Die Zuschläge bleiben nur z. T. lohnsteuerfrei.

3.4.4 Gesetzliche Sozialaufwendungen

Der Arbeitgeber hat die Hälfte des gesetzlichen Krankenversicherungsbeitrages, des Pflegeversicherungsbeitrages, des Rentenversicherungsbeitrages und des Beitrages zur Arbeitslosenversicherung sowie den gesamten Beitrag zur Unfallversicherung aufzubringen. Für den Betrieb sind diese Beträge ebenfalls Personalaufwendungen. Ab 2005 muss der Versicherte den gesamten Pflegeversicherungsbeitrag bezahlen.

3.4.5 Sonstige Lohn- und Gehaltsbestandteile

Außer dem „sichtbaren" Lohn und Gehalt hat der Arbeitnehmer aufgrund gesetzlicher Bestimmungen, tarifvertraglicher Vereinbarungen, auch aufgrund freiwillig übernommener oder freiwillig vereinbarter Verpflichtungen des Arbeitgebers einen Anspruch auf Leistungen, die für den Betrieb Personal- und Sozialaufwand darstellen. Genannt seien hier die **Entgeltfortzahlung** für gesetzliche Feiertage, die Entgeltfortzahlung für den Jahresurlaub, die Entgeltfortzahlung im Krankheitsfall, vermögenswirksame Leistungen, betriebliche Altersversorgung, betriebliche Unterstützung bei Krankheit, Not oder Tod, Essenszuschüsse, Fahrtkostenerstattung, verbilligte Personaleinkäufe, Stellung und Reinigung von Arbeitskleidung, Bezuschussung von Werkswohnungen, Spesenersatz, Zuwendungen zu Jubiläen oder Familienereignissen, Unterhalt von Kantinen, Kindergärten, Freizeitheimen, Ertrags- und Erfolgsbeteiligungen usw. Auf die einzelnen Arten dieser zusätzlichen Leistungen, insbesondere auf ihre lohnsteuerrechtliche und sozialversicherungstechnische Behandlung, soll hier nicht näher eingegangen werden.

Die gesetzlichen, tarifvertraglichen und freiwilligen sozialen Leistungen, die ein Unternehmer aufzubringen hat, haben in den letzten Jahren beträchtlich zugenommen. Die freiwilligen sozialen Leistungen dienen in besonderem Maße der Motivation der Mitarbeiter und ihrer stärkeren Einbindung in den Betrieb. Sie können vom Arbeitgeber auch nicht willkürlich und einseitig widerrufen werden, da sie zur „sozialen Norm" geworden sind. Lediglich im Wege der Kündigung einer Betriebsvereinbarung oder einer Änderungskündigung des Arbeitsvertrages können freiwillige soziale Leistungen gegebenenfalls abgebaut werden.

Aufgaben

1. Informieren Sie sich anhand der betriebswirtschaftlichen Literatur ausführlicher über Prämienlöhne und studieren Sie besonders das Prämiensystem von REFA.
2. In den meisten Tarifverträgen ist die Zahlung eines Urlaubsgeldes verankert, die Zahlung einer Weihnachtsgratifikation dagegen nicht. Welche Konsequenzen können sich daraus ergeben?
3. Schlagen Sie in den Tarifverträgen nach, wie hoch die Zuschläge für Mehrarbeit allgemein und für Nacht-, Sonntags- und Feiertagsarbeit im Besonderen sind.
4. Informieren Sie sich über die aktuelle lohnsteuerliche Behandlung der verschiedenen Zuschläge einschl. Erschwernis- und Gefahrenzulagen.
5. Stellen Sie fest, wie hoch die Beitragssätze für Ihre Krankenversicherung, Pflegeversicherung sowie die Beitragssätze für die Rentenversicherung

Die Abrechnung des Entgelts **3.5**

> und Arbeitslosenversicherung sind. Ermitteln Sie außerdem die Beitragsbemessungsgrenzen für die Kranken-, Pflege-, Renten- und Arbeitslosenversicherung, die sich jährlich ändern.
> 6. Informieren Sie sich, in welcher Form die Beiträge zur Berufsgenossenschaft ermittelt und den Betrieben in Rechnung gestellt werden.
> 7. Es gibt Sonderfälle, dass der Arbeitgeber bei sog. „Geringverdienern" den Arbeitgeber- und Arbeitnehmeranteil zur Sozialversicherung allein zahlen muss. Wie hoch ist die Verdienstgrenze zurzeit?

3.5 Die Abrechnung des Entgelts

Die Geldfaktoren wie Stundenlöhne, Akkordsätze, Monatsgehälter, Zuschläge, Zulagen, Prämien usw. werden dem Arbeitsvertrag, dem Tarifvertrag, der Betriebsvereinbarung und sonstigen Unterlagen entnommen. Die Geldfaktoren werden mit den Leistungsfaktoren, z. B. der mit der Arbeitszeitkarte ermittelten tatsächlichen Arbeitszeit oder der den Leistungsbelegen zu entnehmenden effektiven Leistung, multipliziert. Man erhält so den Bruttolohn oder das Bruttogehalt.

Die Arbeitnehmer bekommen diesen Bruttobetrag aber nicht voll ausbezahlt, weil der Arbeitgeber die folgenden Abzüge vornehmen muss:

- Lohnsteuer, nach Lohnsteuertabellen;
- Solidaritätszuschlag, zeitweiliger Zuschlag, zurzeit 5,5 % der Einkommen- und Körperschaftsteuer; soll stufenweise abgebaut werden;
- Kirchensteuer, soweit der Arbeitnehmer kirchensteuerpflichtig ist;
- Sozialversicherungsbeiträge, Arbeitnehmeranteil für die Kranken-, Pflege-, Renten- und Arbeitslosenversicherung;
- evtl. vermögenswirksame Anlagen des Arbeitnehmers.

Die **Lohnsteuer** als besondere Form der Einkommensteuer wird nach Lohnsteuerklassen berechnet. Es gibt zurzeit folgende Lohnsteuerklassen:

- Klasse I   = für allein stehende Personen,
- Klasse II = für allein stehende Personen, denen ein Haushaltsfreibetrag zusteht,
- Klasse III = für Verheiratete, bei denen nur ein Ehegatte Einkünfte aus einem Arbeitsverhältnis bezieht,
- Klasse IV = für Verheiratete; beide Ehegatten sind berufstätig und wählen die Steuerklasse IV,

- Klasse V = für Verheiratete; beide Ehegatten sind berufstätig, der besser Verdienende ist in der günstigen Steuerklasse III, dann muss der andere Ehegatte in die Steuerklasse V,
- Klasse VI = für jedes zweite und weitere Arbeitsverhältnis.

Die Steuerklassen II, III und IV sind weiter unterteilt nach der Zahl der Kinder. Der Arbeitgeber entnimmt der Lohnsteuerkarte die Lohnsteuerklasse und die Zahl der Kinder und liest aus einer Lohnsteuertabelle die einzubehaltende Lohnsteuer ab.

Lohnsteuertabellen gibt es für tägliche, wöchentliche, monatliche Entlohnung und auch als Jahreslohnsteuertabelle. In der gleichen Tabelle wird auf die gleiche Weise die Kirchensteuer abgelesen und einbehalten, sofern der Arbeitnehmer kirchensteuerpflichtig ist.

Die ebenfalls einzubehaltenden **Sozialversicherungsbeiträge** betreffen die Krankenversicherung, Pflegeversicherung, Rentenversicherung der Arbeiter oder Angestellten und die Arbeitslosenversicherung. Der Renten- und Arbeitslosenversicherung unterliegen alle Arbeiter und alle Angestellten unabhängig von ihrer Lohn- oder Gehaltshöhe. Krankenversicherungspflichtig sind grundsätzlich alle Arbeiter, Angestellten und Auszubildenden. Arbeiter und Angestellte sind kranken- und pflegeversicherungspflichtig, soweit die Jahresarbeitsentgeltgrenze – auch Beitragsbemessungsgrenze genannt, wenn auf den Monat bezogen – nicht überschritten wird.

Wird diese Grenze überschritten, haben die betroffenen Arbeitnehmer das Recht zur Weiterversicherung in ihrer gesetzlichen Krankenkasse. Sie können aber auch einer privaten Kasse beitreten. Sie müssen dann selbst den vollen Beitrag an die Krankenkasse abführen. Der Arbeitgeber darf in diesen Fällen keinen Arbeitnehmeranteil einbehalten. Er muss aber dem Arbeitnehmer die Hälfte des Krankenkassenbeitrages lohnsteuer- und beitragsfrei auszahlen.

Pflegeversicherungspflichtig sind alle Arbeiter und Angestellten, die Mitglied einer gesetzlichen oder privaten Krankenversicherung sind. Die Pflegeversicherung folgt insoweit der Krankenversicherung. Sie ist auch den Krankenkassen angeschlossen.

Die Beitragssätze für die Krankenversicherung sind von Kasse zu Kasse unterschiedlich und werden von jeder Krankenkasse individuell festgelegt. Für die Pflegeversicherung, Rentenversicherung und die Arbeitslosenversicherung gibt es bundeseinheitliche Beitragssätze. Man entnimmt die einzubehaltenden Sozialversicherungsbeiträge am besten den Beitragstabellen der Krankenkassen, weil die Betriebe die gesamten Sozialversicherungsbeiträge an die jeweilige Krankenkasse (Einzugsstelle) abführen müssen. Die Krankenkassen leiten den Anteil für die Rentenversicherung der Arbeiter an die Landesversicherungsanstalt, für die Rentenversicherung der Angestellten an die Bundesversicherungsanstalt für Angestellte und für die Arbeitslosenversicherung an die Bundesanstalt für Arbeit weiter.

Wir unterscheiden bei der Kranken-, Pflege-, Renten- und Arbeitslosenversicherung einen Arbeitgeber- und Arbeitnehmeranteil. Beide Anteile sind im Allgemeinen gleich groß. Sie werden vom Lohn bzw. Gehalt des Arbeitnehmers berechnet. Die Bemessungsgrenzen für die Kranken- und Pflegeversicherung betragen 75 % der Beitragsbemessungsgrenzen für die Renten- und Arbeitslosenversicherung. Die Beitragsbemessungsgrenzen werden vom Staat jährlich neu festgelegt.

Hat der Arbeitnehmer einen Vertrag über eine **vermögenswirksame Anlage** abgeschlossen, dann muss der Arbeitgeber den monatlichen Sparbetrag einbehalten und an das entsprechende Institut abführen. Der Arbeitnehmer hat, wenn sein Jahreseinkommen bestimmte Höchstgrenzen nicht überschreitet, einen Anspruch auf eine lohnsteuer- und beitragsfreie gesetzliche Arbeitnehmersparzulage (siehe auch Kap. 3.6.3).

Die **Auszahlung** der Löhne und Gehälter erfolgt heute in der Regel bargeldlos auf Privatgirokonten der Arbeitnehmer bei den Kreditinstituten. Die bargeldlose Überweisung der Bezüge bringt für Arbeitnehmer und Arbeitgeber eine Reihe von Vorteilen mit sich, wie Vereinfachung der EDV-Abrechnung, Wegfall des Geldtransportrisikos, Vermeidung von Zählfehlern, kein Geldverlust beim Arbeitnehmer und Förderung des unbaren Zahlungsverkehrs.

Der Arbeitgeber ist verpflichtet über jeden Arbeiter ein **Lohnkonto** und über jeden Angestellten ein **Gehaltskonto** zu führen. Er haftet für die ordnungsgemäße Einbehaltung der Lohn- und Kirchensteuer sowie der Sozialversicherungsbeiträge. Lohnsteuerprüfer des Finanzamtes und Betriebsprüfer der Rentenversicherungsträger (LVA, BfA) überzeugen sich in gewissen Zeitabständen von der Richtigkeit der einbehaltenen Abzüge und der versicherungsrechtlichen Beurteilung der Arbeitsverhältnisse.

Zum Ende des Jahres müssen die Betriebe die Lohn- und Gehaltssummen auf der Lohnsteuerkarte bescheinigen. Ebenso sind die einbehaltene Lohn- und Kirchensteuer, der einbehaltene Solidaritätszuschlag sowie die Beiträge für die Sozialversicherung auszuweisen. Der Arbeitgeber händigt die Lohnsteuerkarte dem Arbeitnehmer aus; dieser gibt sie an sein zuständiges Finanzamt weiter.

Zum Ende des Jahres erhält der Arbeitnehmer von seinem Arbeitgeber einen Nachweis der beitragspflichtigen Entgelte zur Rentenversicherung. Zu bescheinigen ist das rentenversicherungspflichtige Bruttojahresarbeitsentgelt. Im Regelfall erhält die Krankenkasse die relevanten Daten über Datenträger (siehe auch Praxisbeispiel S. 93).

3.6 Gewinnbeteiligung

Normalerweise steht den Kapitaleignern der in einem Unternehmen erzielte Gewinn zu. Von Gewinnbeteiligung sprechen wir, wenn die Unternehmen ihre Mitarbeiter am Jahreserfolg beteiligen. Die Gewinnverteilung ergänzt somit die Lohn- und Gehaltszahlung an die Mitarbeiter. Die Zahl der Betriebe, die ihre Mitarbeiter am Gewinn beteiligen, nimmt ständig zu.

Die Betriebe verfolgen mit der Gewinnbeteiligung ihrer Mitarbeiter mehrere Ziele:

- Die Zusammenarbeit zwischen Arbeitnehmern und Betriebsleitung wird verbessert,
- den Mitarbeitern wird ein Anreiz zu höheren Leistungen gegeben,
- eine gerechtere Gesamtentlohnung der Arbeitnehmer wird erreicht,
- soziale Spannungen werden abgebaut, Lohnkämpfe möglicherweise entschärft,
- je nach Verwendung der Gewinnanteile ist eine verstärkte Vermögensbildung in Arbeitnehmerhand möglich.

Es gibt verschiedene Gestaltungsmöglichkeiten für die Gewinnbeteiligung. Nachstehend werden einige grundsätzliche Fragen angesprochen.

3.6.1 Durchführung der Gewinnbeteiligung

Zunächst ist die Frage zu klären, wer in die Gewinnbeteiligung einbezogen wird. Sind es alle Mitarbeiter oder sollen evtl. Aushilfskräfte und nicht ständig beschäftigte Personen von der Gewinnbeteiligung ausgeschlossen werden? Sodann ist eine Mindestbetriebszugehörigkeit, etwa 2–3 Jahre, festzulegen, um sicherzustellen, dass der gewinnberechtigte Arbeitnehmer auch aktiv zur Gewinnerzielung beigetragen hat. Für neue Mitarbeiter entstehen bekanntlich hohe Einarbeitungskosten; auch ist die Fluktuationsquote in den ersten Jahren meist größer als später.

Schließlich ist zu bestimmen, was als zu verteilender Gewinn angesehen werden soll. Ist es der steuerliche Gewinn oder der Gewinn lt. Handelsbilanz, also das betriebswirtschaftliche Betriebsergebnis? Am einfachsten dürfte der steuerliche Gewinn zugrunde zu legen sein. Man kann ihn klar ausweisen und einfach überprüfen. Weiter interessiert die Quote des zur Verteilung gelangenden Gewinns. Wird der gesamte Gewinn an die Arbeitnehmer ausgeschüttet oder wird er, etwa im Verhältnis 1 : 1, unter die Kapitalseigner und Arbeitnehmer verteilt?

Von entscheidender Bedeutung ist ferner der Verteilungsschlüssel. Als einfacher Schlüssel bietet sich die Bruttolohn- und Gehaltssumme an. Wenn im Betrieb „relativ gerecht" entlohnt wird, dann wäre auch dieser Verteilungsschlüssel „relativ gerecht". Es besteht auch die Möglichkeit, einen Teil des Gewinns nach anderen Kriterien, etwa der Kopfzahl, zu verteilen und den Rest entsprechend der Lohn- und Gehaltssumme. Auch soziale Gesichtspunkte können berücksichtigt werden.

3.6.2 Gewinnverwendung

Der zu verteilende Gewinn kann entweder an die Arbeitnehmer ausgezahlt oder investiv angelegt werden. Wenn der Leistungsanreiz vergrößert werden soll, ist eher eine Barauszahlung vorzusehen. Steht dagegen die Anlage des Gewinns im Vordergrund, wird man die andere Möglichkeit vorziehen. Grundsätzlich ist auch eine Mischform möglich, d. h. eine teilweise Auszahlung und teilweise Kapitalanlage.

Für die **Investition** des verteilten Gewinns stehen grundsätzlich zwei Möglichkeiten zur Verfügung, die Anlage als Eigenkapital oder Fremdkapital.

a) **Anlage als Eigenkapital**
   Für diese Anlage bietet sich bei größeren Unternehmen der Erwerb von Belegschaftsaktien an, eine Anlageform, die sich zunehmender Beliebtheit erfreut und die durch das Vermögensbeteiligungsgesetz vom Staat besonders gefördert wird.
   Bei kleineren Unternehmen kommt evtl. eine stille Beteiligung unter Ausschluss einer Verlustbeteiligung infrage.
   Andere Beteiligungsformen, z. B. GmbH-Anteile oder Kommanditbeteiligungen, sind weniger verbreitet und auch weniger zweckmäßig.

b) **Anlage als Fremdkapital**
   Hier ist die Gewährung eines langfristigen Darlehens an die Unternehmung möglich. Häufig zahlen die Unternehmungen in solchen Fällen eine besondere Anlageprämie und verzinsen das Darlehen auch günstiger.
   Für das Unternehmen sind die genannten Anlageformen insofern zweckmäßig, weil keine Barmittel für die Gewinnbeteiligung der Arbeitnehmer benötigt werden, was sich günstig auf dessen Liquidität auswirkt.
   Erfolgt die Gewinnbeteiligung des Arbeitnehmers in Form einer Ausschüttung bzw. Auszahlung, steht es dem Arbeitnehmer natürlich auch frei, den ausgezahlten Gewinn am Kapitalmarkt investiv anzulegen.
   Einzelheiten der Gewinnverteilung und Gewinnverwendung werden zwischen Arbeitgeber und Betriebsrat in einer **Betriebsvereinbarung** geregelt.

3.6.3 Vermögensbildung für Arbeitnehmer

Im Dezember 2003 haben Bundestag und Bundesrat beschlossen, dass Wohnungsbauprämie und Arbeitnehmersparzulage erhalten bleiben.
Wie bisher kann ein Arbeitnehmer einen jährlichen Höchstbetrag von 512,00 Euro (Ledige) und 1.024,00 Euro (Verheiratete) in einem Bausparvertrag vermögenswirksam anlegen. Die Wohnungsbauprämie beträgt 10 %.

3 Personalaufwendungen und Personalentgelt

Außerdem kann der Arbeitnehmer vermögenswirksame Leistungen in einem Bausparvertrag oder in betrieblichen oder außerbetrieblichen Beteiligungen (Aktien, Anteilscheine, Aktienfonds) oder Beteiligungen am arbeitgebenden Unternehmen tätigen, für die er eine Arbeitnehmersparzulage erhält.

Für die vermögenswirksamen Leistungen gelten obere Einkommensgrenzen. Wenn das zu versteuernde Einkommen im Kalenderjahr 17.900,00 Euro oder bei Zusammenveranlagung von Ehegatten 35.800,00 Euro nicht übersteigt, wird eine Arbeitnehmersparzulage gewährt.

Die folgenden Aufstellungen enthalten die für vermögenswirksame Leistungen aktuellen Daten.

Prämiensätze:	bis 2003-12-31	ab 2004-01-01
Wohnungsbauprämie	10 %	8,8 %
Arbeitnehmersparzulage Bausparvertrag	10 %	9,0 %
Arbeitnehmersparzulage Produktivkapital – alte Bundesländer	20 %	18 %
Arbeitnehmersparzulage Produktivkapital – neue Bundesländer	25 %	22 %

Geförderte Höchstbeträge

Wohnungsbauprämie	512,00/1.024,00 Euro (Ledige/Verheiratete)	keine Änderung
geförderte Sparbeiträge Bausparvertrag	480,00 Euro	470,00 Euro
geförderte Sparbeiträge Produktivkapital	408,00 Euro	400,00 Euro

Sparerfreibetrag – 2004-01-07

Sparerfreibetrag	1.500,00/ 3.100,00 Euro (Ledige/Verheiratete)	1.370,00/ 2.740,00 Euro (Ledige/Verheiratete)
Freistellungshöchstbetrag (Sparerfreibetrag + Werbungskosten-Pauschbetrag 51,00/102,00 Euro)	1.601,00/ 3.202,00 Euro (Ledige/Verheiratete)	1.421,00/ 2.842,00 Euro (Ledige/Verheiratete)

Gewinnbeteiligung 3.6

Lohn-/Gehaltsabrechnung		für: **Februar** **20**xx	Seite: 1 von 1

Bitte aufbewahren! Gilt als Verdienstbescheinigung

Metalltechnik KG
Hügelstr. 23

44444 Burghausen

Bernd Bienenfleißig
Traumstraße 17

44244 Wohnstadt

Pers.Nr	**6855**	Kostenstelle	**5678**
Tätigkeit	**38872**	Geb.Datum	**1975-10-22**
Teilz/Vollz	**V**	Eintritt Datum	**1995-02-06**
Fam-Stand	**verh**	Freibetrag	**120,00 €**
St-Klasse	**III**	jährlich	**1.440,00 €**
Konfes.	**rk**	Vers.Nr	**13221075B068**
Arb Tage	St.Tage	Soz.Tage	Krankenkasse
20	**30**	**30**	**AOK**
Soll-Std.	Ist-Std.	Überstunden	Ausfallstunden
146,6	**132,25**		
BLZ	**300 20200**	KontoNr	**48333488**
Auszahlung an		**S-Kasse 44244 Wohnstadt**	

Schlüssel-Nr	Bezeichnung	Stunden	Stunden-satz	Prozent-satz	Bemerkung	Brutto
	geleistete Stunden	124,61	13,92			1.734,57
	Sonderzahlungen					70,00
	Feiertagsstunden	0	13,92	125		0,00
	Urlaubslohn	7,33	13,92			102,03
	Urlaubsgeld	0	6,96	50		0,00
	Lohnfortzahlg (krank)	14,66	13,92			204,07
	VWL des AG					13,29
					Gesamt Brutto	**2.123,97 €**

Steuer

	Abzügl St.Freibetrag					-120,00
	Steuer Brutto					2.003,97
	Lohnsteuer				lt. Tabelle	269,28
	Solidaritätszuschlag			5,5	%	14,81
	Kirchensteuer (NRW)			9	%	24,23
					Abzüge Steuern	**308,32 €**

Sozialversicherung

	SV – Brutto	Prozent ges.	AN %	Ihr Anteil		2123,97
	Krankenvers. Beitrag	14,0	50	7,00	% von Brutto	148,68
	Pflegevers. Beitrag	1,7	50	0,85	% "	18,05
	Rentenvers. Beitrag	19,5	50	9,75	% "	207,09
	Arbeitslosenv. Beitrag	6,5	50	3,25	% "	69,03
Hinweis:	Beiträge jeweils zu 50 % AN und AG				**Abzüge SozVers.**	**442,85 €**
					Abzüge Steuer + SozVers.	**751,17 €**

Kumulierte Beträge Steuer und Sozialversicherung

Auflistung aller bisherigen monatlichen Beträge nach Kategorien

Steuer Brutto gesamt	4.039,96	KV	282,80
Lohnsteuer	484,80	PV	34,34
Solidarit.Zuschlag	26,66	RV	393,90
Kirchensteuer	43,63	AV	131,30
Gesamtabzüge:Steuer	555,09	Sozialversicherung	842,33

NETTO
1.372,80 €
Februar
-39,88 €
Persönl. Abzüge
Auszahlung
1.332,92 €

Anmerkung: Der Arbeitgeber zahlt alleine die Beiträge für die Unfallversicherung!

Aufgaben

1. Für welche Personenkreise gelten die 6 Lohnsteuerklassen?
2. Besorgen Sie sich von Ihrer Lohnbuchhaltung oder vom Finanzamt ein Formular „Lohnsteuer-Voranmeldung" und stellen Sie fest, für welche Religionsgemeinschaften der Arbeitgeber die Kirchensteuer bei kirchensteuerpflichtigen Arbeitnehmern einbehalten und an das Finanzamt abführen muss.
3. Ziehen Sie eine Lohnsteuertabelle für monatliche Lohn- bzw. Gehaltszahlung heran und beantworten Sie folgende Fragen:
   a) Bei welchem Monatsverdienst beginnt in den einzelnen Lohnsteuerklassen die Lohnsteuerpflicht?
   b) Wie hoch sind die Lohn- und Kirchensteuer in den einzelnen Lohnsteuerklassen bei einem Bruttogehalt von
      2.000,00 €, 3.000,00 € und 4.000,00 €?
4. Lassen Sie sich von einer Krankenkasse eine Beitragstabelle geben und ermitteln Sie für Bruttogehälter von
   2.000,00 €, 3.000,00 € und 4.000,00 €
   den Arbeitnehmeranteil
   a) an der Renten-, Arbeitslosen-, Kranken- und Pflegeversicherung,
   b) nur an der Renten- und Arbeitslosenversicherung,
   c) nur an der Krankenversicherung,
   d) nur an der Pflegeversicherung.
   Könnten Sie diese Beiträge bei Kenntnis der Beitragssätze auch selbst berechnen? Vergleichen Sie Ihre Werte mit den Zahlen aus der Beitragstabelle. Liegen Abweichungen vor? Worin sind sie begründet?
5. Zum Ende eines Kalenderjahres erhalten Sie von Ihrem Arbeitgeber einen Nachweis Ihrer beitragspflichtigen Bruttoentgelte zur Rentenversicherung. Überprüfen Sie diesen Nachweis auf seine Richtigkeit.
6. Lassen Sie sich am Jahresende Ihre Lohnsteuerkarte gegen Quittung aushändigen und überprüfen Sie, ob Ihr Arbeitgeber alle Rubriken vollständig und richtig ausgefüllt hat.
7. Machen Sie sich Gedanken über ein Gewinnverteilungsmodell, von dem Sie glauben, dass es in Ihrem Unternehmen realisierbar wäre, und begründen Sie dieses Modell ausführlich unter besonderer Berücksichtigung der Interessen der Arbeiter, Angestellten, des Betriebsrates, der Gewerkschaften, der Kapitaleigentümer und der Allgemeinheit.
8. Das neue Vermögensbeteiligungsgesetz für Arbeitnehmer ist in einigen wesentlichen Punkten verbessert worden. Erläutern Sie diese Verbesserungen.

4 Personalplanung

Die Personalplanung ist ein Teil der Unternehmensplanung. Sie ist mit den übrigen Unternehmensbereichen wie z. B. der Materialwirtschaft, der Absatzwirtschaft, der Organisation, dem Finanzwesen usw. eng verbunden. Die meisten Aktivitäten der Personalwirtschaft wie z. B. Personalbeschaffungsvorgänge oder Fragen der Personalentwicklung sind nur in Abstimmung mit den entsprechenden Fachabteilungen **gemeinsam** durchzuführen. Lediglich die administrativen Aufgaben, z. B. Lohn- und Gehaltsabrechnung, Personalaktenführung, verbleiben in der Personalabteilung.

Das Personalwesen hat zunächst eine unterstützende und beratende Funktion. Stellt z. B. die Fachabteilung einen Personalbedarf fest, ist nunmehr gemeinsam mit der Personalabteilung der weitere Ablauf zu klären. Daran ist zu erkennen, dass die weiteren Aktivitäten synchron ablaufen sollen. Der folgende Personalbeschaffungsvorgang (intern oder extern) ist Aufgabe des Fachvorgesetzten und der Personalabteilung.

Das Betriebsverfassungsgesetz hat den Begriff „Personalplanung" lediglich im § 92 erwähnt. Nach dieser Vorschrift hat der Betriebsrat sog. Mitwirkungsrechte (Information, Unterrichtung, Beratung).

Jedes Unternehmen muss wissen, welchen kurz-, mittel- und langfristigen Personalbestand es in quantitativer, qualitativer, zeitlicher und örtlicher Hinsicht benötigt, um die Unternehmensziele zu verwirklichen. Die Personalplanung ist ein Oberbegriff und umfasst mehrere Teilplanungen. Es handelt sich hierbei um folgende Planungseinheiten:

- Personalbedarfsplanung (qualitativ und quantitativ)
- Personalbeschaffungsplanung (intern und extern)
- Personaleinführungsplanung (Traineeprogramm)
- Personalentwicklungsplanung (Aus-, Fort- und Weiterbildung)
- Personalfreisetzungsplanung (Kündigung, Aufhebungsvertrag)
- Personalkostenplanung (Entgeltgestaltung, Personalnebenkosten)

4.1 Personalbedarfsplanung

4.1.1 Aufgaben der Personalbedarfsplanung

Wie jede Planung, so hat auch die betriebliche Personalbedarfsplanung immer von einer bestimmten Zielsetzung bzw. Aufgabenstellung auszugehen. Entsprechend der Aufgabenstellung gilt es, Sollpersonalwerte zu planen, die dann den jeweiligen Istwerten gegenübergestellt und in der Regel entweder eine Unter- oder Überdeckung an Personal ergeben werden. Im Idealfall können bei-

4 Personalplanung

de Werte auch übereinstimmen. Liegt eine Differenz zwischen den Soll- und Istwerten vor, muss man bestimmte Maßnahmen einleiten. Das ist aber nicht mehr die Aufgabe der Personalbedarfsplanung, sondern eher Aufgabe der Personalbeschaffung, da es sich hier um die Durchführung bzw. Realisierung der Planungsmaßnahmen handelt. Übersteigen die Sollwerte die Istwerte, so entsteht Personalbedarf, liegen dagegen die Istwerte über den Sollwerten, dann ist zu viel Personal im Betrieb vorhanden und ein Abbau von Mitarbeitern in Erwägung zu ziehen.

Die Personalbedarfsplanung muss verschiedene Bedingungen erfüllen: Sie muss den künftigen Personalbedarf nach

- Quantität,
- Qualität,
- Ort und
- Zeit

richtig vorausbestimmen. Entsprechend dieser Aufgabenstellung gibt es verschiedene Methoden der Personalbedarfsberechnung. Bevor diese näher behandelt werden, soll zunächst auf die einzelnen Arten des Personalbedarfs eingegangen werden.

4.1.2 Arten des Personalbedarfs

Nach REFA können folgende Arten des Personalbedarfs unterschieden werden:

1. **Einsatzbedarf**
   Darunter versteht man den Personalbedarf, der effektiv und unmittelbar zur Aufgabenerfüllung erforderlich ist.

2. **Reservebedarf**
   Hierbei handelt es sich um einen zusätzlichen Bedarf zum Einsatzbedarf, der aufgrund unvermeidlicher Ausfälle infolge Urlaubs, Krankheit, Unfall oder sonstiger persönlich bedingter Fehlzeiten erforderlich ist. Grundlage für die Planung des Reservebedarfs sind statistische Aufzeichnungen.

3. **Neubedarf**
   Wenn die Sollwerte an Arbeitskräften steigen und die Istwerte diese quantitativ und qualitativ nicht abdecken, entsteht Neubedarf.

Personalbedarfsplanung 4.1

Gründe für die Entstehung von Neubedarf an Arbeitskräften können sein:

- Betriebsgründungen, Filialeröffnungen, Einrichtung neuer Betriebsabteilungen,
- Produktionserweiterungen bzw. Kapazitätsausdehnungen,
- Ausbau bzw. Intensivierung bestehender Abteilungen, z. B. Personalwesen und Forschung,
- Änderung der Arbeitsbedingungen, Verkürzung der Arbeitszeit, Verlängerung des Urlaubs,
- innerbetriebliche Umstellungen, verbunden mit Rationalisierungsmaßnahmen, Einführung neuer Arbeitsverfahren und Maschinen.

Da es sich hier in der Regel um längerfristige Überlegungen handelt, sollte auch die Personalbedarfsplanung relativ langfristig erfolgen.

4. **Ersatzbedarf**
   Ersatzbedarf entsteht auf folgende Weise:

   - durch vorhersehbare Abgänge, z. B. Alter, Erwerbs- oder Berufsunfähigkeit, Pensionierung,
   - durch statistisch erfassbare Abgänge, z. B. Tod, Kündigung, Fluktuation,
   - durch vertraglich vereinbarte Veränderungen, z. B. innerbetriebliche Versetzungen, Beförderungen.

   Grundlage für die Planung des Ersatzbedarfs sind ebenfalls statistische Aufzeichnungen, z. B. über Altersaufbau der Belegschaft, Pensionierungsstatistik, Statistiken über die Fluktuation u. a.

5. **Freistellungsbedarf**
   Hier liegt ein Überschuss an Personal vor, der einen Personalabbau zur Folge hat. Gründe für die Verminderung des Personalbestandes können sein:

   - Reorganisation im Betrieb (Synergieeffekte),
   - Rationalisierungsmaßnahmen im Betrieb,
   - Stilllegung von Betrieben, Betriebsteilen, Schließung von Filialen,
   - Produktions- und Kapazitätseinschränkungen.

   Natürlich muss auch die Personalfreistellung sorgfältig geplant werden, damit unnötige Härten und Entlassungen vermieden werden. Das könnte geschehen durch:

   - Einstellungsstopp bzw. Reduzierung von Neueinstellungen,
   - innerbetriebliche Versetzungen bei anderweitigem internen Personalbedarf,
   - frühzeitige Personalentwicklung der Mitarbeiter.

4 Personalplanung

4.1.3 Methoden der Personalbedarfsplanung

Lang-, mittel- und kurzfristige Personalbedarfsplanung. Eine langfristige Personalbedarfsplanung ist vor allem bei Führungskräften erforderlich, da diese in der Regel längere Kündigungsfristen haben und auch eine längere Einarbeitungszeit benötigen. Die Planungszeiträume können bis zu 5, in Ausnahmefällen bis zu 10 Jahren umfassen. Für die Angestellten des mittleren und unteren Managements, etwa Ingenieure, Techniker, Meister, Abteilungsleiter, aber auch für qualifizierte Mitarbeiter sowie für Auszubildende sollte eine mittelfristige Personalbedarfsplanung stattfinden, die einen Zeitraum von 1–3 Jahren umfasst. In die mittelfristige Personalbedarfsplanung muss auch der Neubedarf an Arbeitskräften einbezogen werden. Die kurzfristige Personalbedarfsplanung erstreckt sich vor allem auf Arbeiter und Angestellte mit überwiegend ausführenden Tätigkeiten. Sie sind in der Regel schnell zu beschaffen, benötigen keine allzu lange Einarbeitungszeit und sind somit schnell einsatzfähig.

Quantitative Personalbedarfsplanung. Eine rein quantitative Personalbedarfsplanung dürfte es kaum geben. Irgendwie sind immer auch qualitative Elemente zu berücksichtigen. Selbst wenn ein Betrieb nur Hilfsarbeiter sucht, müsste er neben der gesuchten Anzahl von Hilfsarbeitern auch bekannt geben, ob es männliche oder weibliche, jüngere oder ältere Hilfskräfte sein sollen. Daher wird die quantitative Personalbedarfsplanung auch meistens dort eingesetzt, wo man eine größere Anzahl qualitativ gleichwertiger Arbeitskräfte wie z. B. Verkäufer, Kellner, Handwerker, Schreibkräfte benötigt.

Wir unterscheiden zwei **Methoden** der quantitativen Personalbedarfsplanung: die Kennzahlenmethode und die Arbeitsplatz- bzw. Stellenplanmethode.

4.1.3.1 Kennzahlenmethode

Es gibt bestimmte betriebliche Kennzahlen, die sich besonders gut zur Berechnung des notwendigen Personalbestandes eignen. Die Genauigkeit dieser Methode steht und fällt natürlich mit der Zuverlässigkeit der Kennzahlen. Die Kennzahlenmethode wird vor allem dort angewandt, wo die Arbeitsmenge zeitlich schwankt und der Personaleinsatz an die unterschiedliche Arbeitsmenge, z. B. durch Teilzeitbeschäftigte, angepasst werden soll. Einige typische **Beispiele** sollen die Einsatzmöglichkeiten dieser Methode verdeutlichen:

(1) Ein Einzelhandelsgeschäft erwartet einen Jahres**umsatz** von 2,5 Mio. €. Es weiß, dass eine Verkäuferin 60.000 € im Jahr umsetzt. Durchschnittlich wären dann 2.500.000 : 60.000 = 42 (41,7) Verkäuferinnen einzusetzen. Rechnet man für Ausfälle, Krankheit, Urlaub usw. 10 % dazu, dann wären 46 (45,9) Verkäuferinnen zu beschäftigen.

Personalbedarfsplanung 4.1

Diese Methode lässt sich noch verfeinern, wenn man die Monatsumsätze, Wochenumsätze und Tagesumsätze kennt. Mit Teilzeitkräften wäre eine ziemlich genaue umsatzabhängige Personalbedarfsplanung möglich, vorausgesetzt, die Monats-, Wochen- und Tagesumsätze unterliegen nicht allzu großen Schwankungen.

(2) Das gleiche Beispiel wäre auch aufgrund von **Kundenzahlen** zu berechnen, wenn dem Einzelhandelsbetrieb die Zahl der erwarteten Kunden aus der Statistik bekannt ist und eine Kennzahl durchschnittliche Kundenzahl pro Verkäuferin existiert.

(3) Eine Kennzahlenplanung des Personalbedarfs kann sich auch an den **Lohn- und Gehaltskosten** orientieren. Wenn z. B. die Personalkosten 12 % des Umsatzes nicht übersteigen dürfen, kann bei einem Jahresumsatz von 2,5 Mio. € von einem Personalaufwand von 300.000,00 € ausgegangen werden. Darin sind die gesetzlichen und freiwilligen Sozialaufwendungen enthalten. Beträgt die durchschnittliche Jahresvergütung je Beschäftigten 30.000,00 €, könnten 10 Personen beschäftigt werden.
Gegen diese Methode der Personalbedarfsplanung sind aber Bedenken anzumelden. Sie geht nämlich nicht vom Arbeitskräftebedarf aus, sondern von der Bezahlung. Daher eignet sie sich auch weniger als Planungsmethode, sondern mehr als Kontrollinstrument.

(4) Grundlage für eine Personalbedarfsplanung nach der Kennzahlenmethode kann auch der **Zeit**bedarf sein. Aufgrund von Arbeits- und Zeitstudien liegen meistens die Zeitwerte für bestimmte Tätigkeiten fest und können ebenfalls für die Personalbedarfsberechnung herangezogen werden. Wenn z. B. in einem Monat von den Produkten A, B, C, D und E je 1 000 Stück hergestellt werden sollen und der Zeitbedarf für die Anfertigung je eines Stückes 4, 6, 2, 1, 3 Stunden beträgt, die monatliche Arbeitszeit 160 Stunden umfasst und aus der Personalstatistik bekannt ist, dass mit einem Personalausfall von 5 % durch Krankheit, 1 % durch Urlaub, 4 % durch sonstige Abwesenheit gerechnet werden muss, lässt sich der Personalbedarf wie folgt berechnen:

Produktion von je 1 000 Stück je Monat					
	A	B	C	D	E
Zeitbedarf je Einheit in Stunden	4	6	2	1	3
Zeitbedarf für 1 000 Stück	4 000	6 000	2 000	1 000	3 000
Arbeitsstunden je Arbeiter und Monat	160	160	160	160	160
Arbeitskräfte/Soll	25	37,5	12,5	6,3	18,8

Insgesamt werden zur Herstellung von je 1 000 Produkten der Sorte A–E = 100 (100,1) Arbeitskräfte benötigt. Hinzu kommt ein Ersatzbedarf von 10 %, also rd. 10 Arbeitskräften, sodass sich das gesamte Soll auf 110 Arbeitskräfte beläuft.

4.1.3.2 Arbeitsplatz- bzw. Stellenplanmethode

Während die Kennzahlenmethode vor allem dort angewandt wird, wo infolge eines schwankenden Arbeitsanfalls unterschiedlich viele Arbeitskräfte benötigt werden, wendet man die Arbeitsplatz- oder Stellenplanmethode vorwiegend dort an, wo bestimmte Arbeitsplätze unabhängig von der Menge der anfallenden Arbeit besetzt werden müssen. Das ist bei Betriebshandwerkern, in der Verwaltung, bei überwiegend überwachenden Tätigkeiten usw. der Fall.

Grundlage für die Personalbedarfsplanung nach dieser Methode ist der betriebliche Organisationsplan, aus dem für die verschiedenen Bereiche Stellenpläne und Stellenbesetzungspläne abgeleitet werden. Die Stellenpläne haben meistens eine längerfristige Gültigkeit, sodass sie eine brauchbare Grundlage für die Personalbedarfsplanung darstellen.

Zahl der Stellen	Bezeichnung der Stelle	Vergütungs- gruppe	Tatsächlich besetzte Stellen
1	Abteilungsleiter	12	1
3	Gruppenleiter	10	2
9	Sachbearbeiter	7	7
7	Datentypistin	4	5
20	**Summe**	–	**15**

Beispiel: Stellenplan einer Betriebsabteilung

Aus dem vorstehenden Stellenplan wird ein Stellenbesetzungsplan, indem die Namen der Stelleninhaber eingesetzt und nicht besetzte Stellen als zurzeit unbesetzt gekennzeichnet werden. Der Stellenbesetzungsplan kann in Tabellenform oder auch als zeichnerischer Stellenbesetzungsplan ausgeführt werden. In der grafischen Form enthält er eine Zuordnung der einzelnen Mitarbeiter zueinander.

Die Stellenbesetzungspläne auf der gegenüberliegenden Seite weisen sowohl die besetzten als auch die unbesetzten Stellen aus. In manchen Stellenbesetzungsplänen werden nur die unbesetzten Stellen kenntlich gemacht, um anzudeuten, dass diese Stellen noch besetzt werden müssen.

Personalbedarfsplanung 4.1

Zahl der Stellen	Bezeichnung der Stelle	Vergütungsgruppe	Stelleninhaber	
1	Abteilungsleiter	12	Herr F. Möller	
3	Gruppenleiter	10	Herr K. Kaiser Frau P. Kaufmann unbesetzt	
9	Sachbearbeiter	7	Herr P. Bernhardt Herr H. Putschky unbesetzt Herr H. Fischer Herr L. Breuers Frau J. Bröcker unbesetzt	Herr K. Hoffmann Frau F. Uhlig
7	Datentypistin	4	Frau H. Schmitz Frau M. Heinen Frau U. Bärm Frau G. Wisser Frau M. Jülicher unbesetzt unbesetzt	

Beispiel: Stellenbesetzungsplan – Tabellenform

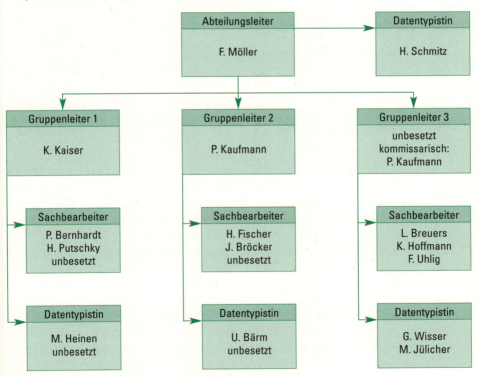

Beispiel: Stellenbesetzungsplan – grafische Darstellung

4 Personalplanung

Bei der Arbeitsplatz- oder Stellenplanmethode wird der künftige Personalbedarf den Stellenplänen bzw. Stellenbesetzungsplänen entnommen. Diese Pläne müssen durch Zusammenarbeit aller infrage kommenden Stellen sorgfältig aufgestellt und stets fortgeschrieben werden, damit sie aktuellen betrieblichen Gegebenheiten entsprechen. Verbindet man die Stellenpläne bzw. Stellenbesetzungspläne mit Stellenbeschreibungen, vollzieht man damit den Übergang von der quantitativen zur qualitativen Personalbedarfsplanung. Die quantitative Personalbedarfsplanung sollte aber auch über die gesamte Personalentwicklung in einem Unternehmen oder in größeren Betriebsabteilungen Aufschluss geben.

Aus diesem Grunde sei hier noch ein einfaches Beispiel für eine globale quantitative Personalbedarfsplanung angeführt, das gleichzeitig auch als Beispiel für eine längerfristige Prognose dient. Bei dieser Personalbedarfsberechnung muss der jeweilige Sollbestand am Anfang eines jeden Planjahres aufgrund langfristiger Überlegungen und auf der Basis aller zugänglichen betrieblichen Informationen sorgfältig ermittelt werden:

Planungsjahr	20..	20..	20..	20..
Vorgesehener Sollpersonalbestand am Ende des Jahres	150	182	120	135
Tatsächlicher Personalbestand am Anfang des Jahres	120	150	182	120
+ Erwartete Personalzugänge im Laufe des Jahres	10	15	18	15
− Voraussichtliche Personalabgänge im Jahr	15	25	10	12
Rechnerischer Personalbestand am Ende des Jahres	115	140	190	123
± Personalbedarf für das laufende Jahr	+ 35	+ 42	− 70	+ 12

Die Personalzugänge sind ausschließlich Zugänge innerbetrieblicher Art. Es kommen z. B. Auszubildende, die ihre Lehrzeit beendet haben, in den Produktionsprozess. Wehrdienstpflichtige nehmen ihre Arbeit wieder auf. Auch innerbetriebliche Versetzungen von einer Abteilung in eine andere können für einen anderen Betriebsbereich zu einem Personalzugang führen.

Die Personalabgänge müssen ebenfalls sorgfältig geschätzt werden. Es handelt sich um Abgänge durch Tod, Erreichen der Altersgrenze, Heirat, Kündigungen. Hierfür liegen vielfach Erfahrungszahlen vor, wenn nicht, wie beim Erreichen der Altersgrenze, exakte betriebliche Unterlagen bestehen.

Aus dieser Totalrechnung eines Unternehmens oder einer größeren Betriebsabteilung ergibt sich z. B. für das erste Planungsjahr ein Personalbedarf von 35 Arbeitskräften. Wenn diese 35 Arbeitnehmer bis Ende des Planungsjahres eingestellt werden, ist zum Ende des Planjahres und damit zu Beginn des neuen Jahres die Sollzahl von 150 Arbeitskräften erreicht.

Für das zweite Planungsjahr ergibt sich ebenfalls ein positiver Bedarf an Arbeitskräften von 42. Dagegen muss im dritten Planungsjahr ein Abbau von Personal vorgenommen werden, wogegen im vierten Planungsjahr wieder ein leichter positiver Bedarf entsteht. Da es sich hier um eine längerfristige Planung handelt, können auch langfristige Maßnahmen eingeleitet werden, sodass es beim Personalabbau zu keinen Härten für die Arbeitnehmer und bei der Personaleinstellung zu keinen Schwierigkeiten für den Betrieb kommt.

Qualitative Personalbedarfsplanung. Die qualitative Personalbedarfsplanung geht von dem Grundsatz aus, dass jede Stelle im Betrieb durch den richtigen Mitarbeiter besetzt sein muss, der die spezifischen Anforderungen des Arbeitsplatzes erfüllt. Bei Neueinstellungen muss dieser richtige Mitarbeiter gefunden werden. Es gehört aber auch zu den Aufgaben des Personalwesens, vorhandene Mitarbeiter so zu fördern, weiterzubilden und umzuschulen, dass sie die Anforderungen des jeweiligen Arbeitsplatzes jederzeit optimal erfüllen. Der richtige Mitarbeiter ist derjenige, der die Arbeitsplatzbedingungen gerade erfüllt. Wäre er weniger geeignet, würde die Besetzung dieser Stelle mit diesem Mitarbeiter Schwierigkeiten bereiten. Wäre der dagegen weit über die Anforderungen hinaus geeignet, sollte er für diesen Arbeitsplatz auch nicht vorgesehen werden, da er sich dann nicht ausgelastet und ausgefüllt sehen würde.

Voraussetzung für die qualitative Personalbedarfsplanung sind daher genaue Kenntnisse über die qualitativen **Anforderungen,** die ein bestimmter Arbeitsplatz stellt, und über die **Eignungs**merkmale, die der Mitarbeiter für die Besetzung dieser Stelle besitzt. Sind Arbeitsanforderungen und Eignungsmerkmale des Mitarbeiters deckungsgleich, so ist der ideale Mitarbeiter für die Besetzung dieses Arbeitsplatzes gefunden. Liegen die Anforderungen der Stelle über der Eignung des Mitarbeiters, dann muss die Personalabteilung im Rahmen der Personalentwicklung bestimmte Weiterbildungs-, Umschulungs- und Förderungsmaßnahmen in die Wege leiten.

Grundsätzlich sind für die qualitative Personalbedarfsplanung alle Verfahren geeignet, die in der Lage sind die Anforderungen des Arbeitsplatzes mit dem Fähigkeitsprofil des Mitarbeiters zu vergleichen.

- Stellenbeschreibungen,
- Mitarbeiterbeurteilungen,
- Arbeitsanalysen, Arbeitsplatzanalysen,
- Arbeitsbeschreibungen,
- Arbeitsbewertungsmethoden,
- Personaldatenanalysen.

Obwohl Stellenbeschreibungen, Mitarbeiterbeurteilungen, Arbeitsanalysen und Arbeitsbewertungen primär anderen Zwecken dienen, wie an anderer Stelle noch näher ausgeführt wird, können sie auch zur Personalbedarfsplanung herangezogen werden. Nachstehend sollen zwei Verfahren der qualitativen Personalbedarfsplanung beispielhaft besprochen werden, und zwar

a) die Arbeitsbeschreibung,
b) die Arbeitsplatz- und Personaldatenanalyse.

4.1.3.3 Arbeitsbeschreibung

Zum Zwecke der qualitativen Personalbedarfsplanung werden die Arbeitsgebiete eines Arbeitsplatzes oder einer Arbeitsaufgabe, die Ausbildung und Berufspraxis sowie die persönlichen Anforderungen zu einer Arbeitsbeschreibung zusammengefasst. Eine solche Arbeitsbeschreibung weist in dem Abschnitt „Arbeitsgebiete" gewisse Parallelen zu einer Stellenbeschreibung auf, denn hier wie dort werden die einzelnen Aufgaben, die ein Stelleninhaber auf einem bestimmten Arbeitsplatz zu erfüllen hat, mehr oder weniger ausführlich beschrieben. Gegenüber der Stellenbeschreibung bestehen aber insofern Unterschiede, als zur qualitativen Personalbedarfsplanung Angaben über die Stellvertretung, Zielvorgaben, Über- oder Unterstellungsverhältnisse u.a. nicht unmittelbar von Interesse sind. Eine Arbeitsbeschreibung für eine Verkäuferin im Lebensmitteleinzelhandel könnte etwa so lauten:

1 Arbeitsgebiete

1.1 Verkauf im Lebensmittelgrundsortiment und den Spezialsortimenten Obst und Gemüse, Fleisch- und Wurstwaren, Fisch, Spirituosen,
1.2 Beratung und Betreuung der Kunden,
1.3 Abschluss von Kaufverträgen,
1.4 Kassieren,
1.5 Annahme und Disposition von Bestellungen,
1.6 Warenannahme,
1.7 Warenpflege,
1.8 Preisauszeichnung,
1.9 Erledigung von Reklamationen,
1.10 Abfassung von Tagesberichten über Umsatz, Warenvorräte, Kassenbestand u.a.

2 Ausbildung und Berufspraxis

2.1 Abgeschlossene Berufsausbildung als Lebensmittelverkäufer oder Einzelhandelskaufmann im Lebensmittelhandel,
2.2 mindestens 4 Jahre praktische Tätigkeit im Lebensmittelhandel.

3 Persönliche Anforderungen

3.1 Geschlecht: weiblich,
3.2 Alter: nicht unter 20 Jahren.

Beispiel einer Arbeitsbeschreibung: Lebensmitteleinzelhandel, Verkauf

Wenn eine solche Stelle zu besetzen wäre, müssten auf einem Eignungsbogen, der inhaltlich mit dieser Arbeitsbeschreibung korrespondiert, die Eignungsmerkmale eines Bewerbers oder auch des Stelleninhabers überprüft werden. Bei Übereinstimmung wäre diese Stelle optimal besetzt.

4.1.3.4 Arbeitsplatz- und Personaldatenanalyse

Man stellt in einem Schema die **Anforderungs**merkmale der Stelle und die Eigenschaften bzw. **Eignungs**merkmale des Mitarbeiters gegenüber. Dabei nimmt man zweckmäßigerweise eine Einteilung in Gruppen und eine weitere Unterteilung in Einzelmerkmale vor:

Nr.	Merkmal Gruppe	Anforderungen des Arbeitsplatzes bzw. der Stelle	Eigenschaften bzw. Merkmale des Mitarbeiters
1	Allgemeine Merkmale	Allgemeine Anforderungen	Allgemeine Eigenschaften
2	Schule und Beruf	Anforderungen an Schul- und Berufsbildung	Schulbildung, Berufsbildung, Berufserfahrungen
3	Körperliche Merkmale	Körperliche Anforderungen	Körperliche Eignungsmerkmale
4	Geistige Merkmale	Geistige Anforderungen	Geistige Eigenschaften
5	Wille	Willensmäßige Anforderungen	Willenskraft
6	Persönlichkeit	Anforderungen an die Persönlichkeit	Persönlichkeit und Autorität, Schlüsselqualifikationen

Für die Merkmalgruppe 1 „Allgemeine Merkmale" könnten die Anforderungen des Arbeitsplatzes z. B. lauten:

a)	Geschlecht:	weiblich
b)	Alter:	mindestens 20 Jahre, höchstens 30 Jahre
c)	Familienstand:	ledig, allein stehend
d)	Nationalität:	deutsch
e)	Körpergröße:	zwischen 164 und 176 cm
f)	äußere Erscheinung:	gepflegte Erscheinung, da die Stelleninhaberin viele Kontakte mit der Firmenkundschaft hat

Die weiteren Merkmalgruppen 2 bis 6 wären mit ähnlichen Anforderungsbeschreibungen zu versehen. Ob bei vorhandenen Mitarbeitern oder bei Stellenbewerbern die geforderten Eigenschaften bzw. Merkmale vorhanden sind, ergibt eine gleich lautende Personaldatenanalyse. Da die Arbeitsplatzdaten und die Personaldaten inhaltlich übereinstimmen müssen, verwendet man für die Arbeitsplatz- und Personaldatenanalyse in der Praxis entsprechende Vordrucke.

Es gibt auch grafische Methoden zur Darstellung der Arbeitsplatzanforderungen und Mitarbeitereignungen (sog. Anforderungsprofile und Eignungsprofile), die bei der qualitativen Personalbedarfsplanung häufig verwendet werden.

4.1.3.5 Weitere erwünschte Mitarbeiterqualifikationen (Schlüsselqualifikationen)

4.1.3.5.1 Die Rolle der Intelligenz

Die bisher angesprochenen Mitarbeitereigenschaften werden auch in Zukunft wichtig sein, sollen im Folgenden aber um einige weitere Aspekte ergänzt werden.

Der bisher gebräuchliche Intelligenzquotient (IQ) versucht eine Kennzahl für geistige Fähigkeiten im Vergleich zu anderen Menschen zu ermitteln. Die ursprüngliche Absicht bei der Entwicklung des IQ war es, das geistige Potenzial von Kindern frühzeitig zu erkennen.

Der Begriff Intelligenz ist seinem Ursprung nach (inter legere = lesen zwischen ..., besser: unterscheiden können zwischen ...) ein durchaus offener Begriff. In der Vergangenheit wurde er oft einseitig ausgelegt, nämlich hinsichtlich geistiger Fähigkeiten des Gehirns in Hinblick auf Behalten, Wissen, Verstehen von komplizierten Zusammenhängen.

Im betrieblichen Alltag zeigte sich, dass jeder beruflichen Erfolg haben kann, auch der Schulversager. Chefs, die nur ihrer guten Examensnote wegen eingestellt worden waren, waren nicht automatisch gute Führungskräfte. Daraus lässt sich der Schluss ziehen, dass es neben dem reinen Wissen vergangener Tage noch andere für den Betrieb sehr nützliche menschliche Eigenschaften geben muss, die bisher nur unzureichend beachtet und gar nicht erfasst worden sind.

Der Begriff „Bauernschläue" umschrieb schon früher, dass beruflicher Erfolg auch ohne Abitur und Studium möglich ist!

Erweiterung des Intelligenzbegriffes

Psychologen beschreiben ein überaus wirksames Gehirn (z. B. eines Genies) als Konglomerat geistiger Fähigkeiten. Erst das Zusammenwirken der drei Ebenen **analytische, kreative** und **praktische Intelligenz** (nach R. Sternberg) ermöglichen außergewöhnliche kreative Höchstleistungen.

Nach heutigem Stand der wissenschaftlichen Erkenntnisse lassen sich z. B. nach Howard Gardner sieben Intelligenzen unterscheiden:

- **linguistische** Intelligenz umfasst alle Fähigkeiten in Zusammenhang mit Sprachverarbeitung,
- **mathematisch-logische** Intelligenz,
- **räumliche** Intelligenz (z. B. ein dreidimensionales Vorstellungsvermögen),
- **musikalische** Intelligenz,
- **körperlich-kinästhetische** Intelligenz (Steuerung der Feinmotorik),
- **intrapersonale** Intelligenz (Sensibilität gegenüber dem eigenen Empfinden),
- **interpersonale** Intelligenz (Sensibilität gegenüber der Außenwelt).

Der frühere Streit, ob Leistungsfähigkeit vererbt oder erworben wird, wird nun aus anderer Sicht weitergeführt. Man geht davon aus, dass 60 % als vererbte Anlage (Hardware) im Säuglingsalter vorhanden sind. Die Menge an Informationen, alle Sinne umfassend, bestimmt weitgehend das spätere Leistungsvermögen.

Intelligenz und Begabung sind also teilweise angeboren, werden aber durch aktives Auseinandersetzen mit der Umwelt um den Bereich Kreativität erweitert. Die Kombination von Begabung und Kreativität erzeugt Selbstbewusstsein; hierdurch wird die Leistungsfähigkeit nochmals enorm gesteigert. (Anmerkung: Ein schöpferischer Akt erzeugt Glücksgefühle und lässt Raum und Zeit vergessen.) Diese Erfahrung setzt immer wieder aufs Neue ungeahnte Kräfte frei.

Kein Betrieb sollte auf diese starke **Selbstmotivation** verzichten!

4.1.3.5.2 Emotionale Intelligenz

Diese Ausführungen über den erweiterten Intelligenzbegriff werden durch Golemann um einen Intelligenzbegriff erweitert:
die **Emotionale Intelligenz (EQ).**

Eine Untersuchung zu beruflichem Erfolg ergab, dass nur 20 % des Erfolges von traditioneller Intelligenz abhängen! Die übrigen 80 % sind wahrscheinlich zu einem hohen Anteil auf die Auswirkungen emotionaler Intelligenz zurückzuführen.

Bedeutsam für den EQ sind u. a. folgende Eigenschaften:

- Erkennen der eigenen Gefühle,
- Umgang mit eigenen Gefühlen,
- Selbstmotivation,
- Mitgefühl,
- effektives Nutzen sozialer Beziehungen.

Eine Hoffnung für viele: Emotionale Intelligenz ist nach Golemann weitgehend trainierbar. Obwohl bei Industrie und Dienstleistern der EQ gleichermaßen hoch eingeschätzt ist – er hat einen Nachteil, er ist bisher nicht exakt messbar.

Konsequenzen bei zu geringem EQ

Untersuchungen in Betrieben ergaben u. a. folgende Konsequenzen. **Defizite emotionaler Art im Management** können zu hohen Kosten führen, z. B. durch:

- hohen Krankenstand bei den Mitarbeitern,
- sinkende Produktivität,
- geringe Bindung an Teams,
- hohe Mitarbeiterfluktuation,
- Alkohol- und Drogenprobleme.

Werden Mitarbeiter emotionslos geführt, so kann es zu oben genannten Defiziten kommen. Hier sei an D. Golemann erinnert, für den **Führung nicht Herrschaft, sondern die Fähigkeit ist, Menschen dazu zu bringen, dass sie für ein gemeinsames Ziel arbeiten.**

Gefühlsmanagement

Aus den oben dargestellten negativen Folgen bei zu wenig emotionaler Fähigkeit kann die Forderung nach aktivem Gefühlsmanagement abgeleitet werden. Dies bedeutet, Gefühle bewusst bei sich und anderen zu akzeptieren und Gefühle in den Gesamtprozess einfließen zu lassen (z. B. Freude und Ängste sichtbar werden zu lassen). Bei aktivem Gefühlsmanagement stärkt der Vorgesetzte bei sich und anderen Optimismus und baut Vertrauen in die eigenen Fähigkeiten auf.

Gleichzeitig heißt dies für Führungskräfte, Strategien zu entwickeln, um mit negativen Gefühlen besser umzugehen. Um nicht völlig Unbeteiligten negative Gefühle zukommen zu lassen, empfiehlt man Führungskräften bekannte Entspannungstechniken (z. B. Yoga, Autogenes Training, Schattenboxen, Gymnastik usw.).

Empathie

Führungskräfte mit hohen Empathiewerten (Fähigkeit, Gefühle anderer zu erkennen und zu verstehen) sind emotional stabiler und beruflich erfolgreicher. Last not least erfahren sie als wertvolle Ansprechpartner mehr formelle und informelle interne Informationen, werden also zu Insidern im eigentlichen Sinne.

Aufgaben

1. Wodurch entstehen in einem Betrieb Ersatzbedarf und Neubedarf an Personal?
2. Durch welche Maßnahmen lassen sich bei einem notwendig werdenden Personalabbau Entlassungen von Mitarbeitern vermeiden?
3. Welche ungefähren Zeiträume umfasst die kurz-, mittel- und langfristige Personalplanung und welche Kategorien von Mitarbeitern müssen in den einzelnen Zeiträumen eingeplant werden?
4. Überlegen Sie, in welchen Bereichen Ihres Betriebes die quantitative Personalbedarfsplanung nach der Kennzahlenmethode angewandt werden kann und bilden Sie dazu Beispiele.
5. Stellen Sie für eine oder mehrere Abteilungen Ihres Betriebes einen Stellenplan und Stellenbesetzungsplan auf und leiten Sie davon den quantitativen Personalbedarf ab.
6. Welche grundsätzlichen Informationen müssen vorliegen, wenn eine qualitative Personalbedarfsplanung durchgeführt werden soll?
7. Erstellen Sie für drei typische qualifizierte Tätigkeiten Ihres Betriebes eine sog. „Arbeitsbeschreibung", die als Unterlage für eine qualitative Personalbedarfsplanung herangezogen werden kann.
8. Übertragen Sie eine der „Arbeitsbeschreibungen" nach Aufgabe 7 für einen von Ihnen ausgewählten Fall auch in eine ausführliche Arbeitsplatz- und Personaldatenanalyse.
9. Entwerfen Sie für die von Ihnen durchgeführte Arbeitsplatz- und Personaldatenanalyse nach Aufgabe 8 ein Formular, das als praktische Arbeitsunterlage Verwendung finden könnte.
10. Informieren Sie sich anhand der Speziallitertur über die Möglichkeiten, Anforderungsprofile des Arbeitsplatzes und Eignungsprofile des Mitarbeiters grafisch darzustellen.

4.2 Personalbeschaffung

4.2.1 Aufgaben der Personalbeschaffung

Die Aufgabe der Personalbeschaffung besteht darin, die erforderlichen Arbeitskräfte nach Art, Qualifikation und Anzahl so anzuwerben, dass sie zu einem bestimmten Zeitpunkt zur Verfügung stehen und eingesetzt werden können. Praktisch handelt es sich hierbei um die **Realisierung** des Personalbedarfs**planes.** Es kann auch vorkommen, dass ein unvorhergesehener Bedarf an Arbeitskräften sehr kurzfristig gedeckt werden muss. Dabei können größere Schwierigkeiten auftauchen, vor allem dann, wenn die nötigen Arbeitskräfte kurzfristig gar nicht beschafft werden können. Daher sollte eine sorgfältige Personalbedarfsplanung dafür sorgen, dass die Quote der kurzfristig einzustellenden Arbeitskräfte so gering wie möglich gehalten wird.

Wenn Arbeitskräfte für neu zu besetzende Stellen aus dem eigenen Betrieb beschafft werden, handelt es sich um eine **interne** Personalbeschaffung aufgrund von Versetzungen, Beförderungen usw.
Ist eine interne Personalbeschaffung nicht möglich, sind die benötigten Mitarbeiter über externe Beschaffungswege **(externe Personalbeschaffung)** zu rekrutieren. In beiden Fällen – intern als auch extern – ist die Abteilung „Personalwesen" bei der Aufgabenerfüllung ein wichtiger Entscheidungsträger. Die außerbetriebliche Personalbeschaffung wird von externen Faktoren (Determinanten) beeinflusst, wie z. B.

- die Situation am Arbeitsmarkt,
- die Aktivitäten des Gesetzgebers,
- das Verhalten der Wettbewerber,
- die Politik der Tarifvertragspartner (Tarifverträge).

Diese – auch Träger der überbetrieblichen Personalpolitik benannt – beeinflussen mehr oder weniger die Entscheidungen für die externe Personalbeschaffung. Letztendlich hängt der externe Beschaffungsweg aber auch von der Art, Qualifikation und Dringlichkeit der zu besetzenden Stelle ab.

4.2.2 Interne Personalbeschaffung

Die innerbetriebliche Stellenbesetzung. Die innerbetriebliche Besetzung einer Stelle kann durch den Arbeitnehmer oder den Arbeitgeber veranlasst werden. Äußert der Arbeitnehmer einen Wunsch nach Versetzung oder stellt er einen Antrag, so muss man prüfen, ob dieser Versetzung entsprochen werden kann. Es ist zu prüfen, ob die gewünschte Stelle besetzt werden muss und ob der Arbeitnehmer die notwendige Qualifikation für den gewünschten neuen Arbeitsplatz besitzt. Ob eine Stelle zu besetzen ist, muss im Rahmen der Personalbedarfsplanung entschieden werden. Vor einer endgültigen Stellenbesetzung ist, besonders unter dem Aspekt der Personalkostenplanung, zu prüfen, ob eine Auslagerung von Tätigkeiten (Outsourcing) in Betracht kommt.

Möchte der Arbeitnehmer versetzt werden, so rechnet er in der Regel mit einer Verbesserung seiner beruflichen Situation. Entspricht man seinem Versetzungswunsch nicht, so enttäuscht man damit Erwartungshaltungen. Versetzungswünsche abzulehnen, erfordert ein besonders umsichtiges Vorgehen, da der versetzungswillige Mitarbeiter schon entsprechend motiviert ist. Insofern könnte sein Leistungs- und Sozialverhalten am bisherigen Arbeitsplatz negativ belastet werden. Ist der Mitarbeiter förderungsbereit und -willig, sollte man einer Versetzung zustimmen, auch wenn dadurch eine neue Lücke geschaffen wird.

Geht der Wunsch auf innerbetriebliche Versetzung vom Arbeitgeber aus, so muss abgeklärt werden, ob der Arbeitnehmer seine berufliche Situation verbessert oder verschlechtert. Wird der Arbeitnehmer befördert, so dürfte er zu dieser Versetzung seine Zustimmung geben. Ist der Arbeitnehmer mit dieser Änderung aber nicht einverstanden, so kann eine Versetzung nur auf dem Wege einer Änderungskündigung vorgenommen werden. Außer der Zustimmung des Betriebsrates ist auch zu prüfen, ob die Versetzung dem Arbeitnehmer zugemutet werden kann. In einem solchen Fall können also Schwierigkeiten oder Verzögerungen eintreten, die vorher einkalkuliert werden sollten.

Die innerbetriebliche Stellenausschreibung. Der Betriebsrat kann nach dem Betriebsverfassungsgesetz verlangen, dass Arbeitsplätze vor ihrer Besetzung innerhalb des Betriebes ausgeschrieben werden (§ 93 BetrVG). Aber auch ohne Antrag des Betriebsrates bevorzugen es viele Betriebe, offene Stellen im Betrieb mit Mitarbeitern aus den eigenen Reihen zu besetzen. Die Gründe können einmal in einer angespannten Arbeitsmarktlage liegen, sind aber auch Ausdruck einer aktiven Personalpolitik, welche den eigenen Mitarbeitern den Weg nach oben erschließen möchte. Die innerbetrieblichen Stellenausschreibungen führen in größeren Betrieben eher zu einem Erfolg als in kleineren Unternehmungen, weil in größeren Betrieben rein zahlenmäßig mehr mögliche Bewerber für eine frei werdende Stelle vorhanden sind. Die innerbetriebliche Stellenausschreibung, die am schwarzen Brett nur eine begrenzte Zeit lang aushängen kann, ist von der Personalabteilung zu fertigen. Sie kann auch über eine Werkszeitung bekannt gemacht werden. Das Verfahren, z. B. schwarzes Brett, Werkszeitung, Rundschreiben, Dauer des Aushangs, Formular, Bearbeitungsverfahren usw. ist sinnvollerweise mit dem Betriebsrat abzustimmen und über eine Betriebsvereinbarung zu regeln (§ 77 BetrVG). Die Stellenausschreibung muss Angaben über die Position, die Abteilung, die Eingruppierung, die Hauptaufgaben, die fachliche und persönliche Qualifikation usw. enthalten. Bewerbungen sollten auf firmeninternen Formularen innerhalb einer bestimmten Zeit erfolgen.

Die Vor- und Nachteile einer internen Stellenbesetzung stellen sich wie folgt dar:

Vorteile:
- durchsichtige und aktive Personalarbeit,
- schnelle Stellenbesetzung,
- das Unternehmen kennt den Mitarbeiter (und umgekehrt),
- Lohn- und Gehaltsrahmen kann eingehalten werden,
- keine oder geringe Personalbeschaffungskosten,
- Motivation durch erkennbare Aufstiegsmöglichkeiten,
- vorhandene Betriebskenntnis und demzufolge geringere Einarbeitungszeiten.

Nachteile:
- Auswahlmöglichkeiten sind begrenzt,
- ggf. Personalentwicklungskosten,
- Frustration bei Mitarbeitern, die nicht aufrücken (Spannungen),
- starke emotionale Bindungen (fehlendes oder ungenügendes Durchsetzungsvermögen),
- Mitarbeiter verhalten sich passiv, da ein gewisser Beförderungsautomatismus entsteht (Vertreter wird auch Nachfolger),
- Betriebsblindheit (vorhandene Neigung, im „eingefahrenen Gleis" zu bleiben).

Die Personalabteilung muss die eingegangenen Bewerbungen zügig bearbeiten und etwaige Ablehnungen den Bewerbern mit einer entsprechenden Begründung mitteilen. Es ist ratsam, Ablehnungen in einem Gespräch zu erläutern, damit keine Verärgerungen und Fehlinterpretationen aufkommen. Es empfiehlt sich, für die innerbetriebliche Stellenausschreibung Verfahrensrichtlinien zu erarbeiten, die der Belegschaft oder zumindest den Bewerbern offen liegen. In diesen Richtlinien ist festzulegen, wo und in welcher Form sich Interessenten vor einer Bewerbung nähere Informationen über die ausgeschriebene Stelle beschaffen können. Diese Richtlinien sind als Auswahlrichtlinien anzusehen, zu denen der Betriebsrat ein Mitbestimmungsrecht hat (§ 95 BetrVG).

Wenn neben einer innerbetrieblichen Stellenausschreibung gleichzeitig auch eine externe Personalbeschaffung in die Wege geleitet wird, so muss man beide Maßnahmen zeitlich aufeinander abstimmen. Externe Bewerber sollten den Mitarbeitern aus den eigenen Reihen nicht vorgezogen werden. Bei Gleichwertigkeit zweier Bewerber sollte man sich stets für den Mitarbeiter aus dem eigenen Betrieb entscheiden.

Auszubildende und interne Stellenbesetzung. Sinn der Berufsausbildung sollte es sein, die Auszubildenden nach bestandener Abschlussprüfung möglichst reibungslos in den Arbeitsprozess einzugliedern. Auch hier kann es zu einer internen Stellenbesetzung kommen. Die Überleitung von Auszubildenden in den Arbeitsprozess ist langfristig zu planen, da der Zeitpunkt der voraussichtlichen Beendigung des Ausbildungsverhältnisses bekannt ist. Wir wollen an dieser Stelle nicht auf die Frage eingehen, ob die Betriebe nur so viele Auszubildende einstellen sollten, wie sie später auch beschäftigen können. Viele Jugendliche würden dann keinen Ausbildungsplatz finden. Stellen ausbildungswillige Betriebe aber **mehr** Auszubildende ein, als sie später in den eigenen Betrieb eingliedern können, führt das zur Entlassung nach erfolgter Berufsausbildung. Die Frage bleibt, welches von beiden das geringere Übel ist.

Personalbeschaffungsplan. Wir haben gesehen, dass der Personal**bedarf** langfristig, mittelfristig und auch kurzfristig geplant werden kann. Wenn nun die Personalbeschaffung die Realisierung der Personalbedarfs**planung** darstellt, dann sollte auch für die Personal**beschaffung** ein langfristiger, mittelfristiger und kurzfristiger Personalbeschaffungsplan angelegt werden. In größeren Betrieben ist dieser nach Abteilungen weiter zu gliedern.

4.2.3 Externe Personalbeschaffung

4.2.3.1 Vermittlung durch die Agentur für Arbeit

Das Sozialgesetzbuch III (SGB III) legt u.a. im § 4 die Arbeitsvermittlung und Berufsberatung fest. Zwischenzeitlich ist die Vermittlung von Arbeit nicht mehr als eine Monopolaufgabe der Arbeitsverwaltung zu sehen; vielmehr ist es auch freien Anbietern (jedoch mit Zustimmung der Agentur für Arbeit) gestattet, auf dem Arbeitsmarkt tätig zu werden. Die Personalabteilung kann aber nach wie vor ihre Wünsche bei der Agentur für Arbeit anmelden und um Vermittlung bitten. Gute Beziehungen zur Arbeitsverwaltung können nur von Vorteil sein.

Mithilfe der Agentur für Arbeit kann man in der Regel denjenigen Bedarf an Arbeitnehmern decken, die überwiegend ausführende Arbeiten verrichten, z. B. Arbeiter, Angestellte, Verkäufer. Auch die Auszubildenden gehören hierher. Wichtig ist auch die Vermittlung von Aushilfskräften und Teilzeitbeschäftigten durch die Agentur für Arbeit. Die mit der Personalbeschaffung beauftragte Personalstelle kann den Bedarf an Arbeitskräften und Auszubildenden bei der Agentur für Arbeit melden und um Vermittlung bitten. Ein guter Kontakt zwischen betrieblicher Personalstelle und der Agentur für Arbeit ist aus verschiedenen Gründen anzuraten:

- Je genauer der Sachbearbeiter der Agentur für Arbeit die betrieblichen Verhältnisse, die Arbeitsplätze, Arbeitsbedingungen usw. kennt, desto eher ist er in der Lage, dem Betrieb qualitativ richtige Arbeitskräfte zu vermitteln.
- Häufig braucht man die Hilfe der Agentur für Arbeit bei plötzlich auftretendem Bedarf an Arbeits- oder Aushilfskräften.

Die Bundesagentur für Arbeit (BA) in Nürnberg unterhält in der Bundesrepublik Deutschland etwa 150 Agenturen für Arbeit mit mehr als 500 Nebenstellen. Außerdem besteht eine Zentralstelle für Arbeitsvermittlung (ZAV) in Bonn mit Dependancen in Berlin und Frankfurt a. M. Die ZAV Bonn publiziert monatlich einen zentralen Bewerberanzeiger „Markt und Chance", der bei allen Agenturen für Arbeit kostenlos zu haben ist. Dieser Bewerberanzeiger ist ein Stellenmarkt für Angehörige qualifizierter Berufe mit abgeschlossener Hochschulbildung, Fachhochschulbildung oder gleichwertiger Befähigung aufgrund entsprechender Vorbildung, Leistung und Erfahrung im gesamten Bundesgebiet. Es sei außerdem darauf hingewiesen, dass den Agenturen für Arbeit ein psychologischer Dienst angeschlossen ist. Hier helfen ausgebildete und erfahrene Psychologen bei der Auslese von Bewerbern, insbesondere von Auszubildenden.

Im Übrigen existiert bei den Regionaldirektionen ein Fachvermittlungsdienst für Führungskräfte und Akademiker.

4.2.3.2 Einschaltung eigener Mitarbeiter, Geschäftsfreunde, Kunden

Häufiger, als man annimmt, kommt es vor, dass Mitarbeiter, die aufgrund guter Arbeitsbedingungen zufrieden sind, aus ihrem Bekannten-, Verwandten- oder Freundeskreis geeignete Bewerber für bestimmte betriebliche Stellen vorschlagen oder auf Befragen nennen können. Das Gleiche gilt für Geschäftsfreunde und Kunden des Betriebes. Die Personalabteilung, die auf diesem Wege Personal beschaffen will, muss natürlich darauf achten, dass keine „Vetternwirtschaft" aufkommt. Man kann das vermeiden, indem man allen Bewerbern die gleiche Chance einräumt. Außerdem darf diese Art der Personalbeschaffung nicht zu unerlaubten Abwerbungen führen.

4.2.3.3 Kontakte zu externen Bildungsträgern

Für die Anwerbung von Mitarbeitern sind gute Kontakte zu Bildungsträgern (Schulen und Institute) unerlässlich. Diese Beziehungen herstellen und pflegen (Publicrelations) sind wichtige Säulen des Personalmarketings. Der Kontakt kann durch die Vergabe von Praktikantenplätzen, Betreuung bei Diplomarbeiten, Tag der offenen Tür (sog. „gläsernes Haus"), Betriebsbesichtigungen erfolgen. Auch Kontakte zu Wirtschaftsverbänden sind nicht zu unterschätzen.

4.2.3.4 Arbeitnehmerüberlassung bzw. Personalleasing

Unter Personalleasing versteht man die gewerbsmäßige, genehmigte Überlassung von Arbeitskräften an Dritte. Die rechtlichen Grundlagen sind durch das Arbeitnehmerüberlassungsgesetz (AÜG) von 1972 geschaffen. Dieses Gesetz wurde zwischenzeitlich wiederholt reformiert. Das Personalleasing (Zeitarbeit) ist zu einem wichtigen beschäftigungspolitischen Instrument geworden. Dies hat dazu geführt, dass die Arbeitnehmerüberlassung ein zentraler Bestandteil der Hartz-Reform geworden ist. Durch die sog. Hartz-Gesetze wurde das AÜG reformiert und sog. Personal-Service-Agenturen (PSA) aufgebaut. Diese wurden den Agenturen für Arbeit angegliedert.

Aufgabe dieser neuen Einrichtung ist es, Einstellungshindernisse zu überwinden und Arbeitslose mit einer neuen Form einer „vermittlungsorientierten Arbeitnehmerüberlasssung" schnell wieder in den ersten Arbeitsmarkt zu integrieren. Zu Beginn des Jahres 2004 sollten alle Agenturen ihre Arbeit aufgenommen haben.

Personalbeschaffung 4.2

Personalleasing ist in der heutigen Zeit ein wichtiger externer Personalbeschaffungsweg. Es ist besonders dann sinnvoll, wenn im Unternehmen kurzfristig und zeitlich bedingt ein vorübergehender Personalbedarf (quantitativ) entsteht, der schnelles Handeln erfordert. Es sollen nach dem Willen des Gesetzgebers lediglich kurz- oder mittelfristige Personalengpässe geschlossen werden. Die langjährige gesetzliche Überlassungsdauer ist mit Wirkung ab 01.01.2003 durch die Hartz-Gesetze weggefallen. Beteiligte in diesem Verfahren sind der Verleiher (Arbeitgeber), der Dritte (Entleiher) und der zur Disposition stehende Arbeitnehmer (Leiharbeitnehmer). Das Interesse des Gesetzgebers richtet sich in erster Linie auf den Leiharbeitnehmer, d. h., er erhält einen umfassenden Schutz. Insofern ist das AÜG in seiner Funktion ein wichtiges Arbeitnehmerschutzgesetz. Dem Verleiher und Entleiher werden primär Pflichten auferlegt.

Für den Verleiher sind dies:
- Erlaubnispflicht (Genehmigung durch die Arbeitsverwaltung),
- Meldepflicht (Anmeldung zur Sozialversicherung) und
- Beitragspflicht (Beitrags- und auch Steuerhaftung).

Die Verpflichtungen des Entleihers bestehen im Wesentlichen in der Übernahme des Haftungsrisikos (Arbeitgeberpflichten des Verleihers). Ist ein Personaleinsatz (Verleih) beim Entleiher geplant, ist der Betriebsrat des Entleiherbetriebes im Rahmen der Mitbestimmung (§ 14 Abs. 3 AÜG) mit zu beteiligen. Es handelt sich hierbei um ein Einstellungsverfahren im Sinne des § 99 BetrVG. Die rechtlichen Beziehungen der Beteiligten zueinander ergeben sich aus der nachstehenden Übersicht.

Wenn sich ein Unternehmen „gewerbsmäßig" als Verleiher auf dem Arbeitsmarkt betätigen will, benötigt es die Genehmigung der Arbeitsverwaltung. Für Genehmigungen dieser Art sind die Regionaldirektionen zuständig. Gewerbsmäßigkeit des Verleihers ist dann gegeben, wenn die Personalbeschaffung ausschließlich zum Zwecke der Überlassung an Dritte erfolgt.

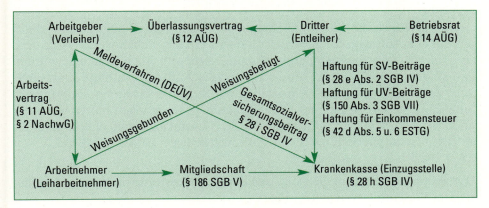

4 Personalplanung

Nach dem Willen des Gesetzgebers soll die Zeitarbeit als beschäftigungspolitisches Instrument intensiver genutzt werden. Dies hat dazu geführt, dass die Arbeitnehmerüberlassung ein wichtiger Bestandteil der Hartz-Reformen wurde. Für diese Branche traten daher zum 01.01.2004 – wie nachstehend aufgeführt – wichtige gesetzliche Änderungen in Kraft.

Änderungen zu den Stichworten:	Zeitarbeit seit 01.01.2004
Löhne, Gehälter	Gesetzliche Gleichstellung der Löhne und Gehälter für alle Zeitarbeitnehmer mit dem Ziel, das Entgeltniveau für vergleichbare Tätigkeiten von Stammbelegschaften im Entleiherbetrieb anzupassen.
Einsatzdauer	Zeitarbeitnehmer können ohne zeitliche Befristung – wie bisher – im Entleihbetrieb tätig werden.
Bauhauptgewerbe	Zeitarbeitnehmer dürfen im Bauhauptgewerbe tätig werden, sofern die gesetzlichen bzw. tariflichen Bestimmungen eingehalten werden.
Synchronisationsverbot	Zeitarbeitnehmer dürfen auch für die Dauer nur **eines** Überlassungsauftrages beim Verleiher (Zeitarbeitsunternehmen) eingestellt werden.
Wiedereinstellungsverbot	Zeitarbeitnehmer, die vorher bei einem Verleiher tätig waren, können jederzeit wieder eingestellt werden.

In diesem Zusammenhang sei noch auf eine andere Form externer Personalbeschaffung hingewiesen, die jedoch u. U. in die Nähe einer unerlaubten Arbeitnehmerüberlassung rücken kann. Das suchende Unternehmen könnte z. B. Aufgaben als Gesamtauftrag oder Projekt über einen Werkvertrag (§ 631 ff. BGB) vergeben. Voraussetzung für einen wirksamen Werkvertrag ist jedoch, dass die Weisungsbefugnis an die Arbeitnehmer beim Auftragnehmer verbleibt.

Sollte jedoch die Weisungsbefugnis, wie beim legalen Leiharbeitsverhältnis, auf den Auftraggeber gehen, dann dürfte ein sog. Scheinwerkvertrag bzw. eine unerlaubte Arbeitnehmerüberlassung vorliegen. Als Rechtsfolge würden dann fiktive Arbeitsverträge unterstellt und der Auftraggeber hätte dann sämtliche Arbeitgeberpflichten (Anmeldung zur Sozialversicherung, Beitragszahlung, Lohnsteuerhaftung usw.) zu übernehmen. Im Übrigen haften dann der unerlaubte Verleiher und Entleiher für die Gesamtsozialversicherungsbeiträge gesamtschuldnerisch nach den Vorschriften des § 10 Abs. 3 AÜG i. V. mit § 421 BGB.

Die Vorteile des Personalleasings aus der Sicht des Entleiherbetriebes stellen sich im Wesentlichen wie folgt dar:

- flexible Personaldisposition, d. h., Mitarbeiter sind in der gewünschten Anzahl und zum richtigen Zeitpunkt einsatzbereit,
- verminderte personelle Risiken infolge Bummelei oder sonstiger Arbeitsverhinderung wie z. B. Arztbesuche usw.,
- günstigere Personalkostenplanung; Abrechnung erfolgt nach geleisteten Stunden und einem fest vereinbarten Honorar,
- Wegfall von Personalnebenkosten, z. B. Weihnachtsgeld, Urlaubsgeld, Vermögensbildung, Fahrgelderstattung usw.

Die zu beachtenden Nachteile sind im Wesentlichen die folgenden:

- Beteiligung des Betriebsrates (§ 14 Abs. 3 AÜG, § 99 BetrVG),
- Kontrollmeldung an die Krankenkasse (§ 28 a Abs. 4 SGB IV),
- Haftung für die Gesamtsozialversicherungsbeiträge des Verleihers gegenüber der Krankenkasse wie ein selbstschuldnerischer Bürge (§ 28 e Abs. 2 SGB IV),
- Haftung für die Beiträge zur Unfallversicherung; ebenso selbstschuldnerische Haftung (§ 150 SGB VII i. V. mit § 28 e Abs. 2 u. 4 SGB IV),
- Haftung für abzuführende Lohnsteuer an das Finanzamt (§ 42 d EStG).

4.2.3.5 Anwerbung von Arbeitskräften durch Bekanntmachung im Betrieb

Zu dieser Art Personalbeschaffung gehören:

- Aushängetafeln, z. B. am Fabriktor „Wir stellen ein ...",
- Bekanntmachungen am schwarzen Brett oder in der Werkszeitschrift.

In dieser Form können Arbeitskräfte mit ausführenden Tätigkeiten angeworben werden. Für die Anwerbung von Führungskräften eignet sich diese Methode nicht.

Die eingegangene Bewerbung. Oftmals erhalten Betriebe ohne besondere Aufforderung Bewerbungen (sog. Blindbewerbungen). Vielfach handelt es sich hierbei um eine **Kurzbewerbung,** mit der der Bewerber sich vorstellt und seinen beruflichen Werdegang sowie seine Berufswünsche darstellt. Es handelt sich bei solchen Kurzbeschreibungen weniger um eine Bewerbung als eher um eine Anfrage, ob in absehbarer Zeit eine Stelle frei wird, für die man sich dann gerne bewerben möchte. Die Personalabteilung wird aus Art, Inhalt und Erscheinungsbild einer solchen Kurzbewerbung oder Anfrage Rückschlüsse ziehen.

Eingegangene Bewerbungen (angeforderte oder unaufgeforderte) sind in jedem Fall zügig zu bearbeiten. Dabei sollte dem Bewerber möglichst kurzfristig eine Entscheidung zugehen. Ist dies nicht möglich, sollte in jedem Fall der Erhalt der Bewerbungsunterlagen bestätigt werden. Diese Verfahrensweise ist schon aus Marketingaspekten heraus notwendig.

4 Personalplanung

In diesem Zusammenhang sei darauf hingewiesen, dass die gesamten Bewerbungsunterlagen Eigentum des Bewerbers/der Bewerberin sind und demzufolge auch einer entsprechenden Behandlung bedürfen. Besonders sind vom Unternehmen Sorgfalts- und Verschwiegenheitspflichten zu beachten. Sobald der Bewerber Kontakt zum Unternehmen aufnimmt, entstehen sog. vorvertragliche Beziehungen und demzufolge schon arbeitsrechtliche Fürsorgepflichten. Insbesondere sollte beachtet werden, dass in diesem Stadium beim Bewerber Eindrücke gefestigt werden, die haften bleiben und das spätere Verhältnis zum Unternehmen negativ oder positiv bestimmen.

Sich in solchen Situationen *„bewerberorientiert"* zu verhalten, ist eine Frage des Personalmarketings. Auf diesem Wege und auch dadurch, **wie** eingehende Bewerbungen bearbeitet werden (Zügigkeit, Zwischenbescheid usw.), lässt sich ein positives Arbeitgeberimage aufbauen, was letztendlich wieder die Positionierung am Markt bestimmt. Insofern sollte schon dem gesamten Personalbeschaffungsvorgang besondere Bedeutung beigemessen werden.

Unaufgeforderte Bewerbungen gehen besonders häufig ein, wenn die Zahl guter Stellen knapp wird. Je nach der Arbeitsmarktsituation kann das bei Bewerbungen um Ausbildungsstellen beginnen und sich über Bewerbungen für einfache Arbeitsplätze in Werkstatt und Büro bis hin zu Bewerbungen um qualifizierte Positionen fortsetzen. Wegen des großen Angebots an Fach- und Hochschulabsolventen ist diese Art der Bewerbung weit verbreitet.

Das Stellengesuch. Stellensuchanzeigen und Stellenanzeigen bilden den „Arbeitsmarkt" einer Zeitung. Aus dem Verhältnis von Stellenanzeigen und Stellensuchanzeigen kann nicht unbedingt auf eine arbeitsmarkttypische Situation auf dem regionalen oder überregionalen Arbeitsmarkt geschlossen werden. Es lässt sich jedoch feststellen, dass der Markt der „Stellensuchanzeigen" zunimmt.

Eine kontinuierliche Beobachtung der Stellensuchanzeigen dürfte für einen Personalbeschaffer von Bedeutung sein, da über diese Kurzbewerbung frühzeitig wichtige Informationen über das Fähigkeitsprofil des Bewerbers bekannt werden. Auch kann unterstellt werden, dass hinter einer Stellensuchanzeige im Regelfall ein motivierter Bewerber steht. Im Übrigen können über einen solchen Beschaffungsweg entsprechende Kosten (u. a. Kosten einer Stellenanzeige, Aufwand beim Bewerbungsverfahren) eingespart werden. Zwischenzeitlich nutzen viele Unternehmen den Weg über die Stellensuchanzeige des Bewerbers und nehmen hierbei eine systematische Prüfung vor.

Im Rahmen der externen Personalbeschaffung fallen folgende Arbeitsvorgänge an:
- die Auswahl und ggf. ein Abonnement geeigneter regionaler und überregionaler Zeitungen,
- zeitintensives Auswerten der Stellengesuche,
- eine unmittelbare Kontaktaufnahme mit dem Bewerber oder über die Agentur einer Zeitung bei Chiffreanzeigen.

Das Stellenangebot. Für die Anwerbung mittlerer und gehobener Führungskräfte ist das Stellenangebot das von den Betrieben am meisten geschätzte und am häufigsten eingesetzte Mittel zur Personalbeschaffung. Wegen der überragenden Bedeutung des Stellenangebotes für die Personalwerbung wird dieses Thema im folgenden Kapitel gesondert behandelt.

Aufgaben

1. Formulieren Sie eine innerbetriebliche Stellenausschreibung für eine bestimmte Stelle, die vakant ist und besetzt werden soll.
2. Stellen Sie „Verfahrensrichtlinien" für ein innerbetriebliches Bewerbungsverfahren auf, die den Mitarbeitern Informationen darüber geben, was bei einer Bewerbung auf eine innerbetriebliche Stellenausschreibung beachtet werden muss.
3. Nennen Sie Vor- und Nachteile, wenn alle Stellen eines Betriebes ausschließlich im Wege der internen Personalbeschaffung besetzt werden.
4. Fertigen Sie eine Zusammenstellung an, die alle Möglichkeiten enthält, die Ihr Betrieb einsetzen könnte, um Personal anzuwerben. Nehmen Sie dabei eine Unterteilung nach gewerblichen und kaufmännischen Mitarbeitern sowie Führungskräften vor.
5. Wo liegen die Risiken eines Entleihers bei einem Personalleasing?
6. Stellen Sie sich vor, dass Sie sich, aus welchen Gründen auch immer, um eine neue Stelle bewerben. Formulieren Sie eine Stellenanzeige, von der Sie glauben, dass sie erfolgreich ist. Ermitteln Sie auch die Anzeigengröße und berechnen Sie den Preis.

4.3 Personalwerbung durch Stellenangebote

Sinn und Zweck einer Stellenanzeige, die ein Unternehmen als Stellenangebot aufgibt, ist es, einen *„geeigneten"* Mitarbeiter zu finden. Die Anzeige soll nicht nur diejenigen ansprechen, die eine Stelle suchen, sondern auch diejenigen, die sich nicht mit Änderungsabsichten tragen. Daher ist die Stellenanzeige besonders informativ, attraktiv und psychologisch geschickt abzufassen. Es ist auch nicht so wichtig, dass sich möglichst viele Bewerber auf eine Anzeige melden. Quantität ist kein Erfolgsmaßstab. Wichtig ist, dass sich der gesuchte Mitarbeiter findet. Eine Anzeige, auf die sich nur ein richtiger Anwärter bewirbt, ist höher zu bewerten als eine Anzeige, auf die sich viele Bewerber melden, von denen aber keiner so richtig geeignet ist. Man empfiehlt dem Gestalter von Stellenangeboten, die sog. AIDA-Formel zu verwenden:

4 Personalplanung

A	=	Attention:	Die Anzeige muss Aufmerksamkeit erregen.
I	=	Interest:	Die Anzeige muss das Interesse beim Leser wecken.
D	=	Desire:	Die Anzeige muss im Leser den Drang verstärken zu erfahren, was hinter der Anzeige steckt.
A	=	Action:	Die Anzeige muss den Leser veranlassen aktiv zu werden und eine Bewerbung einzureichen.

4.3.1 Auswahl der Zeitung bzw. Zeitschrift

Die Anwerbung über eine Zeitungsanzeige ist immer noch der wichtigste Beschaffungsweg. Gleichzeitig ist die Anzeige auch ein Werbeträger. Das Inserat in einer Fachzeitschrift hat eine längere Lebensdauer als die Regionalzeitung (Tageszeitung). In welcher Zeitung inseriert wird, hängt u. a. auch davon ab, welchen Empfängerkreis man erreichen möchte.

Arbeiter und Angestellte mit überwiegend ausführenden Tätigkeiten sucht man meistens in den regionalen Tageszeitungen. Man kann sich hier auf bestimmte Bezirksausgaben beschränken und braucht nicht in der Gesamtausgabe zu inserieren, wenn Arbeiter und Angestellte aus dem näheren Einzugsbereich der Firma beschäftigt werden sollen. Technisches Fachpersonal, z. B. Meister, Betriebsleiter, Techniker, Ingenieure, werden gerne in branchenbezogenen Fachzeitschriften, z. B. der Textilindustrie, der Metallindustrie oder des Handwerks, gesucht. Sucht man Führungskräfte oder Spezialisten für ökonomische Aufgaben oder für den Verwaltungsbereich, etwa Geschäftsführer, Verkaufsmanager, EDV-Fachleute oder Personalleiter usw., bedient man sich überwiegend überregionaler Tages- bzw. Wirtschaftszeitungen. Bei den Verlagen der einzelnen Zeitungen und Zeitschriften liegt umfangreiches Informationsmaterial über Verbreitungsgebiete, Leserstruktur, Auflagenzahlen und Regionalausgaben vor. Man darf aber nicht vergessen, dass alle diese Daten von den Verlagen als Werbematerial zusammengestellt wurden, um die eigene Zeitung für Anzeigenkunden interessant zu machen.

4.3.2 Arten von Stellenanzeigen

Die Auswahl eines geeigneten **Werbeträgers** ist die beste Voraussetzung dafür, dass sich potenzielle Bewerber melden. In regionalen Zeitungen sucht man überwiegend Mitarbeiter der unteren Entgeltgruppen. Für Fach- und Führungskräfte werden Fachzeitschriften und überregionale Zeitungen bevorzugt. Gegebenenfalls muss in verschiedenen Zeitungen inseriert werden, um einen möglichst großen Leserkreis anzusprechen. Zu bedenken ist jedoch, dass der Streuverlust bei Personalanzeigen immer recht groß ist. Fachzeitschriften haben eine längere „Lebensdauer". Im Übrigen wird hierbei ein gewünschter Personenkreis (bestimmte Berufsgruppe) direkt angesprochen. Im Regelfall werden Fachzeitschriften jedoch von mehreren Interessenten gelesen. Insofern kann es zu zeitlichen Verzögerungen kommen, sodass für die letzten Leser die Ausschreibungsfrist schon abgelaufen ist. Dies ist ein nicht zu unterschätzender Nachteil. Ist die Personalbeschaffung jedoch dringend notwendig, eignet sich eine Fachzeitschrift ohnehin nicht.

Der **Anzeigentermin** sollte so gewählt werden, dass es dem interessierten Bewerber leicht gemacht wird, seinen bisherigen Arbeitsplatz zu verlassen. Erfolg versprechend ist, wenn ca. sechs Wochen vor dem infrage kommenden Kündigungstermin eine Anzeige geschaltet wird. Dadurch gewinnt man Zeit für das Bewerbungsverfahren. Ist der Bewerber in einem Unternehmen tätig und gilt für ihn eine Weihnachtsgratifikation mit Rückzahlungsklausel, wird ein Stellenwechsel sicherlich nicht vor Ablauf dieser Frist in Betracht gezogen.

Umstritten ist, ob die Urlaubsmonate für eine Stellenanzeige günstig sind. Es gibt sicherlich Bewerber, die sich in der Urlaubszeit nicht für den Arbeitsmarkt interessieren; aber auch umgekehrt, wegen der nun zur Verfügung stehenden Zeit in aller Ruhe die Stellenangebote prüfen.

Auch die **Platzierung** ist sorgfältig auszuwählen. Im Regelfall fallen die ersten drei Seiten besonders auf und auch hier wird die rechte Seite besonders bevorzugt. Die übrigen Anzeigen werden nur dann aufmerksam verfolgt, wenn optische Reize den Leser dazu veranlassen. Hier sollte das Unternehmen seine Platzierungswünsche der Zeitung mitteilen.

In diesem Zusammenhang wird darauf hingewiesen, dass auch der sog. „Weiße Raum", d. h. der unbeschriebene Teil, von besonderer Bedeutung ist. Man sollte nicht davon ausgehen, dass Platz „verschenkt" wird. Manche Unternehmen neigen dazu, möglichst viel in der Anzeigenfläche unterzubringen. Dies erhöht keinesfalls eine besondere Aufmerksamkeit des Lesers.

Grafische Darstellungen erhöhen die Aufmerksamkeit. So können Strich- und auch Raster-Reproduktionen verwandt werden, wie z. B. Zeichnungen, Fotos oder Firmenschriftzüge (Logos). Außerdem können sie schwarz oder auch farbig gebracht werden. In Personalanzeigen sind Firmenschriftzüge allgemein beliebt.

Die gewählte **Anzeigengröße** steht in einem unmittelbaren Zusammenhang mit der Bedeutung der Position und des Unternehmens. Von daher ist es nicht zu empfehlen, einen Personalleiter mit einer 2-spaltigen und 5 cm hohen Anzeige zu suchen. Dagegen ist auch nicht zu übersehen, dass bei einem zurückhaltenden Bewerber große Anzeigen eher abschrecken oder umgekehrt zu hohe Erwartungen über die Bedeutung der Stelle entstehen.

Für Funktionen auf Sachbearbeiterebene werden zum Teil auch **Fließsatzanzeigen** oder gestaltete Anzeigen gewählt. Fließsatzanzeigen, auch Kleinanzeigen genannt, sind einspaltig. Sie werden im laufenden Text abgesetzt und das erste Wort erscheint oftmals in Fettdruck. Selbstverständlich kann auf Wunsch des Auftraggebers auch die gesamte Anzeige in Fettdruck erscheinen. Überwiegend werden Fließsatzanzeigen nach Größe (mm-Höhe oder Zeilen) abgerechnet. Hinzu kommt ggf. noch eine Chiffregebühr. Die nachfolgenden Beispiele sollen dies verdeutlichen.

Kleinanzeigen

Bautenschutz Fuchs: Wir machen fast alles Handwerkliche von A–Z, gut u. preisw., z. B. Isolierungsarb., dauerelast. Fugen usw. ☎ 603686 ab 19:00 od. 9802837

Ihr Spezialist für Fenster – Türen – Rolladen bietet an: Reparaturen, Reinigung, Verglasungen, Instandsetzungen usw. ☎ 604665 Mo.–Fr. von 8–17 Uhr, Fax: 33298

Maler sen. arbeitet nicht nur für Senioren. Maler-, Tapezier- und Lackierarb. ☎ 3874798

Freundl. Aushilfe f. Kopier- u. T-Shirtdruckcenter ges. ☎ 205566

Abbruchhelfer ges. auf 400,00 €-Basis, Fa. Christ ☎ 557574

Freundl. Fensterputzer f. Geschäft u. Privat hat noch Termine frei. Gut, schnell, preisw. ☎ 207529

Maler- u. Tapezierarbeiten, Treppenhausrenovierung, Bodenverlegung, sauber u. preiswert. ☎ 208018

Flickarbeiten rund ums Haus, Laminatverlegearbeiten, Fenster- u. Türenverkauf u. Einbau ☎ 227443

Fahrer/-innen zur Auslieferung von Fotoarbeiten auf 400,00 €-Basis ohne LStK ges., Anrufe nur So. zw. 10–17 Uhr ☎ 54108

Stellengesuche

24-jähr. Büroangest. su. ab 1. Febr. kaufm. Tätigk. ☎ 833468

Fliesenleger su. Arb. ☎ 182451

Jg. Frau, 34, m. Pkw sucht Job ☎ 0172 2548501

Su. Heimarbeit, keine Versicherungen ☎ 581999

Su. f. 10–15 Std. allgem. Bürotätigkeit, gerne m. Tel. + Empfang, Zuschriften an den Verlag unter Chiffre 4005498

Mutter von 3 Kindern su. Nebenjob, auch Heimarbeit ☎ 0177 4716683 od. 407705

Gestaltete Anzeigen werden nach der belegten Fläche berechnet. Stellenangebote sind kostenträchtiger als Stellengesuche. Für die Inserierung in einer Fachzeitschrift kommen z. B. Preise in der Größenordnung laut der Übersicht auf der folgenden Seite infrage.

Bei der Preisgestaltung ist außerdem zu beachten, dass die Möglichkeit besteht bei guten Geschäftsbeziehungen (langjährige Kunden) entsprechende Rabatte einzuräumen. Im Übrigen sind Anzeigenpreise gestaffelt.

Der **Preis einer Stellenanzeige** hängt ab vom mm-Spaltenpreis, der Anzahl der Spalten und der Höhe der Anzeige in mm. Der mm-Spaltenpreis ist wiederum abhängig von folgenden Faktoren:

- **Art der Zeitung** (Tageszeitung, Fachzeitschrift, Wochenzeitung)
- **Auflagenhöhe**
- **Art der Anzeige** (Stellenangebot oder Stellensuchanzeige)
- **Anzahl der Wiederholungen** (Mengenrabatt)
- **Farbgestaltung**

Personalwerbung durch Stellenangebote 4.3

Grundpreise für 1/1 Seite: 2.352,00 € (257 x 180 mm)				
Ermäßigter Preis für Stellenangebote: 2.050,00 € (mm-Preis 2,00 €)				
Stellengesuch: 1.681,95 € (mm-Preis 1,65 €)				
Die jeweils gültige Mehrwertsteuer wird zusätzlich berechnet.	257 x 88 mm 128 x 180 mm	257 x 47 mm 128 x 88 mm 63 x 180 mm	128 x 43 mm 63 x 88 mm	63 x 43 mm 31 x 88 mm
Stellenangebot:	1.024,95 €	512,47 €	255,24 €	125,62 €
Stellengesuch:	840,97 €	420,49 €	209,42 €	103,08 €
Chiffregebühr:	6,00 €	6,00 €	6,00 €	6,00 €

4.3.3 Aufbau einer Stellenanzeige

Wenn man sich in einer Fachzeitschrift, in der Wochenendausgabe einer Tageszeitung oder einer überregionalen Zeitung die Stellenanzeigen ansieht, wird man feststellen, dass es hinsichtlich Größe, Aufbau und Inhalt der Anzeigen eine Vielzahl verschiedener Gestaltungsmöglichkeiten gibt. Trotz der differenzierten Abfassungsmöglichkeiten sollten aber folgende Elemente in einer Stellenanzeige nicht fehlen:

- Aussagen über das inserierende **Unternehmen** wie Standort, Größe, Bedeutung, Firmen- und Führungsstil, Branche;
- Aussagen über die ausgeschriebene **Position** und das Arbeitsfeld wie Ausschreibungsgründe, Aufgabenbeschreibung, Entwicklungsmöglichkeiten, Verantwortungsbereiche;
- Aussagen über die **Anforderungen** an den Bewerber wie Alter, persönliche Eigenschaften, Vorbildung, Ausbildung, Kenntnisse, besondere Fähigkeiten, Berufserfahrungen;

4 Personalplanung

- Aussagen über **betriebliche Leistungen** für den Bewerber wie Dotierung der Stelle, soziale Leistungen, Wohnungshilfe, Einarbeitungszeit, Weiterbildungsmöglichkeiten;
- Aussagen über Bewerbungsart und **Bewerbungsunterlagen.**

Man formuliert den notwendigen Inhalt eines Stellenangebotes deshalb auch kurz wie folgt:

- Wir sind …
- Wir suchen …
- Wir erwarten …
- Wir bieten …
- Wir bitten …

Auch andere Gliederungen, z. B.

- „Einstellungsvoraussetzungen",
- „Aufgabenbeschreibung",
- „Anstellungsbedingungen",
- „Bewerbungsverfahren",

werden häufig verwendet.

Es wurde schon gesagt, dass man ein Stellenangebot sehr unterschiedlich gestalten kann. Die Anzeige muss nach der AIDA-Formel Aufmerksamkeit und Interesse wecken, da sich die Stellenangebote in Wochenendausgaben von Zeitungen über viele Seiten hinziehen und natürlich nicht wie „Anzeigenfriedhöfe" wirken dürfen.

Daher ist für jede Anzeige der „Aufhänger", d. h. der Einstieg, besonders wichtig. Nach diesem **„Aufhänger"** ist es möglich, die Anzeigen beispielsweise in verschiedene **Kategorien** einzuteilen:

a) **Standardanzeigen,** die „Wir sind, wir suchen, wir erwarten, wir bieten, wir bitten" oder ähnliche Formulierungen verwenden.

b) Herausstellung des **Unternehmens** durch Firmennamen, Firmenzeichen oder Markennamen, durch Werksabbildungen usw.

c) Herausstellung der hergestellten **Produkte,** wie z. B. Pkw, Fernsehgeräte, Kameras, Fertighäuser, Elektrogeräte, Computer, Armbanduhren, Spirituosen.

d) Herausstellung des **Ortes,** der Region, des Erdteils, für welchen der neue Mitarbeiter gesucht wird.

e) Herausstellung der **Position,** der Aufgabe, der Probleme, die der Bewerber selbstständig lösen soll.

f) Herausstellung der **Zukunfts**trächtigkeit der zu besetzenden Position, z. B. „Wir bauen heute Maschinen für das nächste Jahrhundert".

(Fortsetzung auf Seite 129)

Kompetenz in Reis, Hülsenfrüchten und Nährmitteln

Müller´s Mühle Gelsenkirchen ist ein traditionsreiches Unternehmen mit über 70 Mio. Umsatz, eingebunden in einem dynamischen, engagierten Lebensmittelkonzern. Mit der Produktion von Reis und Hülsenfrüchten für den deutschen und europäischen Markt zählen wir zu den führenden Anbietern in Deutschland.

Zum nächstmöglichen Termin suchen wir eine/n engagierte/n

Sachbearbeiter/-in Import

als Mitarbeiter/-in in einem dynamischen Einkaufsteam.

Ihr Aufgabengebiet:

In dieser Position tragen Sie die Verantwortung für die gesamte Auftragsabwicklung mit den Lieferanten. Sie werden die Koordinierung des gesamten Warentransportes (Lkw, Container, Seeschiff) vornehmen bis zur Erstellung sämtlicher dazugehörender Dokumente sowie zolltechnischer Abwicklungen.

Ihr Anforderungsprofil:

Sie verfügen über eine abgeschlossene kaufmännische Ausbildung mit mehrjähriger fundierter Berufserfahrung. Neben dem MS-Office Paket beherrschen Sie Englisch in Wort und Schrift, Französischkenntnisse wären von Vorteil. Das Handling von Fracht- und Zolldokumenten gehört zu Ihrem Tagesgeschäft.

Wenn Sie zwischen 35 und 45 Jahre alt sind, belastbar, flexibel, teamfähig und selbstständiges Arbeiten gewohnt sind, dann freuen wir uns auf Ihre Bewerbung.

Bitte richten Sie Ihre aussagefähige, schriftliche Bewerbung mit Lebenslauf, Lichtbild, Zeugniskopien und Angaben zum Einkommen und Eintrittstermin an

Müller´s Mühle GmbH
Personalleitung
Am Stadthafen 42 – 50
45881 Gelsenkirchen

Praxisbeispiel einer guten Stellenanzeige

4 Personalplanung

Sie suchen einen Ausbildungsplatz?

Wir sind eine international tätige deutsche Geschäftsbank und an allen wichtigen Finanzzentren der Welt vertreten. Jedes Jahr bilden wir in unserer Konzernzentrale in **Düsseldorf** Nachwuchskräfte in unterschiedlichen Berufsbildern aus. Mit einer Ausbildung bei der WestLB AG setzen Sie den richtigen Schritt ins Berufsleben und eröffnen sich optimale Perspektiven für die Zukunft.

Wir bieten Ihnen für **2004** noch eine Ausbildung als:

■ **Kauffrau/-mann für Bürokommunikation** (2 Jahre)

Die Inhalte
- Sie arbeiten an büroorganisatorischen und administrativen Aufgaben
- Sie nutzen moderne Kommunikations- und Informationstechnologien
- Sie lernen betriebswirtschaftliche und bankfachliche Problemstellungen und deren Lösungen in der Praxis kennen

Sie durchlaufen eine qualifizierte und anspruchsvolle Ausbildung, bei der wir Sie individuell betreuen und durch eine Vielzahl von Seminaren und Trainings (u.a. Wirtschaftsenglisch/BEC) fördern.

Was wir von Ihnen erwarten?
- Sie besitzen ein gutes Abitur oder einen guten Abschluss der Höheren Handelsschule
- Sie haben grundlegende EDV-Kenntnisse und Interesse an der Banken- und Finanzwelt
- Sie sind kommunikativ, leistungsbereit und teamfähig

Interessiert?
Bewerben Sie sich online über unser Jobforum **www.westlb.de** oder senden Sie Ihre Bewerbungsunterlagen an:

WestLB AG
Nachwuchsförderung – Susanne Güsgen
Herzogstraße 15, 40217 Düsseldorf

Weitere Infos?
Rufen Sie uns an, Tel. + 49 211 826-2431 oder besuchen Sie uns im Internet.

Praxisbeispiel einer guten Stellenanzeige

Personalwerbung durch Stellenangebote 4.3

g) **Persönliche** Ansprache, d. h. eine Anzeige mit dem Bild eines bisherigen Mitarbeiters, der seinen „Kollegen von morgen" anspricht.
h) Anzeigen, die eine **Vorauswahl** vornehmen, z. B. in englischer Sprache, in Stenografie. Fragebogen, etwa unter dem Stichwort: „Testen Sie sich", fallen in diese Kategorie.
i) Anzeigen mit **Schlagzeilen** wie z. B. „Ihr Platz bei X" oder „Y braucht Sie".
j) Am wirkungsvollsten sind Anzeigen, die sich nicht in eine der vorstehenden Kategorien einstufen lassen. Es handelt sich um **individuelle** Anzeigen, die so originell sind, dass sie eine Schematisierung nicht zulassen.

An der **Abfassung** einer Stellenanzeige sollten sich neben dem Personalleiter auch Fachleute der entsprechenden Zeitungen beteiligen. Große Zeitungen verfügen über sehr instruktives Material betr. Aufbau, Inhalt, Schrifttypen, das bei der Formulierung von Anzeigen gute Dienste leistet.

In der Praxis ist man oft unterschiedlicher Auffassung darüber, ob Anzeigen besser **chiffriert** oder unter offener Firmen**anschrift** aufgegeben werden sollen. Die Offenlegung des Firmennamens setzt sich mehr und mehr durch, weil die Firmen mit dem Stellenangebot auch gleichzeitig eine Imagewerbung verbinden. Bei einer Chiffre-Anzeige besteht die Gefahr, dass eine Bewerbung bei der eigenen Firma landen könnte. Zwar kann man sich gegen eine Bewerbung bei der eigenen Firma dadurch schützen, dass man der Redaktion der Zeitung mitteilt, an welche Firma diese Bewerbung nicht weitergeleitet werden darf. Aber ein absolut sicherer Schutz ist das nicht immer. Einen Mittelweg wählen Firmen, die einen Personal- oder Unternehmens**berater** in die Anzeigenwerbung einschalten. Hier formuliert der Berater im Einvernehmen mit der dahinter stehenden Firma die Anzeige, nimmt die Bewerbungen entgegen und **wertet** sie vorab bereits aus.

4 Personalplanung

> **Aufgaben**
>
> 1. Begründen Sie, warum die sog. AIDA- Formel auch bei Stellengesuchen und Stellenangeboten Anwendung finden kann.
> 2. Fordern Sie von den Geschäftsstellen der Tageszeitungen Ihrer Region, einer überregionalen Zeitung sowie von einschlägigen Fachzeitschriften die Anzeigenpreislisten an und werten Sie diese aus.
> 3. Von welchen Faktoren hängt der mm-Spaltenpreis einer Zeitung ab?
> 4. Nehmen Sie an, die Stelle des Leiters der Personalabteilung müsste neu besetzt werden. Formulieren Sie nach dem Schema „Wir sind ..., Wir suchen ..., Wir erwarten ..., Wir bieten ..., Wir bitten ..." eine wirkungsvolle Stellenanzeige.
> 5. Würden Sie ein Stellenangebot lieber unter vollem Firmennamen, unter einer Chiffre oder durch einen Unternehmensberater aufgeben? Begründen Sie Ihre Entscheidung.
> 6. Werten Sie die Stellenangebote mehrerer Ihnen zugänglicher Wochenendausgaben von regionalen und überregionalen Tageszeitungen, von Wochenzeitungen und von Fachzeitschriften aus und teilen Sie diese Anzeigen in die 10 Anzeigenkategorien für Stellenangebote ein.

4.4 Personaleinsatz

Tritt ein Mitarbeiter eine neue Stelle an, so bedeutet das für ihn den Beginn eines neuen Lebensabschnitts. Viele Hoffnungen und Erwartungen knüpft er an diesen Schritt. Auch für den Betrieb ist die Einstellung eines neuen Mitarbeiters wichtig. Vorgesetzte und Mitarbeiter einer Gruppe müssen einen neuen Mitarbeiter aufnehmen. Das bedeutet für alle immer eine Umstellung.

Schon aus diesem Grunde darf man Einstellungen nicht leichtfertig vornehmen, vielleicht mit dem Gedanken, dass spätestens vor Ablauf der Probezeit eine **Fehleinstellung** ja wieder korrigiert werden kann. Jede Stellenbesetzung verursacht außerdem Kosten. Die Kosten für die Besetzung eines neuen Arbeitsplatzes, vor allem die Einarbeitung in ein neues Aufgabengebiet, sind natürlich sehr unterschiedlich. Die Kosten liegen bei der Besetzung einer einfachen Stelle bei einigen tausend Euro, dagegen bei Arbeitsplätzen mit einem höheren Qualifikationsgrad bei mehreren zehntausend Euro. Es ist daher wichtig, bei der Einstellung so sorgfältig wie möglich vorzugehen. Die Sorgfalt ist umso dringlicher, je qualifizierter die zu besetzende Stelle ist. Deshalb sollte man auf eine schriftliche Bewerbung, auf eine systematische Auswertung der Bewerbungsunterlagen, auf besondere Eignungsfeststellungen, auf ein Einstellungsgespräch sowie auf die Vereinbarung einer angemessenen Probezeit nicht verzichten. Da die Einstellung auch eine wichtige Rechtshandlung ist, muss man sie auch juristisch genügend sichern.

Die nachstehenden Einstellungs**formalitäten** beziehen sich vorwiegend auf qualifizierte Mitarbeiter. Bei Arbeitskräften mit überwiegend ausführenden Tätigkeiten, bei denen ein schnelleres Einstellungsverfahren häufig unerlässlich ist, treffen die hier vorgeschlagenen Maßnahmen nicht alle zu. Es ist also notwendig, den Einstellungsvorgang je nach Art und Qualität der vorzunehmenden Einstellung flexibel zu handhaben.

4.4.1 Auswahlinstrumente der externen Personalbeschaffung

In der Regel kann man davon ausgehen, dass die Bewerbungen schriftlich vorliegen. Es gibt aber auch Fälle, dass Einstellungen ohne schriftliche Bewerbung erfolgen und der Einstellungsvorgang vielleicht erst mit der persönlichen Vorstellung beginnt. Das kann z. B. dann der Fall sein, wenn ein Arbeiter oder Angestellter einfach anruft und um einen Vorstellungstermin bittet. Es ist auch zu beachten, dass gute Arbeiter und Angestellte nicht unbedingt die Fähigkeit haben gute Bewerbungsschreiben zu formulieren. In vielen Stellenangeboten findet man oft den lakonischen Hinweis: „... oder rufen Sie uns an!" Man verzichtet somit auf eine förmliche Bewerbung und legt später die Personalakte mit den nachzureichenden Unterlagen an.

Die Bewerbungsunterlagen und ihr Aussagewert. Eine ausführliche Bewerbung besteht im Allgemeinen aus folgenden Unterlagen:

a) Bewerbungsschreiben
b) hand- oder maschinengeschriebener Lebenslauf
c) Schulzeugnisse (das letzte Zeugnis)
d) Arbeitszeugnisse
e) Lichtbild
f) Anschriften von Personen, die als Referenzen benannt wurden
g) Arbeitsproben, z. B. bei Journalisten, Künstlern, Werbetextern

Zu a): Bewerbungsschreiben
Das Bewerbungsschreiben lässt erkennen, ob der Bewerber auf den Inhalt der Anzeige eingegangen ist und ob er psychologisches Einfühlungsvermögen besitzt seine Dienste anzubieten. Meistens kann man auch erkennen, ob es sich um eine allgemeine Bewerbung oder eine individuelle, gezielte Bewerbung handelt. Dem Bewerbungsschreiben sind auch meistens die Gründe für den beabsichtigten Arbeitsplatzwechsel zu entnehmen. Ob es sich dabei um echte oder um vorgeschobene Gründe handelt, muss man im Einstellungsgespräch noch herausfinden.

Zu b): Lebenslauf

Überwiegend wird (für alle Positionen) ein maschinengeschriebener tabellarischer Lebenslauf verlangt. Der Lebenslauf enthält Geburtsdatum, Geburtsort, Name und Beruf der Eltern, Wohnort, Schulbildung und -abschluss, Berufsbildung und bisherige Tätigkeiten, Familienstand usw. So gibt der Lebenslauf einen ersten Einblick in die Persönlichkeit des Bewerbers/der Bewerberin. Fehlende Informationen werden im Vorstellungsgespräch ergänzt. Liegt ein handgeschriebener Lebenslauf vor, dürfen grafologische Gutachten nur mit Zustimmung des Bewerbers eingeholt werden.

In der Arbeitsrechtslehre ist umstritten, ob das Unternehmen bei handgeschriebenem Lebenslauf die Einwilligung zum grafologischen Gutachten schon stillschweigend erhalten hat. In jedem Fall darf das Gutachten sich jedoch nur auf Dinge erstrecken, die für das Arbeitsverhältnis von Bedeutung sind. Unzulässig ist z. B. eine Charakterstudie, da dies einen unzulässigen Eingriff in die Persönlichkeit darstellt.

Für den Lebenslauf empfiehlt sich eine Analyse, die wie folgt differenziert werden kann.

1. **Zeitfolgeanalyse:** Hierbei ist zu prüfen, ob der Lebenslauf lückenlos ist und wie oft die Stelle gewechselt wurde. Zum Beispiel kann bei einem Koch oder bei einer Führungskraft ein mehrmaliger Wechsel durchaus wünschenswert und ggf. notwendig sein, damit Kenntnisse erweitert werden.
2. **Entwicklungsanalyse:** Hier ist festzustellen, ob die bisherigen beruflichen Stationen sinnvoll gewesen sind. Ist vielleicht ein Trend von oben nach unten zu erkennen oder umgekehrt, z. B. Sachbearbeiter – Geschäftsführer – Gruppenleiter – Sachbearbeiter, sog. „Karriere nach unten"?
3. **Branchenanalyse:** Bringt der Bewerber Wissen aus Tätigkeiten der Branche mit? Hat der Bewerber die Branche häufig gewechselt? Beispiel: Stahlindustrie, chemische Industrie, Einzelhandel usw.; welche Unternehmen (Größenordnung) waren seine bisherigen Arbeitgeber?

Zu c): Schulzeugnisse

Schulzeugnisse haben im Allgemeinen nur einen begrenzten Erkenntniswert, wenn man die jeweiligen Noten in den einzelnen Fächern betrachtet. Die Schulzeugnisse geben dagegen Aufschlüsse über die Art der besuchten Schulen und ob Abschlüsse vorliegen oder nicht. Man kann auch Begabungen oder Interessen für bestimmte Fächergruppen, z. B. naturwissenschaftliche oder sprachliche Disziplinen, erkennen, ferner ob jemand im Durchschnitt ein guter, ein mittelmäßiger oder ein schlechter Schüler war. Weitere Erkenntniswerte sind den Schulzeugnissen im Allgemeinen nicht zuzubilligen. Vor allem sagt eine Durchschnittsnote auf einem Reifezeugnis nichts aus über die Befähigung zum Arzt, Rechtsanwalt, Psychologen oder Kaufmann.

Zu d): Arbeitszeugnisse

Bei der Beurteilung von Arbeitszeugnissen muss man im Prinzip ebenso vorsichtig sein wie bei der Beurteilung von Schulzeugnissen. Was wird in Arbeitszeugnissen nicht alles an angeblichen Qualifikationen bescheinigt! Daher sollten auch Arbeitszeugnisse in erster Linie Auskunft geben über die Lückenlosigkeit der Beschäftigung, die Art der Betriebe, in denen der Bewerber gearbeitet hat, die durchschnittliche Dauer einer Beschäftigung und die Arten der Tätigkeiten, die in den früheren Betrieben ausgeübt wurden.

Zu e): Lichtbild

Das Lichtbild, das immer ein „ehrliches" Datum tragen sollte, gibt einen ersten Eindruck vom „Typus" des Bewerbers. Jeder weiß aber, dass Bild und Wirklichkeit nicht immer übereinstimmen, sodass dem Lichtbild nur ein beschränkter Aussagewert beigemessen werden kann. Spätestens in der persönlichen Vorstellung wird sich zeigen, wie „echt" das Foto ist. Es gibt auch Stellenangebote, in denen ein gefordertes Lichtbild nicht älter als 2 Jahre sein darf.

Zu f): Referenzen

Es ist aufschlussreich, welche Referenzen der Bewerber angibt. Wer nichts zu verbergen hat, wird ohne weiteres die letzten Arbeitgeber benennen oder sie zumindest erwähnen. Wer „hoch gestellte" Persönlichkeiten angibt, dokumentiert damit meist „Angeber"-Eigenschaften. Der Betrieb tut gut daran, sich an die beiden letzten Arbeitgeber um Auskunft zu wenden als an andere in der Bewerbung angegebene Referenzen. Allerdings ist der Wunsch eines Bewerbers unbedingt zu respektieren, bei einem Arbeitgeber, bei dem man noch in einem festen Arbeitsverhältnis steht, keine Auskunft einzuholen. Schulabsolventen nennen auch gerne die Fachlehrer als Referenzen. Manchmal kann es sich lohnen, hier zusätzliche Auskünfte zu den Zeugnisnoten einzuholen. Bei der Inanspruchnahme von Referenzen erbitten die anfordernden Firmen differenzierte Angaben zur Persönlichkeit und zur fachlichen Qualifikation des Bewerbers; auch konkrete Aussagen darüber, ob man den Bewerber für die Besetzung einer bestimmten Stelle für geeignet hält.

Zu g): Arbeitsproben

Arbeitsproben fordert man im Allgemeinen nur von Angehörigen bestimmter Berufsgruppen. Arbeitsproben sind Proben von Veröffentlichungen oder Reportagen. Bei Bewerbungen von Wissenschaftlern, Hochschullehrern usw. kommt es entscheidend auf deren Fachveröffentlichungen an. Werbefachleute legen ebenfalls Arbeitsproben vor, auch Künstler, Designer oder ähnliche Berufsgruppen.

Die Auswertung der Bewerbung. Die eingegangenen Bewerbungen sollten nach Ablauf der Bewerbungsfrist unverzüglich ausgewertet werden. Für die Auswertung empfiehlt sich ein Schema, das – ähnlich einem Beurteilungsbogen – in einfachster Form den folgenden Aufbau haben kann:

4 Personalplanung

Bewerbungsauswertungsbogen							
Name: Vorname: Wohnort:		Alter: Geschlecht: Stelle:					
Bewerbungs-unterlage	**Bewertungs-positionen**	**Bewertung**				**Besondere Bemerkungen**	
		1	2	3	4		
1 Bewerbungs-schreiben	1.1 Inhalt 1.2 Form 1.3 sprachlicher Ausdruck 1.4 Überzeugungs-kraft 1.5						
2 Lebenslauf	2.1 Zeitfolgenanalyse 2.2 Entwicklungs-analyse 2.3 Branchenanalyse						
3 Schulzeugnisse	3.1 .... 3.2						
4 Arbeitszeugnisse	4.1 .... 4.2						
5 Lichtbild	5.1						
6 Referenzen	6.1 .... 6.2						
7 Arbeitsproben	7.1 .... 7.2						
Vorläufiges Gesamturteil: Ort, Datum, Unterschrift		1 = sehr gut 2 = gut 3 = noch ausreichend 4 = nicht mehr ausreichend					

Den Auswertungsbogen erstellt die Personalabteilung anhand der Bewerbungsunterlagen. Zusammen mit den Bewerbungsunterlagen wird der Auswertungsbogen sodann an den Fachvorgesetzten weitergeleitet. Bei der Auswertung der Bewerbungsunterlagen wird sich herausstellen, dass man drei Gruppen von Bewerbungen unterscheiden kann:

Bewerber, die
1. für die ausgeschriebene Stelle geeignet erscheinen;
2. geeignet sein könnten, von denen aber noch Unterlagen oder Informationen fehlen;
3. offensichtlich ungeeignet sind.

Die Bewerber der ersten Kategorie wird man in die engere Wahl ziehen. Von den Bewerbern der zweiten Gruppe wird man weitere Unterlagen anfordern.

Den Bewerbern der dritten Kategorie erteilt man in höflicher Form eine Absage. Dabei sollte man für das Interesse danken und darauf hinweisen, dass die Bewerbung leider nicht berücksichtigt werden konnte, und auf jeden Fall die eingereichten Bewerbungsunterlagen wieder zurücksenden. Nimmt die Auswertung der Bewerbungsunterlagen eine längere Zeit in Anspruch, dann sollte man allen Bewerbern einen **Zwischenbescheid** geben mit dem Hinweis, dass die Entscheidung so bald wie möglich erfolgt, und darum bitten, von Anfragen abzusehen.

Nun müssen die Bewerber, insbesondere der Kategorie 1, zu einer persönlichen Vorstellung, vielleicht auch zu einem besonderen Eignungstest, eingeladen werden. Dann teilt man Ort und Zeit der Vorstellung mit und bittet Originalzeugnisse, Arbeitsproben und evtl. weitere Unterlagen mitzubringen. Manche Firmen fügen dieser Einladung einen firmenspezifischen Personalfragebogen bei und bitten damit, die schon vorliegenden Bewerbungsunterlagen zu vervollständigen.

Dem Bewerber sind die Vorstellungskosten zu ersetzen, wenn man ihn zu einer persönlichen Vorstellung oder zu einem Eignungstest einlädt. Andernfalls muss man im Einladungsschreiben die Kostenübernahme ausdrücklich ablehnen.

4.4.2 Der Personalfragebogen

Der Arbeitgeber hat den Wunsch, möglichst viel über den Bewerber zu erfahren. Andererseits ist der Bewerber bestrebt, nicht zu viel, insbesondere was den privaten Bereich betrifft, zu „offenbaren".

Die Rechtsprechung des Bundesarbeitsgerichtes (BAG) hat grundsätzlich entschieden, dass der Arbeitgeber Anspruch auf wahrheitsgemäße Beantwortung aller Fragen hat, die für ihn von *„objektivem Interesse"* sind, d. h., die mit der zu besetzenden Stelle in einem *direkten* Zusammenhang stehen. In diesen Fällen ist das Fragerecht begründet. Werden zulässige Fragen wahrheitswidrig beantwortet, kann dies zur späteren Anfechtung des Arbeitsvertrages berechtigen.

Ferner hat das Bundesarbeitsgericht auch entschieden, dass sog. unerlaubte Fragen wahrheitswidrig beantwortet werden dürfen, ohne dass etwas zu befürchten ist. Die nachfolgende Übersicht soll das Fragerecht verdeutlichen.

Erlaubte Fragen:
- ✔ Personalien (Name, Vorname, Geburtsdatum)
- ✔ Schulbildung
- ✔ Berufsbildung
- ✔ Berufserfahrungen
- ✔ Auslandsaufenthalte

4 Personalplanung

- ✔ Sprachkenntnisse
- ✔ Schwerbehinderteneigenschaft
- ✔ ggf. Vorstrafen, z. B. Verkehrsdelikte bei Kfz-Fahrer, Vermögensdelikte bei Kassierer
- ✔ absolvierter Wehr- oder Zivildienst
- ✔ Kurbewilligung
- ✔ bevorstehende Operation
- ✔ ansteckende Krankheiten

Unerlaubte Fragen:
- ✘ Schwangerschaft; Ausnahme: die vorgesehene Tätigkeit ist nach dem Mutterschutzgesetz verboten, z. B. Fließbandarbeit, Akkordarbeit
- ✘ Parteizugehörigkeit
- ✘ Gewerkschaftszugehörigkeit
- ✘ Religionszugehörigkeit
- ✘ geplante Eheschließung
- ✘ private Vermögensverhältnisse
- ✘ frühere Arbeitsvergütung
- ✘ Fragen nach einer früheren Betriebsratstätigkeit

Generell ist festzustellen: „Je höher die angestrebte Position, umso größer ist das Fragerecht."

In manchen Fällen ist der Bewerber jedoch verpflichtet unaufgefordert von sich aus bestimmte Sachverhalte zu offenbaren, z. B. Fehlen einer Fahrerlaubnis bei einem Lkw-Fahrer oder massive Erkrankung durch allergische Reaktionen. Hier trifft den Bewerber im Rahmen seiner vorvertraglichen Treuepflicht eine Pflicht, sich zu offenbaren.

Bei der Erstellung eines Personalfragebogens ist sorgfältig vorzugehen. Es handelt sich um formularmäßig gefasste Zusammenstellungen von Fragen, die Aufschluss über den Bewerber geben sollen. Wie bereits erwähnt, sind Fragen von subjektivem Interesse des Arbeitgebers nicht gestattet.

Der Gesetzgeber hat dem Betriebsrat über § 94 BetrVG ein Mitbestimmungsrecht eingeräumt. Diese Mitbestimmung bezieht sich auf die Fragestellung, nicht jedoch auf die generelle Verwendung von Personalfragebogen. Es liegt also im Entscheidungsbereich des Arbeitgebers, ob er Personalfragebogen verwenden will.

4.4.3 Die Eignungsfeststellung

Eine sorgfältige Analyse der Bewerbungsunterlagen vermittelt dem Personalchef und dem Vorgesetzten schon eine Menge Erkenntnisse über Eignung oder Nichteignung eines Bewerbers. Zusätzliche Informationen bringen die noch zu behandelnde persönliche Vorstellung bzw. das Einstellungsgespräch. Wo es an letzter Klarheit fehlt, kann man eine Eignungsfeststellung vornehmen. Die Eignungsfeststellung soll abklären, ob der in die engere Wahl gezogene Bewerber die Kenntnisse und Fertigkeiten sowie die charakterlichen Eigenschaften auch tatsächlich besitzt.

Zu den zahlreichen **Methoden,** die sich zur Eignungsfeststellung anbieten, ist zu sagen, dass **Arbeitsproben** vom jeweiligen Fachvorgesetzten im Betrieb beurteilt werden sollten. Psychologische **Eignungstests** darf nur ein ausgebildeter und erfahrener Psychologe durchführen. Das Gleiche gilt für grafologische Gutachten. Schließlich kann über die gesundheitliche Eignung des Bewerbers nur ein Arzt befinden. Vor Dilettantismus sei, vor allem bei psychologischen Eignungstests, ausdrücklich gewarnt.

Arbeitsproben. Bei Arbeitsproben handelt es sich um Veröffentlichungen, Entwürfe, Texte usw. Sie werden mit den Bewerbungsunterlagen eingereicht oder zur persönlichen Vorstellung mitgebracht. Arbeitsproben können aber auch unter Aufsicht **durchgeführt** werden. Zum Beispiel ist es möglich, Geschick in Stenografie und auf der Schreibmaschine durch einen Schreibtest festzustellen. Gewerbliche Arbeiter bittet man eine typische Arbeit zu verrichten. Wenn man Kenntnisse in der Orthographie oder in der Warenkunde, Fähigkeiten der Formulierung und der Briefgestaltung, Fertigkeiten im Rechnen feststellen will, kann man entsprechende Tests durchführen. Die Auswertung bereitet keine Schwierigkeiten und ist jedem Personalleiter oder Fachvorgesetzten möglich. Auch sind Fehlersuchtests, ein Lückentest über ein fachliches Thema, ein Merkfähigkeitstest mit „hausspezifischen" Tests durchzuführen. Hier endet aber die Befähigung zu Eignungsfeststellungen ohne fremde Hilfe (s. auch Kap. 8.9).

Psychologische Eignungstests. An einen psychologischen Test werden in der Regel drei Anforderungen gestellt:

- Er muss der Testperson erlauben ihr typisches Verhalten zu zeigen;
- er muss geeicht, vorher erprobt sein und zuverlässig messen, d. h., bei einem Paralleltest müssen die gleichen Verhaltensweisen zum Vorschein kommen. Man spricht in diesem Zusammenhang von der „Reliabilität" eines Eignungstests;
- die Ergebnisse eines Eignungstests müssen für ein in die Zukunft gerichtetes Verhalten gültig sein. Diese Forderung an einen Test bezeichnet man als „Validität".

Die Validität, ein sehr wichtiges Testkriterium, wird durch einen Korrelationskoeffizienten dargestellt, der das Ausmaß der Wechselbeziehung zwischen dem Testergebnis und dem tatsächlichen Ergebnis ausdrückt. Er schwankt zwischen -1 und $+1$. Die Koeffizienten $+1$ und -1 bezeichnen eine vollständige positive bzw. negative Korrelation. Der Koeffizient 0 drückt das völlige Fehlen einer Korrelation aus.

Die einzelnen Eignungsfeststellungsverfahren haben unterschiedliche Korrelationskoeffizienten, die zwischen 0,2 und 0,4, in besonders günstigen Fällen auch bis 0,5 oder gar 0,7, betragen können.

Da ein einziger Test meistens noch kein verlässliches Bild ergibt, wendet man in der Praxis gerne eine Reihe von Tests, sog. „Testbatterien", an. Man kann die psychologischen Eignungstests einteilen in

a) Leistungstests: Zu den Leistungstests zählen die Tests zur Messung der Intelligenz, der Merkfähigkeit, der Konzentration und die Tests zur Messung des technischen Verständnisses. Mit Leistungstests wird immer etwas „gemessen". Bestimmte Aufgaben müssen in einer bestimmten Zeit gelöst werden. Es gibt objektive Messwerte. Nach diesen objektiven Werten ist die individuelle Leistung zu beurteilen. Man bezeichnet die Leistungstests daher auch als metrische oder quantitative Tests (s. auch Stichwort „Intelligenz").

b) Persönlichkeitstests: Persönlichkeitstests sind z. B. Interessentests, Formdeutetests, thematische Tests, Zeichentests, Farbtests. Auch Persönlichkeitsfragebogen werden eingesetzt, in denen ausgewählte Fragen alternativ mit „stimmt" oder „stimmt nicht" beantwortet werden müssen. Bei den Persönlichkeitstests geht es um die Frage, wie die Versuchsperson „als Mensch" ist, wofür sie sich interessiert, wie sie sich verhält, wie sie bestimmte Dinge sieht usw. Hier geht es also nicht um eine Leistung und um die quantitative Messung dieser Leistung, sondern vielmehr um die Qualität der Persönlichkeit. Daher heißen diese Tests auch qualitative Tests oder Charaktertests.

Welche von den genannten Tests im konkreten Fall zur Eignungsfeststellung herangezogen werden können, muss ein Psychologe entscheiden.

Biografische Fragebogen. Sie unterscheiden sich von den Persönlichkeitsfragebogen dadurch, dass zahlreiche subjektive und objektive Daten des Bewerbers erfragt werden, wie z. B. Beurteilung der bisherigen Entwicklung, Art und Einschätzung des Erziehungsstils der Eltern, Vorstellungen über die künftige Entwicklung, Examensfächer und -noten usw. Diese Methode geht von der Überlegung aus, dass aus früher gezeigten Verhaltensmustern auch Rückschlüsse auf das künftige Verhalten gezogen werden können.

Situative Verfahren. Hierzu zählen Einzel- und Gruppenverfahren, z. B. Assessmentcenter, die solche Situationen simulieren, die für die spätere Aufgabenerfüllung der Bewerber typisch sind. Genannt seien u. a.:

a) **Postkorbübungen.** Die Bewerber müssen einlaufende Postvorgänge ohne Kommunikationsmöglichkeiten mit anderen Personen innerhalb einer bestimmten, meist knapp bemessenen Zeit bearbeiten, dabei gewisse Entscheidungen treffen und anschließend in einem Interview mit einem Firmenangehörigen die getroffenen Entscheidungen rechtfertigen.

b) **Führerlose Gruppendiskussionen.** Mehrere Bewerber werden aufgefordert untereinander ein allgemeines oder fachliches Thema in einer vorgegebenen Zeit zu diskutieren. Ihr Verhalten, ihre Diskussionsbeiträge usw. werden dabei systematisch beobachtet und ausgewertet.

c) Schließlich können auch **Rollenspiele** und **Planspiele** als situative Auslesemethoden eingesetzt werden.

Ärztliche Untersuchung. Zur Eignungsfeststellung gehört auch die Ermittlung des gesundheitlichen Zustandes. Jeder Bewerber, der in die engere Wahl kommt, sollte sich vor einer Einstellung einer ärztlichen Untersuchung unterziehen. Diese Untersuchung nimmt entweder der Betriebsarzt oder ein vom Betrieb zu benennender Arzt vor, damit die besonderen Belange des Betriebes Berücksichtigung finden.

4.4.4 Die persönliche Vorstellung

Je nach dem vorliegenden Einzelfall kann man wohl auf eine psychologische Eignungsfeststellung verzichten, aber nicht auf ein Vorstellungsgespräch. Das Vorstellungsgespräch soll dem Bewerber und den einzelnen Personen im Betrieb ermöglichen sich näher kennen zu lernen und die gegenseitigen Erwartungen abzuklären.

Vorbereitung des Vorstellungsgespräches. Zunächst ist zu klären, wer das Vorstellungsgespräch führt, ob der Personalleiter allein, ob Personalleiter und Fachvorgesetzter gemeinsam oder Personalleiter und ein weiterer Mitarbeiter. Ferner ist zu klären, ob sich an ein Vorstellungsgespräch ein zweites oder ein drittes anschließt. Das erste Vorstellungsgespräch hätte dann einen mehr allgemeinen Charakter, das zweite und dritte Gespräch dagegen – vielleicht an der künftigen Wirkungsstätte – mehr den Charakter eines Fachgespräches. Hier bieten sich verschiedene Möglichkeiten an. Wichtig ist eine gründliche **Vorbereitung** der Gesprächspartner. Man muss nicht nur die Bewerbungsunterlagen genau studieren und sich eine Reihe Fragen notieren, sondern auch Zeit und Ruhe für das Gespräch haben. Störungen durch Telefongespräche, Besucher usw. sind abzustellen. Vielleicht hat man dem Bewerber eine Firmenschrift, Betriebsordnung oder andere Firmenunterlagen zugesandt. Man kann dann im Gespräch feststellen, inwieweit der Bewerber dieses Material studiert hat und damit Interesse für die Firma und seinen künftigen Aufgabenbereich zeigt.

Durchführung des Vorstellungsgespräches. Das Vorstellungsgespräch sollte als **Dialog** und nicht als Monolog geführt werden. Der Gesprächspartner aufseiten des Unternehmens sollte gut zuhören können und sich auf wesentliche Fragen beschränken. Empfehlenswert ist die Technik einer sog. nicht direktiven Gesprächsführung, d. h., man „schenkt" dem Bewerber mehr Redezeit. Das hat zum einen zur Folge, dass Vertrauen entsteht, zum anderen wird der Vertreter des Unternehmens mehr Informationen erhalten. Wer das Vorstellungsgespräch psychologisch geschickt führt, kann daraus ggf. zuverlässigere Erkenntnisse gewinnen als aus den Eignungstests.

Folgende Themen können im Vorstellungsgespräch behandelt werden:

- Erwartungen des Bewerbers an den neuen Arbeitsplatz,
- Berufserfahrungen und besondere berufliche Interessen,
- familiäre und gesellschaftliche Situation,
- Hobbys, Interessen, außerberufliche Fähigkeiten, Freizeitgestaltung,
- Gesundheitszustand u. a.

In der Regel handelt es sich um Fragen, die weder Bewerbungsschreiben noch Lebenslauf, weder Schul- noch Arbeitszeugnisse beantworten. Das Vorstellungsgespräch soll ergänzen, vervollständigen, abrunden. Es soll ferner abklären, ob der Bewerber sich in Widersprüche verwickelt, bestimmte Dinge verschweigt, beschönigt oder bagatellisiert. Das Vorstellungsgespräch wird in der Regel mit dem Hinweis beendet, dass sich noch weitere Kandidaten vorstellen und dass erst in einigen Tagen ein abschließendes Urteil möglich sein wird. Der Bewerber wird dann unverzüglich über die Entscheidung unterrichtet werden.

Auswertung des Vorstellungsgespräches. Haben verschiedene Gesprächspartner mit dem Bewerber das Vorstellungsgespräch geführt, sollte man die Ergebnisse dokumentieren und anschließend gemeinsam auswerten. Das Ergebnis wird dann objektiviert und Fehler weitgehend vermieden.

Im sog. Auswertungs- oder Beurteilungsbogen sollten folgende Aspekte berücksichtigt werden: Temperament, Auftreten, Erscheinungsbild, Sprechweise, Umgangsformen, physischer und psychischer Zustand, Interesse für den Betrieb, Begeisterungsfähigkeit für die neue Aufgabe, soziales Umfeld (z. B. Familienverhältnisse), Erwartungen und Wünsche, Einstellungen zum bisherigen Arbeitgeber und letztendlich auch die Körpersprache im Allgemeinen.

Im Sinne des Bewerbers, aber auch des Unternehmens, ist es wichtig, dass möglichst rasch eine Entscheidung getroffen wird. Dieser wichtige Grundsatz ist aus der Sicht des Personalmarketings unbedingt zu beachten und zu realisieren.

4.4.5 Der Abschluss des Arbeitsvertrages

Allgemeine Grundsätze. Rechtlich gesehen, kommt der Arbeitsvertrag durch zwei übereinstimmende Willenserklärungen zustande. Hat man sich beim Vorstellungsgespräch schon geeinigt, liegt damit schon eine rechtliche Beziehung vor. Die spätere schriftliche Festlegung, die durch das Gesetz über den Nachweis der für ein Arbeitsverhältnis geltenden wesentlichen Bedingungen

(Nachweisgesetz – NachwG) vom 20. Juli 1995 nunmehr erforderlich geworden ist, hat vielmehr eine deklaratorische Wirkung und ist lediglich als ein formelles Erfordernis zu betrachten. Arbeitgeber und Arbeitnehmer sind bei der inhaltlichen Festlegung des Arbeitsvertrages **grundsätzlich** frei, d. h., die Vertragspartner vereinbaren die Punkte, die wesentlich sind, also ihrer Interessenlage entsprechen. Damit spätere Missverständnisse vermieden werden, sollte man frühzeitig alle relevanten Aspekte in den Vertrag einfließen lassen. Denn die vertraglich niedergelegten Punkte haben eine bessere Aussagekraft als lediglich mündliche Verabredungen.

Das Recht zur freien Vereinbarung (Privatautonomie) wird jedoch zugunsten des Arbeitnehmers durch eine Vielzahl von Gesetzen eingeschränkt, damit der Arbeitgeber keine „Übermacht" erhält. Neben Gesetzen bestehen auch Tarifverträge und Betriebsvereinbarungen, die einen **„Mindeststandard"** von Arbeitsbedingungen sichern, damit der Arbeitnehmer keine Nachteile erlangt.

Das Nachweisgesetz verlangt, dass der Arbeitgeber spätestens einen Monat nach dem vereinbarten Beginn des Arbeitsverhältnisses die **wesentlichen** Vertragsbedingungen schriftlich niederzulegen hat. Diese Niederschrift ist zu unterzeichnen und ein Exemplar dem Arbeitnehmer auszuhändigen.

Die für den Gesetzgeber wesentlichen Vertragsbedingungen, die in die Vertragsniederschrift unbedingt aufzunehmen sind, werden nachfolgend dargestellt:

- der Name und die Anschrift der Vertragsparteien,
- der Zeitpunkt des Beginns des Arbeitsverhältnisses,
- bei befristeten Arbeitsverhältnissen: die vorhersehbare Dauer des Arbeitsverhältnisses,
- der Arbeitsort oder, falls der Arbeitnehmer nicht nur an einem bestimmten Arbeitsort tätig sein soll, ein Hinweis darauf, dass der Arbeitnehmer an verschiedenen Orten beschäftigt werden kann,
- die Bezeichnung oder allgemeine Beschreibung der vom Arbeitnehmer zu leistenden Tätigkeit,
- die Zusammensetzung und die Höhe des Arbeitsentgelts einschließlich der Zuschläge, der Zulagen, Prämien und Sonderzahlungen sowie andere Bestandteile des Arbeitsentgelts und deren Fälligkeit,
- die vereinbarte Arbeitszeit,
- die Dauer des jährlichen Erholungsurlaubs,
- die Fristen für die Kündigung des Arbeitsverhältnisses,
- ein in allgemeiner Form gehaltener Hinweis auf die Tarifverträge, Betriebs- und Dienstvereinbarungen, die auf das Arbeitsverhältnis anzuwenden sind.

Hat der Arbeitnehmer seine Arbeitsleistung länger als einen Monat außerhalb der Bundesrepublik Deutschland zu erbringen, so muss die Niederschrift dem Arbeitnehmer vor seiner Abreise ausgehändigt werden und folgende zusätzliche Angaben enthalten:

- die Dauer der im Ausland auszuübenden Tätigkeit,
- die Währung, in der das Arbeitsentgelt ausgezahlt wird,
- ein zusätzliches mit dem Auslandsaufenthalt verbundenes Arbeitsentgelt und damit verbundene zusätzliche Sachleistungen,
- die vereinbarten Bedingungen für die Rückkehr des Arbeitnehmers.

Ein individuell abgeschlossener Arbeitsvertrag, der den Erfordernissen des Nachweisgesetzes genügt, könnte inhaltlich wie folgt aufgebaut sein:

§ 1   Beginn des Anstellungsverhältnisses/der Tätigkeit
§ 2   Probezeit/Kündigungsfristen
§ 3   Vergütung
§ 4   Abtretungen/Pfändungen
§ 5   Arbeitszeit/Überstunden
§ 6   Urlaub/Nebentätigkeit
§ 7   Arbeitsverhinderung
§ 8   Verschwiegenheitspflicht
§ 9   Vertragsstrafe
§ 10 Wettbewerbsverbot
§ 11 Betriebliche Regelungen/Tarifvertrag
§ 12 Ausschlussklausel
§ 13 Nebenabreden

Abschließend Ort, Datum und Unterschriften.

Die auszuübende Tätigkeit und der vorgesehene Arbeitsbereich sind möglichst exakt anzugeben. Damit keine späteren Unklarheiten entstehen, ist es sinnvoll, als Anlage zum Arbeitsvertrag eine Stellenbeschreibung beizufügen.

Ein evtl. Änderungsvorbehalt, d. h., die Möglichkeit der Zuweisung eines anderen Arbeitsplatzes ist gestattet, sollte vereinbart werden. Der Arbeitgeber darf hierbei jedoch nicht willkürlich verfahren. Der Arbeitnehmer hat die Möglichkeit, eine vorgesehene Änderung evtl. im Arbeitsgerichtsverfahren nachprüfen zu lassen.

Wie schon erwähnt, unterliegt der Arbeitsvertrag dem sog. Grundsatz der „Privatautonomie", d. h., die Vertragspartner sind bei der inhaltlichen Festlegung vollkommen frei. Diesem Grundsatz folgt, dass auch eine Probezeit der freien Vereinbarung unterliegt. Sie ist jedoch dann zu vereinbaren, wenn die Vertragspartner dies ausdrücklich wünschen oder ein Tarifvertrag bzw. eine Betriebsvereinbarung eine **Probezeit** vorsieht. Lediglich bei Berufsausbildungsverhältnissen *sind* Probezeiten zu vereinbaren.

Allgemein üblich ist eine Probezeit von drei Monaten. Aber auch eine Probezeit bis zu sechs Monaten ist zulässig und wird von der Arbeitsgerichtsbarkeit nicht beanstandet. Wenn es jedoch besondere Anforderungen an den Arbeitsplatz gibt, z. B. bei künstlerischer oder wissenschaftlicher Tätigkeit, darf nach Auffassung des Bundesarbeitsgerichtes auch eine längere Probezeit vereinbart werden.

Kündigung während einer vereinbarten Probezeit. Nach § 622 BGB kann während einer vereinbarten Probezeit, längstens für die Dauer von sechs Monaten, das Arbeitsverhältnis mit einer Frist von 2 Wochen (von jedem auf jeden Tag) gekündigt werden (§ 622 Abs. 3 BGB). Durch Tarifvertrag ist es jedoch gestattet, von dieser Zwei-Wochen-Frist zugunsten oder auch zuungunsten des Arbeitnehmers abzuweichen (§ 622 Abs. 4 BGB).

Besteht jedoch aus dringenden betrieblichen Gründen die Notwendigkeit, die Probezeit über die Dauer von sechs Monaten hinaus zu verlängern, hat der Arbeitgeber die normalen gesetzlichen Kündigungsfristen einzuhalten, die für jedes Arbeitsverhältnis gelten. Hier beträgt die Kündigungsfrist in den ersten zwei Beschäftigungsjahren vier Wochen, und zwar entweder zum 15. eines Monats oder zum Monatsende. Jedoch kann auch von der gesetzlichen Kündigungsfrist durch Tarifvertrag abgewichen werden (§ 622 Abs. 4 BGB).

Es ist auch zulässig, jedoch in der Praxis kaum üblich, einen befristeten Arbeitsvertrag für die Dauer der Probezeit abzuschließen. In diesem Fall endet das Arbeitsverhältnis durch Zeitablauf, ohne dass es einer Kündigung bedarf. Sollten sich die Arbeitsvertragsparteien auf eine Fortsetzung des Arbeitsverhältnisses einigen, wäre vor Ablauf des Probearbeitsvertrages ein unbefristeter Arbeitsvertrag abzuschließen.

Die monatliche **Vergütung** (Lohn, Gehalt) wird im Regelfall in Bruttobeträgen ausgewiesen. Die Höhe kann während und nach der Probezeit variieren. Jedoch sind auch sog. Nettolohnabreden gestattet. Um später die gesetzlichen Abzüge zu ermitteln, wäre dann jedoch jeweils monatlich der Bruttobetrag neu zu ermitteln. Von diesem verwaltungsmäßigen Mehraufwand wird man absehen.

Die Vereinbarung eines **Abtretungsverbots** ist gestattet. Auch ist es zulässig, bei Lohn- oder Gehaltspfändungen eine Bearbeitungsgebühr vom Arbeitnehmer zu verlangen, da dieser Aufwand eine Mehrbelastung für die Personalabteilung mit sich bringt.

Auch im Hinblick auf die vereinbarte **Arbeitszeit** empfiehlt sich die Aufnahme eines sog. Änderungsvorbehaltes, damit eine gewisse Flexibilität gewährleistet ist.

Der Arbeitsvertrag gibt dem Arbeitgeber nicht das Recht, einseitig **Überstunden** anzuordnen. Von daher wäre es erforderlich, das Weisungsrecht des Arbeitgebers entsprechend zu erweitern. Bei dieser Gelegenheit sei darauf hingewiesen, dass der Betriebsrat ein Mitbestimmungsrecht besitzt und der Arbeitnehmer schon von daher einen Schutz erhält.

Nach dem Bundesurlaubsgesetz darf ein Arbeitnehmer während seines **Urlaubs** grundsätzlich keine Erwerbstätigkeit ausüben. Dies würde dem eigentlichen Urlaubszweck entgegenstehen.

Inwieweit **Nebentätigkeiten** gestattet werden können, muss von Fall zu Fall beurteilt werden. Grundsätzlich gilt, dass eine Nebentätigkeit nicht verboten werden darf, wenn das Hauptarbeitsverhältnis hierdurch keine Beeinträchtigung erfährt. Doch der Arbeitnehmer schuldet seinem Arbeitgeber die *volle* Arbeitsleistung und diese könnte durch eine Nebentätigkeit nicht mehr gewährleistet sein. Für derartige Fälle ein Verbot auszusprechen, wäre wirksam. Ebenso ist es nicht gestattet, über eine Nebentätigkeit dem Arbeitgeber direkt oder indirekt in Konkurrenz zu treten. Nebentätigkeiten sind prinzipiell durch das Grundgesetz garantiert (Art. 12 Berufsfreiheit).

Aufgrund des Entgeltfortzahlungsgesetzes (EFZG) ist der Arbeitnehmer verpflichtet seinen Arbeitgeber im Falle einer **Arbeitsverhinderung** wegen Arbeitsunfähigkeit unverzüglich zu informieren. Darüber hinaus ist ein Nachweis über die Arbeitsunfähigkeit zu erbringen. Der Arbeitnehmer erhält für maximal sechs Wochen seine bisherige Vergütung.

Die **Verschwiegenheitspflicht** ist eine der wichtigen Nebenpflichten, der sog. Treuepflicht, im Arbeitsverhältnis. Dies gilt für die Dauer eines Arbeitsverhältnisses, hat jedoch auch eine Nachwirkung, d. h., auch nach dem Ausscheiden ist der Arbeitnehmer verpflichtet Stillschweigen zu wahren. Wegen der besonderen Bedeutung sollte dies ebenfalls vertraglich abgesichert werden.

Die Vereinbarung von **Vertragsstrafen** für den Fall, dass die Tätigkeit nicht aufgenommen wird, ist zulässig. Die Höhe der Vertragsstrafe ist vertraglich festzulegen. Üblich und angemessen ist ein Monatslohn oder Monatsgehalt.

Ein weiterer arbeitsvertraglicher Bestandteil kann die Vereinbarung eines **Wettbewerbsverbotes** sein. Wichtig ist, dass das Wettbewerbsverbot klar und unmissverständlich formuliert ist. Falls ein Wettbewerbsverbot Anwendung findet, hat der Arbeitgeber nach Ende der Beschäftigung ein sog. Karenzgeld zu zahlen. Gegen die zusätzliche Vereinbarung einer Vertragsstrafe bei einem Verstoß gegen das Wettbewerbsverbot bestehen rechtlich keine Bedenken. Sollte sie jedoch zu hoch festgelegt und unverhältnismäßig hoch sein, kann der Arbeitnehmer Herabsetzung verlangen (§ 343 BGB).

Die zulässige Vereinbarung eines nachvertraglichen Wettbewerbsverbotes bedarf in jedem Fall der Schriftform im Arbeitsvertrag oder einer zusätzlichen Urkunde, die dem Arbeitnehmer auszuhändigen ist. Zweckmäßigerweise sollte eine derartige Vereinbarung schon bei Arbeitsantritt abgeschlossen sein, da bei Ende des Arbeitsverhältnisses hierzu kaum noch Bereitschaft besteht.

Weiterhin ist zu empfehlen, dass der Arbeitsvertrag auch einen Hinweis auf bestehende und anzuwendende Tarifverträge und Betriebsvereinbarungen enthält.

Die überwiegend in Tarifverträgen und Betriebsvereinbarungen geltenden **Ausschluss- oder Verfallfristen** können auch in Einzelarbeitsverträgen vereinbart werden. Diese Ausschlussfristen dürfen jedoch nicht gegen die guten Sitten verstoßen. Zu beachten ist jedoch hierbei, dass der Arbeitnehmer in keinem Fall auf gesetzliche oder tarifvertragliche Ansprüche verzichtet. Kollektivrechtliche Ansprüche bleiben dem Arbeitnehmer erhalten.

Abschließend sei noch darauf hingewiesen, dass die Arbeitsvertragsparteien aus Gründen der Rechtssicherheit und Rechtsklarheit vereinbaren sollen, dass Vertragsergänzungen oder Vertragsänderungen der Schriftform bedürfen.

Personaleinsatz 4.4

Mitbestimmung des Betriebsrates beim Einstellungsverfahren. Der Betriebsrat muss nach § 99 des BetrVG der Einstellung eines neuen Mitarbeiters zustimmen. Dieses Erfordernis ist bei leitenden Angestellten nicht zu beachten. Hier ist der Betriebsrat lediglich zu informieren (§ 105 BetrVG). Der Arbeitsvertrag darf nicht gegen Arbeitnehmerschutzgesetze (z. B. Jugendarbeitsschutzgesetz, Mutterschutzgesetz usw.) verstoßen. Gegebenenfalls ist der Arbeitsvertrag dann nichtig oder die nichtigen Teile des Vertrages werden dann mit „gesetzlichem Inhalt" aufgefüllt. Auch sollte beachtet werden, dass bei beschränkt geschäftsfähigem Vertragspartner die notwendige Zustimmung des gesetzlichen Vertreters vorliegt (§ 113 BGB).

Der Abschluss eines Arbeitsvertrages erfordert ein sorgfältiges und umsichtiges Vorgehen. Unangenehm ist für beide Seiten, wenn im Nachhinein Auslegungsprobleme über die getroffenen Vereinbarungen entstehen. Derartige Ärgernisse werden dann oftmals über lange Zeiträume hinweg konserviert und beeinträchtigen sicherlich die Leistungsbereitschaft des Mitarbeiters. Es empfiehlt sich von daher, unternehmensspezifische Verträge zu verwenden, die auch einer rechtlichen Prüfung standhalten.

Personalunterlagen. Bei der Einstellung neuer Mitarbeiter sind eine Reihe von Daten zu erfassen und zu verarbeiten. Des Weiteren sind interne und externe Stellen durch vorgeschriebene Meldungen zu informieren. Diese Informationen dienen u. a. dazu, dass der Mitarbeiter schnell und sicher in die Betriebsorganisation integriert wird.

a) Unterlagen, die der Mitarbeiter einreichen muss:
   1. Lohnsteuerkarte
   2. Urlaubsbescheinigung
   3. Versicherungs-Nr.
   4. Schul- und Arbeitszeugnisse
   5. Arbeitserlaubnis (bei ausländischen Mitarbeitern)
   6. Ärztliches Zeugnis

b) Unterlagen, die dem Mitarbeiter auszuhändigen sind:
   1. Arbeitsvertrag
   2. Personalstammkarte bzw. Werksausweis
   3. Betriebsordnung
   4. Einführungsschrift
   5. Telefonverzeichnis
   6. Schlüssel
   7. Betriebliches Informationsmaterial (z. B. Organigramm des Betriebes, Personal- und Sozialbericht usw.)
   8. Arbeitsmaterial, Werkzeuge usw.

c) vorzunehmende Anmeldungen:
   1. Krankenkasse (Rechtsgrundlage: DEÜV)
   2. Betriebsrat
   3. ggf. beim Werksarzt

4 Personalplanung

d) innerbetriebliche, administrative Aufgaben
   1. Personalakte anlegen
   2. Personalnummer vergeben und Speichern in das EDV-System
   3. Erfassung im Urlaubsverzeichnis
   4. Erfassung ggf. im Schwerbehindertenverzeichnis
   5. Terminvorlage (Ende der Probezeit)
   6. Beurteilungsbogen vorbereiten

Aufgaben

1. Welche Unterlagen gehören nach Ihrer Meinung zu einer vollständigen Bewerbung um die Stelle eines Personalsachbearbeiters?
2. Welchen Erkenntniswert räumen Sie Schulzeugnissen und Arbeitszeugnissen ein?
3. Formulieren Sie, auf Ihre betrieblichen Verhältnisse abgestellt, Musterbriefe für
   a) Mitteilung an einen Bewerber, der in die engere Wahl gezogen wurde;
   b) Mitteilung an einen Bewerber, der noch weitere Unterlagen einreichen soll;
   c) Absage an einen Stellenbewerber;
   d) einen allgemeinen Zwischenbescheid an einen Stellenbewerber;
   e) Einladung zu einem Eignungstest;
   f) Einladung zu einem Vorstellungsgespräch.
4. Erstellen Sie einen firmenindividuellen Personalfragebogen für
   a) leitende Angestellte;
   b) Angestellte mit ausführenden Tätigkeiten;
   c) Facharbeiter.
   Prüfen Sie, ob Sie evtl. mit einem Fragebogen, der in verschiedene Abteilungen eingeteilt wurde, auskommen.
5. Überlegen Sie, welche Arbeitsproben bzw. welche Eignungstests im gewerblichen und kaufmännischen Bereich Sie als Personalfachmann mit „hauseigenen Mitteln" zuverlässig durchführen und auswerten können.
6. Informieren Sie sich in der Fachliteratur oder in populärwissenschaftlichen Veröffentlichungen näher über Leistungs- und Persönlichkeitstests.
7. Welche Erkenntnisse können aus einem Vorstellungsgespräch gewonnen werden?
8. Entwerfen Sie einen Auswertungsbogen für ein Vorstellungsgespräch.
9. Konzipieren Sie je ein Arbeitsvertragsmuster für einen gewerblichen Arbeiter, kaufmännischen Angestellten und für eine Führungskraft.
10. Stellen Sie eine „Checkliste" zusammen, in der alle Unterlagen und Handlungen aufgeführt sind, auf die bei einer Personaleinstellung Bezug genommen werden muss.

4.5 Personalsteuerung und Personaleinsatz

Die Steuerung von Personal besteht im Veranlassen, Überwachen und Sichern der Durchführung einer bestimmten Aufgabe.

- **Veranlassen** bedeutet die Durchführung einer bestimmten, betrieblichen Aufgabe.
- **Überwachen** bedeutet beobachten und kontrollieren, ob die Solldaten eingehalten werden.
- **Sichern** bedeutet unnötige und unwirtschaftliche Abweichungen von den Plandaten zu verhindern.

Die Personalsteuerung umfasst somit alle Maßnahmen, die für einen optimalen Personaleinsatz notwendig sind, z. B.

- Zuweisung eines neuen Arbeitsplatzes,
- Informationen über Arbeitsaufgaben und Arbeitsplatz,
- Arbeitsunterweisungen,
- Beobachtungen neuer Mitarbeiter.

Diese Maßnahmen müssen bei der Einführung **neuer** Mitarbeiter, aber auch bei betrieblichen Umbesetzungen bzw. Umstellungen, bei der Eingliederung nach der Berufsausbildung und nach Umschulung oder abgeschlossener Weiterbildung sorgfältig durchgeführt werden. Bei den einzelnen Maßnahmen ist ferner auf Besonderheiten bei jugendlichen Mitarbeitern, weiblichen Arbeitskräften, schwangeren Arbeitnehmerinnen, behinderten Mitarbeitern und älteren Arbeitnehmern besondere Rücksicht zu nehmen. Die gesetzlichen Schutzbestimmungen für die genannten Personenkreise sind ebenso wie bestimmte ethische Anforderungen zu beachten.

4.5.1 Gründe für einen gesteuerten Personaleinsatz

In der arbeitsteiligen Wirtschaft sind die meisten Betriebe durchrationalisiert. Deshalb ist es notwendig, Mitarbeiter auf ihren Arbeitseinsatz richtig vorzubereiten. Die größeren Betriebe verfügen im Personalbereich oft über eine eigene Abteilung, welche neue Mitarbeiter auf den künftigen Einsatz vorbereitet bzw. einführt. Wo das nicht der Fall ist, muss der unmittelbare Vorgesetzte diese Aufgaben übernehmen. Über Art, Umfang und Dauer der Vorbereitung auf den Personaleinsatz bzw. der Einarbeitung sollten genaue **Richtlinien** bestehen. Auf keinen Fall darf man unplanmäßig vorgehen und improvisieren. Neue Mitarbeiter planmäßig vorzubereiten und einzuführen, ist u. a. aus folgenden Gründen wichtig.

4 Personalplanung

a) Die **Einarbeitungskosten** liegen je nach Qualifikationsgrad der zu besetzenden Stelle zwischen einigen tausend und mehreren zehntausend Euro. Diese hohen Kosten dürfen nicht vergeblich aufgewandt werden.
b) In den ersten Monaten bzw. im ersten Jahr der Beschäftigung ist die Zahl der ausscheidenden Mitarbeiter und damit die **Fluktuationsrate** am höchsten. Hohe Fluktuationsraten dürften zum Teil entstehen, wenn neue Mitarbeiter nachlässig eingearbeitet bzw. eingeführt werden.
c) Allen neuen Mitarbeitern müssen die ihnen unvertraute betriebliche **Umgebung,** die Sicherheitsvorschriften und Unfallverhütungsmaßnahmen, die Betriebsordnung und viele weitere Dinge erklärt werden.
d) Für neue Mitarbeiter bedeutet der Stellenwechsel nicht nur eine berufliche Veränderung, sondern auch eine **soziale** Umstellung. Es ist deshalb wichtig, dass auch die Einfügung in eine neue Gruppe und die neue berufliche Umgebung gelingt. Die soziale Integration von neuen Mitarbeitern ist oft wichtiger als die berufliche Eingliederung.

4.5.2 Zuweisung des neuen Arbeitsplatzes

Wie der Mitarbeiter seinen künftigen Arbeitsplatz einnimmt bzw. in welcher Form die Zuweisung erfolgt, hängt u. a. von der zu besetzenden Stelle ab. Handelt es sich um eine Führungskraft, dann sollte der nächsthöhere Vorgesetzte verantwortlich sein. Aber auch für Mitarbeiter mit ausführenden Tätigkeiten sollte generell der zuständige Abteilungsleiter oder Meister die Zuweisung übernehmen.

Dem Vorgesetzten obliegt auch die Vorstellung mit den Kollegen/-innen, die mit dem neuen Mitarbeiter zukünftig zusammenarbeiten. Auch sollte der Mitarbeiter den Kollegenkreis kennen lernen, mit dem er auch abteilungsübergreifend zu tun hat. Von ganz entscheidender Bedeutung ist die Frage, „WIE" diese erste Einweisung erfolgt. Unter Marketingaspekten sollte darauf geachtet werden, dass diese erste Kontaktaufnahme problemlos und harmonisch erfolgt, damit der sog. „erste Eindruck" stimmt und danach Zufriedenheit entsteht.

4.5.3 Informationen über den neuen Arbeitsplatz

Neue Mitarbeiter sind über ihren neuen Arbeitsplatz zu informieren. Zu den notwendigen Maßnahmen gehören:

a) Die **Vorbereitung** des Arbeitsplatzes und der Aufgaben, das Vorhandensein von Werkzeugen und Hilfsmitteln. Es macht einen schlechten Eindruck, wenn der Neue nicht weiß, wohin er gehört, welche Aufgaben er hat und welche Hilfsmittel ihm zur Verfügung stehen.

Personalsteuerung und Personaleinsatz 4.5

b) Die Mitarbeiter sollen den „Neuen" möglichst schnell respektieren und in die formelle Gruppe (Abteilung) aufnehmen. Daher ist eine **Information** an die im Betrieb tätigen Mitarbeiter über z. B. Alter, Kenntnisse, bisherige Tätigkeit usw. vor Arbeitsaufnahme empfehlenswert, damit der soziale Integrationsprozess gut gelingt.

c) Auswahl eines Mitarbeiters mit entsprechender Persönlichkeitsstruktur, den man dem „Neuen" als **Betriebspaten oder Mentor** zur Verfügung stellt. Der neue Mitarbeiter sollte die Möglichkeit haben sich jederzeit vertrauensvoll an einen bestimmten Mitarbeiter zu wenden, wenn Fragen, Probleme, Unklarheiten auftreten. Sinnvollerweise sollten der Betriebspate und der neue Mitarbeiter der gleichen hierarchischen Ebene angehören, damit möglichst schnell ein Vertrauensverhältnis aufgebaut werden kann.

d) Der Vorgesetzte sollte sich ausreichend Zeit für ein **Einführungsgespräch** zum persönlichen Kennenlernen nehmen. Ein solches Gespräch ermöglicht dem Vorgesetzten, festzustellen, welche Kenntnisse und Fertigkeiten, welche Wünsche und Erwartungen sowie Interessen der neue Mitarbeiter mitbringt.

In dem **Einführungsgespräch** erhält der neue Mitarbeiter die notwendigen Informationen über seine Arbeitsaufgaben und den neuen Arbeitsplatz. Gegenstand dieses Gespräches sind u. a. folgende Bereiche:

- Sicherheitsvorschriften und Unfallverhütungsregeln;
- Verhalten bei Unfällen, Krankheit, Abwesenheit;
- Art der Arbeitsaufgaben und Arbeitsregeln;
- Gütebestimmungen, Toleranzen, Qualitätskontrolle;
- Werkzeuge, Werkzeugausgabe, Werkzeugbehandlung;
- Maschinenpflege bzw. Pflege von Materialien und Geräten;
- betriebliche Einrichtungen, insbesondere Sozialeinrichtungen für die Belegschaft;
- Vorstellung von Vorarbeitern und anderen Mitarbeitern;
- Aushändigung und Besprechung der Arbeits-/Betriebsordnung.

Größere Betriebe halten für neue Mitarbeiter oft eine besondere **Einführungsschrift** bereit, die häufig schon mit der schriftlichen Zusage der Einstellung übersandt wird. Betriebe mit einem arbeitsteiligen Produktionsprogramm verwenden auch Filme oder Tonbildschauen zur Information über den besonderen Arbeitsplatz oder das gesamte Betriebs- bzw. Unternehmensgefüge.

4.5.4 Arbeitseinweisung – Arbeitsunterweisung (4-Stufen-Methode)[1]

Jeder Mitarbeiter muss in sein Aufgabengebiet sorgfältig und systematisch eingeführt und eingearbeitet werden. Für diesen Vorgang empfiehlt sich die sog. 4-Stufen-Methode (ggf. die modifizierte 4-Stufen-Methode), die nachstehend dargestellt wird.

---
1 nach Hambusch, Personal- und Ausbildungswesen 9. Aufl. 1995, S. 201 ff.

4 Personalplanung

Unterweisung ist das geplante Vorgehen eines Ausbilders bei der Vermittlung von Fertigkeiten und Kenntnissen. Das geplante Vorgehen besteht in sinnvollen Lernhilfen, die vor der Unterweisung durchdacht und aufeinander abgestimmt werden müssen.

Bei manchen Ausbildern trifft man noch die Meinung an, der Auszubildende lerne am besten durch eigene Fehler bzw. durch Probieren und Abgucken. Diese alte Methode ist nicht nur Zeit raubend und mühsam, sondern verunsichert die Auszubildenden und vermittelt ihnen – wenn überhaupt – erst sehr spät ein Erfolgserlebnis. Dadurch sinken Interesse und Bereitschaft, gerne zu lernen.

Planung

Zielplanung. Jede Unterweisung soll zu einem bestimmten Ziel führen: Der Auszubildende soll die Arbeit sicher und bereitwillig ausführen! Der Ausbilder muss das Ziel vorher festlegen, damit er während der Unterweisung nicht abschweift. Aber auch der Auszubildende muss wissen, was er lernen soll bzw. was von ihm verlangt wird. Je klarer die Zielformulierung, desto erfolgreicher die Unterweisung. Der Ausbilder muss also zunächst die Lernziele, d. h. die pädagogischen Absichten, formulieren. In der Regel wird der Ausbilder zunächst das Gesamtziel einer Unterweisung festlegen und dieses dann in Teilziele unterteilen:

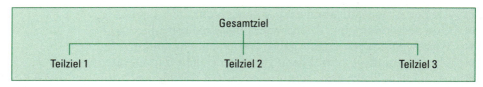

Beispiel: Gesamtziel: Herstellen einer Verlängerungsleitung (4 m)
Teilziel 1:   Zuschneiden und Absetzen der Leitung
Teilziel 2:   Montieren des Schutzkontaktsteckers
Teilziel 3:   Montieren der Schutzkontaktkupplung
Teilziel 4:   Prüfen auf Sicherheit und Funktionsfähigkeit

Diese Ziele müssen
a) den Auszubildenden Gründe vermitteln das Ziel **anzustreben.** Ein Ziel sollte möglichst nicht nur Pflichtziel, sondern auch Neigungsziel sein.
b) **erreichbar sein.** Der Ausbilder muss verhindern, dass durch zu hohe Ziele diese nicht erreichbar sind und dadurch Rückschläge und Entmutigung auftreten.

Verlaufsplanung. Nach der Formulierung des Gesamtzieles muss als Nächstes der Ablauf der Unterweisung in Teilzielen festgelegt werden. Man muss überlegen, welche Teilziele gesetzt werden können und in welcher Reihenfolge die Teilziele unterwiesen werden sollen. Beim Festlegen der Teilziele muss der Ausbilder darauf achten, dass zu kleine Teilziele den Ausbildungsvorgang zerreißen und zu große Teilziele die Auszubildenden überfordern.

Beim Bestimmen der Reihenfolge der Teilziele ergibt sich, dass die pädagogische Grundregel „vom Leichten zum Schweren" nicht immer einzuhalten ist. Im Ablauf eines Arbeitsganges kann bei z. B. 8 Teilzielen unter Umständen schon das dritte das schwierigste sein. Hier muss der Ausbilder entscheiden, ob dem Auszubildenden dieser Schwierigkeitsgrad schon zugemutet werden kann. Wenn möglich, sollte der Ablauf nach Schwierigkeitsgraden eingehalten werden.

Arbeitszergliederung. Zur Vorbereitung einer guten Unterweisung gehört die Arbeitszergliederung, die der Ausbilder für jedes einzelne Teilziel anfertigt. Sie hat folgende grundsätzliche Aufteilung:

Teilziel: ABC		Teilziel Nr. xyz
Lernschritt (Was?)	Kernpunkte (Wie?)	Begründungen (Warum so?)

Die Arbeitszergliederung ist dem Ausbilder eine unerlässliche Hilfe für den Unterweisungsablauf. Das Zergliedern eines Teilzieles in Lernschritte führt unbewusste Teilvorgänge wieder ins Bewusstsein zurück. Der Ausbilder kann sich besser in den Auszubildenden zurückversetzen und vermeidet Überforderungen. Die schriftliche Arbeitszergliederung ist nicht nur eine gute Gedächtnisstütze, sondern rationalisiert die Unterweisung, da sich der Ausbilder bei wiederkehrenden Unterweisungen nicht jedes Mal neu vorbereiten muss.

Beispiel: Unterweisungsplan

Lernschritt: (Was?) Jeder Lernschritt bringt die Arbeit um einen „Schritt" voran. Er muss leicht auf einmal verstehbar sein. Am Ende muss eine Unterbrechungsmöglichkeit stehen. Dem Auszubildenden wird eine Zielangabe gemacht – er muss wissen, **was** er jetzt lernen soll.

Kernpunkt: (Wie?) Ein Kernpunkt ist ein „wichtiger Punkt" innerhalb des Lernschrittes. Er ist entscheidend für den richtigen Arbeitsablauf. Bei Beachtung der Kernpunkte werden das Lernen und das Ausführen leichter. Der Auszubildende muss wissen, **wie** er die Arbeit am besten ausführen kann.

Begründung: (Warum so?) Hier werden die Begründungen für die zweckmäßigste, leichteste und sicherste Art, die Arbeit auszuführen, gegeben. Die Begründungen klären die Zusammenhänge zwischen den Kernpunkten und verbinden die Lernschritte. Sie fördern das Verstehen! Der Auszubildende muss wissen, **warum** er die Arbeit **so** ausführen soll.

4 Personalplanung

Gesamtziel: Teilziel:	Herstellen einer Verlängerungsleitung (4 m) Zuschneiden und Absetzen der Leitung		Teilziel 1	
Lernschritt (Was?)	Kernpunkte (Wie?)	Begründungen (Warum so?)	Unterweisungs- hilfsmittel	Unter- weisungs- dauer (ca. Min.)
Zuschneiden	4 m Leitung abmessen.	Geforderte Länge	Leitung NYM-J 3 x 1,5 mm^2	5
	Mit Seitenschneider abschneiden.		Seitenschneider	
Mantel absetzen	Mit Messer eine Hälfte des Mantels parallel zum Kupferleiter ca. 5 cm abschälen.	Bei Parallelschnitt ist die Gefahr des Einschneidens einer Ader geringer.	Kabelmesser	15
	Stehen gebliebene Mantelhälfte von der Ader wegbiegen und abschneiden.	Einschneiden der Isolierung muss unbedingt vermieden werden.		
Ader absetzen	...	...	...	15 35

Beispiel Unterweisungsplan

Durchführung

Die 4-Stufen-Methode der Unterweisung wird am häufigsten angewandt.

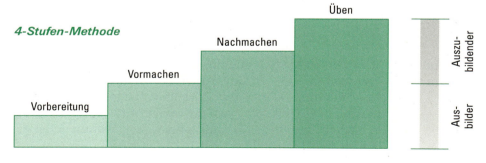

Personalsteuerung und Personaleinsatz 4.5

1. Stufe: Vorbereitung	Erläuterungen
1. Vorbereitung des Ausbilders: Arbeit zergliedern Arbeitsplatz vorbereiten Zeit nehmen	Vorher noch einmal durchlesen, um den geplanten Ablauf und die besten Begründungen bereitzuhaben. Die in der Arbeitszergliederung aufgeführten Hilfsmittel bereitlegen. Keine Unterweisung unter Zeitdruck!
2. Vorbereitung des Auszubildenden: Befangenheit nehmen Zu lernende Arbeit bezeichnen Vorkenntnisse feststellen Interesse wecken Richtig aufstellen	Wichtiger psychologischer Punkt. Der Auszubildende muss aufgeschlossen werden. Den Kontakt zum Ausbilder herstellen. Zielbeschreibung des folgenden Teilzieles. Der Auszubildende muss wissen, was er lernen soll. Kennt der Auszubildende die Arbeit schon ganz oder teilweise, kann die Unterweisung verkürzt werden. Der Auszubildende wird nicht unterfordert bzw. überfordert. Ohne Interesse des Auszubildenden kein maximaler Lernwille, keine optimale Unterweisung. Nichts spiegelbildlich zeigen oder vormachen. Auf Blendwirkung achten!

2. Stufe: Vorführung durch den Ausbilder	Erläuterungen
1. Vorführung: Sagen – zeigen – erklären, **„was"** geschieht.	Der Ausbilder macht die Arbeit langsam vor und erklärt kurz, was geschieht (1. Spalte der Arbeitszergliederung). Der Auszubildende soll einen Überblick über das Teilziel erhalten. Genauere Erklärungen würden ihn hier überfordern.
2. Vorführung: Sagen – zeigen – erklären, **„was"** geschieht, **„wie"** es geschieht, **„warum"** es so gemacht wird.	Da der Auszubildende den Arbeitsgang bereits kennen gelernt hat, kann ihm jetzt die genaue Erklärung zugemutet werden (Spalten 1, 2 und 3 der Arbeitszergliederung).
3. Vorführung: Nur noch Teilvorgänge erläutern, Kernpunkte noch einmal betonen.	Meistens nur bei schwierigen Teilzielen nötig.

3. Stufe: Ausführung durch den Auszubildenden	Erläuterungen
1. Versuch: Möglichst ohne zu sprechen Fehler verbessern.	Der Auszubildende wird zum Selbstversuch ermuntert, er darf „selbst einmal probieren". Nach Möglichkeit soll nicht mitgesprochen werden, da sonst keine Konzentration auf zwei Bereiche (vormachen und erklären) erfolgt. Das würde den Auszubildenden in der Regel überfordern. Trotz guter Erklärungen des Ausbilders würden nur Bruchstücke behalten. Bei Fehlern muss eingegriffen werden. Es darf aber nicht nur kritisiert, sondern es muss gesagt werden, was falsch ist und wie es richtig wäre. Fehler des Auszubildenden beruhen oft auf Fehlern des Ausbilders!
2. Ausführung: Kernpunkte erklären und begründen.	Hier soll der Auszubildende zeigen, was er von den Erklärungen des Ausbilders behalten hat. Besonders wichtig: Begründungen! Der Ausbilder hat die Möglichkeit zur Erfolgskontrolle.
3. Ausführung: Lernschritte nennen, Kernpunkte betonen.	Der Auszubildende wird sicherer. Genaue Erklärungen sind nicht mehr nötig, wenn sie schon in der 2. Ausführung enthalten sind.
4. Übungen: Bis zur Sicherheit weiterüben lassen, Geduld haben!	Der Unterweisungserfolg muss durch ständige Übung und Vertiefung gesichert werden. Das Üben zielt zunächst auf Genauigkeit der Ausführung und dann auf Tempo.

4. Stufe: Abschluss der Unterweisung		Erläuterungen
1. Allein üben und arbeiten lassen.	Der Ausbilder zieht sich weitgehend zurück. Der Auszubildende arbeitet das erste Mal allein.	
2. „Paten" benennen.	Für auftretende Fragen bei Schwierigkeiten muss Unterstützung da sein. Falls diese der Ausbilder nicht selbst geben kann, muss eine „Bezugsperson" = „Pate" zur Verfügung stehen.	
3. Kontrollieren und helfen.	Kontrolle bedeutet hier: Ausräumen von Schwierigkeiten, nicht Fehlerkontrolle, sondern Hilfe, Anerkennung, Lob.	

4.5.5 Beobachtung des neuen Mitarbeiters

Es gehört zu den Aufgaben der Vorgesetzten, sich um neue Mitarbeiter zu kümmern und ihre Fortschritte zu beobachten. Es ist wichtig, Anerkennung und Lob auszusprechen, wenn Vorgesetzte mit der Arbeit neuer Mitarbeiter zufrieden sind. In gewissen Zeitabständen sollte sich der Vorgesetzte mit dem neuen Mitarbeiter aussprechen, um zu erfahren, ob Erwartungen erfüllt wurden, wo Schwierigkeiten liegen, ob Verbesserungen möglich sind usw. Bei diesen Gesprächen sollte der Mitarbeiter auch erfahren, ob der Vorgesetzte mit seiner Arbeit einverstanden ist. Bei neuen Mitarbeitern darf nicht das Gefühl aufkommen: „Hier kümmert sich keiner um mich", „Ich weiß nicht, woran ich bin", „Ich komme mir eigentlich überflüssig vor".

Aufgaben

1. Welche gesetzlichen Beschäftigungsverbote bestehen für Jugendliche, für weibliche Arbeitskräfte und für schwangere Arbeitnehmerinnen nach dem Jugendarbeitsschutzgesetz, dem Arbeitszeitgesetz und dem Mutterschutzgesetz?
2. Warum ist eine systematische und planmäßige Einführung eines neuen Mitarbeiters in seine neue Arbeitsaufgabe unerlässlich?
3. Überlegen Sie, warum auch die bisherigen Mitarbeiter rechtzeitig und umfassend über einen neuen Mitarbeiter informiert werden sollten.
4. Welche Aufgaben übernimmt ein vom Vorgesetzten bestellter „Pate" oder Mentor bei der Einführung eines neuen Mitarbeiters und nach welchen Gesichtspunkten sollte er ausgewählt werden?
5. Über welche Punkte muss ein neuer Mitarbeiter im Einführungsgespräch bzw. in der Einführungsphase besonders unterrichtet werden?
6. Welche Bedingungen (= Voraussetzungen) müssen beachtet werden, wenn jemand erfolgreich lernen soll?
7. Ist „Lernen durch eigene Fehler" die richtige Methode?

8. Welches sind die Vorteile einer Ziel- und einer Verlaufsplanung für die Unterweisung?
9. Warum sollte vor einer Unterweisung eine Arbeitszergliederung vorgenommen werden?
10. Aus welchen Stufen ist die 4-Stufen-Methode aufgebaut?
11. Welche Teilschritte sind
    a) innerhalb der 1. Stufe,
    b) innerhalb der 2. Stufe,
    c) innerhalb der 3. Stufe,
    d) innerhalb der 4. Stufe
    besonders zu beachten? Begründen Sie Ihre Antworten.
12. Welche Vorteile bringt eine gut durchdachte planmäßige Unterweisung?
13. Wie gehen Sie vor, wenn Sie die Aufgabe erhalten eine Gruppe von Auszubildenden durch eine Unterweisung zu einem bestimmten Gesamtziel zu bringen?

4.6 Personalfreisetzung

Ein Arbeitsverhältnis kann aus verschiedenen Gründen beendet werden. Die häufigste Art, einen Arbeitsvertrag aufzulösen, ist die Kündigung. Da eine Kündigung oft gegen den Willen der anderen Vertragspartei ausgesprochen wird, kommt es hier zu den meisten Schwierigkeiten. Über die rechtlichen Bestimmungen der Kündigung muss man deshalb genau informiert sein.

4.6.1 Gründe für die Auflösung eines Arbeitsverhältnisses

Zeitablauf. Wenn ein Arbeitsverhältnis nur für eine bestimmte Zeitdauer abgeschlossen wird, z. B. bei Aushilfen, Probezeit, Erreichen der Altersgrenze usw., dann wird der Arbeitsvertrag nach Ablauf der vereinbarten Zeit aufgelöst.

Zweckerreichung. Wenn man ein Arbeitsverhältnis in der Form abschließt, dass es beendet werden soll, sobald eine bestimmte Aufgabe gelöst ist, dann endet das Arbeitsverhältnis mit dem Erreichen dieses Zweckes.

Gegenseitige Vereinbarung. Ein Arbeitsverhältnis kann jederzeit im Wege der gegenseitigen Vereinbarung aufgelöst werden. Hierbei handelt es sich um einen Auflösungsvertrag bzw. einen Aufhebungsvertrag, der durch zwei übereinstimmende Willenserklärungen zustande kommt.

Tod des Arbeitnehmers. Der Tod des Arbeitnehmers beendet, anders als beim Tod des Arbeitgebers, ebenfalls das Arbeitsverhältnis.

Anfechtung. Der Arbeitsvertrag kann auch im Wege der Anfechtung beendet werden. Die Anfechtung ist eine einseitige, empfangsbedürftige Willenserklärung, die sowohl vom Arbeitnehmer als auch vom Arbeitgeber ausgehen kann. Wurde das Arbeitsverhältnis noch nicht aktualisiert, d. h. noch nicht aufgenommen, gilt die Anfechtung rückwirkend, also ab Abschluss des Arbeitsvertrages. Wurde die Arbeit bereits aufgenommen und Anfechtungsgründe erst später bekannt, wirkt die Anfechtung erst ab dem Tage, an dem die Willenserklärung abgegeben wird. Für die bereits geleistete Arbeitszeit wird ein Arbeitsverhältnis anerkannt. Hierbei handelt es sich dann um ein „faktisches" oder „fiktives" Arbeitsverhältnis (lt. Rechtsprechung des BAG).

Kündigung. Unter Einhaltung der Kündigungsbedingungen kann ein Arbeitsvertrag auch einseitig vom Arbeitgeber oder Arbeitnehmer aufgelöst werden.

Die von der Personalabteilung zu beachtenden Formalitäten sind bei den einzelnen Auflösungsgründen zumeist gleich. Nur bei der Kündigung, besonders, wenn sie vom Arbeitgeber ausgesprochen wird, sind besondere Formalitäten zu beachten.

4.6.2 Kündigung

Der Begriff Kündigung. Die Kündigung ist eine einseitige, empfangsbedürftige Willenserklärung. Sie muss dem anderen Vertragspartner zugegangen sein, um wirksam werden zu können. Wird das Arbeitsverhältnis durch Kündigung oder Aufhebungsvertrag beendet, ist für ihre Wirksamkeit die Schriftform zu beachten (siehe § 623 BGB). Meistens schreibt aber der Tarifvertrag oder die Betriebsvereinbarung ausdrücklich die Schriftform vor. Die Schriftform schützt vor unbedachtsam ausgesprochenen Kündigungen. Bei der Kündigung kann es sich um eine fristlose (außerordentliche) Kündigung, aber auch um eine fristgemäße (ordentliche) Kündigung handeln.

Fristlose oder außerordentliche Kündigung. Zur fristlosen Entlassung muss ein wichtiger Grund vorliegen: eine unerlaubte Handlung, ein Vertragsbruch, Diebstahl, Preisgabe von Geschäftsgeheimnissen, Geschäftsschädigung, unterlassene oder unpünktliche Entgeltzahlung usw. Die fristlose Kündigung muss innerhalb von zwei Wochen nach Kenntnis des Kündigungsgrundes ausgesprochen werden. Nach Ablauf dieser Frist kann dieser Grund nicht mehr Gegenstand einer fristlosen Kündigung sein (siehe § 626 BGB).

Fristgemäße oder ordentliche Kündigung. Bei der fristgemäßen Kündigung sind die Kündigungsbedingungen einzuhalten. Unter Kündigungsbedingungen versteht man Kündigungsfrist und Kündigungstermin. Gilt eine Kündigungsfrist von 6 Wochen zum Quartalsende, dann bedeutet das z. B. bei einem Ausscheiden zum Jahresende:

- Kündigungstermin ist z. B. der 31. Dez., also ein Zeit**punkt**.
- Kündigungsfrist ist ein Zeit**raum** von 6 Wochen = 42 Tagen. Diese Kündigungsfrist beginnt in diesem Fall am 20. Nov.
- **Zugang** der Kündigung: Die Kündigung muss dem anderen Vertragsteil spätestens am 19. Nov. zugegangen sein.

Kündigungsfristen kann man beim Abschluss eines Arbeitsvertrages frei vereinbaren, jedoch sind tarifvertragliche und die gesetzlichen Fristen zu beachten, die nicht unterschritten werden dürfen.

Kündigungsverbote. Das Gesetz kennt eine Reihe von Kündigungsverboten. Sie gelten aber nur einseitig für den Arbeitgeber. Der Arbeitnehmer ist lediglich an die Kündigungsfristen seines Arbeitsvertrages gebunden.

Verboten bzw. unwirksam sind nach dem Kündigungsschutzgesetz, Betriebsverfassungsgesetz, Mutterschutzgesetz, Bundeserziehungsgeldgesetz, Arbeitsplatzschutzgesetz, Sozialgesetzbuch IX (Rehabilitation und Teilhabe behinderter Menschen), Berufsbildungsgesetz folgende Kündigungen:

- Sozial ungerechtfertigte Kündigungen: Nach dem Kündigungsschutzgesetz ist die Kündigung eines Arbeitsverhältnisses gegenüber einem Arbeitnehmer, dessen Arbeitsverhältnis in demselben Betrieb oder Unternehmen ohne Unterbrechung länger als 6 Monate bestanden hat, rechtsunwirksam, wenn sie sozial ungerechtfertigt ist. Sozial ungerechtfertigt ist eine Kündigung, wenn sie nicht durch Gründe, die in der Person oder dem Verhalten des Arbeitnehmers liegen oder durch dringende betriebliche Erfordernisse, die einer Weiterbeschäftigung in diesem Betrieb entgegenstehen, bedingt ist. Sie ist ferner sozial ungerechtfertigt, wenn der Arbeitnehmer an einem anderen Arbeitsplatz weiterbeschäftigt werden kann oder wenn der Arbeitgeber bei der Auswahl der zu Entlassenden soziale Gesichtspunkte nicht oder nicht genügend berücksichtigt hat. Die gleichen Grundsätze gelten auch für eine Änderungskündigung.
- Kündigungen, zu denen der Betriebsrat nicht gehört wurde.
- Kündigungen von Betriebsratsmitgliedern, auch Jugendvertretern, während der Dauer der Wahlperiode sowie innerhalb eines Jahres nach Beendigung ihrer Amtszeit.
- Kündigung von Wahlbewerbern für den Betriebsrat sowie von Mitgliedern des Wahlvorstandes vom Zeitpunkt ihrer Bestellung bis 6 Monate nach Bekanntgabe des Wahlergebnisses.
- Kündigung von werdenden Müttern und Wöchnerinnen während der Schwangerschaft und bis zum Ablauf von 4 Monaten nach der Niederkunft; bei Inanspruchnahme des Erziehungsurlaubs (seit 1992 = 3 Jahre) darf der Arbeitgeber das Arbeitsverhältnis nicht kündigen.
- Kündigung von Mitarbeitern während der Ableistung des Wehr- bzw. Ersatzdienstes.

4 Personalplanung

- Kündigung von Schwerbehinderten ohne vorherige Zustimmung der Hauptfürsorgestelle.
- Kündigung von Auszubildenden nach Ablauf der Probezeit.

Eine außerordentliche Kündigung aus wichtigem Grund ist, mit Ausnahme werdender Mütter, jedoch zulässig.

Kündigungsfristen. Bei den gesetzlichen Kündigungsfristen unterscheidet man nach **allgemeinen** und **verlängerten** Fristen. Die Kündigungsfristen sind für Arbeiter und Angestellte nach dem Kündigungsfristengesetz im § 622 BGB neu geregelt. Diese Neuregelung wurde durch einen Beschluss des Bundesverfassungsgerichtes vom 30. Mai 1990 erforderlich, da unterschiedliche Fristen für Arbeiter und Angestellte als verfassungswidrig angesehen wurden. Im Einzelnen sind nunmehr die nachfolgenden Kündigungsfristen zu beachten:

Die **Grundkündigungsfrist** für den Arbeitgeber wie auch den Arbeitnehmer beträgt vier Wochen zum 15. oder zum Ende eines Monats.

Für die Kündigung durch den Arbeitgeber – nicht den Arbeitnehmer – erhöht sich nach § 622 Abs. 2 BGB die Frist bei einer Beschäftigungsdauer

- von 2 Jahren auf 1 Monat,
- von 5 Jahren auf 2 Monate,
- von 8 Jahren auf 3 Monate,
- von 10 Jahren auf 4 Monate,
- von 12 Jahren auf 5 Monate,
- von 15 Jahren auf 6 Monate,
- von 20 Jahren auf 7 Monate,

jeweils zum Monatsende. Bei der Berechnung der Beschäftigungsdauer werden nur die Jahre gezählt, die der Arbeitnehmer nach Vollendung des 25. Lebensjahres bei demselben Arbeitgeber verbracht hat.

4.6.3 Die Personalfreisetzung

Einleitung

Bei der Kündigung als dem häufigsten Beendigungsgrund eines Arbeitsverhältnisses muss man unterscheiden, ob der Arbeitnehmer oder Arbeitgeber die Kündigung ausspricht.

Wenn der **Arbeitnehmer** die Kündigung ausspricht, sollte die Personalabteilung dies entsprechend bestätigen. Gegebenenfalls ist zu prüfen, ob eine Rücksprache mit dem Arbeitnehmer sinnvoll erscheint, um diesen Kündigungsentschluss rückgängig zu machen. Grundsätzlich sollte überlegt werden, ob ein Austrittsinterview durchgeführt werden soll, um die Motive, die zum Kündigungsentschluss geführt haben, zu erfahren. Wenn sich der Mitarbeiter dazu

bereit erklärt, sollte dies – aus verständlichen Gründen – aber erst dann erfolgen, wenn ihm die Arbeitspapiere schon ausgehändigt worden sind.
Bevor der **Arbeitgeber** eine Kündigung gegenüber dem Arbeitnehmer erklärt, ist – falls vorhanden – der Betriebsrat zu beteiligen. Der Arbeitgeber hat den Betriebsrat **vor jeder** Kündigung zu hören und ihm die Gründe für die Kündigung mitzuteilen. Unterbleibt dieses gesetzliche Erfordernis, ist die Kündigung rechtsunwirksam (§ 102 Abs. 1 BetrVG).
Der Betriebsrat hat bei einer ordentlichen Kündigung das Recht, innerhalb einer Woche (Ausschlussfrist) seine Bedenken gegen die Kündigung dem Arbeitgeber schriftlich mitzuteilen. Bei einer außerordentlichen Kündigung sind die Bedenken unverzüglich, spätestens jedoch innerhalb von drei Tagen schriftlich mitzuteilen (§ 102 Abs. 2 BetrVG).
Sind die nach dem BetrVG eingeräumten Fristen verstrichen, kann die Kündigung gegenüber dem Arbeitnehmer erklärt (Schriftform) werden.

Abwicklung

Ist die Kündigung rechtswirksam, wird das Arbeitsverhältnis zum Kündigungsende aufgelöst. Der Arbeitnehmer hat nach Ausspruch der Kündigung ein Anrecht auf Gewährung einer „angemessenen" Freizeit (§ 629 BGB) zum Aufsuchen einer neuen Stelle. Unerheblich ist jedoch, wer die Kündigung veranlasst hat. Während der Freistellung, deren Zeit und Dauer sich nach den Umständen des Einzelfalles und der Position richten, hat der Arbeitgeber das Entgelt weiterzuzahlen. Ein Freistellungsanspruch besteht dagegen nicht, wenn der Arbeitnehmer zur Aushilfe oder im Rahmen eines Probearbeitsverhältnisses beschäftigt war.

Die Personalabteilung hat nunmehr alle Maßnahmen zu veranlassen, die zum Beendigungszeitpunkt erforderlich werden. Im Einzelnen kann es sich um folgende Vorgänge handeln:

- Gewährung von rückständigem Urlaub oder Urlaubsabgeltung
- Schlussabrechnung von Entgelt
- Zusammenstellen der Arbeitspapiere, z. B. Lohnsteuerkarte, Versicherungsnachweis für die Rentenversicherung, inkl. Abmeldung bei der Krankenkasse, Urlaubsbescheinigung
- Rückgabe von betriebseigenen Arbeitsmitteln, Schlüsseln, Dienstwagen usw. veranlassen
- Vorbereitung des einfachen oder qualifizierten Arbeitszeugnisses
- Vorbereitung eines Austrittsgespräches mit dem ausscheidenden Mitarbeiter

Der ausscheidende Mitarbeiter sollte die empfangenen Unterlagen (Arbeitspapiere und Zeugnis) quittieren. In diesem Zusammenhang wird im Regelfall dem Arbeitnehmer eine sog. „Ausgleichsquittung" vorgelegt. Hiermit bestätigt der Mitarbeiter, dass keine Forderungen mehr bestehen und geltend gemacht wer-

4 Personalplanung

den. Mit der Zulässigkeit und Rechtmäßigkeit von Ausgleichsquittungen hat sich das Bundesarbeitsgericht schon mehrfach beschäftigt. Hat der Arbeitnehmer eine solche Erklärung abgegeben, so ist er zunächst daran gebunden, wenn nicht Gründe für eine Anfechtung vorliegen. Besonders bei ausländischen Arbeitnehmern mit großen Verständigungsproblemen kann eine solche Erklärung angefochten werden, wenn die Tragweite nicht erkannt wurde.

In diesem Zusammenhang sei darauf hingewiesen, dass ein Verzicht auf tarifliche oder gesetzliche Ansprüche von einer Ausgleichsquittung nicht erfasst wird; ein Verzicht erstreckt sich lediglich auf individuelle Ansprüche.

4.6.4 Outplacement

Outplacement ist ein Programm, das ein Ausscheiden von Mitarbeitern aus dem Unternehmen optimal und zufrieden stellend für alle Betroffenen lösen soll.

Dieser Weg kann bis zur Aufnahme einer neuen Beschäftigung gehen. Freisetzungsmaßnahmen sollen nicht auf „Biegen" und „Brechen" durchgeführt, sondern human geplant und gelöst werden. Selbstverständlich wird der Mitarbeiter in diesen Weg fest mit eingebunden. Dieser wichtige Aspekt des Personalmarketing wurde in der Vergangenheit stark vernachlässigt.

Wenn man sich jedoch einmal mit der psychischen Problematik des gekündigten Mitarbeiters auseinander setzt, stellt man fest, dass eine solche Trennung mit starken emotionalen Spannungen verbunden ist; umso mehr, wenn das Arbeitsverhältnis viele Jahre bestanden hat und die Kündigung auch gleichzeitig mit einem Verlust von Anerkennung und sozialem Status verbunden ist.

Daher sollte das Unternehmen alle Maßnahmen treffen, die dem Mitarbeiter helfen Unsicherheiten, Ängste und negative Begleiterscheinungen abzubauen. Insofern hat Outplacement auch eine unterstützende und helfende Funktion. Der Weg von der Kündigungsabsicht bzw. dem Trennungsgespräch bis zur Aufnahme einer neuen Beschäftigung sollte durch erfahrene und umsichtige interne Mitarbeiter oder externe Berater (Outplacementberater) begleitet werden.

Die Ziele des Unternehmens sind im Wesentlichen folgende:

- Vermeidung von Rechtsstreitigkeiten beim Arbeitsgericht, z. B. Kündigungsschutzprozesse,
- evtl. Demotivation des Mitarbeiters wird verhindert, da man sich um ihn kümmert,
- Imagepflege,
- die bisher guten Beziehungen werden nicht abrupt abgebrochen.

Insofern wird der betroffene Mitarbeiter ein solches Verhalten anerkennen und über entsprechende Maßnahmen *draußen* berichten. Durch diesen Aspekt wird das Erscheinungsbild des Unternehmens verbessert.

Konkrete Maßnahmen einer Outplacementstrategie können sein:

- Beratungsgespräche durch sog. Headhunter,
- Bewerbungstraining durch Personalberater oder Bildungsträger,
- Personalentwicklungsmaßnahmen (Fortbildung, Umschulung), damit durch die Vermittlung einer neuen Qualifikation die Chancen auf dem Arbeitsmarkt steigen.

Zum Outplacement zählen generell alle Bemühungen des Unternehmens, die eine weitere berufliche Entscheidung, Planung und Realisation unterstützen. Letztendlich ist diese Angelegenheit auch mit der Personalkostenplanung des Unternehmens verbunden.

Auch muss darauf hingewiesen werden, dass alle Bemühungen des Unternehmens davon abhängen, inwieweit der Mitarbeiter entwicklungsbereit und -fähig ist und dieses Angebot auch annimmt.

4.6.5 Arbeitszeugnis

Beim Ausscheiden aus dem Arbeitsverhältnis kann der Arbeitnehmer vom Arbeitgeber ein schriftliches Zeugnis verlangen. Im Gegensatz zu einem Zwischenzeugnis, das der Arbeitnehmer bei Nachweis eines Grundes auch „zwischendurch" vom Arbeitgeber fordern kann, bezeichnet man das Zeugnis aus Anlass der Beendigung eines Arbeitsverhältnisses als Abschlusszeugnis.

Als **einfaches** Zeugnis enthält es nur Angaben über die Dauer der Beschäftigung und die Art der ausgeübten Tätigkeiten. Dieses Zeugnis ist nicht mehr als eine Arbeitsbescheinigung. Als **qualifiziertes** Zeugnis kann es, auf Wunsch des Arbeitnehmers, auch Angaben über Verhalten und Arbeitsleistungen enthalten.

Der Inhalt eines Zeugnisses sollte der Wahrheit entsprechen. Schwerwiegende Verfehlungen gegenüber dem Arbeitgeber, z. B. Unterschlagungen, dürfen nicht verschwiegen werden. Das Zeugnis sollte jedoch das weitere berufliche Fortkommen des Mitarbeiters nicht unnötig erschweren. Andererseits dürfen wahrheitswidrige Aussagen einem künftigen Arbeitgeber keine Schäden zufügen. Für solche Schäden kann der vorhergehende Arbeitgeber schadensersatzpflichtig gemacht werden.

Das Zeugnis muss verantwortungsvoll abgefasst werden. Der Arbeitgeber hat auch hierbei eine Fürsorgepflicht. Zuständig für das Ausstellen eines Zeugnisses ist nicht die Personalabteilung, sondern der letzte Vorgesetzte des Mitarbeiters. Selbstverständlich sollte die Personalabteilung hier wieder unterstützend und helfend zur Seite stehen. Auf einem Beurteilungsvordruck sollten die folgenden Fragen beantwortet werden:

- Name, Vorname,
- genaue Tätigkeiten in der betreffenden Abteilung,
- besondere Schwierigkeitsgrade der beruflichen Tätigkeiten,

4 Personalplanung

- Einstellung zur Arbeit,
- fachliche Fähigkeiten,
- Verhalten zu Vorgesetzten und Mitarbeitern,
- Pünktlichkeit,
- Sorgfalt und Zuverlässigkeit,
- Verantwortungsbewusstsein für sich und andere.

Der ausscheidende Mitarbeiter kann gegen ein unrichtiges Zeugnis Einspruch einlegen und eine Berichtigung verlangen. Notfalls kann er die Berichtigung durch eine Klage vor dem Arbeitsgericht erzwingen. Ist ihm durch ein unrichtiges Zeugnis ein Schaden entstanden, kann er auch Ersatz dieses Schadens von seinem bisherigen Arbeitgeber verlangen. Der Arbeitgeber muss das Zeugnis unmittelbar nach Beendigung des Arbeitsverhältnisses ausstellen und aushändigen.

4.6.6 Auskunftspflicht

Durch das Zeugnis des bisherigen Arbeitgebers bekommt der neue Arbeitgeber nicht immer alle gewünschten Informationen. So wird versucht, über einen möglichen telefonischen Kontakt zum früheren Arbeitgeber Informationslücken zu schließen. Generell ist festzuhalten, dass der neue Arbeitgeber dies dem Grunde nach nur mit Einverständnis des Bewerbers tun darf. Eine Kontaktierung ist grundsätzlich verboten, wenn bekannt ist, dass der Bewerber noch in einem ungekündigten Arbeitsverhältnis steht. Auch sei erwähnt, dass Auskünfte wahrheitsgemäß erteilt werden dürfen und dass der gleiche Anspruch an sie gestellt wird wie bei einem qualifizierten Zeugnis. Ein geschädigter Arbeitnehmer kann Schadensersatz beanspruchen und ein geschädigter neuer Arbeitgeber kann ebenfalls den früheren Arbeitgeber in Haftung nehmen.

Grundsätzlich ist festzustellen, dass Auskünfte sowohl schriftlich als auch mündlich erteilt werden können. Generell ist die schriftliche Auskunft vorzuziehen. Auch bei telefonischen Rücksprachen sollte man auf den Schriftweg verweisen.

Wird eine Auskunft schriftlich erteilt, so hat der Arbeitgeber dem Arbeitnehmer auf dessen Verlangen hin eine Abschrift auszuhändigen.

4.6.7 Das Austrittsinterview

Der Betrieb sollte grundsätzlich mit einem ausscheidenden Mitarbeiter ein sog. Austrittsinterview führen. Dieses Gespräch kann einmal bewirken, dass der Arbeitnehmer nicht verärgert den Betrieb verlässt; zum anderen kann es aber auch betriebliche Schwachstellen aufdecken. Ein Mitarbeiter, der einen Betrieb endgültig verlässt, hat in der Regel keine Hemmungen, über Mängel in der betrieblichen Organisation, über unzureichende Vorgesetzte, über nicht eingehaltene Versprechungen, über enttäuschte Erwartungen usw. offen zu sprechen. Dadurch erhält der Betrieb wertvolle Informationen, um etwaige Missstände abzustellen.

Das Abschiedsgespräch sollte von einem Beauftragten der Personalabteilung oder von dem nächsthöheren Vorgesetzten des ausscheidenden Mitarbeiters geführt werden. Es ist ein Instrument, mit dem man die wirkliche Meinung der Arbeitnehmer im Betrieb erfahren kann. Das Austrittsinterview zählt zu den Mitteln der innerbetrieblichen Meinungsforschung.

Aufgaben

1. Nennen Sie Gründe, die zur Auflösung eines Arbeitsverhältnisses führen.
2. Es gibt eine Reihe von Kündigungsverboten. Nennen Sie die wichtigsten.
3. Wann sprechen wir von einer „sozial ungerechtfertigten Kündigung"? In welchem Gesetz finden Sie die Definition dieses wichtigen arbeitsrechtlichen Begriffes?
4. Stellen Sie die Mitwirkungs- und Mitbestimmungsrechte des Betriebsrates bei Kündigungen in einem „Merkblatt" für die Personalabteilung übersichtlich zusammen.
5. Überlegen Sie, welche allgemeinen Formulierungen ein Kündigungsschreiben der Personalabteilung an einen Mitarbeiter enthalten soll, wenn es sich handelt um
   a) eine ordentliche Kündigung, deren Gründe in der Person des Arbeitnehmers liegen,
   b) eine ordentliche Kündigung aus betriebsbedingten Gründen,
   c) eine fristlose Kündigung.
6. Entwerfen Sie ein Formular, mit dem die Personalabteilung Auskünfte vom letzten Vorgesetzten für die Abfassung eines Zeugnisses anfordert.
7. Erstellen Sie ein allgemein gültiges Muster für eine „Ausgleichsquittung".
8. Fassen Sie für einen konkreten betrieblichen Fall
   a) ein einfaches Zeugnis,
   b) ein qualifiziertes Zeugnis
   ab und entwickeln Sie daraus zwei Mustertexte für die Formulierung von Arbeitszeugnissen.
9. Warum sollten Sie bei einem telefonischen Auskunftsbegehren über einen früheren Mitarbeiter zweckmäßigerweise immer auf den Schriftweg verweisen?

5 Personalentwicklung

5.1 Begriff und Inhalt

Unter Personalentwicklung versteht man alle Maßnahmen, die darauf gerichtet sind, dem Mitarbeiter die Qualifikationen zu vermitteln, die er für seine Aufgabenerfüllung gegenwärtig und zukünftig benötigt.
Durch die ständig wechselnden Anforderungen muss die Personalentwicklung als eine Daueraufgabe angesehen werden. Sie gehört heute mit zu den Kernaufgaben einer zeitgemäßen Personalarbeit. Insofern ist eine **gezielte** und **systematische** Personalentwicklung unentbehrlich.

Sie hat strategische Bedeutung und orientiert sich an:

a) den betrieblichen Erfordernissen,
b) den gegebenen Fähigkeiten der Mitarbeiter (Fähigkeitsprofil),
c) ihrer persönlichen Leistungsbereitschaft.

Letztendlich haben sich auch die Bedürfnisse (Erwartungen) der Mitarbeiter gegenüber der betrieblichen Arbeitswelt erheblich verändert. Der Mitarbeiter strebt heute nach mehr Verantwortung und Übernahme anspruchsvoller Aufgaben im Sinne eines „Jobenrichment" (Aufgabenbereicherung). Diese Gegebenheit muss stärker beachtet werden und führt dazu, dass sich Unternehmen diesen Wünschen nicht mehr verschließen können.

Personalentwicklung erfüllt mehrere **Aufgaben:**

- sie sichert den Bestand von Fach- und Führungskräften,
- sie bereitet auf höherwertige Tätigkeiten vor,
- sie erhöht die Qualifikation, Motivation und nimmt ggf. Einfluss auf die Selbstverwirklichung und fördert damit die Persönlichkeit,
- sie fördert und erhält die Wettbewerbsfähigkeit des Unternehmens durch entsprechend qualifizierte und motivierte Mitarbeiter,
- sie verbessert das Sozialverhalten der Mitarbeiter,
- sie bietet die Möglichkeit, Nachwuchskräfte aus eigenen Reihen zu fördern,
- sie sichert Unabhängigkeit vom externen Arbeitsmarkt.

Insofern hat die Personalentwicklung eine individuelle, betriebliche und gesellschaftliche Bedeutung. In diesem Zusammenhang sei darauf hingewiesen, dass auch der Gesetzgeber durch das Sozialgesetzbuch III (SGB III) – Arbeitsförderung – den Wert einer Personalentwicklung erkannt hat und bei Vorliegen bestimmter Voraussetzungen eine Geld- und Sachmittelförderung übernimmt. Nach dem Berufsbildungsgesetz (BBiG) kann die Personalentwicklung in drei Teilbereiche eingeteilt werden:

1. *tätigkeitsvorbereitende Personalentwicklung*
   a) Ausbildung von Mitarbeitern
   b) Anlernen von Mitarbeitern
   c) Praktikantenverhältnisse
   d) Einführung von Hochschulabsolventen, z. B. Traineemaßnahmen

2. *tätigkeitsbegleitende Personalentwicklung*
   a) **Vermittlung von Anpassungsqualifikation,**
      z. B. Wissen und Können an veränderte neue Bedingungen einer Stelle anpassen, aber auch die berufliche Reaktivierung von Mitarbeitern, die das Unternehmen verlassen haben und später wieder in ihre berufliche Tätigkeit zurückkehren wollen.
   b) **Vermittlung von Aufstiegsqualifikation,**
      z. B. die Übernahme einer Stelle in der oberen Hierarchie des Unternehmens oder auch die Übertragung von anspruchsvolleren Aufgaben auf der gleichen hierarchischen Ebene im Sinne eines Jobenrichments. Letztendlich kann die berufsbegleitende Personalentwicklung auch im Rahmen von sog. Laufbahn- und Nachfolgeplänen (positionsorientiert) ihre Aufgabe erfüllen. Ebenso auch in der Schaffung eines sog. Nachwuchspools, der in größeren Unternehmungen (Konzernbetriebe) gebildet werden kann.
   c) **Vermittlung von Ergänzungsqualifikation**
      Anpassungs- und Aufstiegsqualifikationen sind stellenbezogen, d. h., sie stehen in einem unmittelbaren Zusammenhang mit der beruflichen Tätigkeit. Ergänzungsqualifikationen laufen nebenher und haben lediglich einen mittelbaren Bezug zum Arbeitsplatz. Ergänzungsqualifikation ist z. B. ein Erste-Hilfe-Lehrgang.

3. *berufsverändernde Personalentwicklung*
   Berufliche Rehabilitation (Umschulung)
   Hier kann die Personalentwicklung auch als eine gesellschaftspolitische Aufgabe verstanden werden. Umschulungen werden erforderlich, wenn z. B. aus Gründen einer technisch-wirtschaftlichen Entwicklung bisherige Berufe am Arbeitsmarkt nicht mehr abgefragt werden oder auch krankheitsbedingt (z. B. wegen Unfallfolgen) nicht mehr ausgeübt werden können. Umschulungen werden im Wesentlichen von den Sozialversicherungsträgern durchgeführt. Aber auch die Unternehmen können sich z. B. über Sozialpläne oder im Rahmen eines Outplacements zu Umschulungsmaßnahmen verpflichten.

Die nachstehende Übersicht enthält Bereiche, die von der Personalentwicklung erfasst werden:

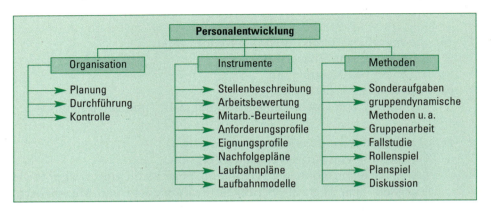

5.2 Träger der Personalentwicklung

Träger der Personalentwicklung sind die Entscheidungsträger, d. h. verantwortliche Personen oder Institutionen, die Entscheidungen treffen und umsetzen. Als Träger der betrieblichen (internen) Personalentwicklung kommen in Betracht:

a) die Unternehmensleitung
b) die Personalabteilung
c) die Personalentwicklungsabteilung
d) die Führungskräfte (Vorgesetzte)
e) der Betriebsrat
f) die Mitarbeiter

Zu a): Ob in einem Unternehmen Personalentwicklung durchgeführt wird und auch in welchem Umfang, ist eine Grundsatzentscheidung und gehört zu den strategischen Aufgabenfeldern. Die Personalentwicklung garantiert nur dann Erfolg, wenn die Geschäftsleitung die von ihr getroffenen Entscheidungen auch voll unterstützt, also „dahinter steht". Wenn Personalentwicklung, wie manchmal erkennbar, für das Unternehmen lediglich eine Alibifunktion besitzt, kann bei den Mitarbeitern keine Motivation erwartet werden. Ein weiterer wichtiger Aspekt ist auch, wie die Geschäftsleitung den Bildungsbereich finanziell ausstattet.

Zu b): Wie schon erwähnt, gehört die Personalentwicklung mit zu den Kernaufgaben der betrieblichen Personalarbeit.

Die Personalabteilung ist das vollziehende Organ, d. h.,

- sie berät die Unternehmensleitung,
- sie berät die Führungskräfte,
- sie koordiniert die Personalentwicklung mit anderen Funktionsbereichen der Personalplanung, z. B. der Personaleinsatzplanung,
- sie ermittelt im Zusammenhang mit den Vorgesetzten den Personalentwicklungsbedarf,
- sie plant betriebliche Bildungsmaßnahmen (intern und extern),
- sie prüft externe Bildungsangebote,
- sie betreibt Personalentwicklungskostenplanung, d. h., sie stellt das Personalkostenbudget auf und veranlasst auch die Kostenkontrolle.

Zu c): Je nach Vorhandensein einer Personalentwicklungsabteilung und einer Bildungsabteilung sind die Zuständigkeiten genau abzugrenzen oder evtl. abzustimmen, damit keine Kompetenzüberschneidungen entstehen. Es ist wichtig, dass die Träger bei ihrer Aufgabengestaltung unabhängig sind und Entscheidungen eigenverantwortlich treffen.

Zu d): Die Führungskraft ist der wichtigste Träger. Sie ist ausschließlich verantwortlich für die Förderung und Entwicklung der Mitarbeiter. Bei der Prüfung des Entwicklungsbedarfs als auch bei der Festlegung von konkreten Maßnahmen und der anschließenden Kontrolle ist ihre Mitarbeit unerlässlich. Sie kennt die Befähigungen der Mitarbeiter am besten und ist ebenso hinreichend informiert über die Anforderungsprofile der einzelnen Stellen.

Sie ist für die Personalabteilung der erste Ansprechpartner und auch in der Lage, die Informationen zu geben, die diese für ihre weiteren Entscheidungen benötigt. Auch ist sie verantwortlich für Bildungsmaßnahmen am Arbeitsplatz (Training-on-the-job). Aus diesen Überlegungen wird deutlich, dass Personalentwicklung nicht eine isolierte Aufgabe für eine Personalabteilung ist, sondern, dass die intensive Einbindung der Führungskräfte ein unverzichtbarer Bestandteil der gesamten Bildungsarbeit ist. Von daher ist es empfehlenswert, diese Verantwortung für die Personalentwicklung mit in die Stellenbeschreibung des Vorgesetzten entsprechend aufzunehmen, damit diese wichtige Führungsaufgabe auch sichtbar wird.

Zu e): Der Gesetzgeber hat im BetrVG die Mitwirkung und die Mitbestimmung des Betriebsrates im Bereich der Personalentwicklung geregelt. Durch die §§ 96 bis 98 BetrVG ist eine Beteiligung des Betriebsrates sichergestellt. Diese Beteiligungsrechte beziehen sich auf die Beratung, aber auch auf eine echte Mitbestimmung, wenn die Personalentwicklung durch konkrete Maßnahmen (Seminare, Assessmentcenter) umgesetzt wird (vgl. § 98 BetrVG).

Zu f): Auch der Mitarbeiter ist ein Träger der Personalentwicklung. Die intensivsten Bildungsbemühungen der Unternehmen bleiben wertlos, wenn der

Mitarbeiter sich verweigert. Selbstverständlich sind die Mitarbeiter auch verpflichtet im Rahmen ihrer Möglichkeiten Personalentwicklung zu betreiben. Hier sind die Mitarbeiter gefordert und aufgefordert sich im betrieblichen als auch im eigenen Interesse entsprechend zu verhalten. Der Mitarbeiter profitiert selbst davon, denn entwicklungsbereite und -fähige Mitarbeiter finden auf internen und externen Arbeitsmärkten eine bessere Verwendung. Schon von daher sollte der Mitarbeiter sein volles Potenzial ausschöpfen und zu lebenslangem Lernen bereit sein.

5.3 Zielfestlegung und Planung

Bevor man in konkrete Planungsüberlegungen eintritt, ist die Leistungsfähigkeit des Mitarbeiters zu erfassen. Für das Unternehmen ist zunächst wichtig, wie die Qualifikationsstruktur seiner Mitarbeiter ist. Deshalb sind alle zur Verfügung stehenden Informationsquellen zu nutzen.

Zu diesen Informationsquellen gehören u. a.:

- **Personalakten**
  Hier finden sich Informationen über schulische und berufliche Bildung, Weiterbildung, schon vorhandene Kenntnisse und Fertigkeiten, frühere berufliche Entwicklung, Hobbys.

- **Personaldateien**
  Eine gute Stammdatei stellt relevante Daten zur Verfügung wie z. B. betriebliche Funktionen, Ergebnisse von Bildungsmaßnahmen mit IHK-Zertifikat, Angaben über besondere Leistungen, Beurteilungsergebnisse.
  Vielfach werden in diesen Dateien auch förderungswürdige Mitarbeiter erfasst. Wichtig ist, dass eine Pflege dieser Datei erfolgt (Fortschreibung), damit jeweils aktuelle Informationen abgerufen werden können.
  Abschließend sei noch erwähnt, dass diese Daten auch Hinweise auf Testverfahren und deren Ergebnisse (z. B. Leistungstest) enthalten können (siehe auch Kapitel 10, EDV).

- **Interne Stellenausschreibung**
  Die Reaktionen der Mitarbeiter auf interne Stellenausschreibungen sind nicht uninteressant. Sie erlauben Rückschlüsse auf die Qualifikation der Mitarbeiter. Man darf davon ausgehen, dass bei solchen Bewerbern Entwicklungsbedürfnisse vorliegen, evtl. auch Potenziale, die nur latent vorhanden sind. In jedem Fall sollte hier die Entwicklungsfähigkeit überprüft werden. Würde sich das Unternehmen eher passiv verhalten, wäre damit sicherlich ein Rückgang von Leistungsbereitschaft zu erwarten.

- **Mitarbeitergespräche, Befragungen**
  Auch das Mitarbeitergespräch und Befragungsaktionen sind wichtige Informationsinstrumente. Hierbei können besonders die individuellen Wünsche und Vorstellungen des Mitarbeiters erfasst werden. Auch die Führungskraft kann sich ein besseres Bild über die Entwicklungsbereitschaft und -fähigkeit machen.

- **Beurteilungen**
  Die Mitarbeiterbeurteilung ist für die Personalentwicklung eine unverzichtbare Informationsquelle. Von ihr erhält die Personalabteilung die Daten, die für eine Entscheidung zugrunde gelegt werden. Im Kapitel 8 wird auf diese Möglichkeit und Verfahrensweise näher eingegangen.

5.3.1 Anlässe für die Personalentwicklung

Die Anlässe für Personalentwicklungsmaßnahmen sind vielseitig. So können z. B. durch eine Stellenbesetzung, Veränderung schon vorhandener Stellen durch Reorganisation, Neubestimmung einer Unternehmensphilosophie usw. Personalentwicklungserfordernisse begründet werden. Auch kann sich Entwicklungsbedarf einstellen, wenn der externe Arbeitsmarkt keine qualifizierten Mitarbeiter zur Verfügung stellen kann, was heute oft beobachtet wird. Schon daraus ergibt sich ein gewisser Zwang, intern die entsprechenden Maßnahmen umzusetzen.

Zunächst sind innerhalb der Personalentwicklungsplanung die Ziele zu bestimmen. Das heißt, was ist zu erreichen (Sollzustand)? In diesem Prozessabschnitt wirkt die Personalabteilung mit den jeweiligen Fachbereichen zusammen und sie treffen auch gemeinsam die Entscheidung. Dies hat u. a. auch den Vorteil, dass beide Bereiche stärker hinter der von ihnen getroffenen Entscheidung stehen. Ist z. B. die Kommunikation oder die Kooperation zu verbessern, dann ist dies eine Angelegenheit des gesamten Unternehmens, d. h., sämtliche Funktionsbereiche sind angemessen zu beteiligen.

Auch in diesem Abschnitt ist die Beteiligung des Betriebsrates im Rahmen seiner Beteiligungsrechte erforderlich (§§ 90–92, 96–98 BetrVG).

5.4 Instrumente der Bedarfsermittlung

Bei der Erfassung des Weiterbildungsbedarfs können herangezogen werden:
- die Stellenbeschreibung
- die Entwicklungs- und Leistungsbeurteilungen (Potenzialbeurteilung)
- Assessmentcenter
- Mitarbeitergespräch

5 Personalentwicklung

Das **Anforderungsprofil,** auch Sollprofil oder Sollzustand genannt, kann aus der Stellenbeschreibung abgeleitet werden. Anforderungsprofile können u. a. auch auf der Grundlage des „Genfer Schemas" aufgebaut werden.

Als weitere Instrumente kommen außerdem in Betracht:
- **Eignungsprofile,** die vom Mitarbeiter ausgehen und seine Eignung, Kenntnisse, Fertigkeiten, Erfahrungen, Qualifikationen usw. beschreiben;
- **Nachfolgepläne,** die auf künftig zu besetzende Stellen ausgerichtet sind. Hier wird nach einem festen Plan der zukünftige „Nachfolger" vorbereitet;
- **Laufbahnpläne,** die wiederum von der Person des Mitarbeiters, seinen individuellen Entwicklungsmöglichkeiten ausgehen und festlegen, welche Unternehmensbereiche er durchlaufen soll, um in eine höhere betriebliche Hierarchie aufzusteigen;
- **Laufbahnmodelle,** die mehr als unverbindliche Angebote an geeignete Mitarbeiter aufzufassen sind bestimmte betriebliche Hierarchien zu durchlaufen, wobei oft durch interne oder externe Aufstiegsfortbildung erworbene Qualifikationen nachgewiesen werden müssen, um in die nächsthöhere Stufe des Laufbahnmodells aufzusteigen.

Anforderungs- und Eignungsprofil zur Bewerberauswahl

Stellenbezeichnung: Abteilungssekretärin für Leiter Verkauf
Bewerber/-in: _____

	Anforderungsmerkmale	unabdingbar	wünschenswert	Eignung/Ausprägungsgrad
Fachliche Qualitäten	Ausbildung: abgeschlossene kaufmännische Berufsausbildung	x		
	Berufserfahrung: ca. fünfjährige Berufspraxis, vorzugsweise in Einkauf oder Verkauf	x		
	Besondere Kenntnisse, Fertigkeiten: EDV-Erfahrung mit Textsystemen, gute aktive Englischkenntnisse		x	
Psychische Kriterien	Geistiges Leistungsvermögen, Konzentration: gut entwickeltes logisches Denkvermögen zur Strukturierung von Vorgängen	x		
	Organisation und Planung der eigenen Arbeit: Fähigkeit zur eigenständigen und vorausschauenden Terminsdisposition		x	
Sozial-psychologische Kriterien	Zusammenarbeit: Kooperationsbereitschaft für häufig nötige Abstimmung mit anderen Abteilungen	x		
	Kontaktfähigkeit, Auftreten: Kontaktfreude und sicheres Auftreten, insbesondere bei Kontakt mit Kunden		x	
Physische Kriterien	Belastbarkeit: überlegter Arbeitsstil auch bei gelegentlichen Arbeitsspitzen	x		
Sonst. Krit.	Bereitschaft und Befähigung zur späteren Übernahme eines eigenen Sachgebiets		x	

aus: Bundesvereinigung der Deutschen Arbeitgeberverbände (Hrsg.), Arbeitsbericht Nr. 40, 1994, S. 3

Bei der **Potenzialbeurteilung** handelt es sich um ein sehr wichtiges Informationsinstrument. Beim Vorliegen von unzureichenden Beurteilungsergebnissen ist die Frage, ob überhaupt Personalentwicklung in Betracht kommt, von wesentlicher Bedeutung. Auf Sinn und Bedeutung von Beurteilungsverfahren wird ebenfalls an anderer Stelle gesondert eingegangen. Auch sind Ergebnisse aus einem Assessmentcenter zu analysieren, um hier ggf. konkrete Personalentwicklungsmaßnahmen einzuleiten. Letztendlich sind auch Informationen aus Mitarbeiter- und Fördergesprächen, Ergebnisse einer Laufbahn- oder Nachfolgeplanung oder aus Arbeitsplatzmodellen, z. B. Jobrotation, aufschlussreich.

Instrumente der Personalentwicklung sind z. B. auch Aufgaben im Rahmen einer Stellvertretung, Übernahme von Sonderaufgaben, Mitarbeit an Projekten.

5.5 Methoden der Personalentwicklung

Es gibt eine Vielzahl von Methoden, die im Rahmen der Personalentwicklung eingesetzt werden können. Die wichtigsten werden nachstehend kurz genannt. Auf eine Zuordnung zu einzelnen Durchführungsformen, z. B. extern oder intern, wird dabei verzichtet.

- **Berufliche Erstausbildung.** Sie erfolgt nach Maßgabe des Berufsbildungsgesetzes und auf der Grundlage einheitlicher Ausbildungsordnungen.

- **Einarbeitungsprogramme.** Diese, auch Traineeprogramme genannt, werden eingesetzt für die Einarbeitung von Abiturienten, Hochschulabsolventen, Führungskräften usw.

- **Berufliche Fortbildung.** Dazu gehören:
  a) Anpassungsfortbildung, durch die die Mitarbeiter Gelegenheit erhalten ihre Kenntnisse und Fertigkeiten ständig auf dem neuesten Stand der technischen und wirtschaftlichen Entwicklung zu halten;
  b) Aufstiegsfortbildung, die die Mitarbeiter für höherwertige betriebliche Aufgaben qualifizieren soll. Im engeren Sinne wird unter Personalentwicklung vielfach nur diese Aufstiegsfortbildung verstanden.

- **Stellvertretung.** Der Mitarbeiter erhält Gelegenheit, die Aufgabe seines Vorgesetzten stellvertretungsweise wahrzunehmen.

- **Sonderaufgaben.** Hierzu zählen z. B.
  a) Mitarbeit an Projekten,
  b) systematische Versetzung,
  c) Zuteilung von Sonderaufgaben,
  d) Aufgabenwechsel (Jobrotation),

e) horizontale Aufgabenerweiterung (Jobenlargement),
f) vertikale Aufgabenbereicherung (Jobenrichment).

- **Rollenspiele, Fallstudien, Planspiele**

- **Gruppendynamisches Training.** Durch sie sollen die Mitarbeiter ihre soziale Wahrnehmungsfähigkeit und ihre Wirkung auf andere Personen kontrollieren und verbessern.

Jeder Betrieb wird entsprechend seinem Personalentwicklungskonzept verschiedene Methoden nebeneinander einsetzen (Methodenmix) und sich bei der Methodenentscheidung u. a. auch von den sehr unterschiedlichen Kosten lenken lassen.

Wichtig sind eine ständige Beratung der geförderten Mitarbeiter durch einen Beauftragten des Unternehmens und die Möglichkeit eines permanenten Gedanken- und Erfahrungsaustausches über arbeits- und betriebsbezogene Probleme, etwa in Form eines **Qualitätszirkels,** unter welchem man eine Serie von freiwilligen, regelmäßig durchgeführten und moderierten Gesprächsrunden in kleinen Gruppen versteht, in denen die Teilnehmer Probleme und Schwachstellen des eigenen Arbeitsbereiches diskutieren und analysieren, über Lösungsmöglichkeiten für Verbesserungen nachdenken und Verbesserungsvorschläge präsentieren.

5.6 Coaching

Coaching stammt aus der englischen Sprache und heißt sinngemäß: „Wettkampfbetreuung". So nennt man u. a. den Trainer einer Fußballmannschaft „Coach". Es ist somit kein neuer Begriff, aber sein Inhalt hat sich gewandelt. Bedingt durch den Wertewandel haben sich die Aufgaben der Führungskräfte verschoben. Von besonderem Interesse ist es, möglichst frühzeitig Schwachstellen bei Mitarbeitern und Führungskräften aufzudecken und Hilfe anzubieten.

Die Hilfe kann z. B. darin bestehen, dass der Mitarbeiter Rückmeldungen aus seinem Führungsverhalten erhält. Der Coach (Berater, Vorgesetzter) und der betreute Mitarbeiter werden nun Partner auf gleicher Ebene. Das erfordert von den Beteiligten auch ein neues Denken. Verspürt der Mitarbeiter, dass er begleitet wird und nicht auf seinem Weg allein gestellt ist, kann dieses Gefühl neue Kräfte freisetzen.

Zunächst ist eine Ursachenanalyse durchzuführen, um danach **gemeinsame** Strategien zur Aufgabenbewältigung festzulegen. Wesentliche Voraussetzung für einen solchen Prozess (Beratungsprozess) ist, dass zwischen Coach und Mitarbeiter ein gutes Vertrauensverhältnis mit gegenseitiger Akzeptanz vorhanden ist. Ist die Beziehungsebene belastet, kann das Coaching nicht erfolgreich durchgeführt werden. Der Coach und somit der „Vorgesetzte der Zukunft" muss über gute Fähigkeiten im Bereich Kommunikation und Kooperation verfügen. Er benötigt Sozialkompetenz und seine Grundeinstellung (positives Denken) muss der Basis von „ich bin o. k., du bist o. k." entsprechen. Sowohl Mitarbeiter als auch Coach müssen ein Interesse an einem solchen gemeinsamen Weg haben, dies vereinbaren und sich als echte Partner verstehen.

In der Praxis findet Coaching oftmals bei den Mitarbeitern statt (überwiegend angehende Führungskräfte), die auf berufliche Veränderungen vorbereitet werden müssen. So kann der Coach den Mitarbeiter dahin gehend unterstützen, dass er die Hürden eines Assessmentcenters besser nehmen kann. Unterstützung kann der Mitarbeiter z. B. durch mentales Training erfahren. Dies kann unter Umständen dazu führen, dass eine notwendige seelische Stabilität erreicht wird, die für zukünftige Aufgaben (Führungsaufgaben) unerlässlich ist.

Abschließend sei noch darauf hingewiesen, dass der Coach über betriebswirtschaftliche und psychologische Kenntnisse verfügen muss. Wenn Mitarbeiter im Rahmen eines solchen anspruchsvollen Verfahrens ihr Selbstbild verändern und zu einer positiven Grundeinstellung finden, kann das den Führungsprozess erheblich vereinfachen und harmonisieren. Vorteilhaft ist dies sicherlich für den Mitarbeiter selbst und seine nachgeordneten Mitarbeiter, aber auch für das Unternehmen.

5.7 Erfolgskontrolle

Das Personalentwicklungskonzept, die Instrumente und die Methoden bedürfen einer ständigen Überwachung, Weiterentwicklung und Kontrolle. So müssen z. B. Stellenbeschreibungen, Personalbeurteilungssysteme, Laufbahnkonzepte ebenso von Zeit zu Zeit überprüft werden wie die Lerninhalte, Methoden, Arbeitsunterlagen usw.

Von besonderer Bedeutung ist auch die Erfolgskontrolle der einzelnen Maßnahmen. Hier bieten sich etwa Befragungen, Beobachtungen, Tests, Diskussionen usw. an, wenngleich anzumerken ist, dass der Erfolg von Bildungsmaßnahmen im Allgemeinen, vor allem kurzfristig, nur sehr schwer zu ermitteln ist.

Schließlich muss auch eine gewissenhafte Kontrolle der durch die Personalentwicklung entstandenen Kosten erfolgen. Hier erfüllt das Personalcontrolling eine wichtige Funktion.

5 Personalentwicklung

Aufgaben

1. Erläutern Sie den Begriff „Personalentwicklung".
2. Nennen Sie wichtige Gründe, weshalb Sie Personalentwicklung für notwendig halten.
3. Erläutern Sie die positiven Effekte einer systematischen Personalentwicklung für Mitarbeiter und Unternehmen.
4. In der beruflichen Bildung hat der Einsatz teilnehmeraktivierender Lehr- bzw. Lernmethoden stetig an Bedeutung gewonnen. Erläutern Sie fünf Beispiele solcher Methoden.
5. Erläutern Sie, was unter Laufbahnplanung zu verstehen ist.
6. Welche Argumente sprechen für die Einführung einer Laufbahnplanung?
7. Nennen Sie wichtige Faktoren der Personalentwicklungsplanung.
8. Worin besteht der Unterschied zwischen Laufbahnplanung und Laufbahnmodellen?
9. Worin unterscheiden sich Nachfolgeplanung und Laufbahnplanung?
10. Nennen Sie Beispiele für Aufstiegsfortbildungen, die mit einer Prüfung vor der Industrie- und Handelskammer abgeschlossen werden können.
11. Ordnen Sie den Personalentwicklungsmaßnahmen „on the job", „off the job", „into the job", „out of the job" geeignete Methoden zu. Begründen Sie Ihre Entscheidung.
12. Was versteht man unter „Qualitätszirkel"?

6 Stellenbeschreibung

6.1 Begriff der Stellenbeschreibung

Unter Stellenbeschreibung verstehen wir die schriftliche Festlegung der Aufgaben, der Rechte und Pflichten einer bestimmten Stelle. Stelle ist nach REFA die kleinste organisatorische Einheit, der mehrere Teilaufgaben zugeordnet sind, die von einer Person wahrgenommen werden. Die Stellenbeschreibung ist zu einem wichtigen Instrument der betrieblichen Personalorganisation geworden. Mit ihrer Hilfe werden die einzelnen betrieblichen Aufgaben in genau aufeinander abgestimmte Funktionsbereiche eingeteilt und voneinander abgegrenzt.

Die Gesamtheit aller Stellenbeschreibungen in einem Betrieb garantiert, dass keine Aufgaben vergessen wurden und mangels Zuständigkeit unerledigt bleiben und dass andererseits Überschneidungen, Doppelarbeit, Kompetenzüberschreitungen und Machtkämpfe unter den Mitarbeitern vermieden werden. Außerdem erhält jeder Mitarbeiter und jeder Vorgesetzte einen Überblick über seine Aufgaben, Befugnisse (Kompetenzen) und Verantwortlichkeiten in seinem Aufgabenbereich.

Die Stellenbeschreibung ist darüber hinaus ein Hilfsmittel für die Personalorganisation, Personalplanung, Personalbeschaffung, Personalbeurteilung, Personalentlohnung, Personalentwicklung, Arbeitsplatzbewertung und den Personaleinsatz.

6.2 Einführung von Stellenbeschreibungen

Die Einführung von Stellenbeschreibungen beginnt mit sorgfältigen Organisationsanalysen. Die Organisationsanalyse bedeutet eine Aufnahme des Istzustandes, indem man die Mitarbeiter (oder deren Vorgesetzte) bittet die augenblicklichen Tätigkeiten aufzulisten und zu beschreiben. Das gilt natürlich nur für diejenigen Funktionsbereiche, für welche Stellenbeschreibungen erstellt werden sollen. Dabei müssen erfasst werden:

- **Gegenwärtige Struktur der Stelle.** Das Ziel der Stelle in den Augen des Sachbearbeiters; das Sachgebiet selbst; die Vorgesetzten, die Weisungen erteilen; die unterstellten Mitarbeiter, die Anweisungen erhalten; die Regelung der Stellvertretung usw.

- **Aufgaben der Stelle.** Hauptaufgaben, Nebenaufgaben, Hilfsaufgaben, stellenfremde Aufgaben, Aufgaben, welche nur dem Stelleninhaber vorbehalten sind, und solche, die auch andere Personen erledigen können. Schließlich sollte der prozentuale Anteil der Arbeitszeit des Stelleninhabers an den einzelnen Aufgaben erfasst werden.
- **Befugnisse der Stelle.** Die tatsächlichen Befugnisse, die zweckmäßigen Befugnisse der Stelle bzw. die wünschenswerten Befugnisse des Stelleninhabers. Das Gleiche gilt für die mit den Befugnissen verbundenen Verantwortlichkeiten.
- **Informationsfluss.** Erhält der Stelleninhaber alle nötigen Informationen? Leitet er Informationen seinerseits an nachgeordnete Stellen weiter? Fühlt er sich unterinformiert, angemessen informiert oder überinformiert?
- **Arbeitsdurchführung.** Angaben über Art und Weise der Arbeitsdurchführung, über Hilfsmittel, Hilfskräfte, über Arbeitsüberschneidungen, Aufgabenhäufungen zu bestimmten Zeiten; geeignet erscheinende Verbesserungsvorschläge.
- **Besonderheiten der Stelle.** Besondere Schwierigkeiten, besondere Anforderungen an Kenntnisse und Fertigkeiten für die Durchführung der Arbeitsaufgaben usw.

Erst wenn alle betrieblichen Stellen bzw. Funktionsbereiche solche Analysen über den Istzustand erstellt haben, kann man systematisch die Stellenbeschreibungen erarbeiten, d.h. den Zuschnitt jeder einzelnen Stelle auf einen vorhandenen oder gedachten Mitarbeiter oder als Gruppenstellenbeschreibung auch auf eine Arbeitsgruppe vornehmen.

Die Stellenbeschreibungen sind von „oben" nach „unten" zu erstellen. Jeder Vorgesetzte muss sich entscheiden, welche Aufgaben er selbst durchführen und welche er an seine ihm unterstellten Mitarbeiter delegieren möchte. Ein umgekehrtes Vorgehen wäre unzweckmäßig. Die Analyse des Istzustandes und die Erstellung von Stellenbeschreibungen können sowohl von einer betriebseigenen Organisationsabteilung als auch von betriebsfremden Organisationsberatern durchgeführt werden.

6.3   Inhalt einer Stellenbeschreibung

Eine Stellenbeschreibung hat im Allgemeinen folgenden Aufbau bzw. Inhalt:
a) **Bezeichnung der Stelle:** z. B. Ausbildungsleiter
b) **Rang der Stelle:** z. B. Abteilungsleiter
c) **Mit der Stelle verbundene Zeichnungsvollmachten:** z. B. Handlungsbevollmächtigter

d) **Unterstellung des Stelleninhabers:** z. B. dem Personalleiter
e) **Überstellung des Stelleninhabers:** z. B. den Abteilungsleitern in Ausbildungsfragen, den Ausbildern und Ausbildungsbeauftragten, den Auszubildenden in Ausbildungsfragen
f) **Aktive Stellvertretung:** z. B. der Stelleninhaber führt selbst keine Stellvertretung durch
g) **Passive Stellvertretung:** z. B. durch den stellvertretenden Ausbildungsleiter
h) **Ziel der Stelle:** z. B. Heranbildung und Erhaltung kompetenter Mitarbeiter durch sorgfältige Anwerbung und Auslese, optimale Berufsausbildung sowie berufliche Fort- und Weiterbildung, Information der Mitarbeiter
i) **Einzelaufgaben:** z. B.
   1. Anwerben, Auswahl und Einstellung von Auszubildenden
   2. Erstellung betrieblicher Ausbildungspläne
   3. Unterweisungen und betrieblicher Unterricht
   4. Umschulungen und betriebliche Fort- und Weiterbildungsmaßnahmen
   5. Beurteilungen der Auszubildenden und Beurteilungsgespräche
   6. Entscheidung über die Anstellung von Auszubildenden nach Beendigung der Berufsausbildung
   7. Beratung der Vorgesetzten in allen Fragen der Berufsausbildung, Umschulung, der beruflichen Fort- und Weiterbildung
   8. Kontaktpflege zu Betriebsrat, Jugend- und Auszubildendenvertretung, Presse, Eltern der Auszubildenden, Schulen, Industrie- und Handelskammer, Agentur für Arbeit usw. in Angelegenheiten der beruflichen Aus- und Weiterbildung
j) **Aufgaben und besondere Befugnisse:** z. B. Aufstellung eines Etats für die berufliche Bildung, selbstständige Verfügung über die genehmigten Etatmittel usw.

Die hier aufgeführte Stellenbeschreibung hat nur Beispielcharakter. Vielfach werden noch weitere Punkte in die Stellenbeschreibung hineingenommen wie innerbetriebliche und außerbetriebliche Informations- und Kommunikationsbeziehungen, Anforderungen an den Stelleninhaber, organisatorische Angaben usw. Bei jeder Stellenbeschreibung empfiehlt sich die einzelnen Tätigkeiten sorgfältig zu beschreiben und die Aufgaben nach Haupt- und Nebenaufgaben, Aufgaben im Linien- oder Stabsbereich oder nach anderen betriebsindividuellen Gesichtspunkten zu gliedern.

Wichtig ist insbesondere auch, dass die Stellenbeschreibungen fortlaufend weitergeschrieben, d. h. auf dem neuesten aktuellen Stand gehalten werden. Diese ständige Aktualisierung aller Stellenbeschreibungen in einem Betrieb ist sehr zeitaufwändig und daher auch sehr kostenintensiv.

6 Stellenbeschreibung

Aufgaben

1. Was verstehen wir unter einer Stellenbeschreibung und welche Aufgaben erfüllt sie?
2. Vor der Aufstellung einer Stellenbeschreibung muss der „Istzustand" einer Stelle analysiert werden. In welcher Form ist eine solche Analyse durchführbar?
3. Erstellen Sie ein Schema für diejenigen Stellen bzw. Funktionsbereiche, für die in Ihrem Betrieb eine Stellenbeschreibung möglich wäre.
4. Welche Punkte müssen in einer Stellenbeschreibung unbedingt angesprochen werden?
5. Fertigen Sie eine Stellenbeschreibung für die von Ihnen besetzte Stelle im Betrieb an.

7 Arbeitsbewertung

7.1 Begriff und Aufgaben der Arbeitsbewertung

Die Arbeitsbewertung soll die Anforderungen, die eine bestimmte Arbeit an den arbeitenden Menschen stellt, erfassen und bewerten. Damit soll ein anforderungsgerechter Arbeitswert ermittelt werden.

Die neue REFA-Methodenlehre verwendet für den Begriff „Arbeitsbewertung" heute die Bezeichnung „Anforderungsermittlung" oder „anforderungsabhängige Entgeltdifferenzierung". Sie baut aber auf der Anforderungsermittlung die Arbeitsbewertung auf. Die Verfahren der Arbeitsbewertung werden in Band 4 der REFA-Methodenlehre des Arbeitsstudiums ausführlich beschrieben.

Die Arbeitsbewertung auf der Basis der Anforderungsermittlung ist ein wichtiger Bereich der Arbeitswissenschaft. Die Personalabteilung ist bei der Bearbeitung entsprechender Probleme auf die Mithilfe der arbeitswissenschaftlichen Gruppen im Betrieb angewiesen. Die Anforderungsermittlung hat verschiedene Funktionen. Sie ist

- **Grundlage einer anforderungsgerechten Entlohnung:** Hier liegt wohl die wichtigste Aufgabe der Arbeitsbewertung, weil sie Unterlagen für eine anforderungsgerechte Entlohnung der menschlichen Arbeitskraft bereitstellt.
- **Hilfsmittel der Personalplanung:** Wenn die Anforderungen eines jeden Arbeitsplatzes bekannt sind, ist die Personalabteilung besser in der Lage, qualitativ richtige Mitarbeiter anzuwerben, einzustellen oder entsprechend aus- und weiterzubilden. Das Ziel ist der richtige Mitarbeiter am richtigen Platz.
- **Voraussetzung für eine Verbesserung der Arbeitsplätze:** Durch die sorgfältige Analyse der Arbeitsplätze aufgrund exakter Arbeitsbeschreibungen werden etwaige Mängel am Arbeitsplatz, an den Arbeitsmitteln, an Arbeitsvorgängen und Arbeitsbedingungen deutlich. Die Anforderungsermittlung ist somit ein wichtiges Mittel zur Arbeits- bzw. Arbeitsplatzgestaltung, zur Unfallverhütung und Humanisierung der Arbeitsbedingungen.

Die Anforderungsermittlung und Arbeitsbewertung sind im Bereich der gewerblichen Wirtschaft für Werkstatttätigkeiten aller Art am weitesten verbreitet. Sie sind im Bereich der Angestellen- und Verwaltungstätigkeit gut entwickelt und im Bereich der leitenden Tätigkeiten dagegen weniger ausgeprägt.

7.2 Arten der Arbeitsbewertung (Anforderungsermittlung)

Man kann zwischen „Arbeiterbewertung" und „Arbeitsbewertung" unterscheiden. Eine Arbeiterbewertung hat es schon immer gegeben. Man denke nur an die Einteilung der Arbeiter in ungelernte, angelernte und gelernte Arbeiter (Facharbeiter). Nach dieser Einteilung erfolgte die Entlohnung ohne Rücksicht darauf, welche Leistungen im Einzelnen erbracht wurden. Die Entlohnung war auch vielfach von der „Wertschätzung" eines Berufes bzw. einer Berufsausbildung in der Branche oder auch in der Öffentlichkeit abhängig.

An die Stelle der Arbeiterbewertung ist die Arbeitsbewertung getreten. Sie geht nicht mehr von der Bewertung der Berufsausbildung aus, sondern bewertet die tatsächlich zu verrichtenden Arbeitsaufgaben, vielfach im Zusammenhang mit der für die Verrichtung der Tätigkeit notwendigen Ausbildung. Daher sind eine qualifizierte Berufsausbildung und eine berufliche Weiterbildung nach wie vor notwendig. Sie bilden die Voraussetzungen für qualifizierte und damit auch höher bewertete und besser dotierte Tätigkeiten.

Die Arbeitsbewertung hat verschiedene Entwicklungsstadien durchlaufen. In der Terminologie von REFA unterscheiden wir heute:

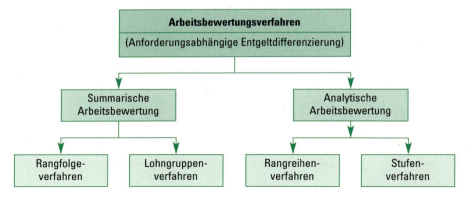

Neben der anforderungsabhängigen Entgeltdifferenzierung wird auch eine leistungsabhängige Entgeltdifferenzierung unterschieden. REFA gibt dazu den folgenden Überblick über die verschiedenen Möglichkeiten:

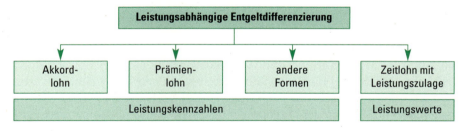

Arten der Arbeitsbewertung (Anforderungsermittlung) 7.2

Auf die Thematik der leistungsabhängigen Entgeltdifferenzierung wird an dieser Stelle nicht näher eingegangen, sondern auf die Ausführungen im Kapitel 3.3 und 3.4.1 verwiesen.

7.2.1 Summarische Arbeitsbewertung

Die summarische Arbeitsbewertung bewertet die Anforderungen, die ein bestimmter Arbeitsplatz stellt, als Ganzes, ohne zu differenzieren. Dieses Verfahren wird in der Praxis zwar noch häufig angewandt, ist aber inzwischen durch moderne Formen der analytischen Arbeitsbewertung ersetzt.

7.2.1.1 Rangfolgeverfahren

Nach diesem Verfahren werden alle Arbeitsplätze eines Betriebes nach ihrem Schwierigkeitsgrad geordnet und in eine Rangfolge gebracht.

Die Rangfolge bedeutet, dass die an höherer Stelle eingereihte Arbeitsaufgabe höhere Anforderungen stellt als eine an niedrigerer Stelle stehende Aufgabe.

Man stelle sich einen Betrieb oder eine Betriebsabteilung mit folgenden Tätigkeiten vor: kaufmännischer Leiter, Mitarbeiter in der Buchhaltung, Sekretärin, erste Verkäuferin, übrige Verkäufer, Hilfspersonal. Man käme dann vielleicht zu folgender Rangfolge dieser Tätigkeiten:

1. Rang: kaufmännischer Leiter
2. Rang: Mitarbeiter in der Buchhaltung
3. Rang: Sekretärin
4. Rang: erste Verkäuferin
5. Rang: übrige Verkäufer
6. Rang: Hilfspersonal

In den Betrieben werden die Rangfolgen häufig abteilungsweise ermittelt. Aus den verschiedenen bereichsweise ermittelten Rangfolgen muss dann eine Unternehmensrangfolge gebildet werden, was in größeren Betrieben oft zu Schwierigkeiten führt. Daher ist die Methode des summarischen Rangfolgeverfahrens nur in kleineren Betrieben möglich.

Wenn die Rangfolge der betrieblichen Tätigkeiten festliegt, müssen die Tätigkeiten den vereinbarten Lohngruppen zugeordnet werden. Bei diesem Verfahren sind die einzelnen Lohngruppen inhaltlich nicht abgeklärt. Es erfolgt nur eine Rangordnung der einzelnen Tätigkeiten nach ihrer Rangfolge in einer dieser Lohngruppen.

Als Beispiel sei eine Rangfolge von 12 Tätigkeiten und ein Katalog von 8 Lohngruppen angenommen, von denen die Lohngruppe 1 die niedrigste, die Lohngruppe 8 die höchste Lohngruppe sei.

7 Arbeitsbewertung

Eine Zuordnung könnte dann etwa wie folgt vorgenommen werden:

Rangfolge	Lohngruppe
1	8
2, 3	7
4, 5, 6	6
7, 8	5
9, 10	4
11	3
12	2
unbesetzt	1

Die aktuellen Lohn- bzw. Gehaltssätze sind den jeweiligen Tarifverträgen zu entnehmen.

Eine weitere Variante liegt darin, dass man für verschiedene Entgeltgruppen einen durchschnittlichen prozentualen Schlüssel festlegt. Dem im Tarifvertrag vereinbarten Ecklohn wird dabei der Wert 100 % zugeordnet. Bei insgesamt 6 Entgeltgruppen kann die prozentuale Verteilung wie nachstehend erfolgen:

Entgeltgruppe	1	2	3	4	5	6
Lohnschlüssel in %	85	90	95	100	110	125

Der prozentuale Schlüssel wird von den definierten Aufgaben bzw. Tätigkeiten in den einzelnen Gruppen abgeleitet. In dem Schlüssel sind entweder nur die Gesamtanforderungen einer Gruppe enthalten oder darin auch besondere Erschwernisse, z. B. durch Umgebungseinflüsse, eingeschlossen.

7.2.1.2 Lohngruppenverfahren

Bei diesem Verfahren werden die Anforderungen, die ein Arbeitsplatz an Mitarbeiter stellt, mit inhaltlich genau definierten Lohngruppen verglichen. Übt ein Mitarbeiter Tätigkeiten aus, die zu bestimmten Lohngruppen gehören, so ist er in diese Gruppen einzustufen. Die Lohngruppen eines solchen Lohn- oder Gehaltssystems werden durch Tätigkeitsverzeichnisse oder Richtbeispiele ergänzt.

Viele Tarifvereinbarungen beruhen auf diesem Prinzip. Zum Beispiel der Gehaltstarifvertrag für den Einzelhandel in Nordrhein-Westfalen unterscheidet 4 Gehaltsgruppen mit Stufendefinitionen und Richtbeispielen. Innerhalb der Gehaltsgruppen wird weiter nach Berufsjahren unterschieden. Auch die Besoldung nach dem Bundesangestelltentarif BAT erfolgt nach dem Prinzip des Lohngruppenverfahrens. Hier unterscheidet man z. B. die Vergütungsgruppen I bis X, die z. T. noch untergliedert werden in a, b oder c.

Arten der Arbeitsbewertung (Anforderungsermittlung) 7.2

Die I. Vergütungsgruppe ist die höchste, die X. Vergütungsgruppe die niedrigste Gehaltsstufe. Die Vergütungsgruppe Vc enthält allein 26 Tätigkeiten bzw. Anforderungen.

7.2.2 Analytische Arbeitsbewertung

Die analytische Arbeitsbewertung ist ein Verfahren zur anforderungsgerechten Entgeltdifferenzierung, bei dem die Anforderungen eines Arbeitsplatzes bzw. Arbeitssystems mithilfe von differenzierten Anforderungen ermittelt werden. REFA empfiehlt dafür eine systematische Vorgehensweise in drei Stufen:
(1) Arbeitsbeschreibung
(2) Anforderungsanalyse
(3) Quantifizierung der Anforderungen (Arbeitsbewertung)

7.2.2.1 Arbeitsbeschreibung

Die Arbeitsbeschreibung hat die Funktion, Arbeitssysteme (im gewerblichen Bereich) und Arbeitssituationen (im Verwaltungsbereich) genau und systematisch zu beschreiben. Die Arbeitsbeschreibungen müssen eindeutig, verständlich, sachlich und einheitlich sein. Um die Einheitlichkeit zu gewährleisten, hat der REFA-Verband ein Formular „REFA-Anforderungsermittlungsbogen AE 1" herausgegeben, das in Abschnitt „Arbeitsbeschreibung" folgende Angaben enthält:

    Arbeitsaufgabe/Eingabe/Ausgabe/Betriebsmittel/
    Umgebungseinflüsse/andere Einflüsse/Arbeitsablauf

Als Eingabe sind Material, Arbeitsunterlagen, Arbeitsanweisungen usw. zu verstehen, als Ausgabe die hergestellten Produkte, Toleranzen, Güteeigenschaften usw. Die Arbeitsaufgaben werden in ihrer zeitlichen Reihenfolge – möglichst mit Skizzen – unter Angabe des Zeitbedarfs beschrieben. Die Arbeitsbeschreibung ähnelt der Arbeitsplatzanalyse bei der Einführung von Stellenbeschreibungen. Bei der Durchführung sollten Mitarbeiter und Vorgesetzte mitwirken.

7.2.2.2 Anforderungsanalyse

Die Anforderungsanalyse will die Daten für die einzelnen Anforderungsarten ermitteln. Sie ist die Voraussetzung für die Quantifizierung der Anforderungen, also für die Arbeitsbewertung. Die Grundlage der heutigen Gliederung von Anforderungsarten ist das sog. Genfer Schema; dieses wurde 1950 von einer internationalen Konferenz für Arbeitsbewertung vorgeschlagen. Dem Genfer Schema liegen die beiden Oberbegriffe **Können** und **Belastung** zugrunde. Die geistigen und körperlichen Anforderungen werden unter diese Oberbegriffe eingeordnet. Hinzu kommen Verantwortung und Arbeitsbedingungen.

7 Arbeitsbewertung

Genfer Schema	Können	Belastung
1. Geistige Anforderungen	x	x
2. Körperliche Anforderungen	x	x
3. Verantwortung		x
4. Arbeitsbedingungen		x

Von den heute bekannten Ableitungen des Genfer Schemas durch einzelne Autoren, Interessenverbände usw. seien nachstehend die von REFA definierten Anforderungsarten genannt:

Hauptanforderungsart nach Genfer Schema	REFA-Anforderungsart	Definition
I. Können	1. Kenntnisse	Ausbildung, Erfahrung, Denkfähigkeit
	2. Geschicklichkeit	Handfertigkeit, Körpergewandtheit
II. Verantwortung	3. Verantwortung	für die eigene Arbeit, für die Arbeit anderer, für die Sicherheit anderer
III. Belastung	4. Geistige Belastung	Aufmerksamkeit, Denktätigkeit
	5. Muskelmäßige Belastung	dynamische Muskelkraft, statische Muskelkraft, einseitige Muskelkraft
IV. Arbeitsbedingungen	6. Umgebungseinflüsse	Klima, Nässe, Öl, Fett, Schmutz, Staub, Gase, Dämpfe, Lärm, Erschütterung, Blendung, Lichtmangel, Erkältungsgefahr, Schutzkleidung, Unfallgefährdung

7.2.2.3 Quantifizierung der Anforderungen (Arbeitsbewertung)

Es gilt nun, die einzelnen Anforderungsarten nach dem Genfer, REFA- oder einem anderen Schema zu bewerten. Das geschieht bei der analytischen Arbeitsbewertung mit dem Rangreihenverfahren und dem Stufenverfahren. Im Gegensatz zu der summarischen Arbeitsbewertung wird bei den analytischen Verfahren nicht die Arbeit als Ganzes bewertet, sondern die einzelnen sehr weitläufig und fein zergliederten Anforderungsarten. Zur analytischen Arbeitsbewertung gehört deshalb eine Gewichtung jeder einzelnen Anforderungsart. Nur so kommt man zu dem gesamten Anforderungswert einer bestimmten Arbeit. Die Gewichtung erfolgt entweder als getrennte Gewichtung im Anschluss an die Bestimmung der Rangplatznummer oder Stufenzahl durch Multiplikation mit den Gewichtungsfaktoren oder sie erfolgt als gebundene Gewichtung. Bei der gebundenen Gewichtung ist die Gewichtung der Anforderungsarten in den Rangplatznummern und Stufenzahlen bereits berücksichtigt. Beim Bewerten erhält man dann unmittelbar die Anforderungswerte.

7.2.2.3.1 Das Rangreihenverfahren

Beim Rangreihenverfahren erhalten die einzelnen Anforderungsarten 1 bis 100 Punkte. Diese Punkte werden in eine fallende oder steigende Reihenfolge gebracht. Die entsprechenden Punktwerte werden abgelesen und gewichtet. Auf diese Weise gelangt man zu dem gesamten Anforderungswert.

Beispiel:

Nr.	Anforderungsart	Rang-platz	Gewicht.-Faktor	Anforderungswert tatsächl.	maximal[1]
1	Kenntnisse	75	1,0	75	100
2	Geschicklichkeit	60	0,6	36	60
3	Verantwortung	90	0,7	63	70
4	geistige Belastung	85	0,8	68	80
5	muskelmäßige Belastung	40	0,4	16	40
6	Umgebungseinflüsse	50	0,5	25	50
	Summe des Anforderungswertes			283	400

Von maximal 400 Punkten werden unter Berücksichtigung der Gewichtung 283 Punkte, das sind 70,75 %, erzielt.

7.2.2.3.2 Das Stufenverfahren

Bei diesem Verfahren verwendet man für jede Anforderungsart Stufendefinitionen, die bei 5 Wertstufen etwa wie folgt lauten können:

Stufe 1 = sehr geringes, sehr niedriges Anforderungsniveau
Stufe 2 = geringes, niedriges Anforderungsniveau
Stufe 3 = mittleres Anforderungsniveau
Stufe 4 = hohes Anforderungsniveau
Stufe 5 = sehr hohes Anforderungsniveau

---

[1] 100 Punkte mal Gewichtungsfaktor

7 Arbeitsbewertung

Beispiel:

Nr.	Anforderungsart	Wert-zahl	Gewicht.-Faktor	Anforderungswert tatsächl.	Anforderungswert maximal[1]
1	Kenntnisse	3	1,0	3,0	5,0
2	Geschicklichkeit	3	0,6	1,8	3,0
3	Verantwortung	5	0,7	3,5	3,5
4	geistige Belastung	5	0,8	4,0	4,0
5	muskelmäßige Belastung	2	0,4	0,8	2,0
6	Umgebungseinflüsse	2	0,5	1,0	2,5
	Summe des Anforderungswertes			14,1	20,0

Bei einem maximalen Anforderungswert von 20,0 Wertzahlen werden tatsächlich 14,1 Wertzahlen, das sind 70,5 %, erreicht.

In beiden Beispielen ist mit getrennter Gewichtung gearbeitet worden. Bei diesen beiden Verfahren geht es wiederum darum, die Anforderungswerte mit dem jeweiligen Geldfaktor in Übereinstimmung zu bringen, sofern Anforderungsermittlung und Arbeitsbewertung für eine anforderungsgemäße Entgeltfindung vorgenommen wurden.

Beim Stufenverfahren werden die vorgenannten 5 groben Stufendefinitionen häufig durch sehr detaillierte Definitionen für jede einzelne Anforderungsart ersetzt. Das ist in der Regel der Fall, wenn zwischen den Tarifparteien im Tarifvertrag Vereinbarungen über die analytische Arbeitsbewertung oder zwischen Betrieb und Betriebsrat entsprechende Regelungen in einer Betriebsvereinbarung getroffen wurden.

Es sei noch darauf hingewiesen, dass der Betriebsrat gemäß § 87 BetrVG ein Mitbestimmungsrecht hat

a) bei allen Fragen der betrieblichen Lohngestaltung (z. B. Entlohnungsgrundsätze, Einführung, Anwendung, Änderung neuer Entlohnungsmethoden) und
b) bei der Festsetzung der Akkord- und Prämiensätze und vergleichbarer leistungsbezogener Entgelte einschl. der Geldfaktoren.

Anforderungsermittlung und Arbeitsbewertung müssen fachkundig und gewissenhaft erfolgen. Sie sollten gemeinsam von Fachleuten der Betriebs- und Fertigungsorganisation, des Personalrates sowie des Betriebsrates erarbeitet werden. Dabei müssen alle geltenden rechtlichen, tarifvertraglichen und betrieblichen Regelungen herangezogen werden.

---

[1] 5 Punkte mal Gewichtungsfaktor

7.3 Neuere Entwicklungen in der Arbeitsbewertung

Die vorstehenden Ausführungen stellen gewissermaßen das klassische System der Arbeitsbewertung dar, wie es von REFA entwickelt und gelehrt wurde und weiterhin in Lehrgängen und Seminaren vermittelt wird. Solche grundlegenden REFA-Qualifikationen sind zeitlos und werden auch heute in den Betrieben und Unternehmungen gebraucht, um daraus neuere, zeitgemäße Entwicklungen ableiten zu können.

In den letzten Jahren haben sich die wirtschaftlichen und gesellschaftspolitischen Rahmenbedingungen grundlegend verändert und zwingen die Unternehmungen, zur Sicherung ihrer Wettbewerbsfähigkeit auf die neuen Herausforderungen neue Antworten zu finden. Hierbei geht es den Unternehmungen im Allgemeinen nicht um Einzelmaßnahmen, sondern um neue Gesamtkonzeptionen, die z. B. die Arbeitsorganisation, die Entgeltfindung, die Arbeitszeitregelung, Entscheidungs-, Verantwortungs-, Denkstrukturen und vieles mehr umfassen. Für einige dieser grundlegenden Neuerungen stehen in der modernen Arbeitsorganisation **Kurzbezeichnungen,** z. B.:

1) KVP = Kontinuierlicher Verbesserungsprozess
2) NFZ = Neue Formen der Zusammenarbeit
3) FMZ = Führen mit Zielen und Zielvereinbarungen
4) NFS = Neue Fertigungsstrukturen
5) SE = Simultanes Engineering
6) TQM = Total-Qualitätsmanagement
7) Leanproduction = schlanke Fabrik, schlanke Entwicklung, schlanke Organisation, schlanke Fertigung, schlanke Zulieferer- und Händlerbeziehungen usw.

Zu unserer Thematik soll nachfolgend ein in der Praxis bewährtes modernes **Modell einer Entgeltregelung** kurz dargestellt werden, das speziell auf die Gruppenarbeit zugeschnitten ist.

Natürlich muss jedes Unternehmen sein eigenes Organisations- und Entgeltkonzept entwickeln. Es geht nicht an, lediglich nachzuahmen, was andere tun, sondern es gilt, den eigenen Betrieb individuell so zu organisieren, dass er dauerhaft wettbewerbsfähig bleibt.

Das **Entgeltsystem** besteht aus einem anforderungsabhängigen Basisentgelt und einem leistungsabhängigen Bestandteil.

a) anforderungsabhängiges Basisentgelt
Dieses berücksichtigt die notwendigen und die tatsächlich vorhandenen Kenntnisse und Fähigkeiten für die Durchführung der direkten Produktionsaufgaben. Die Mitarbeiter werden nach angelernten Produktionsmitarbeitern,

Maschinenbedienern und Facharbeitern (Einrichtern) unterschieden. Innerhalb dieser Dreiteilung erfolgt eine Einstufung nach dem Grad der Einsetzbarkeit, ob z. B. begrenzt oder vielseitig einsetzbar; ob nur in einem oder in mehreren Arbeitssystemen einsetzbar; ob nur in einer Arbeitsgruppe oder auch in mehreren Arbeitsgruppen einsetzbar. In jedem einzelnen Fall werden Punktwerte vergeben.

Zum anderen berücksichtigt das anforderungsabhängige Basisentgelt sog. indirekte Produktionsaufgaben. Das sind Tätigkeiten, die den Arbeitsgruppen zusätzlich übertragen wurden und die von ihnen eigenverantwortlich und selbstständig durchgeführt werden müssen. Dazu gehören Tätigkeitsbereiche wie Lohn- und Produktionsdatenerfassung, Logistikaufgaben, Qualitätsmanagement, Rüsten, Instandhalten und Instandsetzen – überwiegend Aufgaben, die vormals nicht innerhalb der Arbeitsgruppen, sondern von anderen betrieblichen Stellen wahrgenommen wurden. Auch hier werden in den einzelnen Tätigkeitsfeldern qualitative Abstufungen berücksichtigt und mit Punktwerten versehen.

Die Punktwerte für die direkten und die indirekten Produktionsaufgaben werden addiert und ergeben einen Gesamtpunktwert, der einer bestimmten Entgeltgruppe innerhalb der Tariflohngruppen zugeordnet wird. Das so ermittelte individuelle anforderungsabhängige Basisentgelt stellt im Allgemeinen ein garantiertes Entgelt dar, worauf z. B. ein prozentualer Prämienlohn aufbaut.

b) leistungsabhängiger Entgeltbestandteil
Der leistungsabhängige Entgeltbestandteil stellt eine Prämie dar, die für Produktivitätsverbesserungen einer Gruppe ausgeschüttet wird. Unter Beteiligung des Betriebsrates werden aus betrieblichen Vergangenheitswerten empirisch ermittelte Ausgangsleistungen als Basis für die Produktivitätsprämien festgelegt.

Die Höhe der Prämie, bei der es sich um einen prozentualen Wert handelt, kann einem jedermann im Betrieb zugänglichen Prämiendiagramm entnommen werden.

Ein anderes, vereinfachtes Verfahren der Leistungsentlohnung von Gruppen sieht vor, dass Einzelakkord und Zeitlohn wie bisher als Entlohnungsgrundlagen beibehalten werden. Für Leistungsverbesserungen durch die Gruppe stehen zwei Arten von Gruppenprämien zur Verfügung:

1) Gemeinkostenersparnis-Prämie
   Werden vorgegebene Gemeinkostenzeiten unterschritten, erfolgt eine Prämierung in Höhe der erzielten Ersparnis.

2) Ausschuss-Prämie
   Wenn eine festgelegte prozentuale Ausschussquote unterschritten wird, steht die durch die Verbesserung erzielte Ersparnis ebenfalls für die Prämienvergütung zur Verfügung.

Neuere Entwicklungen in der Arbeitsbewertung 7.3

In beiden Fällen erfolgt die Prämiengutschrift je zur Hälfte zugunsten der Mitarbeiter der Gruppe und des Unternehmens.

Bei der Organisationsform FMZ = Führen mit Zielen können die beiden angestrebten Einsparungen auch im Wege von Zielvereinbarungen erreicht werden.

Aufgaben

1. Nennen Sie die drei wichtigsten Aufgaben der Arbeitsbewertung.
2. Worin besteht der Unterschied zwischen „Arbeiterbewertung" und „Arbeitsbewertung"?
3. Wie werden die Anforderungen nach dem summarischen Verfahren der Arbeitsbewertung bewertet?
4. Schildern Sie kurz folgende Verfahren der summarischen Arbeitsbewertung:
   a) das System des Rangfolgeverfahrens,
   b) das Lohngruppenverfahren.
5. Überprüfen Sie die regional und fachlich für Sie zuständigen Tarifverträge darauf, ob und ggf. welche Verfahren der Arbeitsbewertung zugrunde liegen.
6. Worin unterscheidet sich die analytische Arbeitsbewertung grundsätzlich von dem älteren Verfahren der summarischen Arbeitsbewertung?
7. Welche Aufgaben erfüllt die Arbeitsbeschreibung im Rahmen der analytischen Arbeitsbewertung? Welche Grundsätze müssen beachtet werden?
8. Vergleichen Sie die Anforderungsarten nach dem Genfer Schema mit den REFA-Anforderungsarten und erklären Sie die Unterschiede.
9. Warum gehört zur analytischen Arbeitsbewertung immer eine Gewichtung? In welcher Form kann die Gewichtung grundsätzlich vorgenommen werden?
10. Wie heißen die beiden Arbeitsbewertungsverfahren der analytischen Arbeitsbewertung und worin unterscheiden sie sich?

8 Mitarbeiterbeurteilung

Mitarbeiterförderung und Personalentwicklung können nur da erfolgen, wo das Unternehmen die individuelle Leistungsfähigkeit des Mitarbeiters **kennt**. Unternehmen werden nur dann ihre Ziele erreichen, wenn die Qualifikationsstruktur der Mitarbeiter hinreichend bekannt ist und demnach die Personaleinsatzplanung optimal verläuft.

Es geht nicht nur alleine darum festzustellen, wer die meisten Fähigkeiten auf sich vereinigt, sondern es muss auch daran gedacht werden, die Mitarbeiter da einzusetzen, wo sie ihre Talente und Begabungen am besten nutzen können. Denn nur wenn das Unternehmen die Potenziale des Mitarbeiters optimal einsetzt, kommt es zu gewünschten Ergebnissen auf beiden Seiten.

Andererseits sollte aber auch jeder Mitarbeiter daran interessiert sein, das Urteil im Rahmen eines guten Beurteilungssystems zu erfahren. Die Beurteilung ist für die betriebliche Personalarbeit unverzichtbar und gehört mit zu den besonderen Führungsaufgaben des Vorgesetzten. Des Weiteren ist die Beurteilung auch ein wichtiger Bereich des Personalcontrolling. Denn ohne Informationen über den Kenntnisstand der Mitarbeiter können zukunftsbezogene Entscheidungen kaum getroffen werden. Beurteilungsverfahren sind in zahlreichen Tarifverträgen verbindlich geregelt. Hier lässt sich ein starkes Interesse der Tarifvertragspartner erkennen.

Beurteilungsverfahren sollen **regelmäßig und systematisch** durchgeführt werden. Sie erfordern ein hohes Maß an **Objektivität**.

8.1 Entwicklungs- und Leistungsbeurteilung

Man unterscheidet eine Entwicklungs- und eine Leistungsbeurteilung. In der betrieblichen Praxis werden oftmals beide Formen verknüpft. Dann handelt es sich um eine sog. Potenzialbeurteilung.

Bei der Entwicklungsbeurteilung setzt der Beurteiler eine Prognose und äußert sich, ob der Mitarbeiter für zukünftige Aufgaben geeignet ist.

Beispiel: Ein Mitarbeiter verfügt über ein gutes Fachwissen und Fachkönnen. Im Rahmen einer Entwicklungsbeurteilung soll nunmehr geklärt werden, ob dieser Mitarbeiter ggf. in der Lage ist Führungsaufgaben zu übernehmen bzw. ob eine entsprechende Eignung vorliegt, die ggf. noch durch gezielte Personalentwicklung (Verhaltens- und Kommunikationstraining) ausgebaut werden kann.

Die Leistungsbeurteilung stützt sich auf vergangenheitsbezogene Ergebnisse, z. B. das letzte Jahr, und bewertet zunächst leistungsbezogene Kriterien. Die Entwicklungsbeurteilung ist mehr vorwärts gerichtet; wogegen bei der Leistungsbeurteilung eine Rückschau vorgenommen wird, also **erbrachte** Leistungen bewertet werden.

8.2 Vorteile einer Mitarbeiterbeurteilung

sind u. a. folgende:

- die persönlichen Beziehungen zwischen dem Vorgesetzten und dem Mitarbeiter werden gefördert,
- Arbeits- und Sozialverhalten werden erkannt,
- bestmögliche Personaleinsatzplanung,
- Grundlage für Personalentwicklung und -förderung,
- Maßstab für eine relativ gerechte Entgeltfestsetzung (z. B. Leistungszulage),
- Entscheidungshilfe bei Beförderungen und Versetzungen,
- Grundlage für ein qualifiziertes Arbeitszeugnis bzw. Zwischenzeugnis.

8.3 Anlässe einer Mitarbeiterbeurteilung

Beurteilungen können notwendig werden:

- vor Ablauf einer Probezeit,
- bei Versetzungen,
- bei Ausscheiden eines Mitarbeiters,
- in turnusmäßigen Abständen (z. B. nach Tarifvertrag).

8.4 Beurteilungsbogen, Beurteilungsgrundsätze und Beurteilungskriterien

Der **Beurteilungsbogen** ist auf die besonderen Anforderungen der jeweiligen Stelle bezogen. Das heißt, jedes Unternehmen muss **seinen** Bogen individuell selbst entwickeln. Der Inhalt eines Beurteilungsbogens ist somit für Arbeiter, Angestellte, leitende Angestellte und Auszubildende unterschiedlich. Der Betriebsrat hat bei der Aufstellung von **Beurteilungsgrundsätzen** ein Mitbestimmungsrecht (§ 94 BetrVG). Beurteilungsgrundsätze sind verbindliche Regelungen, die helfen, dass das Beurteilungsverfahren objektiviert und nach einem **einheitlichen** Maßstab vorgegangen wird. In diesen Grundsätzen können, soweit nicht schon der Tarifvertrag eine Regelung vorgenommen hat, Beurteilungskriterien festgelegt werden. Diese werden dann in den Beurtei-

8 Mitarbeiterbeurteilung

lungsbogen übernommen. Beurteilungsgrundsätze werden zwischen Unternehmensleitung und Betriebsrat durch eine Betriebsvereinbarung festgelegt (§ 77 BetrVG). Zum besseren Verständnis wird auf den abgedruckten Beurteilungsbogen auf den Seiten 193 und 194 hingewiesen.

Beurteilungskriterien sind die Kenntnisse und Eigenschaften, die für die Besetzung der jeweiligen Stelle von Bedeutung sind. Von daher können nur die Kriterien herangezogen werden, die ausschließlich stellenbezogen sind. Würden sachfremde Kriterien herangezogen, d. h. Kriterien, die mit dem Arbeitsplatz in keiner Beziehung stehen, hätte der Betriebsrat einen Anspruch, dass diese Kriterien entfernt werden. Nach Auswahl der entsprechenden Kriterien können Hauptkriterien gebildet werden, denen entsprechende Unterkriterien nachgeordnet werden.

Das folgende Beispiel geht von vier Hauptkriterien aus und kommt durch eine Unterteilung auf insgesamt 16 Einzelkriterien für die Beurteilung.

1 Persönlichkeit	**3 Fachpraktische Kenntnisse und Fertigkeiten**
1.1 Äußere Erscheinung	3.1 Arbeitsqualität
1.2 Auftreten	3.2 Arbeitsquantität
1.3 Initiative	3.3 Zuverlässigkeit
1.4 Urteilsfähigkeit	3.4 Verantwortungsbereitschaft
	3.5 Aufgeschlossenheit für praktische Dinge
2 Fachtheoretische Kenntnisse	**4 Führungseigenschaften**
2.1 Eigenes Arbeitsgebiet	4.1 Entscheidungsfähigkeit
2.2 Angrenzende Arbeitsgebiete	4.2 Delegationsfähigkeit
2.3 Verständnis für neuere Entwicklungen	4.3 Motivationsfähigkeit
	4.4 Organisationstalent

Nach der Wahl der Beurteilungskriterien muss man die Bewertungsskala festlegen. Auch hier soll man nicht zu viele Wertstufen vorsehen. Man wählt am besten 5 Wertstufen, wobei eine Beurteilungsskala dann z. B. wie folgt aussehen könnte:

1	2	3	4	5
überragend	sehr gut	gut	zufrieden stellend	nicht zufrieden stellend
sehr gut	gut	befriedigend	ausreichend	nicht ausreichend

Noch besser ist es, für jedes Beurteilungskriterium eine Beschreibung der Wertstufen vorzunehmen, wie das am Beispiel der formgebundenen Beurteilung mit vorgegebenen Antworten gezeigt wurde.

Viele Betriebe drücken das Ergebnis ihrer Beurteilungen gerne in einem Zahlenwert aus. Das kann einmal durch die Bildung einer Durchschnittsnote

Beurteilungskriterien 8.4

erfolgen. Wenn alle Beurteilungskriterien gleiches Gewicht haben, bildet man aus der Summe der vorgegebenen Noten einfach das arithmetische Mittel. Es kann aber vorkommen, dass die Beurteilungskriterien ein unterschiedliches Gewicht haben. Dann müssen sie vorher gewichtet werden. Das folgende Beispiel zeigt die beiden Verfahren:

Nr	Beurteilungs-kriterium	Gewichtung	Benotung	Gewichtete Benotung
1	A	1	3	3
2	B	2	2	4
3	C	3	1	3
4	D	1	4	4
	Summe	7	10	14

Daraus errechnen sich die folgenden Durchschnittswerte:

a) ohne Gewichtung: $\frac{10}{4} = 2,5$ b) mit Gewichtung: $\frac{14}{7} = 2,0$

Nach dem gleichen Prinzip kann auch mit Punkten verfahren werden. Eine weitere differenzierte Methode zur Quantifizierung der Beurteilungsergebnisse sei schließlich noch aufgezeigt: Man wählt wieder 5 Wertstufen, versieht sie aber mit einem Plus- oder Minuszeichen und ordnet ihnen Punktwerte von 1 bis 10 zu. Man kommt so auf maximal 10 Punkte für ein Beurteilungskriterium. Wenn man die Werte addiert, erhält man in einer Zahl das Beurteilungsergebnis. Bei gleichwertigen Beurteilungskriterien braucht nicht gewichtet zu werden; bei ungleichwertigen Beurteilungskriterien muss man diese – wie in dem vorhergehenden Beispiel gezeigt – gewichten. Schematisch sieht ein solcher Beurteilungsbogen wie folgt aus:

Beurteilg.-Kriterien	1		2		3		4		5		Wertst.-Punkte	Gewichtg.	Ergebnis
	10	9	8	7	6	5	4	3	2	1			
A			x								8	2	16
B					x						6	1	6
C				x							7	2	14
D							x				4	1	4
E						x					5	1	5
F		x									9	3	27
G				x							7	1	7
H						x					5	2	10
I				x							6	3	18
J								x			3	1	3
									Summe:		60	17	110

8 Mitarbeiterbeurteilung

Der nachstehende Beurteilungsbogen enthält 10 Kriterien. Bei maximal 10 Punkten je Kriterium sind 100 Punkte möglich. Hiervon wurden – ohne Gewichtung – 60 Punkte erreicht. Nimmt man die eingetragene Gewichtung vor, kommt man auf 17 gewichtete Kriterien. In diesem Fall sind bei 10 Punkten je Kriterium 170 Punkte möglich, von denen 110 Punkte erreicht worden sind. Für jedes Kriterium und für jede der 5 Wertstufen muss eine Stufendefinition vorgenommen werden. Erst bei Abklärung einer jeden Wertstufe kann der Vorgesetzte das entsprechende Feld ankreuzen.

Bei diesem Beurteilungssystem muss man noch eine Punkteskala aufstellen, um die erzielten Punktwerte einzustufen. Bei 100 möglichen Punkten könnte eine Punkteskala etwa wie folgt aussehen:

- 90 – 100 Punkte = hervorragend, überdurchschnittlich
- 75 – 89 Punkte = sehr gut
- 60 – 74 Punkte = gut
- 40 – 59 Punkte = befriedigend
- 10 – 39 Punkte = unbefriedigend

Vielfach enthalten Tarifverträge besondere Vorschriften über die **Leistungsbeurteilung** von Zeitlohnarbeitern und Angestellten. So werden z.B. bei den Angestellten im Tarifgebiet Nordrhein-Westfalen der Eisen-, Metall- und Elektroindustrie folgende 4 Beurteilungskriterien verwendet:

- Anwendung der Kenntnisse (Sorgfalt, Genauigkeit, Zuverlässigkeit)
- Arbeitseinsatz (Intensität, Wirksamkeit, Selbstständigkeit, Kostenbewusstsein)
- Arbeitsverhalten bei unterschiedlichen Arbeitssituationen (Überblick, Beweglichkeit, Setzen von Prioritäten)
- Zusammenarbeit (Informationsaustausch, Überzeugungsfähigkeit, Zusammenarbeit zur gemeinsamen Lösung von Aufgaben)

Für jedes gibt es 5 definierte Wertstufen, denen die Punktwerte 0, 2, 4, 6 und 8 zugeordnet werden. Ein Angestellter kann bei einer Beurteilung somit maximal $4 \cdot 8 = 32$ Punkte erreichen. Die Summe der erreichten Punktzahl wird z.B. mit 0,25 multipliziert und ergibt die Leistungszulage des Angestellten. Die Beurteilung wird in der Regel jährlich einmal vorgenommen.

Die Leistungsbeurteilung für Zeitlohnarbeiter erfolgt mit anderen Kriterien in ähnlicher Weise.

Jeder Beurteilungsbogen sollte eine abschließende Begutachtung enthalten, in der etwas über Entwicklungsfähigkeiten, Einsatzmöglichkeiten, Förderungswürdigkeit usw. des Mitarbeiters ausgesagt wird. Diese Begutachtung kann ergänzen, was aus den vorgegebenen Kriterien nicht eindeutig hervorgeht. Die Beurteilungsbogen der Mitarbeiter kann man auch statistisch auswerten, um die Entwicklung des einzelnen Mitarbeiters zu erkennen.

Beurteilungskriterien 8.4

Mitarbeiterbeurteilung

angefordert am:
zurück an _____ bis _____ T: _____
Eingang am _____

Daten des Stelleninhabers
- Name:
- Abrechnungsschlüssel:
- Personal-Nr.:
- Eintritt:
- Geburtsdatum:
- Fehlzeiten: Jahr / Fälle / Tage
- GF-Ressort
- Bereich
- Abtl.-Kurzbez.
- Tätigkeit bei BM
- Tätigkeitsschlüssel

Anlass der Beurteilung
- ☐ Periodische Beurteilung
- ☐ Versetzung   ☐ Grund: _____
- ☐ Austritt
- ☐ Sonstiger Anlass → _____

Beurteilungsstufen
- A übertrifft bei weitem die Erwartungen
- B übertrifft die Erwartungen
- C erfüllt die Erwartungen voll
- D erfüllt die Erwartungen nur teilweise
- E erfüllt die Erwartungen nicht
- F Beurteilung nicht oder nur begrenzt möglich, da Merkmal von der Position her zz. nicht oder nur selten gefordert.

Angaben zur Beurteilung

Beurteilungsmerkmale — Stufen A B C D E F

I. Arbeitsverhalten und Leistung
1. Arbeitsleistung (quantitativ und qualitativ)
2. Zuverlässigkeit (Verantwortungsbereitschaft, Pflichtbewusstsein)
3. Arbeitsinteresse
4. Arbeitstempo
5. Belastbarkeit
6. Dispositionsvermögen (Arbeitsplanung)

Gesamtbeurteilung I

II. Persönliche und fachliche Qualifikation
1. Fachkönnen
2. Fachwissen
3. Denkfähigkeit (logisches Denken, Urteilsfähigkeit, Auffassungsgabe)
4. Ideenreiches Denken und Handeln
5. Wirtschaftliches Denken und Handeln
6. Praktisches Geschick

Gesamtbeurteilung II

III. Soziales Verhalten
1. Verhalten zu Arbeitskollegen
2. Verhalten zu Vorgesetzten
3. Bereitschaft zur Mitarbeit in der Gruppe

Gesamtbeurteilung III

IV. Führungsverhalten (Nur für Mitarbeiter mit Vorgesetztenfunktion ab Meisterebene)
1. Planung und Organisation
2. Entscheidungs- und Verantwortungsbereitschaft
3. Aktivierung und Führung der Mitarbeiter
4. Information und Anleitung der Mitarbeiter
5. Bereitschaft zur Delegation von Aufgaben und Verantwortung

Gesamtbeurteilung IV

8 Mitarbeiterbeurteilung

Angaben zur Beurteilung

V. Zusammenfassende Beurteilung

1. Leistungsverlauf seit der letzten Beurteilung
   - ☐ verbessert
   - ☐ verschlechtert
   - ☐ gleich bleibend
   - ☐ noch nicht zu beurteilen ⟶ Nächste Mitarbeiterbeurteilung kann frühestens im Monat _____ 20 ___ abgegeben werden.

   Bei Leistungsabfall – Gründe: _____
   _____

2. Besondere Stärken des Mitarbeiters in der jetzigen Stelle: _____
   _____

3. Besondere Schwächen des Mitarbeiters in der jetzigen Stelle: _____
   _____

Besprechung mit dem Mitarbeiter

Die Beurteilung wurde am _____ mit dem Mitarbeiter besprochen.

Stellungnahme des Mitarbeiters
(Nur erforderlich, wenn Einwände erhoben werden)

_____
_____
_____
_____
_____
_____
_____

_____   _____
Datum   Unterschrift des Mitarbeiters

Bemerkungen: _____
_____
_____
_____
_____

_____   _____
Datum   Unterschrift des direkten Vorgesetzten

_____   _____
Datum   Unterschrift des nächsthöheren Vorgesetzten

8.5 Formen der Mitarbeiterbeurteilung

Man unterscheidet nach folgenden Formen:

a) eine freie Beurteilung
b) eine gebundene Beurteilung
c) eine Mischform

Zu a): Bei der freien Beurteilung handelt es sich um eine weniger gebräuchliche Form. Hierbei werden dem Beurteiler keine Kriterien vorgegeben. Er entscheidet alleine, welcher Maßstab angesetzt wird. Dieses Verfahren ist insofern unbrauchbar, da der Beurteiler nach „eigenen Vorstellungen" entscheidet. Es handelt sich um rein subjektive Ergebnisse, die dann auch nicht mit anderen Beurteilungen verglichen werden können.

Zu b): Im gebundenen Beurteilungsverfahren werden die Kriterien vorgegeben, d. h., die Geschäftsleitung stellt zunächst einmal die Merkmale fest, die zu beurteilen sind. Der Beurteiler ist schon damit an bestimmte Merkmale „gebunden" und muss entsprechende Noten, Punkte oder Formulierungen vergeben bzw. vornehmen. Um dem Beurteiler das Verfahren zu erleichtern und auch eine relativ gute Vergleichbarkeit herbeizuführen, können Antworten vorgegeben werden. Der Beurteiler hat dann lediglich die Aufgabe, die entsprechende Antwort zu markieren.

Beispiel einer gebundenen Beurteilung:

Beurteilungskriterium	Note/Punkte	Begründung
Arbeitstempo		

In der verfeinerten Form sind Fragen bzw. Beurteilungskriterien und Antworten vorgegeben. Die Aufgabe des Vorgesetzten besteht darin, die am ehesten zutreffende Antwort herauszufinden und anzukreuzen. Diese Form der Beurteilung ist sicher die zweckmäßigste. Sie ist für den Vorgesetzten leicht zu handhaben und bietet ein hohes Maß an Vergleichsmöglichkeiten mit anderen Beurteilungen.

Beurteilungskriterium	Stufe 1 Punkte		Stufe 2 Punkte		Stufe 3 Punkte		Stufe 4 Punkte		Stufe 5 Punkte	
Umgang mit Geschäftspartnern	10	9	8	7 x	6	5	4	3	2	1

8 Mitarbeiterbeurteilung

Stufendefinitionen:

- Stufe 1 = sehr wortgewandt, weckt volles Vertrauen, wirkt überzeugend
- Stufe 2 = findet schnell Kontakt zum Geschäftspartner, kann überzeugen
- Stufe 3 = kann sich verständlich ausdrücken und auf Geschäftspartner einstellen
- Stufe 4 = ist im Verkaufsgespräch zu redselig oder zu passiv, wirkt wenig überzeugend
- Stufe 5 = unbeholfen im Ausdruck, kann sich nicht auf den Geschäftspartner einstellen und nicht überzeugen

Zu c): Bei der sog. Mischform liegen Elemente aus beiden Verfahren vor, d. h., dem Beurteiler werden Kriterien vorgegeben. Er erhält aber auch die Möglichkeit, auf Besonderheiten einzugehen, die für ihn wichtig sind. Diese Verfahrensweise wird in der Praxis überwiegend angewandt. Letztendlich kann eine Personalabteilung bei Auswertung dieser Beurteilungsbogen auch erkennen, welchen Kriterien der Beurteiler am stärksten verhaftet ist bzw. wo „seine Vorlieben" sind.

8.6 Phasen einer Mitarbeiterbeurteilung

Die praktische Umsetzung des Beurteilungsverfahrens sollte nach den nachfolgend genannten fünf Phasen durchgeführt werden:

- die Beobachtungsphase
- die Beschreibungsphase
- die Bewertungsphase
- das Beurteilungsgespräch
- die Auswertungsphase

8.6.1 Beobachtungsphase

Die **Beobachtungsphase** erstreckt sich über den gesamten Zeitraum, d. h. von dem letzten Beurteilungsgespräch bis zum darauf folgenden neuen Termin. Im Rahmen dieser Beobachtungsphase sollte sich der Beurteiler die folgenden Grundsätze auferlegen:

- Wie sollte beobachtet werden?
- Wo sollte beobachtet werden?
- Wann sollte beobachtet werden?

Der Beurteiler sollte versuchen so zu beobachten, dass der Mitarbeiter nicht spürt, dass er beobachtet wird. Fühlt sich der Mitarbeiter beobachtet, kann es zu Reaktionen kommen, die für eine Beurteilung uninteressant sind. Das erklärte Ziel einer Beurteilung ist, dass **das normale Leistungsverhalten** erkannt wird.

Durch eine zu intensive Beobachtung könnte sich der Mitarbeiter veranlasst sehen sein Arbeitstempo zu beschleunigen, um eine Höchstleistung sichtbar zu machen. Umgekehrt könnte eine intensive Beobachtung auch bewirken, dass sich Fehler häufen.

Beobachtungsort für ausschließlich leistungsbezogene Kriterien ist zunächst der Arbeitsplatz selbst. Um jedoch auch das Sozialverhalten genügend zu erfassen, sind sicherlich auch andere Bereiche denkbar, z. B. Aufenthalt in der Kantine (Einzelgänger oder Gruppenkontakt).

Zu dem Aspekt, „wann" beobachtet werden sollte, ist der sog. Biorhythmus (tägl. Leistungskurve) zu beachten. Der Mensch erlebt tagsüber Höhen und Tiefen. Wenn sich die Beobachtungen generell auf die Zeit nach der Mittagspause erstrecken, wo die Leistungskurve abgefallen ist, wäre eine objektive Beurteilung nicht möglich. Insofern sind die Beobachtungen auch unter diesem wichtigen Gesichtspunkt durchzuführen.

8.6.2 Beschreibungsphase

Unter **Beschreibungsphase** ist zu verstehen, dass der Vorgesetzte seine gewonnenen Eindrücke möglichst **wertfrei** festhält (dokumentiert). Werden Eindrücke aus dem betrieblichen Geschehen nur im Gedächtnis „abgespeichert", wird man sich später nur noch an die Ereignisse erinnern, die sich als ausgesprochen negativ oder positiv gezeigt haben. In solchen Fällen könnte es leicht zum sog. „HALO-Effekt" bzw. Überstrahlungseffekt kommen; ein Beurteilungsfehler, der an anderer Stelle noch erläutert wird. Aufzeichnungen sind aber auch deshalb noch zu empfehlen, damit bei einem späteren Beurteilungsgespräch auch auf **konkrete** Situationen hingewiesen werden kann. Derartige Aufzeichnungen verbleiben beim Vorgesetzten und werden nicht in die Personalakte aufgenommen.

8.6.3 Bewertungsphase

Die **Bewertungsphase** ist die eigentliche Beurteilung. Hier werden z. B. die Punkte entsprechend den gewichteten Kriterien zugeordnet. Unter Gewichtung versteht man die Vergabe eines Punktanteils für ein bestimmtes Kriterium. Über die Gewichtung entscheiden die Unternehmen bzw. die Tarifvertragspartner. Die Betriebsräte haben hier keine Beteiligung bzw. Entscheidungsbefugnis.

8 Mitarbeiterbeurteilung

Es ist ratsam, diesen Vorgang mit der dafür gebotenen Gründlichkeit anzugehen, damit nicht später, bei einem möglichen Widerspruch des betroffenen Mitarbeiters, erhebliche Korrekturen vorgenommen werden müssen. Das könnte u. U. die Autorität des Vorgesetzten erheblich schmälern. In diesem Zusammenhang sei darauf hingewiesen, dass die Beurteilung mit zu den wesentlichen Führungsaufgaben gehört. Gegebenenfalls können Berufsplanungen bzw. Karrierewege durch eine unsachgemäße Beurteilung verbaut werden.

8.6.4 Beurteilungsgespräch

Das **Beurteilungsgespräch** ist der zentrale Bereich dieser Phasen. Hier obliegt es dem Vorgesetzten, seine Ergebnisse dem Mitarbeiter so zu verdeutlichen und „hinüberzubringen", dass Akzeptanz entsteht. Der Vorgesetzte sollte daher mit den Regeln einer Gesprächstechnik vertraut sein. Eine Grundregel besagt, dass die positiven Aspekte am Beginn stehen sollten. Die negativen, kritischen Punkte behandelt man danach und zum Schluss sollten wieder positive Elemente behandelt werden. Wichtig ist auch, dass das Gespräch ein Dialog ist und kein Monolog des Vorgesetzten. Im Rahmen einer nicht direktiven Gesprächsführung wird dem Mitarbeiter mehr Redezeit eingeräumt. Das führt dazu, dass sich der Mitarbeiter mehr öffnet und mitteilt und auf diesem Wege der Vorgesetzte auch mehr Informationen bekommt. Durch ein gutes Beurteilungsgespräch kann viel Vertrauen erzeugt werden.

Ferner sollte beachtet werden, dass das Beurteilungsgespräch auch vorbereitet und geplant werden muss. Der Gesprächstermin sollte mit dem Mitarbeiter **vereinbart** und nicht einseitig angeordnet werden. Es sollte auch ein bestimmter Zeitrahmen abgesteckt werden, denn Gespräche von zu langer Dauer bringen nicht immer den Erfolg. Selbstverständlich ist, dass das Gespräch in einer für beide Seiten angenehmen und ungestörten Atmosphäre verlaufen sollte. Auch die Sitzordnung und der Blickkontakt sind wichtige Voraussetzungen zum Gelingen eines Gespräches.

Wenn es dem Beurteiler gelingt, Beurteilungsergebnisse überzeugend zu „vermarkten", dann ist dieser wichtige Teil der Personalarbeit gut geschafft. Manche Beurteilungsgespräche scheitern schon deshalb, weil bestimmte Voraussetzungen nicht erfüllt sind oder auch der Vorgesetzte nicht über das notwendige Einfühlungsvermögen **(emotionale Intelligenz)** verfügt.

8.6.5 Auswertungsphase

Zum Schluss kommt die **Auswertungsphase,** d. h., nach Abschluss des Gespräches wird das Gesprächsergebnis (ggf. eine Zielvereinbarung) festgehalten und der Beurteilungsbogen an die Personalabteilung zur endgültigen Erledigung weitergegeben.

8.7 Beurteilungsfehler

können in einem fehlerhaften Beurteilungssystem liegen, z. B. eine falsche Auswahl von Beurteilungskriterien oder auch die Anwendung eines reinen freien Beurteilungssystems. Beurteilungsfehler sind jedoch überwiegend bedingt durch die Persönlichkeitsstruktur des Vorgesetzten. Nachstehend werden einige persönlichkeitsbedingte Beurteilungsfehler erläutert:

Halo-Effekt oder Überstrahlungseffekt
Dieser Fehler tritt z. B. dann ein, wenn der Beurteiler einem Kriterium besonders zugeneigt ist und Bewertungen von diesem Kriterium dann auf andere Kriterien mit überstrahlen. Dies soll an einem Beispiel verdeutlicht werden.

Meister A ist ein ausgesprochener „Pünktlichkeitsfanatiker" mit viel Sinn für Organisation und aufgeräumte Arbeitsplätze. Mitarbeiter, die die gleiche Wertschätzung mit in ihre tägliche Arbeit einbringen und ebenso wie der Meister pünktlich am Arbeitsplatz erscheinen, erhalten auch bei den Bewertungen der übrigen Kriterien, z. B. Ausdauer, Arbeitstempo, bessere *„Noten"*. Umgekehrt kann dieser Effekt auch vorliegen. Die Bewertung eines für den Meister wichtigen Kriteriums **überstrahlt** dann die gesamte Beurteilung.

Tendenzfehler (zur Milde, Mitte und Härte)
Es gibt Beurteiler mit einem sog. „weichen Herz", die dazu neigen, jedem Mitarbeiter eine gute Beurteilung zukommen zu lassen. Andere Beurteiler tendieren mehr zur Mitte, d. h., die Mitarbeiter erhalten überwiegend ein „befriedigendes" Ergebnis. Hier scheut vielleicht der Vorgesetzte ein Beurteilungsgespräch, da sich zufrieden stellende Ergebnisse auch leichter „verkaufen" können.

Die Tendenz zur Härte liegt dann vor, wenn der Vorgesetzte an sich selbst einen strengen Maßstab anlegt und die *gleichen* Erwartungen auch an seine Mitarbeiter stellt. Erfüllen die Mitarbeiter diese Erwartungen nicht, ist dieser Beurteilungstyp in seiner Bewertung hart.

Egoismus
Der Vorgesetzte beurteilt die guten Leistungen des Mitarbeiters nicht positiv, damit verhindert wird, diesen Mitarbeiter zu verlieren. Umgekehrt erhält der Mitarbeiter mit schwachen Leistungen eine gute Beurteilung, damit eine Versetzung in Betracht gezogen wird (wegloben).

Situativer Beurteilungsfehler
Die Situation, in der sich der Beurteiler befindet, beeinflusst sicherlich das Beurteilungsergebnis. Fühlt sich der Vorgesetzte z. B. nicht wohl, ist er krank, führt das zu einem ungünstigeren Urteil. Umgekehrt kann auch eine Hochstimmung dazu führen, dass das Ergebnis verbessert wird. Stimmungslage und auch die zur Verfügung stehende Zeit beeinflussen das Beurteilungsergebnis.

Auch in diesem Zusammenhang sei an die Tagesleistungskurve erinnert, die natürlich auch für den Beurteiler gilt und das Ergebnis verfälschen kann.

Sympathie und Antipathie
Sympathie und Antipathie wirken aus dem Unterbewussten und können niemals ganz ausgeschlossen werden. Jeder Vorgesetzte sollte sich dieser Sache bewusst sein und sich hierbei selbst kontrollieren.

Erster Eindruck
Hierbei handelt es sich um einen sehr starken Beurteilungsfehler. Es kann durchaus passieren, dass der Vorgesetzte noch Eindrücke aus einem früheren Vorstellungsgespräch mit sich führt und sich immer wieder an Einzelheiten erinnert (ob positiv oder negativ). Diese ersten Eindrücke haften oft lange Zeit und können sich insofern immer wieder negativ oder positiv auf das Ergebnis auswirken. Hier steckt eine große Gefahr.

Vorurteile
Vorurteile entstehen oftmals aus der kritiklosen Übernahme von Urteilen Dritter. Selbstverständlich können auch äußere Merkmale wie z. B. Kleidung, Aussehen zu Vorurteilen führen. Ebenso auch die Herkunft oder die Nationalität. Dadurch wird ein genaues Hinsehen auf die Beurteilungskriterien verhindert.

Selektionsfehler
Der Vorgesetzte nimmt aus seiner Umgebung nur einen bestimmten Teil der Mitarbeiteraktivitäten wahr. Aufgrund seiner persönlichen Interessen richtet er seinen Blick nur auf ganz bestimmte Vorgänge und nur die werden dann für ein Urteil ausgewählt. Auch dieses begrenzte Wahrnehmen geschieht unbewusst und führt zu falschen Beurteilungsergebnissen.

Klebereffekt
Mitarbeiter, die schon seit längerer Zeit nicht mehr befördert worden sind, können aus der Sicht eines Vorgesetzten als „durchschnittlich" eingestuft werden und werden dann auch in den Folgejahren gleich bewertet.

Beurteilungsfehler stellen sich oft ein, ohne dass man sich dessen bewusst ist. Derartige Fehler können dann weitestgehend verhindert werden, wenn sich der Vorgesetzte diese Fehler bewusst macht und darüber nachdenkt.

8.8 Vorgesetztenbeurteilung

Bei der Vorgesetztenbeurteilung handelt es sich um eine sog. Beurteilung von „unten nach oben". Wenn schon Mitarbeiter in modernen Management-by-Systemen aufgefordert werden sich stärker in das Betriebsgeschehen einzubringen, ist es auch sinnvoll, sie stärker in die Führungsbeziehungen einzubeziehen bzw. sie partizipieren zu lassen. Auch Führungskräfte sollten sich einer solchen Kritik stellen, denn letztendlich kann es auch für sie ein Gewinn sein, wenn sie aus den Reihen der Mitarbeiter Informationen über ihr Sozial- und Führungsverhalten bekommen. Sinnvoll ist jedoch, ein solches Beurteilungsverfahren anonym ablaufen zu lassen, damit auch die wirklichen Meinungen offenkundig werden. Die Mitarbeiter sollten ebenfalls entsprechend vorbereitet werden, damit ein solches Verfahren nicht missverstanden wird.

Aufgaben

1. Welche Aufgaben erfüllt eine regelmäßige Mitarbeiterbeurteilung?
2. Warum ist eine formgebundene Mitarbeiterbeurteilung einer formlosen stets vorzuziehen?
3. Nennen Sie 5 typische Beurteilungsfehler und zeigen Sie auf, wie der Vorgesetzte diese Fehler vermeiden kann.
4. Stellen Sie für folgende Berufsgruppen bzw. Tätigkeitsbereiche Beurteilungskriterien auf und unterteilen Sie diese nach Haupt- und Unterkriterien: Einkäufer/Vertreter/Verkäufer/Sekretärin/Korrespondent/Personalsachbearbeiter/Industriemeister/leitender Angestellter/Auszubildender/Ausbildungsleiter u. a.
5. Welche persönlichen Angaben sollte der Kopf eines Beurteilungsbogens enthalten?
6. Welche Vorteile hat es, wenn die Ergebnisse einer Beurteilung nicht nur durch Stufendefinitionen, sondern auch durch Zahlenwerte ausgedrückt, also quantifiziert werden?
7. Wann müssen Sie die Ergebnisse einer Beurteilung gewichten? Wann kommen Sie mit einer ungewichteten Beurteilung aus?
8. Entwerfen Sie für einige Berufsgruppen bzw. Tätigkeitsfelder unter Verwendung der zu Aufgabe 4 gefundenen Kriterien einen vollständigen Beurteilungsbogen.
9. Welche Aufgaben erfüllt ein Beurteilungsgespräch?
10. Zeigen Sie Möglichkeiten für die statistische Auswertung von Beurteilungen auf und unterscheiden Sie dabei, dass einmal von einem Mitarbeiter mehrere Beurteilungen und zum anderen von vielen Mitarbeitern eine Beurteilung vorliegt.
11. Erkundigen Sie sich, welches Punktebewertungsschema die Industrie- und Handelskammern für die Bewertung von Prüfungsleistungen zugrunde legen.
12. Versuchen Sie einen umfangreichen, universalen, alphabetischen Katalog von Beurteilungskriterien aufzustellen, der Sie in die Lage versetzt für beliebige Beurteilungsbogen jeweils die geeigneten Kriterien auszuwählen.

> 13. Nehmen Sie Stellung zu der allgemein erhobenen Forderung, dass eine systematische Mitarbeiterbeurteilung in der Reihenfolge – beobachten – beschreiben – bewerten – vorgenommen werden soll.
> 14. Man kann allgemein Leistung und Verhalten der Mitarbeiter beurteilen. Kommt es bei der Beurteilung eines Auszubildenden nach Ihrer Meinung wohl mehr auf die Beurteilung der Leistung oder des Verhaltens an? Begründen Sie Ihre Ansicht.

8.9 Assessmentcenter

Fehlentscheidungen bei der internen und externen Personalbeschaffung als auch bei der Personaleinsatzplanung sind kostenintensiv. Daher wird natürlich immer wieder versucht, durch aussagefähige und differenzierte Methoden das Risiko einer Fehlentscheidung möglichst gering zu halten. Das Assessmentcenter (AC) hat eine lange Geschichte. Die Ursprünge liegen bei uns in Deutschland. In den 20er-Jahren wurde es bei der Rekrutierung von Offiziersanwärtern eingesetzt. Danach wurde die Idee in England und später in den USA aufgegriffen. In den 60er-Jahren haben internationale amerikanische Unternehmen das AC als Auswahlinstrument bei der Personalbeschaffung eingesetzt. Zwischenzeitlich ist es zu uns zurückgekehrt und nach anfänglichen Zurückhaltungen hat sich die Akzeptanz jedoch wieder deutlich vergrößert. Überwiegend hat es seinen Platz im Bereich der Personalentwicklung.

Es handelt sich um ein mehrtägiges externes Verfahren (ca. 2–3 Tage) mit ungefähr 6 bis 10 Kandidaten. Das Verfahren bedient sich der sog. Simulationsmethode, d. h., es werden Situationen aus dem betrieblichen Alltag einbezogen, analysiert und gelöst. Eingebunden in ein solches Programm sind z. B. Einzel- und Gruppeninterviews, führerlose Gruppendiskussionen, Postkorbtechnik, psychologische Tests, Rollen- und Unternehmensplanspiele, Selbstbeschreibung und -einschätzung des Lebenslaufes. Es handelt sich um eine Kombination verschiedener Verfahren, die zur Eignungsfeststellung herangezogen werden, um so die Führungsfähigkeit der Bewerber festzustellen oder beim Mitarbeiter ggf. Fördermaßnahmen einzuleiten.

Das Verfahren wird von den Beobachtern (Assessoren) festgelegt. Es können sowohl interne als auch externe Assessoren infrage kommen. Es empfiehlt sich jedoch, aus beiden Lagern Beurteiler einzusetzen. Damit wird einerseits sichergestellt, dass die internen Mitarbeiter die betrieblichen Situationen (Anforderungsprofile) am besten kennen und somit gewährleistet ist, dass praxisbezogene Fallstudien eingesetzt werden. Andererseits ist auch der Einsatz von externen Assessoren zu empfehlen, da hierbei ein hohes Maß an Objektivität angenommen werden kann.

Assessmentcenter 8.9

Es muss sicherlich nicht besonders darauf hingewiesen werden, dass die Assessoren eine gründliche Vorbereitung einplanen müssen, da das AC ohnehin schon sehr zeit- und kostenintensiv ist. Auch empfiehlt es sich, bei den in Betracht kommenden Kandidaten eine gewisse Vorauswahl zu treffen. Auch sollte man ein „AC-Programm" nicht unbedingt „kaufen", sondern den individuellen Bedürfnissen des Unternehmens anpassen. Leider kann nicht immer ausgeschlossen werden, dass sich Kandidaten bewerben, die schon auf diesem Gebiet erfahren sind und so manches AC schon *„bestanden"* haben. Insofern sind die Assessoren besonders gefordert.

In einem AC kommt es primär nicht darauf an, festzustellen, ob der Bewerber oder Mitarbeiter über ein gutes Fachwissen verfügt. Das Ziel eines AC besteht im Wesentlichen darin, festzustellen, ob **Führungseigenschaften** oder auch sog. **Schlüsselqualifikationen** vorhanden sind, nach denen heute besonders nachgefragt wird.

Als Kriterien für ein AC kommen u. a. in Betracht:

- Entscheidungsfähigkeit
- Durchsetzungsvermögen
- Delegationsbereitschaft
- Kommunikationsfähigkeit (verbale und nonverbale)
- Kooperationsfähigkeit
- Teamfähigkeit
- Motivationsfähigkeit
- Stressbewältigung
- Flexibilität
- Mobilität

Nach Abschluss des Verfahrens wird über jeden Teilnehmer ein Bericht angefertigt. Die Assessoren kommen nun zu einem gemeinsamen Beurteilungsergebnis. Dieses Ergebnis ist anschließend im Rahmen eines Beurteilungsgespräches mit dem Kandidaten zu erörtern. Der Vorteil gegenüber einem traditionellen Beurteilungsverfahren liegt darin, dass es sich nicht nur um einen, sondern um mehrere Beurteiler handelt. Insofern ist auch hierbei eine größere Objektivität gewährleistet. Nach Ende des AC wird dann eine entsprechende Empfehlung an die Geschäftsleitung oder Personalabteilung abgegeben.

Das Assessmentcenter ist ein umfassendes, objektives, transparentes Verfahren, das – besonders bei der Personalentwicklung – zunehmend eingesetzt wird.

9 Personalführung

Die Personalführung ist ein Kernstück der Personalwirtschaft. Personalführung erfolgt, ganz allgemein, in allen sozialen Organisationen, seien es Betriebe, Verwaltungen, Behörden, Streitkräfte, Schulen, Familien, Vereine, Freizeitgruppen usw. Wenn Führungsprobleme für die verschiedenen Arten sozialer Organisationen auch viele Gemeinsamkeiten aufweisen, so erfolgt hier die Darstellung vornehmlich unter betrieblichen Aspekten eines erwerbswirtschaftlich ausgerichteten Unternehmens.

Unter Personalführung verstehen wir die Ausrichtung und Koordination der Verhaltensweisen der Mitarbeiter auf ein bestimmtes, vorgegebenes Ziel durch den Vorgesetzten. Führung umfasst somit die Beziehungen zwischen dem Vorgesetzten und seinen Mitarbeitern. Sie schließt Führungsprinzipien, Führungstechniken, Führungssysteme, Führungsstile usw. ein, deren sich der Vorgesetzte bei der Wahrnehmung seiner Führungsaufgaben bedient.

Von der Funktion des Führens ist die Tätigkeit des Ausführens zu unterscheiden.

Wie aus dem nachstehenden Schaubild ersichtlich, kann man Führung in zwei Hauptfunktionen Willensbildung und Willensdurchsetzung unterteilen. Zur Willensbildung gehören Planung und Entscheidung, zur Willensdurchsetzung Anordnung und Kontrolle. Somit erhalten wir vier **Funktionen der Führung:**

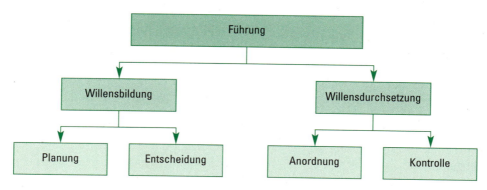

Die vier Funktionen der Führung

Bei dieser Darstellung fehlen so wichtige Funktionen wie Zielsetzung und Kommunikation.

Daher wird Führung vielfach auch in sechs Funktionen unterteilt und in Form des sog. Managementführungskreises dargestellt:

9 Personalführung

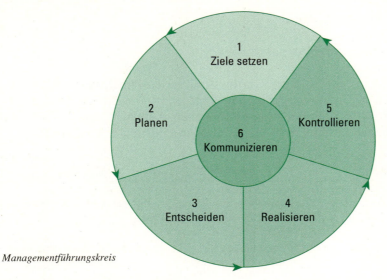

Managementführungskreis

Die Funktionen 1 bis 5 sind Hauptfunktionen, die Funktion 6 ist eine Hilfsfunktion. Sie ist gewissermaßen Bindeglied zwischen allen anderen Funktionen.

Auf den Inhalt der einzelnen Funktionen wird hier nicht näher eingegangen; nur zur Funktion „Realisieren" sei noch angemerkt, dass es sich hierbei nicht um die Durchführung, sondern um die Schaffung der Voraussetzungen für die Durchführung handelt, z. B. die Organisation, die Einstellung und Einweisung von Mitarbeitern, deren Motivation u. a.

Von den vorgenannten Managementfunktionen sind die sog. Unternehmungsfunktionen Einkauf, Finanzierung, Fertigung, Verkauf, Personalwesen usw. zu unterscheiden.

Die Wahrnehmung der Unternehmensfunktionen bezeichnen wir auch als Leitung, die Wahrnehmung der Managementfunktionen macht die Führung aus. Bei der Leitung geht es primär um die Frage: „Was soll erreicht werden?"; bei der Führung dagegen um die Frage: „Wie soll geführt werden?"

Im Verhältnis zwischen dem Vorgesetzten und seinen Mitarbeitern hat sich in den letzten Jahren Entscheidendes geändert. Früher sprach man ausschließlich vom Vorgesetzten und seinen Untergebenen; heute sieht man in dem Mitarbeiter eine qualifizierte Fachkraft, auf deren Kenntnisse und Fertigkeiten der Vorgesetzte zur Zielerreichung, in vielen Fällen auch zur Zielfindung, nicht verzichten kann. So erklärt sich auch der Übergang vom autoritären Führungsstil mit dem Prinzip von Befehlen und Gehorchen zum kooperativen Führungsstil mit einer weitgehenden Einbeziehung des spezialisierten Mitarbeiters in den Prozess der Zielfindung und Realisierung.

In diesem Abschnitt werden die Themen: der Vorgesetzte, der Mitarbeiter, Führungssysteme, Weisungsformen, Führungstechniken, Führungsstile und Führungsmittel behandelt. Ihr Zusammenwirken macht Wesen und Erfolg der Personalführung aus.

9 Personalführung

9.1 Der Vorgesetzte

9.1.1 Hierarchie der Vorgesetzten

Die Unternehmensleitung kann Führungsfunktionen selber wahrnehmen, sie kann sie aber auch auf ihre angestellten Vorgesetzten übertragen. Je nach Unternehmensgröße und ihrem organisatorischen Aufbau unterscheidet man 4 Führungsebenen mit hierarchisch gestaffelten Führungskompetenzen:

Führungsebene	Aufgaben	Beispiele
1. oberste Führungskräfte: Topmanagement	Träger der Unternehmenspolitik; verantwortlich für Unternehmenserfolg im Sinne der Zielsetzung.	Unternehmer; Vorstandsmitglieder; Geschäftsführer.
2. obere Führungskräfte: Oberes Management	Sie erhalten von der Ebene 1. allgemeine Aufträge zur selbstständigen Durchführung und Verantwortung.	Werksleiter; Hauptabteilungsleiter; Bevollmächtigte; Prokuristen.
3. mittlere Führungskräfte: Mittleres Management	Sie erhalten von 2. spezielle Aufträge zur weitgehend selbstständigen Erledigung und Verantwortung.	Betriebsleiter; Abteilungsleiter; Obermeister.
4. untere Führungskräfte: Unteres Management	Sie erhalten von 3. Aufgaben mit begrenztem Kompetenz- und Verantwortungsbereich.	Meister; Schichtmeister; Gruppenleiter; Vorarbeiter.

Vielfach sind nur drei Ebenen vorgesehen. Die zweite und dritte Ebene werden zu einer Ebene zusammengefasst (Lean-Gedanke).

Die in den einzelnen Führungsebenen wahrzunehmenden Aufgaben werden in der Regel in Stellenbeschreibungen festgelegt.

9.1.2 Autorität des Vorgesetzten

Jede Führung braucht Autorität. Ob ein Vorgesetzter eine Autorität darstellt, entscheiden seine Mitarbeiter. Wenn sie ihn anerkennen, respektieren, seine Weisungen widerstandslos und freiwillig befolgen, wenn er sich mühelos durchsetzen kann, dann ist die zur erfolgreichen Führung unerlässliche Autorität gegeben. Autorität kann gegebenenfalls durch Macht und Machtmittel wie Befehl, Zwang, Strafe usw. erzwungen werden. Einen Vorgesetzten, der sich dieser Mittel bedient, bezeichnen wir als autoritär. Autorität kann aber auch auf Vertrauen, fachlicher Kompetenz, Überzeugungsfähigkeit usw. beruhen. Zweifelsohne ist eine solche Autorität einer durch Machtmittel erzwungenen Autorität überlegen. Man kann folgende Formen der Autorität unterscheiden:

Der Vorgesetzte 9.1

Persönliche Autorität

Sie setzt eine Reihe wichtiger Eigenschaften voraus, von denen beispielhaft genannt seien:

- Gerechtigkeit und faires Verhalten,
- Beständigkeit und Berechenbarkeit,
- Sicherheit im Auftreten und in den Entscheidungen,
- Verantwortungsbereitschaft,
- Kontaktfähigkeit und mitmenschliches Verhalten,
- Hilfsbereitschaft,
- Vorbild.

Die persönliche Autorität verschafft dem Vorgesetzten die Achtung seiner Mitarbeiter aufgrund seiner Persönlichkeit.

Fachliche Autorität

Der Vorgesetzte muss über hervorragende fachliche Kenntnisse, Fertigkeiten und Erfahrungen verfügen und in der Lage sein die Einzelleistungen seiner Mitarbeiter zu koordinieren, zu optimieren und zu einer hohen Gesamtleistung zusammenzuführen. Hinzukommen müssen weitere betriebs- bzw. fachbezogene Fertigkeiten wie z. B.

- gute Menschenkenntnis,
- optimale Mitarbeiterführung,
- pädagogisch richtige Arbeitsunterweisung.

Die fachliche Autorität, die übrigens oft mit der persönlichen Autorität zusammengefasst wird, verschafft dem Vorgesetzten die Achtung seiner Mitarbeiter aufgrund seines überlegenen Wissens und Könnens.

Betriebliche Autorität

Darunter verstehen wir die dem Vorgesetzten vom Betrieb verliehene Dienstgewalt (Amtsautorität). Der Vorgesetzte wird mit Rechten, Pflichten, Verantwortung, Kompetenzen, Machtmitteln usw. ausgestattet, die er kraft seiner betrieblichen Position wahrnimmt. Außer durch Übertragung der betrieblichen Dienstgewalt kann der Betrieb die Wirksamkeit seiner Vorgesetzten durch weitere Maßnahmen erhöhen, indem er z. B.

- Art und Umfang der Rechte, Pflichten, Kompetenzen in schriftlicher Form festlegt (Stellenbeschreibungen) und öffentlich bekannt macht;
- den Vorgesetzten vorbehaltlos unterstützt;
- ihm evtl. Vergünstigungen und Vorteile einräumt, die die übrigen Mitarbeiter nicht erhalten (sog. betriebliche Prestigepflege).

9 Personalführung

Die betriebliche Autorität soll dem Vorgesetzten die Achtung seiner Mitarbeiter aufgrund seiner Position und Stellung im Betrieb verschaffen. Wichtiger als die betriebliche Autorität sind die persönliche und fachliche Autorität. Sind sie vorhanden, kann der Vorgesetzte auf die betriebliche Autorität mehr oder weniger verzichten. Das wäre im umgekehrten Fall dagegen nicht denkbar.

Aufgaben

1. Geben Sie eine kurze Definition für persönliche, fachliche, betriebliche Autorität.
2. Durch wen und wie wird entschieden, ob ein Vorgesetzter über persönliche und fachliche Autorität verfügt?
3. Wie kann der Betrieb die Wirksamkeit seiner Vorgesetzten unterstützen?
4. Ist das, was wir „betriebliche Prestigepflege" nennen, nach Ihrer Meinung ein geeignetes Mittel zur Unterstützung des Vorgesetzten durch den Betrieb?
5. Welche Mittel der betrieblichen Prestigepflege könnte ein Betrieb ggf. einsetzen?
6. Was können Sie als Vorgesetzter für die „persönliche Prestigepflege" tun?
7. Nennen Sie aus der Sicht Ihres Unternehmens beispielhaft Aufgaben, die Führungskräfte der 4 verschiedenen Führungsebenen wahrnehmen.
8. Nehmen Sie eine Zuordnung der Vorgesetzten Ihres Unternehmens zu den 4 verschiedenen Führungsebenen vor.

9.2 Der Mitarbeiter

Vorgesetzte und Mitarbeiter, Führende und Geführte sind Menschen mit allen ihren individuellen Eigenschaften und Verhaltensweisen.

Die Leistung eines Menschen ist abhängig von der Leistungsfähigkeit und der Leistungsbereitschaft. Die Leistungsfähigkeit führt zum Können; die Leistungsbereitschaft zum Wollen. Das nachfolgende Schaubild verdeutlicht den Zusammenhang:

Komponenten menschlicher Leistung

Unter **Können** wird die vorhandene körperliche und geistige Leistungsfähigkeit des Menschen verstanden, d. h. seine Kenntnisse, Fertigkeiten, Verhaltensweisen, die er in seinem bisherigen Leben durch die Förderung seiner Anlagen in Familie, Schule, Berufsausbildung, beruflicher Fortbildung, beruflicher und allgemeiner Lebenserfahrung usw. erworben hat.

Körperliche und geistige Leistungsfähigkeit mögen noch so hoch entwickelt sein, wenn der Mensch keine Leistungsbereitschaft zeigt, wird er keine Leistung vollbringen. Das **Wollen** des Menschen hängt von den Beweggründen für sein Handeln ab, die wir auch Motive nennen. Der Mitarbeiter wird nur zu einer hohen Leistung bereit sein, wenn seine Motive, Bestrebungen und Erwartungen im Betrieb erfüllt werden. Es sei schon an dieser Stelle darauf hingewiesen, dass die Erwartungen, die der Mitarbeiter heute an die Führung stellt, auch Fragen der Führungsorganisation wie Führungssystem, Führungsstile, Weisungsformen, Führungstechniken und Führungsmittel einschließen, sich also insgesamt sehr komplex darstellen.

Der Vorgesetzte wird bemüht sein seinen Mitarbeitern zu guten betrieblichen Leistungen zu verhelfen. Dazu gehören, wie für ihn selbst, so auch für seine Mitarbeiter, der Erwerb und die ständige weitere Ausbildung von **Schlüsselqualifikationen**[1] wie

- **Fachkompetenz:** Fähigkeit, eine qualifizierte berufliche Tätigkeit auszuüben, die insbesondere selbstständiges Planen, Durchführen und Kontrollieren einschließt.
- **Methodenkompetenz:** Fähigkeit, selbstständig Lern- und Lösungswege zu finden und anzuwenden.
- **Sozialkompetenz:** Fähigkeit, mit anderen Menschen kooperativ zusammenzuarbeiten, Hilfsbereitschaft und Einfühlungsvermögen zu verwirklichen.
- **Mitwirkungskompetenz:** Fähigkeit, den eigenen Arbeitsplatz, die eigene Arbeitsaufgabe, die Aufgaben der Arbeitsgruppe und auch betriebliche Anliegen der Mitarbeiter mitzugestalten.
- **Ichkompetenz, Persönlichkeitskompetenz:** Fähigkeit, Verantwortungsbereitschaft, Selbstsicherheit, Toleranz, Entscheidungsfähigkeit u. a. zu verwirklichen.
- **Umweltkompetenz:** Fähigkeit, umweltgerechtes Verhalten zu praktizieren.

Der Erwerb und die weitere Ausbildung der Schlüsselqualifikationen schließt auch die Verpflichtung und Bereitschaft zu ständiger beruflicher Weiterbildung ein. Die Forderung lautet: lebenslanges Lernen!

Für ein erfolgreiches Wirken des Vorgesetzten ist andererseits auch eine gewisse Menschenkenntnis, d.h. die Kenntnis vom Verhalten der Mitarbeiter und den Beweggründen für ihr Handeln, hilfreich und daher wichtig.

---

1   nach Hambusch, Personal- und Ausbildungswesen, Darmstadt, 9. Aufl. 1995, Seite 223

9.2.1 Mitarbeiterkenntnis

Da die Menschen hinsichtlich ihres Verhaltens, Temperaments, Wollens usw. sehr unterschiedlich sind, liegt der Schlüssel zum Verständnis eines Mitarbeiters nur in einer individuellen Betrachtungsweise. Dennoch wird immer wieder versucht bestimmte Gemeinsamkeiten für eine Gruppe von Menschen herauszufinden und dem Vorgesetzten empfohlen sein Verhalten an diesem „typischen" Mitarbeiterverhalten zu orientieren. Es stellt sich allerdings die Frage, ob man das „typische Verhalten" eines Mitarbeiters losgelöst von der Situation, den äußeren Umständen, der Arbeitsaufgabe, ja auch dem Verhalten seines Vorgesetzten sehen kann. Daher muss eindringlich davor gewarnt werden, aus den typischen Verhaltensweisen, die die Mitarbeitertypologien in der Regel beschreiben, rezepthaft Schlüsse für die Mitarbeiterführung abzuleiten.

9.2.1.1 Menschen- und Mitarbeitertypen

Der Versuch, die Menschen in Typen einzuteilen, ist sicher so alt wie die Menschheit selbst. Erwähnt seien die 12 Tierkreiszeichen Löwe, Jungfrau usw. oder die 4 Temperamentstypen Sanguiniker, Choleriker, Melancholiker und Phlegmatiker – Einteilungen, die älter als 2000 Jahre sind und als vorwissenschaftliche Typologien bezeichnet werden. Ihnen gesellen sich Typologien von Kretschmer, C. G. Jung und Eduard Spranger u. a. als mehr oder weniger wissenschaftliche Typologien zu.

Kretschmer unterscheidet leptosome, pyknische und muskuläre (athletische) Typen. Von C. G. Jung stammt die Einteilung der Menschen in introvertierte (nach innen gerichtete) und extravertierte (nach außen gerichtete) Typen. Eduard Spranger schließlich unterscheidet den theoretischen, ökonomischen, ästhetischen, sozialen, nach Macht strebenden und religiösen Typ.

Von den Typologien, die dem Vorgesetzten im Betrieb vielleicht zur besseren Menschenkenntnis verhelfen können, scheinen die Vorschläge von Heinz Dirks brauchbar. Dirks unterscheidet 6 Mitarbeitertypen, die er wie folgt charakterisiert:

a) Der sachlich Selbstsichere
b) Der Gutmütige
c) Der Pedant
d) Der Geltungsbedürftige
e) Der Unbekümmerte
f) Der Unzufriedene

Dirks beschreibt in seinem Buch „Zeitgemäße Menschenführung" (München) diese Typen ausführlich und entwickelt vor allem drei Verhaltensschemata für die Behandlung dieser Mitarbeitertypen in 3 charakteristischen Situationen, die nachstehend wiedergegeben werden:

Verhaltensschema „Aufnahme einer neuen Arbeit"

Typus	Reaktionsweise	Erlebnishintergrund
Der sachlich Selbstsichere	Zuversicht	„Da werde ich schon etwas leisten."
Der Gutmütige	Bereitschaft zum Mitmachen	„Bei dem Vorgesetzten wird es schon klappen."
Der Pedant	Orientierung an der Anordnung	„Wenn ich erst die Vorschriften kenne, schaffe ich das."
Der Geltungsbedürftige	übertriebene Sicherheit	„Die sollen mal sehen, was ich kann."
Der Unbekümmerte	lässiges Selbstvertrauen	„Das werden wir schon schmeißen."
Der Unzufriedene	verhaltene Skepsis	„Hoffentlich ist hier alles in Ordnung."

Verhaltensschema „Kritik und Tadel"

Typus	Reaktionsweise	Erlebnishintergrund
Der sachlich Selbstsichere	sachliche Einsicht	„Der Fehler sollte mir eigentlich nicht passieren."
Der Gutmütige	Schuldbewusstsein	„Er hat Recht, wenn er mich tadelt."
Der Pedant	Berufung auf die Regeln	„Ich habe mich bemüht die Vorschrift einzuhalten."
Der Geltungsbedürftige	Empfindlichkeit	„*Mir* kann solch ein Fehler nicht passieren. Das muss ein Missverständnis sein."
Der Unbekümmerte	vage Ausrede	„So schlimm ist das gar nicht."
Der Unzufriedene	Verärgerung	„Ich muss immer herhalten."

Verhaltensschema „Meinungsverschiedenheit"

Typus	Reaktionsweise	Erlebnishintergrund
Der sachlich Selbstsichere	ruhiges Vertreten der eigenen Ansicht	„Meine Argumente sind stichhaltig."
Der Gutmütige	emotionale Beeinflussbarkeit	„Er wird schon Recht haben."
Der Pedant	formale Selbstbehauptung	„Nach der Vorschrift bin ich im Recht."
Der Geltungsbedürftige	aggressives Sichdurchsetzenwollen	„Das weiß *ich* besser."
Der Unbekümmerte	unbegründete, impulsive Argumentation	„Selbstverständlich ist das so, wie ich sage."
Der Unzufriedene	negativ gefärbte Meinung	„Natürlich, mir gibt man immer Unrecht."

Eine ausführliche Darstellung der Menschentypen findet sich in dem Buch von Spieth, Rudolf: „Erfolg durch Menschenkenntnis" (München).

9.2.1.2 Persönlichkeitsbild vom Mitarbeiter

Statt auf Mitarbeitertypologien wird in neuerer Zeit stärker auf Persönlichkeitstheorien vom Mitarbeiter abgestellt. Man versucht nach ihnen auch Führungskonzepte und Führungsstile auszurichten.

Bekannt und in der Diskussion sind im Wesentlichen folgende drei Theorien:

a) **Der Mensch als Homo oeconomicus**
   Nach der klassischen Organisationstheorie ist der Mensch ein rein rationales Wesen, für das ausschließlich materielle Anreize als Antriebsmittel zählen. Persönliche Wünsche und Erwartungen treten dahinter zurück.

b) **Der Mensch als soziales Wesen**
   Nach diesem Menschenbild sind es soziale Bedürfnisse, die beim Menschen an erster Stelle stehen. Erst durch die Beziehungen zu anderen Menschen erhält das Individuum seine Identität. Ausschließlich immaterielle Anreize wirken auf den Menschen.

c) **Der Mensch als differenziertes Wesen**
   Diese moderne Persönlichkeitstheorie lehnt die beiden vorgenannten Auffassungen als einseitig und zu einfach ab. Vielmehr ist der Mensch außerordentlich vielschichtig angelegt und wird in hohem Maße von der Umwelt in unterschiedlicher Weise geprägt. Daher müssen auch sehr differenzierte Bedürfnisstrukturen berücksichtigt werden.

Dieser letzte Ansatz ist auch Ausgangspunkt für einige Motivationstheorien, z. B. von Maslow, McGregor und Herzberg.

9.2.2 Mitarbeitermotivation

9.2.2.1 Grundlagen

Motive sind Beweggründe für menschliches Handeln. Sie gehen auf Bedürfnisse zurück. Bedürfnisse lösen ein Mangelgefühl aus. Wird der Mangel bewusst, ist man bestrebt Aktivitäten zu entfalten, um den Mangel zu beseitigen.

Motive sind selten direkt zu erkennen. Nur aus den gezeigten Aktivitäten des Mitarbeiters, also aus seinem Verhalten, kann man auf bestimmte Motive, Bedürfnisse, Interessen, Erwartungen schließen. Wenn wir z. B. sehen, dass ein Mensch in einer Gastwirtschaft große Mengen Alkohol konsumiert (Verhalten), kann das verschiedene Beweggründe haben: Durst, Ärger, Langeweile, Trauer, Freude, Gewohnheit u. a. (Motive).

Der Mitarbeiter 9.2

Wir können den **Motivationsprozess** wie folgt darstellen:

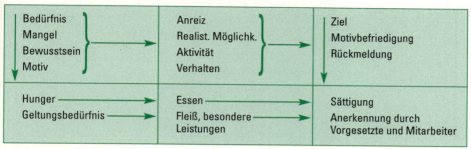

Motivationsprozess

Um das Verhalten, das mit Anstrengungen verbunden ist, auszulösen, müssen folgende Bedingungen vorliegen:

- Das Ziel muss erstrebenswert sein (Motivstärke),
- ein Anreiz als auslösender Faktor muss vorhanden sein,
- das Ziel muss erreichbar sein (Realisierungschance).

Ist ein Bedürfnis/Motiv befriedigt, gehen von ihm keine Antriebskräfte mehr aus, bis sich das Mangelgefühl erneut einstellt. Das bezieht sich hauptsächlich auf die physiologischen Bedürfnisse Essen, Trinken, Schlafen, Kleidung usw. Die psychologischen Bedürfnisse sind dagegen eher permanente Bedürfnisse, die ständig von neuem auftreten und befriedigt werden möchten, z. B. die sozialen und die ichbezogenen Bedürfnisse Anerkennung, Lob, soziale Kontakte, Wertschätzung usw.

9.2.2.2 Motivationstheorie von A. H. Maslow

Der Begründer der (wissenschaftlichen) Motivationslehre ist der Amerikaner Maslow. Er hat in einer „Bedürfnispyramide" eine „Hierarchie der menschlichen Bedürfnisse" aufgestellt (siehe S. 214).

- Stufe 1: **Physiologische Bedürfnisse,** z. B. Hunger, Durst, Nahrung, Wärme, Bewegung, Erholung, Schlaf, Sexualität
- Stufe 2: **Sicherheitsbedürfnisse,** z. B. allgemeines Schutzbedürfnis, materielle Sicherheit. Sicherheit des Arbeitsplatzes, Versicherungen, Altersvorsorge
- Stufe 3: **Soziale Bedürfnisse,** z. B. Kontakte zu anderen Menschen und Gruppen
- Stufe 4: **Ichbezogene Bedürfnisse,** z. B. Wertschätzung, Anerkennung, Macht, Titel, Statusdenken
- Stufe 5: **Bedürfnisse der Selbstverwirklichung,** z. B. Persönlichkeitsentwicklung, Eigengestaltung, Selbstständigkeit

9 Personalführung

Bedürfnispyramide

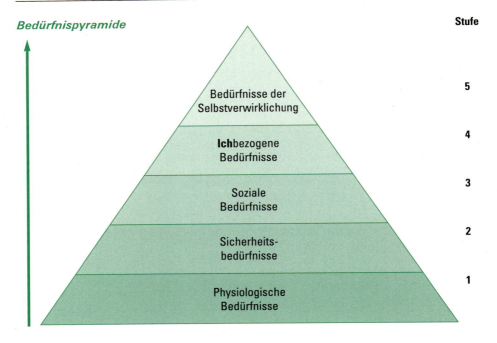

Man kann davon ausgehen, dass die Bedürfnisse der Stufen 1, 2 und 3 weitgehend befriedigt sind; ebenso Teile der Bedürfnisse 4. Ansatzpunkte für die betriebliche Motivation sind vorwiegend in den Stufen 4 und 5 zu finden.

Maslow bezeichnete die Bedürfnisse der Stufen 1 bis 4 als **Mangelbedürfnisse**, die Bedürfnisse der Stufe 5 als **Wachstumsbedürfnisse**.

9.2.2.3 Zweifaktorentheorie von F. Herzberg

Die Maslow'sche Theorie wurde u. a. von F. Herzberg weiterentwickelt. Dieser stellte in zahlreichen Untersuchungen in amerikanischen Betrieben fest, dass es für die Zufriedenheit und Unzufriedenheit eines Mitarbeiters unterschiedliche Gründe gibt. Er unterschied dabei zwei Arten von Faktoren:

a) **sog. Hygienefaktoren, Unzufriedenmacher, Vermeidungsbedürfnisse,** zu denen er eine schlechte Unternehmensorganisation, eine mangelhafte Führung, untaugliche Vorgesetzte, unzureichende zwischenmenschliche Beziehungen unter den Mitarbeitern, ungünstige Arbeitsbedingungen, schlechte Entlohnung zählt. Findet der Mitarbeiter diese ungünstigen Arbeitsverhältnisse vor, ist er unzufrieden. Werden sie abgestellt, ist seine Unzufriedenheit zwar aufgehoben, ohne gleichzeitig zufrieden zu sein. Er erwartet vielmehr als selbstverständliche Voraussetzung, dass die Arbeitsbedingungen in Ordnung sind. Eine nennenswerte Motivation geht davon aber noch nicht aus.

b) **sog. Motivatoren, Zufriedenmacher, Entfaltungsbedürfnisse.** Zu den Motivatoren zählen eine interessante Arbeitsaufgabe; Selbstverwirklichungsmöglichkeiten durch Leistung, Verantwortung, betrieblichen Aufstieg; Anerkennung der Leistung durch Vorgesetzte; gute Bezahlung. Sie sind nach Auffassung Herzbergs vorrangig in der Lage, einen Mitarbeiter zu einer hohen Arbeitsleistung nachhaltig zu motivieren.

Die Theorie von Herzberg, die durch betriebliche Untersuchungen abgesichert ist, scheint geeignet zur Motivation der Mitarbeiter in den Betrieben beizutragen, wenn man ihnen eine anspruchsvolle selbstständige Aufgabe verantwortlich überträgt, gute Leistungen anerkennt, innerbetrieblichen Aufstieg und damit Selbstentfaltungsmöglichkeiten einräumt.

9.2.2.4 X- und Y-Theorie von McGregor

Zu den Motivationstheorien, die einen größeren Bekanntheitsgrad erreicht haben, gehören auch die X- und Y-Theorie des amerikanischen Betriebspsychologen McGregor, die über ein unbewiesenes Denkmodell allerdings nicht hinausgehen. Zur Erklärung dieser beiden Theorien stellt man sich am besten einen Manager vor, der seine Mitarbeiter in bestimmter Weise einschätzt und daraus seine Führungskonsequenzen zieht.

Der **Manager im X-Modell** sieht seine Mitarbeiter als von Natur aus faul, passiv, wenig interessiert, leistungsunwillig, verantwortungsscheu, aufsässig usw. an. Daher muss der Vorgesetzte den Mitarbeiter autoritär führen, ihm detaillierte Anweisungen erteilen, ihn loben, strafen, streng überwachen und kontrollieren. Mitdenken ist nicht erwünscht.

Dagegen sieht der **Manager im Y-Modell** seine Mitarbeiter grundlegend anders: Sie sind nicht von Natur aus faul; Trägheit ist bestenfalls das Ergebnis des X-Führungsstils. Der Mitarbeiter ist vielmehr interessiert, verantwortungsbereit, Arbeit macht ihm Freude, er kann sich selbst Ziele setzen und wirkungsvoll motivieren. Daher empfiehlt McGregor – sicher ein wenig wirklichkeitsfremd –, den Y-Stil dadurch zu praktizieren, dass die Ziele des Unternehmens und der Mitarbeiter deckungsgleich gestaltet werden und auf jegliche Kontrolle verzichtet wird.

9.2.2.5 Schlussfolgerungen/Motivationsanalyse

Aus den hier dargestellten und anderen Motivationslehren hat die Praxis Schlussfolgerungen gezogen und Bedürfnisse, Bestrebungen, Interessen und Erwartungen des arbeitenden Menschen im Betrieb abgeleitet. Eine Liste solcher Wünsche könnte etwa enthalten:

Wunsch nach Sicherheit, sozialer Geltung, beruflicher Fortbildung, selbstständiger und verantwortungsvoller Arbeitsaufgabe, Anerkennung, gutem Gehalt, gutem Betriebsklima, betrieblichem Aufstieg, Altersversorgung, geregelter Arbeit und Freizeit.

Für den Vorgesetzten liegt die Chance und „Kunst" des Motivierens darin, die unterschiedlichen Motive eines jeden Mitarbeiters zu erkennen und zu versuchen seine Wünsche und Erwartungen auf die betrieblichen Möglichkeiten abzustimmen. Es gibt Vorgesetzte, die zu diesem Zweck für jeden Mitarbeiter in einer **Motivationsstudie** Art und Stärke der einzelnen Motive auflisten und gleichzeitig Mittel und Wege vermerken, die geeignet sind die Motive der Mitarbeiter angemessen zu berücksichtigen, etwa nach dem folgenden Schema:

Motive	Motivstärke						Motivationsmittel
	schwach		mittel		stark		
	0	1	2	3	4	5	
1.	x						
2.						x	
3.				x			

Motivationsanalyse

Gehen wir davon aus, dass zur Vollbringung einer Leistung eine gewisse Leistungsbereitschaft, also ein bestimmtes Maß an Motivation gegeben sein muss, so sind zwei Möglichkeiten denkbar:

a) Entweder ist das gesamte notwendige Maß an Motivation beim Mitarbeiter schon vorhanden **(intrinsische Motivation).** Dann braucht nicht zusätzlich von außen motiviert zu werden, um die Leistung herbeizuführen.

b) Zeigt der Mitarbeiter dagegen keine oder keine ausreichende intrinsische Motivation, muss der Vorgesetzte Leistungsanreize von außen an ihn herantragen **(extrinsische Motivation).**

Intrinsische Motivation, auch primäre und manchmal direkte Motivation genannt, ist eine Motivation um der Sache willen und von der Sache her.
Extrinsische Motivation, auch sekundäre und manchmal indirekte Motivation genannt, ist eine Motivation, die eher gewisser Vorteile wegen Antriebskräfte mobilisiert. Es ist ein Irrtum, anzunehmen, dass in Zeiten, in denen die Mitarbeiter um ihren Arbeitsplatz bangen müssen, sie sich auch ohne Motivation voll für die Belange des Betriebes einsetzen. Im Gegenteil: der Mitarbeitereinsatz unter schwierigeren Bedingungen erfordert mehr Motivation!

9.2.3 Der Mitarbeiter in der Gruppe

Einfluss auf die Personalführung nimmt auch die Gruppenbildung im Betrieb. Unter einer Gruppe verstehen wir den Zusammenschluss von mehreren Personen (mindestens 2), die ein gemeinsames Ziel oder gemeinsame Interessen haben, deren Zusammenschluss auf eine gewisse Dauer angelegt ist, die den Wunsch nach Kommunikation und Interaktion haben und ein „Wir-Gefühl" entwickeln.

Von den vielen Gruppenarten, die unterschieden werden, sind für uns wichtig:

a) **die formellen Gruppen**
   Sie werden aufgrund der organisatorischen Notwendigkeiten eines Betriebes von der Geschäftsleitung gebildet. An der Spitze steht der eingesetzte Gruppenleiter (formeller Führer). Diese „Pflichtgruppe" hat eine bestimmte Arbeitsaufgabe im Rahmen der betrieblichen Arbeitsteilung zu erfüllen, z. B. 1 Meister und 10 Mitarbeiter in einer Betriebsabteilung.

b) **die informellen Gruppen**
   Hierbei handelt es sich um spontane und freiwillige Gruppenbildungen innerhalb einer oder mehrerer formeller Gruppen aufgrund persönlicher zwischenmenschlicher Beziehungen (Human Relations), Sympathien, gemeinsamer Interessen und sonstiger gemeinschaftsbildender Faktoren. Vielfach kristallisiert sich auch ein Wortführer heraus (informeller Führer), der die Interessen der informellen Gruppe gegenüber Vorgesetzten, Geschäftsleitung, anderen Gruppen usw. vertritt. Wir bezeichnen die informelle Gruppe auch als „Neigungsgruppe".

Für den Vorgesetzten ist die Kenntnis von den zwischenmenschlichen (informellen) Beziehungen seiner Gruppenmitglieder wichtig. Er kann sie durch sorgfältige Beobachtung (auch in den Arbeitspausen), Gespräche oder auch durch eine Befragung, z. B. „Mit wem arbeiten Sie am liebsten zusammen?" und „Mit wem arbeiten Sie besonders ungern zusammen?" feststellen.

Das Ergebnis dieser Feststellungen, das man üblicherweise in einem **Soziogramm** oder einer **Soziomatrix** verdeutlicht, sagt dem Vorgesetzten:

- Wer ist der informelle Führer?
- Wie ist das Verhältnis zwischen informellem und formellem Führer?
- Wer sind die Isolierten, Einsamen in der Gruppe?
- Wie sind Stellung, Beliebtheitsgrad, Bedeutung der einzelnen Mitarbeiter in der Gruppe?
- Liegen negative Cliquenbildungen vor?

Unter einem **Team** verstehen wir eine Gruppierung von Menschen mit partnerschaftlichem Verhalten, die gut zusammenarbeiten und den betrieblichen Frieden nicht stören.

Dagegen ist eine (negative) **Clique** eine Gruppierung von Menschen, die sich nach außen hin abkapselt, Mitglieder anderer Gruppen ablehnt, gegen die Interessen der Gruppe arbeitet, sich Anordnungen des Vorgesetzten widersetzt und überwiegend egoistische Ziele verfolgt. Meistens stellt sie in der Gruppe einen aktiven Störfaktor dar.

Im allgemeinen Sprachgebrauch versteht man unter einer Clique auch einen Zusammenschluss mehrerer Menschen mit durchaus positiver Zielsetzung. Insoweit ist es vielleicht zweckmäßig, von positiver und negativer Clique zu sprechen.

Team und Clique sind ebenfalls informelle Gruppen. Die Bildung informeller Gruppen im Betrieb kann und sollte auch nicht verhindert werden, weil sie auch für den Betrieb wichtige Aufgaben übernehmen. Zum Beispiel führen sie einen neuen Mitarbeiter relativ reibungslos in die Gruppe und damit in das Betriebsgeschehen ein, geben ihm Sicherheit, Geborgenheit und vermitteln ihm das Gefühl der Zugehörigkeit.

Aufgaben

1. Informieren Sie sich über die 4 Temperamentstypen und beurteilen Sie, ob Ihnen das Wissen um diese Typologie zur besseren Menschenkenntnis und Mitarbeiterführung verhilft.
2. Informieren Sie sich ebenfalls über die 6 „Lebensformen" von Eduard Spranger, überprüfen Sie sie auf ihre Vollständigkeit und beurteilen Sie ihren Nutzen für die praktische Menschenführung.
3. Welchem der Menschentypen von H. Dirks würden Sie sich am ehesten zurechnen? Beachten Sie, dass es mehr Mischtypen als „reine" Typen gibt.
4. Sie kennen sicher einen schüchternen Menschen! Überlegen Sie, wie Sie als Vorgesetzter bei diesem Menschen wohl die Führungsmittel Anerkennung und Lob bzw. Kritik und Tadel anwenden würden.
5. Stellen Sie den im Text aufgeführten Wünschen der Mitarbeiter geeignet erscheinende Motivationsmittel gegenüber.
6. Erstellen Sie selbst einen Katalog von Bedürfnissen und Wünschen, von denen Sie glauben, dass die Mitarbeiter deren Beachtung durch Vorgesetzte erwarten.
7. Welche Bedeutung messen Sie der Bezahlung als Motivationsmittel bei? Ist Geld ein „direktes" oder „indirektes" Motivationsmittel?
8. Fertigen Sie für sich selbst eine Motivationsanalyse an und vermerken Sie darin Ihre Motive und die Motivstärken.
9. Was sind und wie entstehen formelle und informelle Gruppen?
10. Welche Bedeutung haben informelle Gruppen für den Betrieb?
11. Was bedeutet es für den formellen Führer, wenn er ein gutes (alternativ: schlechtes) Verhältnis zum informellen Führer hat?

9.3 Führungskonzeptionen

Unter Führungskonzeptionen wird verstanden:

a) Führungssysteme
Das Führungssystem, ein Begriff aus der Aufbauorganisation, legt die Organisationsform eines Betriebes fest. Das Führungssystem wird hier speziell unter dem Gesichtspunkt der Weisungsbefugnis des Vorgesetzten, des Informationsflusses sowie des Dienst- und Meldeweges gesehen. (Zu diesem Thema siehe auch Kap. 1.6 „Bedeutung und Einordnung des Personalwesens".)

b) Weisungsformen
Hier geht es um die Art und Weise, wie der Vorgesetzte Weisungen und Instruktionen an seine Mitarbeiter erteilt.

c) Führungsstile und Führungsverhalten
Der Führungsstil umschreibt im engeren Sinne die „Umgangsformen" zwischen dem Vorgesetzten und seinen Mitarbeitern, d. h. die Art und Weise der persönlichen Einflussnahme des Vorgesetzten auf das Verhalten seiner Mitarbeiter. In diesem Zusammenhang wird auch vielfach die Effizienz des Führungsstils und das Führungsverhalten des Vorgesetzten in Abhängigkeit von verschiedenen Einflussfaktoren untersucht.

Die Trennung zwischen Führungsstil, Führungstechniken, Führungsmitteln ist nicht immer eindeutig; es gibt hier vielfach Überschneidungen.

9.3.1 Führungssysteme

Unter Führungssystem verstehen wir die Organisationsform eines Betriebes. Klassische Organisationsformen sind das patriarchalische System, Liniensystem, Funktionssystem und das Stab-Linien-System, von denen es neben den reinen Formen auch Mischformen gibt. Diese Formen sind grundsätzlich nach dem hierarchischen Prinzip aufgebaut. An neueren Organisationsformen kommen infrage die Matrixorganisation, die divisionale (Sparten-)Organisation, das Produkt- und Projektmanagement, Profitcenter und die Gruppenorganisation. Die modernen Formen versuchen bessere Voraussetzungen für die Anwendung des kooperativen Führungsstils zu schaffen.

9.3.1.1 Klassische Organisationssysteme

a) Patriarchalisches System
In diesem Führungssystem finden wir die stärkste Ausprägung des autoritären Führungsstils durch den höheren Vorgesetzten (Unternehmer, Patriarch). Die-

ser kann jederzeit in den Entscheidungsbereich der ihm unterstellten Vorgesetzten eingreifen. Dabei werden die einzelnen Instanzen einfach übergangen und deren Vorgesetzte brüskiert. Der unmittelbare Vorgesetzte erfährt häufig erst durch seinen Mitarbeiter, dass der höhere Vorgesetzte sich eingeschaltet hat.

Nachteile dieses Systems sind:

- Ein Mitarbeiter muss von mehreren Vorgesetzten Weisungen entgegennehmen.
- Autoritätsuntergrabungen bei unteren Vorgesetzten durch höhere Vorgesetzte sind an der Tagesordnung.
- Was ein Mitarbeiter bei seinen unteren Vorgesetzten nicht durchsetzen kann, gelingt ihm möglicherweise bei dem nächsthöheren Vorgesetzten (z. B. Urlaubsgesuch).

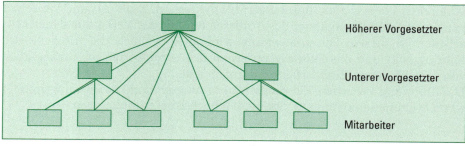

Das patriarchalische System

b) Liniensystem

Im Gegensatz zum Patriarchalsystem ist bei diesem Organisationssystem eine genaue Kompetenzabgrenzung mit eindeutig geregelten Rechten und Pflichten möglich.

Dieses System besitzt den Vorteil, dass jeder Mitarbeiter nur einen weisungsbefugten Vorgesetzten hat und dass ein straffer, überschaubarer Füh-

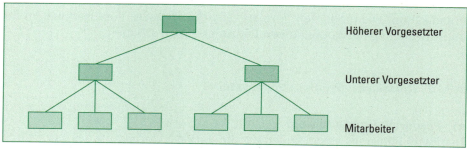

Das Liniensystem

rungsaufbau vorliegt. Durch die zentrale Leitung ist auch die Durchsetzung aller betrieblichen Interessen erleichtert.

An Nachteilen sind dagegen zu nennen:

- Die Vorgesetzten sind stark belastet, da sie fast alles können, wissen und entscheiden müssen.
- Je größer der Betrieb, umso schwerfälliger die Entscheidungen.
- Vor allem in größeren Betrieben gibt es relativ lange Instanzenwege.

Aus diesem Grunde eignet sich dieses System auch nur für kleinere, überschaubare Betriebe.

c) Funktionssystem

Der Nachteil des Liniensystems, dass Vorgesetzte alles können, wissen und entscheiden müssen, wird durch das Funktionssystem, das auf F. W. Taylor zurückgeht, ausgeglichen. Taylor sah in dem Liniensystem aufgrund der zunehmenden Industrialisierung, der Vergrößerung der Betriebe und der fortschreitenden Arbeitsteilung große Schwächen und führte für die Meisterebene ebenfalls eine Arbeitsteilung nach Funktionen durch. So entstanden Funktionsmeister, z. B. für die Maschineneinstellung, für die Fertigung, für die Kontrolle, für die Instandsetzung usw. In diesem System erteilen immer mehrere Spezialisten als Fachvorgesetzte den Mitarbeitern Weisungen.

Vorteile dieses Systems sind:

- Weisungen werden von mehreren Fachvorgesetzten (sog. Funktionsmeistern) gegeben, die auf ihrem Gebiet Spezialisten sind,
- Führungsaufgaben werden nach Funktionen aufgeteilt und sachkundiger gelöst,
- der Instanzenweg ist kürzer.

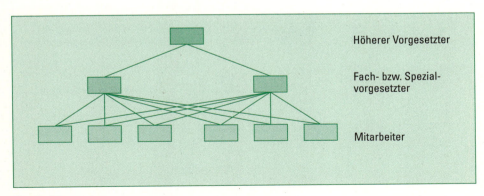

Das Funktionssystem

Diesen Vorteilen stehen aber auch Nachteile gegenüber:

- Jeder Mitarbeiter hat wiederum mehrere Vorgesetzte,
- die Fachressorts können unterschiedliches Gewicht beanspruchen und dadurch die Zusammenarbeit stören,
- Führungsaufgaben und Führungsverantwortung sind nicht teilbar.

Das vorstehend besprochene Führungssystem wird auch Funktionsmeistersystem genannt.

d) Stab-Linien-System

Das Stab-Linien-System ist eine Kombination von Liniensystem und Funktionsmeistersystem. Von diesen beiden Führungssystemen werden die Vorteile übernommen, die Nachteile bleiben draußen. So enthält das Stab-Linien-System den straffen, übersichtlichen Aufbau des Liniensystems. Auf den verschiedenen Vorgesetztenebenen, meistens nur bei den höheren Vorgesetzten, werden sog. Stabsabteilungen eingerichtet, z. B. für die Kostenüberwachung, Statistik, für Rechtsfragen usw.

Die Stabsmitarbeiter sind die Spezialisten wie im Funktionsmeistersystem. Sie werden im Auftrag der Linienvorgesetzten tätig. Sie beraten ihren Linienvorgesetzten, der nun nicht mehr alles selbst können, wissen, erarbeiten muss. Weisungsbefugt sind wie im Liniensystem nur die Linienvorgesetzten. Die Stabsmitarbeiter haben lediglich eine beratende Funktion und dürfen im Normalfall Weisungen nicht erteilen.

Vorteile sind:

- Einheitliche Führungsaufgabe und Führungsverantwortung durch die Linienvorgesetzten,
- jeder Mitarbeiter hat nur einen Vorgesetzten,
- die Stabsmitarbeiter (Spezialisten) erarbeiten Vorschläge und beraten die Linienvorgesetzten, ohne eine eigene Weisungsbefugnis zu haben.

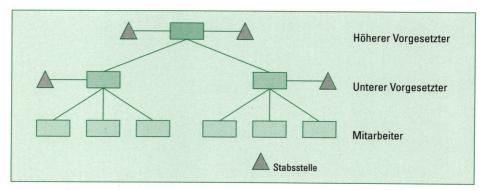

Das Stab-Linien-System

Führungskonzeptionen 9.3

Dieses System hat unter den hierarchischen Organisationsformen kaum Nachteile. Es eignet sich besonders auch für größere Betriebe und ist nach wie vor weit verbreitet. Der „Manager" ist der Linienvorgesetzte; er hat einen Stab qualifizierter Mitarbeiter (Braintrust). Alle Weisungs-, Dienst-, Melde- und Instanzwege sind gleichzeitig auch Informationswege, allerdings nur für Informationen von oben nach unten und von unten nach oben. Querinformationen und ggf. Diagonalinformationen sehen die klassischen Systeme ursprünglich nicht vor; Informationen dieser Art müssen über den ordentlichen Instanzenweg (Dienstweg) laufen, wenn nicht zusätzliche Informationswege vorgesehen werden.

9.3.1.2 Neuere Organisationssysteme

a) Matrixorganisation

Die Matrixorganisation ist zweidimensional angelegt und enthält von oben nach unten Verrichtungsstellen sowie von links nach rechts Objektstellen. Beide Dimensionen werden miteinander verbunden, beide Stellenarten sind gleichberechtigt, werden gleichzeitig zur Problemlösung herangezogen und können jederzeit miteinander kommunizieren und Informationen austauschen. Für die Lösung eines Problems wird die sonst übliche oder mögliche Hierarchie der Über- und Unterordnung aufgehoben. Das nachstehende Schaubild verdeutlicht den Zusammenhang. Drei Beispiele für eine direkte Kommunikation zwischen Verrichtungsstellen und Objektstellen wurden eingezeichnet.

	Unternehmensleitung		
Objektstelle / **Verrichtungsstellen**	Produktgruppe (Sparte) I	Produktgruppe (Sparte) II	Produktgruppe (Sparte) III usw.
Finanzierung			
Personal	●		
Einkauf			
Produktion		●	
Verkauf u. a.			●

Matrixorganisation

b) Divisionale Organisation

Durch die Divisionalisierung soll das Funktionsprinzip bei der Gliederung von Großbetrieben überwunden und durch Neugliederung nach „Divisionen", d. h. Sparten, Produktgruppen, Geschäftsbereichen u. a., abgelöst werden. Dadurch sollen kleinere überschaubare Einheiten gebildet werden mit den Vorteilen einer besseren Information und Leistungsmotivation. Die „Divisionen" sind weitgehend selbstständig und nehmen genau vorgeschriebene Funktionen oder ggf. auch alle Funktionen von der Planung bis zum Absatz wahr. Bestimmte Aufgaben, z. B. die Forschung, werden zentralisiert. Aufgabe der Unternehmensleitung ist es, die Interessen der einzelnen Sparten im Hinblick auf den angestrebten Unternehmenserfolg zu koordinieren. Eine mitunter sehr weitgehende Divisionalisierung erfolgt im Rahmen der neuen Formen der Zusammenarbeit durch die Schaffung von autonomen Betriebsbereichen (die Unternehmung wird in mehrere kleine interne Fabriken aufgeteilt), die ihrerseits wiederum mehrere teilautonome Arbeitsgruppen bilden. Nach den Erfahrungen vieler Unternehmungen, die diese organisatorischen Veränderungen vorgenommen haben, ergeben sich in Verbindung mit dem KVP im Allgemeinen große Sparpotenziale (siehe auch Kap. 7.3).

Eine Art Divisionalisierung stellen auch das **Produktmanagement, Projektmanagement** und die **Profitcenter** dar. In diesen Fällen wird eine Zusammenfassung von Teilfunktionen aus verschiedenen Grundfunktionsbereichen zu neuen Ziel-, Steuerungs- und Verantwortungsbereichen vorgenommen. **Produktmanagement** bedeutet, dass Personen oder Gruppen, hauptsächlich vom Marketing her, alle Fragen bearbeiten, die sich aus einem bestimmten Produkt (z. B. Markenartikel) oder aus einer Produktgruppe ergeben, auch Probleme aus der Produktion, Materialbeschaffung, Forschung usw. Vom Produktmanagement zu unterscheiden ist das **Projektmanagement,** das für die Lösung von Sonderaufgaben gebildet wird. Einer befristet arbeitenden Projektgruppe gehören meistens Spezialisten verschiedener Unternehmensbereiche an, die die Aufgabe haben ein in der Zielsetzung genau definiertes komplexes Problem zu lösen. Den Projektgedanken finden wir neuerdings auch in der laufenden Produktion wieder. Hier werden teilautonome Projektgruppen aus mehreren Personen unterschiedlicher Qualifikation gebildet, die an einer gemeinsamen Aufgabe, eben einem Projekt, selbstständig und eigenverantwortlich arbeiten. **Profitcenter** schließlich sind abgegrenzte Gewinnverursachungsorte, für die Mitarbeiter Verantwortung tragen, auf deren Ergebnis sie aber auch durch selbstständige Gestaltungsmöglichkeiten direkten Einfluss nehmen können. Die oben beschriebenen kleinen internen Fabriken sind meistens auch gleichzeitig Profitcenter mit einem (teil-)autonomen Status.

9.3.1.3 Struktur der Gruppenorganisation

Da die Arbeitsprozesse immer komplexer werden, sind die Unternehmungen bestrebt durch flexiblere Organisationsstrukturen den gestiegenen Anforderungen gerecht zu werden. Bei diesen Bemühungen nehmen die Gruppenorganisation und die Teamgestaltung einen breiten Raum ein. Zum Teil werden neue Organisationsformen entwickelt; zum Teil werden auch die klassischen Formen übernommen und angepasst. Im Allgemeinen werden in diesem Zusammenhang gleichzeitig flachere Organisationsstrukturen angestrebt (**Lean**-Konzept).

Führungskonzeptionen 9.3

Von den neuen Organisationsformen versprechen sich die Unternehmungen eine Reihe von Vorteilen: Für die **Mitarbeiter** z. B. eine höhere Qualifikation durch Aufgabenerweiterung (Jobenlargement), Aufgabenbereicherung (Jobenrichment) und durch häufigen Aufgabenwechsel (Jobrotation) Vermeidung einseitiger Belastungen durch zu starke Arbeitsteilung und Monotonie; hohe Motivation durch größeren Tätigkeits-, Entscheidungs-, Verantwortungs-, Mitsprache-, Mitgestaltungs- und Mitbestimmungsspielraum und dadurch im Allgemeinen auch geringere Abwesenheitsquoten.

Die **Unternehmungen** können für sich u. a. Verbesserungen der Arbeitsbedingungen, Arbeitsabläufe, Arbeitsplätze, Arbeitsumgebung; Sicherung der Produktqualität; Verbesserung der Kunden- und Lieferantenbeziehungen; Steigerung der Produktivität und damit des Unternehmenserfolges verbuchen.

Es werden einige Beispiele neuer Organisationsstrukturen erläutert, die sich in den letzten Jahren herausgebildet und in der Praxis bewährt haben:

❶ **Beispiel für eine flachere Organisationsstruktur**
Zur Ablösung älterer, konventioneller Formen mit 8 oder mehr Führungs- bzw. Vorgesetztenebenen (Beispiel: Bereichsleiter, Werksleiter, Fertigungsleiter, Leiter der Fertigungsdurchführung, Werkstättenleiter, Betriebsingenieur, Obermeister, Meister, Vorarbeiter, Einrichter, Mitarbeiter).

Wenn möglich, beschränkt man sich im Rahmen der modernen Gruppenorganisation auf 4 oder gar nur 3 Ebenen:

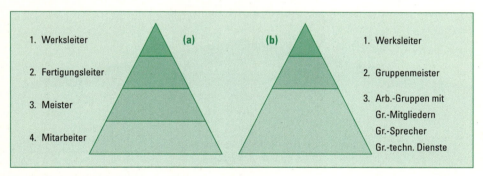

Flache Organisationsstrukturen

Die Abbildung (a) weist 4 Ebenen aus. Vielfach wird hier noch auf den Fertigungsleiter verzichtet. An seine Stelle tritt ein technischer Berater oder – zusammen mit weiteren Fachkräften für technische Dienstleistungen – eine Stelle „Technische Dienste" zur Unterstützung des Gruppenmeisters und der Gruppe. In diesem Fall kommt man mit 3 Ebenen aus.

❷ **Beispiel für eine mehrstufige Divisionalisierung eines Unternehmens**
In diesem Beispiel wird angenommen, dass ein größeres Unternehmen aus 3 Werken besteht. Jedes dieser 3 Werke wird wiederum in 3 kleinere interne

9 Personalführung

Fabriken unterteilt. Jede der nunmehr insgesamt 9 internen Fabriken wird in unterschiedlich viele Arbeitsgruppen (z. B. nach Projekten oder nach Schichten) untergliedert. Jede Arbeitsgruppe besitzt, ebenso wie die zugehörige interne Fabrik, einen hohen Grad von Autonomie und Selbstständigkeit. Jede interne Fabrik und Arbeitsgruppe weist die nachstehende Gliederung auf:

a) **1 Leiter der internen Fabrik.** Er trägt Verantwortung für: Zielformulierung, Personalbeschaffung, Bildung von Arbeitsgruppen, Kostenentwicklung, Rentabilität. Wirtschaftlichkeit, Personalsteuerung.

b) **1 Meister für eine oder auch für mehrere Gruppen.** Er ist Disziplinar- und Fachvorgesetzter der Gruppenmitglieder. Er trägt Verantwortung für den Personaleinsatz, die Personalführung, das Erreichen der vereinbarten Ziele. Er unterstützt die Mitarbeiter bei Problemen und fördert TQM und KVP.

c) **1 Gruppensprecher je Gruppe.** Er wird von den Gruppenmitgliedern gewählt, er organisiert und moderiert die Gruppengespräche, vertritt die Gruppe nach innen und außen, informiert die Gruppenmitglieder, ist Ansprechpartner und Kontaktperson zu anderen Gruppen.

d) **Die Mitglieder der Arbeitsgruppen.** Sie sind gewissermaßen Multitalente und vielseitig einsetzbar und übernehmen alle Arbeiten in der Gruppe in Eigenverantwortung und durch kooperative Abstimmung.

e) **Technische Dienste.** Diese Mitarbeiter unterstützen Gruppenmeister und die Gruppen in allen Fragen der Verbesserung und Optimierung der Produktivität, Arbeitssysteme, Instandhaltung und Instandsetzung, der Qualitätssicherung, Auftragssteuerung und des KVP.

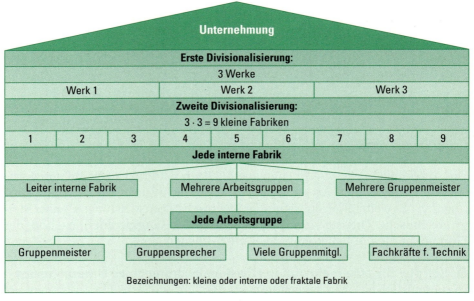

Divisionale Gruppenorganisation

Führungskonzeptionen 9.3

❸ Likerts Teamkonzept der überlappenden Gruppen

Von Likert stammt ein Teamkonzept, mit dem versucht wird gruppendynamische Effekte in die betriebliche Organisation einzubinden. Das Konzept beruht auf dem Prinzip der Vermaschung von Gruppen, wie dieses Schaubild verdeutlicht:

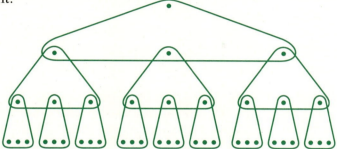

Likerts Teamkonzept der überlappenden Gruppen

Jede Gruppe ist durch ein „Bindeglied" mit einer anderen Gruppe verbunden. Probleme einer Gruppe sollen kooperativ von allen Gruppenmitgliedern behandelt werden. Ebenso trägt die Gruppe ihre Konflikte unter sich aus und zieht nicht die Hierarchie zur Konfliktlösung heran. Die hier dargestellten Gruppen setzen sich aus einem Vorgesetzten (Sprecher) und drei weiteren Mitarbeitern zusammen. Jedes Mitglied einer Gruppe ist als Bindeglied gleichzeitig Vorgesetzter (Sprecher) der nächsten Gruppe. Hierdurch wird eine optimale Information von oben nach unten, von unten nach oben und wegen der Vermaschung auch unter den einzelnen Gruppen möglich.

❹ Teamgestaltungsmodell nach dem Funktionsmeistersystem

Das klassische Funktionsmeistersystem nach F. W. Taylor (siehe Kap. 9.3.1.1) erhält bei der Teamorganisation eine neue Bedeutung. Wenn es darum geht,

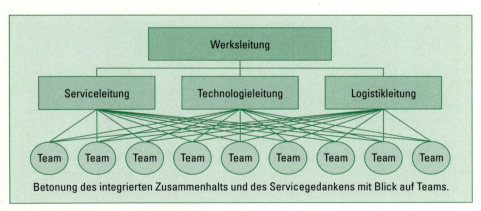

Funktional vernetzter Organisationsaufbau
aus: Harlander, Norbert u. a., Personalwirtschaft, Landsberg/Lech, 3. Aufl. 1994, S. 253

9 Personalführung

dass bei einer sehr flachen Organisationsstruktur einem Meister ein ganzes Bündel unterschiedlicher Spezialaufgaben übertragen werden muss, kann sich dieser leicht überfordert fühlen. Hier bietet sich an einzelne Spezialaufgaben, nach Sachgebieten geordnet, auf mehrere Meister zu verteilen.

Die Nachteile einer Mehrfachunterstellung, die bei diesem Funktionsmeistersystem in der Tat gegeben sind, treffen hier aber nicht zu, da nicht ein einzelner unterstellter Mitarbeiter, sondern Teams als teilautonome Gruppen die Empfänger der Informationen bzw. Weisungen von mehreren Funktionsmeistern sind.

❺ Gruppenorganisationsmodell nach dem Liniensystem

Hier wird das klassische Liniensystem zugrunde gelegt, um durch Erweiterungen ein Organisationsmodell für eine Hierarchie von Gruppen in einem Produktionsbereich darzustellen. In den einzelnen Gruppen werden jeweils geschlossene Aufgabenkomplexe aufgelistet. Die Gruppen sind bei der Erfüllung ihrer Aufgaben weitgehend autonom, müssen aber natürlich eine Abstimmung mit den Zielvorgaben von Betriebs- und Fertigungsleitung vornehmen. Das unten stehende Strukturbild zeigt dieses Organisationsmodell von Golembiewski.

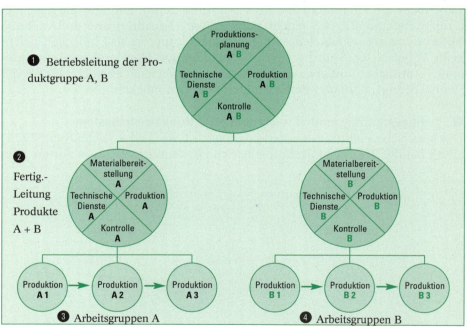

Strukturbild der Organisationsform der Hierarchie der Gruppen für einen Produktionsbereich (Colleague Model von Golembiewski)   aus: Harlander u. a., a. a. O., S. 255

Zu einem erfolgreichen Führungssystem gehören aber nicht nur Organisationsstrukturen, sondern auch Mitarbeiter, die diese Organisation „aus-

Führungskonzeptionen 9.3

füllen, beleben, zum Erfolg führen". Gerade bei den neueren Formen der Gruppenorganisation werden an die Mitarbeiter, Vorgesetzten und Unternehmungen hohe, geänderte Anforderungen gestellt. Siehe hierzu das Kapitel „Führungsgrundsätze" 9.4.7.

9.3.2 Weisungsformen

Eine der wichtigsten Funktionen des Vorgesetzten besteht darin, dem Mitarbeiter Weisungen zu erteilen und die ordnungsgemäße Durchführung der Weisungen zu überwachen. Bei der Erteilung von Weisungen sind folgende Grundsätze zu beachten:

- Einzelweisungen nur an bestimmte, genau bezeichnete Personen erteilen,
- genügend Zeit für die Erteilung von Weisungen nehmen; nicht oder nicht richtig verstandene Weisungen führen leicht zu Fehlern und fordern später meistens sehr viel mehr Zeit und Geld (siehe auch Kap. 1.3.1.1),
- klare Anweisungen geben und sich vergewissern, ob diese verstanden wurden,
- den richtigen qualifizierten Mitarbeiter mit der Durchführung der Arbeitsaufgabe betrauen,
- den richtigen Zeitpunkt für die Erteilung von Weisungen wählen,
- Mitarbeiter bei der Erteilung von Weisungen nicht überfordern, aber auch nicht unterfordern,
- auf mögliche Gefahren bei der Durchführung der Arbeitsaufgaben hinweisen.

Werden diese Grundsätze nicht beachtet, trifft den Vorgesetzten zumindest eine Mitschuld, wenn die richtige Durchführung der Arbeitsaufgaben misslingt. Bei der Erteilung von Weisungen kann sich der Vorgesetzte an den folgenden **7 W** orientieren:

- WER   soll die Arbeitsaufgabe ausführen? Gegebenenfalls mit WEM?
- WAS   ist der Inhalt der Arbeitsaufgabe?
- WIE   soll die Aufgabe gelöst werden?
- WARUM   ist die Aufgabe durchzuführen? (Begründung)
- WANN   soll die Arbeitsaufgabe durchgeführt bzw. beendet sein?
- WO   soll die geforderte Verrichtung durchgeführt werden?
- WOMIT   soll die Aufgabenerfüllung erfolgen? (Arbeitsmittel)

Wir unterscheiden folgende Grundformen von Weisungen: Kommando, Befehl, Auftrag, Anordnung und Anweisung.

9 Personalführung

Kommando
Wenn gemeinsame körperliche Aktionen abgestimmt werden müssen, z. B. beim Anschieben eines Autos, beim Heben einer Last usw., wählt man das Kommando als Weisungsform. Kommandos sind kurz, eindeutig, klar, verständlich zu geben (hau ruck). Statt verbaler Kommandos können auch optische oder akustische Signale die gemeinsame Aktivität auslösen (Handzeichen, Lichtzeichen, Sirene u. a.).

Befehl
Der Befehl ist unpersönlich, unhöflich, ohne Namensnennung, ohne Begründung; meist wird er mit erhobener Stimme übermäßig laut erteilt. Der Befehl lässt keine Einwendungen und keinen Widerspruch zu, ist bei Mitarbeitern im Allgemeinen unbeliebt und wird meist widerwillig ausgeführt. Er macht Initiative, Mitdenken, Mitverantworten des Mitarbeiters überflüssig und ist daher keine geeignete und zeitgemäße betriebliche Weisungsform. In Katastrophenfällen zur Abwendung von Gefahren sowie bei der Durchsetzung oder Wiederherstellung der Disziplin hat der Befehl u. U. eine gewisse Berechtigung.

Auftrag
Der Auftrag ist eine Weisungsform, die dem Mitarbeiter einen optimalen Handlungs-, Entscheidungs- und Initiativspielraum lässt. Er setzt qualifizierte Mitarbeiter voraus, die selbstständig arbeiten können. Der Auftrag ist persönlich, freundlich, verwendet eine angemessene Anrede des Mitarbeiters, verzichtet nicht auf das Wort „bitte" und gibt im Allgemeinen nur die Zielsetzung vor. Der Weg zur Erreichung des Zieles und damit die Art der Ausführung bleiben dem Mitarbeiter überlassen, wobei er gewisse Rahmenbedingungen einhalten muss. Der Auftrag wird eingesetzt, wenn komplexe Aufgaben übertragen werden müssen, z. B. im Kundendienst (Fernsehreparatur beim Kunden), bei Montagearbeiten außer Haus, bei Weisungen an einen Vorarbeiter, Meister usw. durch einen überstellten Vorgesetzten.

Anordnung
Im Gegensatz zum Auftrag wird bei der Anordnung auch das WIE, also die Art und Weise, wie die Arbeit ausgeführt werden muss, vorgegeben. Das ist dann erforderlich, wenn der Mitarbeiter die aufgetragene Arbeit noch nicht ausreichend kennt, z. B. bei Einweisungen neuer Mitarbeiter oder bei Unterweisungen in der Berufsausbildung.

Anweisung
Die Anweisung enthält den freundlichen Grundton des Auftrages, wird aber eher bei bestimmten, wiederkehrenden Routinearbeiten eingesetzt. Daher ist eine Begründung im Allgemeinen nicht erforderlich. Dagegen muss oft die Einhaltung einer bestimmten Arbeitsweise vorgeschrieben werden. Einsatzmöglichkeiten für die Anweisung sind z. B. Wartungsarbeiten, Inspektionen,

Inbetriebnahme technischer Anlagen usw. Zur Erleichterung für den Mitarbeiter und zur Sicherstellung einer exakten Arbeitsweise bedient man sich vielfach Checklisten, in denen Art, Umfang, Reihenfolge usw. der auszuführenden Arbeiten festgelegt werden. Statt mit Einzelanweisungen wird in der Praxis auch gerne mit Sammelanweisungen gearbeitet, die dem Mitarbeiter Gelegenheit zur selbstverantwortlichen Disposition geben.

9.3.3 Führungsstile und Führungsverhalten

Unter Führungsstil verstehen wir die Art und Weise, wie ein Vorgesetzter seine ihm unterstellten Mitarbeiter führt und ihr Verhalten zielgerichtet beeinflusst. Wir sprechen hier auch vom persönlichen Führungsstil und Führungsverhalten.

9.3.3.1 Traditionelle Führungsstile

Sie sind alle als autoritär einzustufen. Zu ihnen gehören:

a) **Charismatischer Führungsstil.** Führung und Herrschaft aufgrund einer begnadeten persönlichen Ausstrahlungskraft („Gottesgnadentum").
b) **Patriarchalischer Führungsstil.** Führung und Herrschaft aufgrund der Autorität eines Vaters in seiner Familie.
c) **Autokratischer Führungsstil.** Autoritäre Führung und Herrschaft aufgrund eines hierarchisch aufgebauten Führungsapparates.
d) **Bürokratischer Führungsstil.** Führung aufgrund legaler Instanzen mit einem System präziser, Recht und Gesetz entsprechender Regelungen und einer strengen Über- und Unterordnung der Organisationsmitglieder.

9.3.3.2 Aktuelle Führungsstile

Nach Kurt Lewin unterscheidet man auch heute noch vielfach drei Führungsstile: den autoritären Führungsstil, den kooperativen und den Laissez-faire-Führungsstil.

a) **Der autoritäre Führungsstil** bevormundet die Mitarbeiter, kontrolliert in unwürdiger Form, praktiziert die „harte Welle", straft, statt zu helfen. Die Mitarbeiter widersetzen sich diesem Führungsstil. Arbeitsinteresse, Initiative und Aktivitäten werden gelähmt. Ferner besteht die Gefahr, dass Mitarbeiter diesen Stil übernehmen und in ihren Bereichen ebenfalls anwenden. Dem autoritären Führungsstil ist als Weisungsform der Befehl zuzuordnen. Er ist als unzeitgemäß abzulehnen.

b) **Der kooperative Führungsstil** schreibt nur so viel (oder besser: so wenig) wie nötig vor und hilft, statt zu strafen. Er betrachtet den Mitarbeiter als Partner. Bei Anwendung dieses Führungsstils ist der Mitarbeiter bereit zu Zusammenarbeit, Offenheit und Vertrauen. Selbstständigkeit, Verantwortungsbereitschaft, Kritikfähigkeit und Toleranz werden gefördert. Der Auftrag, die Anordnung und die Anweisung sind die diesem Führungsstil zuzuordnenden Weisungsformen. Der kooperative Führungsstil entspricht dem heutigen Zeitgefühl.

c) **Der „Laissez-faire"-Führungsstil** kennt keine straffe Führung, sondern „lässt gewähren". Teils bleiben die Mitarbeiter sich selbst überlassen, teils werden Anordnungen zwar erteilt, ihre Durchführung aber nicht überwacht. Dieser Führungsstil der Gleichgültigkeit gegenüber den Mitarbeitern kann zu sozialem Fehlverhalten und zu unrationeller Arbeitsverrichtung führen. Oft befindet sich ein guter Mitarbeiter in der Gruppe, der anstelle des Vorgesetzten führt. Dieser Führungsstil ist abzulehnen, soweit ein Vorgesetzter eine Gruppe von Mitarbeitern zu führen hat. Anders liegt der Fall, wenn z. B. in einem Forscherteam gleichberechtigte Mitarbeiter an einem Projekt arbeiten und Entscheidungen im Wege der Abstimmung getroffen werden.

9.3.3.3 Führungsstil-Kontinuum

Vielfach werden nicht drei, sondern nur zwei Führungsstile unterschieden, nämlich der autokratische und der kooperative Führungsstil. Dabei werden diese beiden Führungsstile als Extreme angesehen, zwischen denen sich viele unterschiedliche Führungsstile einordnen lassen. Das sog. Führungsstil-Kontinuum nach Tannenbaum und Schmidt verdeutlicht diesen Zusammenhang:

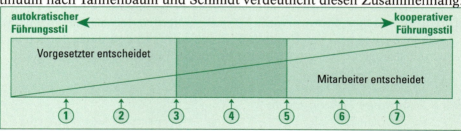

Führungsstil-Kontinuum

Die sieben Felder können etwa wie folgt interpretiert werden; in Klammern mögliche Führungsstil-Zuordnungen:

❶ Der Vorgesetzte entscheidet allein und ordnet an (autoritär).
❷ Der Vorgesetzte entscheidet und informiert seine Mitarbeiter (patriarchalisch).
❸ Der Vorgesetzte entscheidet, lässt aber Fragen und Antworten und eine Diskussion zu (argumentativ).
❹ Der Vorgesetzte informiert seine Mitarbeiter, die die Möglichkeit haben ihre Meinung zu äußern, bevor er entscheidet (konsultativ).

❺ Die Gruppe entwickelt mehrere Vorschläge; der Vorgesetzte entscheidet sich für eine dieser Lösungen (partizipativ).
❻ Der Vorgesetzte zeigt das Problem und den Entscheidungsspielraum auf; die Gruppe entscheidet (delegativ).
❼ Die Gruppe entscheidet allein; der Vorgesetzte ist lediglich Koordinator (Delegation).

Der Führungsstil, den Vorgesetzte in den Betrieben tatsächlich praktizieren, ist nicht als feste Größe aufzufassen, sondern wird variieren in Abhängigkeit von folgenden Bestimmungsgrößen:

- Situation, z. B. ob Normal- oder Ausnahmesituation;
- Arbeitsaufgabe, z. B. ob Routinearbeit oder kreative Tätigkeit;
- Mitarbeiter, z. B. ob er lieber autoritär oder kooperativ geführt werden möchte.

Hervorzuheben ist auch die Person des Vorgesetzten und dessen Bereitschaft, kooperativ zu führen.

Denkbar wäre daher ein Führungsstil, der in dem grün hervorgehobenen Bereich angesiedelt ist und von ein- und demselben Vorgesetzten innerhalb dieses Feldes und in Einzelfällen auch darüber hinaus angewandt wird.

9.3.3.4 Verhaltensgitter (managerial-grid) von Blake/Mouton

Während die vorgenannten Führungsstile überwiegend unter dem Gesichtspunkt der Wahrnehmung der Führungsfunktionen, insbesondere der Willensdurchsetzung, gesehen werden, gibt es eine viel beachtete Variante, die das Führungs**verhalten** des Vorgesetzten in den Vordergrund stellt und hierbei grundsätzlich zwischen Mitarbeiter-(Personen-)Orientierung und Leistungs-(Sach-)Orientierung unterscheidet. Dieses als Verhaltensgitter (managerial-grid) bezeichnete Modell von Blake und Mouton enthält insgesamt 81 Felder möglicher Kombinationen, von denen aber in der Regel nur 5 Felder als typische Verhaltensweisen definiert werden, wie aus dem nebenstehenden Schaubild ersichtlich ist.

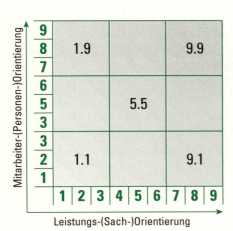

Verhaltensgitter (managerial-grid)

9 Personalführung

Erläuterung der 5 Verhaltensmuster:

1.1 Geringe Mitarbeiter- und ebenfalls geringe Leistungsorientierung. Dieses Vorgesetztenverhalten entspricht dem Laissez-faire-Führungsstil im Sinne eines mehr oder weniger „Nichtführens".

1.9 Sehr hohe Mitarbeiter-, jedoch geringe Leistungsorientierung. Bei diesem Vorgesetztenverhalten fühlen sich die Mitarbeiter sehr wohl, wahrscheinlich aber kommen Arbeitstempo und betriebliche Leistung zu kurz.

5.5 Dieses Führungsverhalten ist von Vorsicht und dem steten Bemühen des Vorgesetzten geprägt beiden Orientierungen in gleicher Weise gerecht zu werden, ohne dabei jedoch ein Höchstmaß an Einwirkung und damit Erfolg zu erreichen. Dieses Führungsverhalten ist nicht anzustreben!

9.1 Sehr hohe Leistungs-, jedoch geringe Mitarbeiterorientierung. Dieses Vorgesetztenverhalten ist in der Gegend des autokratischen Führungsstils angesiedelt.

9.9 Bei diesem Führungsverhalten wird eine hohe Leistung von gut motivierten Mitarbeitern erbracht. Durch Anwendung des kooperativen Führungsstils, durch das gemeinschaftliche Setzen von Zielen, durch Übertragung von Selbstständigkeit und Verantwortung, durch Anerkennung und Lob für erbrachte Leistungen kann der Vorgesetzte dieses hohe Niveau von Mitarbeiter- und Leistungsorientierung erreichen.

9.3.3.5 Dreidimensionales Konzept von Simon

In einem Modell von **Simon** wird ein dreidimensionales Führungsstilkonzept vorgestellt, das außer der von Blake/Mouton bekannten Mitarbeiter- und Leistungsorientierung als 3. Komponente die Teilhabe der Mitarbeiter an betrieblichen Entscheidungen nennt. Da alle 3 Komponenten nur die beiden extremen Ausprägungsgrade „niedrig" oder „hoch" enthalten, kommt man insgesamt zu den folgenden 8 Kombinationen von unterschiedlichen Verhaltens- und Führungstypen des Vorgesetzten:

Führungstyp	Teilnahme an Entscheidungen	Mitarbeiter-orientierung	Sachaufgaben-orientierung	Beschreibung des Verhaltens
1	niedrig	niedrig	niedrig	Der Vorgesetzte schläft.
2	niedrig	hoch	niedrig	Der Vorgesetzte als Freund.
3	niedrig	niedrig	hoch	Der Vorgesetzte als Sklaventreiber.
4	niedrig	hoch	hoch	Der Vorgesetzte als Patriarch.
5	hoch	niedrig	niedrig	Der Vorgesetzte schiebt Arbeit und Verantwortung ab.
6	hoch	hoch	niedrig	Der Vorgesetzte als Förderer.
7	hoch	niedrig	hoch	Der Vorgesetzte überfordert die Selbstständigkeit anderer.
8	hoch	hoch	hoch	Der Vorgesetzte fordert und fördert die Selbstständigkeit anderer.

Führungs-/Verhaltenstypen nach Simon

Quelle: Bisani, F., Personalführung, 2. Aufl., Wiesbaden 1981

9.3.3.6 Dreidimensionales Konzept von Hersey/Blanchard

Hersey und Blanchard erweitern das Verhaltensgitter von Blake/Mouton in der Form, dass sie als 3. Komponente den Reifegrad des Mitarbeiters (Maturity) einführen, für den sie insgesamt 4 Reifegrade von M1 = niedrig bis M4 = hoch unterscheiden. Die Reifegrade sind hier zu verstehen als aufgabenrelevante Bereitschaften des Mitarbeiters. Diese Bereitschaft setzt sich zusammen aus seinen Fähigkeiten/seiner Fachkompetenz und seiner Motivation.

Die einzelnen Reifegrade beinhalten:

M1 = geringer Reife- und Bereitschaftsgrad durch mangelnde Fähigkeiten und mangelnde Motivation. Hier muss der Vorgesetzte seinem Mitarbeiter sagen, was zu tun und zu lassen ist. Der angemessene Führungsstil ist stark aufgabenorientiert und wenig mitarbeiterbezogen.
S 1 = **Diktieren**

M2 = geringer bis mäßiger Reife- und Bereitschaftsgrad durch geringe bis mäßige Fähigkeiten, aber eine stärkere Motivation. Hier muss der Vorgesetzte noch viele Erklärungen, Erläuterungen und Anweisungen geben. Der angemessene Führungsstil ist daher stark mitarbeiterbezogen und stark aufgabenorientiert.
S 2 = **Argumentieren**

M3 = mäßiger bis hoher Reife- und Bereitschaftsgrad durch höhere Fachkompetenz, aber gleichzeitig geringere Motivation. Der Vorgesetzte muss hier besondere Motivationsanreize einsetzen. Der angemessene Führungsstil ist stark mitarbeiterbezogen und wenig aufgabenorientiert.
S 3 = **Partizipieren (beteiligen)**

M4 = hoher Reife- und Bereitschaftsgrad durch starke Fähigkeiten und hohe Motivation. Der angemessene Führungsstil ist hier wenig mitarbeiterbezogen und wenig aufgabenbezogen.
S 4 = **Delegieren**

Es sei an dieser Stelle kritisch angemerkt, dass man mit Empfehlungen an Vorgesetzte hinsichtlich eines richtigen Führungsstils sehr vorsichtig umgehen sollte. In vielen Führungsstiltheorien sind die Voraussetzungen, auf denen solche Empfehlungen beruhen, nicht exakt definiert und noch weniger genau bestimmbar.

Das nachfolgende Schaubild verdeutlicht dieses unter der Bezeichnung „Situatives Führungsverhalten" bekannt gewordene Modell von Hersey und Blanchard:

9 Personalführung

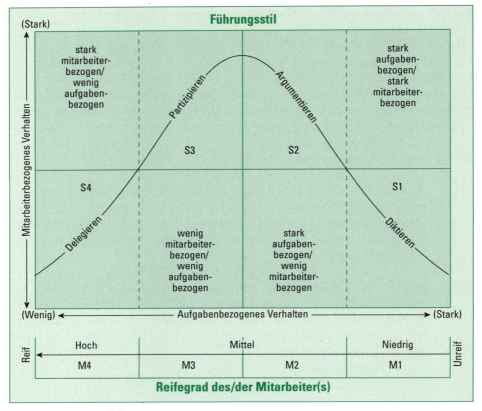

Situatives Führungsverhalten
nach: Volk, Hartmut, Führungskonzepte von heute, in: Das Personalbüro, 1982 [1], S. 267; siehe auch Harlander, Personalwirtschaft, S. 173 und 174

9.3.3.7 Die vier Führungssysteme von Likert

Likert unterscheidet in seinem Konzept vier verschiedene Führungssysteme, die er wie folgt gliedert und bezeichnet:

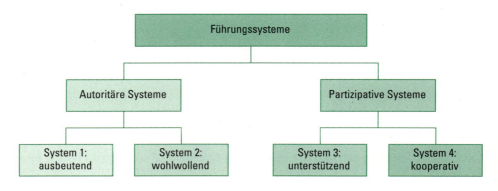

Führungskonzeptionen 9.3

Auf dem zweipoligen Führungsstil-Kontinuum decken die beiden ersten Systeme den autoritären Bereich, die beiden letzten Systeme etwa den kooperativen Bereich ab.

Die 4 Führungssysteme von Likert werden in einem Schema mit einem Komponentenpaar zusammenfassend dargestellt: der WENN-Komponente und der DANN-Komponente. Die WENN-Komponente enthält 6 Bedingungselemente, die DANN-Komponente 4 Ergebnisfelder. Aus dem nachstehenden Tableau können die Wechselbeziehungen zwischen den beiden Komponenten innerhalb der 4 Führungssysteme abgelesen werden.

Übersicht über die vier Führungssysteme Likerts in der zusammenfassenden Darstellung von Staehle	WENN-Komponente			
	autoritäre Systeme		partizipative Systeme	
	ausbeutend System 1	**wohlwollend** System 2	**unterstützend** System 3	**kooperativ** System 4
Motivation	wirtschaftliche Sicherheit	physiologische und ichbezogene Bedürfnisse	physiologische, ichbezogene u. a. Bedürfnisse	gesamte Skala menschl. Bedürfnisse
Kommunikation	vertikal, abwärts	vertikal, überwiegend abwärts	vertikal	lateral
Interaktion	gering	gering	mäßig	intensiv
Entscheidungsfindung	Spitze der Hierarchie	Strategische Entsch. a. d. Spitze, mäßige Delegation	Strategische Entsch. a. d. Spitze, starke Delegation	auf allen Ebenen in überlappenden Teams
Zielvorgabe	Befehle	Befehle mit Möglichkeit der Diskussion	Zielvorgabe nach Diskussion mit Untergebenen	Zielvorgabe als Ergebnis von Gruppendiskussionen
Kontrolle	Zentralisiert a. d. Spitze, Widerstand d. informalen Organisation	überwiegend a. d. Spitze konzentriert, inform. Org. z. T. im Gegensatz zur form.	überwiegend a. d. Spitze konzentriert, inform. Org. für oder gegen formale	dezentral, informale und formale Organisation identisch
DANN-Komponente — Erfolg – Produktivität	mittelmäßig	ziemlich hoch	hoch	sehr hoch
– Kosten	hoch	ziemlich hoch	mäßig	niedrig
– Abwesenheit/ Fluktuation	hoch	ziemlich hoch	mäßig	niedrig
– Ausschuss/ Fehler	hoch	ziemlich hoch	mäßig	niedrig

Quelle: Bisani, F., a. a. O.

Aufgaben

1. Charakterisieren Sie das in Ihrem Betrieb oder Ihrer beruflichen Umgebung geltende Führungssystem und nennen Sie Vor- und Nachteile.

2. Stellen Sie in einem übersichtlichen Schema die vier Führungssysteme
   a) patriarchalisches System,
   b) Liniensystem,
   c) Funktionssystem,
   d) Stab-Linien-System
   gegenüber und führen Sie die wichtigsten Vor- und Nachteile an.
3. Machen Sie Vorschläge, wie die Information in den 4 Führungssystemen verbessert werden kann.
4. Welche Fehler kann ein Vorgesetzter bei der Erteilung von Weisungen machen?
5. Stellen Sie in einer Tabelle
   a) Befehl,
   b) Auftrag,
   c) Anweisung
   gegenüber und ordnen Sie jeder dieser Weisungsformen ihre Wesensmerkmale sowie ihre Wirkungen auf die Mitarbeiter zu.
6. Bedeutet „autoritärer Führungsstil" harte Welle und „kooperativer Führungsstil" weiche Welle? Äußern Sie sich ausführlich zu dieser Frage.
7. Warum ist der Laissez-faire-Führungsstil eigentlich gar kein Führungsstil?
8. Nennen Sie Situationen, in denen der Vorgesetzte es für richtig hält, auf Feld 2 und Feld 6 des Führungsstil-Kontinuums außerhalb der hervorgehobenen Fläche zu agieren.
9. Warum stellt das Führungsverhalten des Vorgesetzten im Feld 5.5 des Verhaltensgitters kein Optimum dar? Was muss der Vorgesetzte tun, um nach Feld 9.9 vorzurücken?

9.4 Führungstechniken

Unter Führungstechniken verstehen wir ein mehr oder weniger geschlossenes System von Vorgehensweisen, Verhaltensweisen, Instrumenten, Mitteln, Gestaltungsregeln usw., mit denen die Unternehmensziele erreicht werden sollen und auf die Vorgesetzte und Mitarbeiter verpflichtet sind. Bekannt geworden sind Führungstechniken u. a. unter der Bezeichnung „Management-by-Systeme". Bei kritischer Prüfung dieser Systeme stellt man fest, dass nur wenige den Anspruch auf Vollständigkeit erheben können; weitere bekannte Systeme stellen immerhin einen oder mehrere bemerkenswerte Aspekte in den Vordergrund. Darüber hinaus gibt es aber eine Vielzahl von Management-by-Konzeptionen, denen nur eine relativ geringe praktische Bedeutung zukommt. Über die Management-by-Modelle hinaus hat es aber auch einige weitere Konzeptionen von Führungstechniken gegeben.

9.4.1 Management by Objectives (M. b. O.)

Von diesem sehr bekannten und auch in der Bundesrepublik Deutschland weit verbreiteten Modell gibt es drei Versionen:

a) die autoritäre Variante durch Zielvorgabe
b) die kooperative Variante durch Zielvereinbarung
c) die neutrale Variante durch Zielorientierung

Den folgenden Ausführungen liegt die heute allgemein bevorzugte kooperative Version zugrunde. Wir können Management by Objectives somit als Führung durch Zielvereinbarung zwischen Vorgesetzten und einzelnen Mitarbeitern oder Vorgesetzten und einer Gruppe von Mitarbeitern definieren. Zwischen ihnen werden auf allen Ebenen genau definierte Ziele vereinbart. Alle Beteiligten sind gehalten diese Ziele zu erreichen, wobei ihnen ein großer Handlungsspielraum eingeräumt wird.

Grundgedanken

Das Führungsmodell M. b. O. geht von dem Grundgedanken aus, dass Ziele,

- die genau und präzise formuliert wurden,
- die von Vorgesetzten und Mitarbeitern selbst gesetzt werden können,
- die zwischen Vorgesetzten und Mitarbeitern gemeinsam vereinbart wurden,
- denen die Mitarbeiter und Vorgesetzten zugestimmt haben, weil sie sie für vernünftig und realisierbar halten,

kompromissloser angestrebt werden als von höherer Stelle einseitig vorgeschriebene Ziele. Mitarbeiter und Mitarbeitergruppen identifizieren sich eher mit selbst gesetzten und gemeinsam vereinbarten Zielen. Sie lernen außerdem verstärkt in Zielen und weniger in Pflichten und Zuständigkeiten zu denken und zu handeln. Hinzu kommen weitere motivationale Elemente wie eigener oder bei einer Arbeitsgruppe gemeinsamer betrieblicher Organisations- und Verantwortungsbereich, selbstständige Gestaltungsmöglichkeiten hinsichtlich der Mittel und Wege zur Zielerreichung, objektive Leistungsbemessung und Leistungsbewertung, Möglichkeiten zur Selbstkontrolle, Fördergespräche mit den Vorgesetzten usw., sodass gute Voraussetzungen vorliegen die Leistungsfähigkeit und Leistungsbereitschaft von Vorgesetzten und Mitarbeitern bzw. Mitarbeitergruppen zu verbessern.

Voraussetzungen

Für eine wirksame Durchführung des M. b. O. in den Unternehmungen ist – etwa im Wege einer Divisionalisierung – die Einrichtung von kleineren, überschaubaren Organisationseinheiten zweckmäßig, die einen teilautonomen

9 Personalführung

Status erhalten. Sie handeln also selbstständig und eigenverantwortlich. Man nennt solche Einheiten, die die Voraussetzungen für zweckmäßige Gruppenbildungen ermöglichen, in der Praxis auch die kleine oder die interne oder die fraktale Fabrik. Sie sind ferner als selbstständige Abrechnungseinheiten eingerichtet, sog. Cost- oder Profitcenter.

Anforderungen an die Zielbildung

1. Unternehmensziele und alle von ihr abgeleiteten Bereichsziele bilden ein geschlossenes, hierarchisch aufgebautes Zielsystem von Ober- und Unterzielen, Gesamt- und Teilzielen;
2. alle Ziele müssen operationalisierbar, d. h. quantifizierbar und messbar sein, anderenfalls bereitet die Erfolgsmessung Schwierigkeiten;
3. die Ziele müssen präzise formuliert werden, weil eindeutige Ziele besser erfüllt werden können als ungenaue Ziele;
4. für die Ziele muss ein zeitlicher Rahmen festgelegt werden, innerhalb dessen sie erfüllt sein müssen;
5. es muss sich um realistische Ziele handeln, die auch erreichbar sind, weil sonst die Gefahr eines Negativeffektes besteht;
6. die Ziele verschiedener Bereiche dürfen sich nicht widersprechen und müssen aufeinander abgestimmt werden.

Vorgehensweise

1. Die Unternehmens- bzw. Geschäftsleitung erstellt für einen festzulegenden Zeitraum einen Katalog von Unternehmenszielen. Diese sind meist sehr allgemein und grob formuliert. Nachstehend einige Beispiele für Unternehmensziele (siehe auch Kap. 1.3.1):
   a) Umstrukturierung der Fertigungsorganisation
   b) Verkürzung der Durchlaufzeiten
   c) Senkung der Fertigungs- bzw. Stückkosten
   d) Verbesserung des Nutzungsgrades der Maschinen
   e) Erhöhung der Zahl der Verbesserungsvorschläge (KVP)
   f) Verbesserung der Kundenbetreuung
   g) Verkürzung der Lieferfristen
   h) Verringerung des Lagerbestandes
   i) Erhöhung der Arbeitssicherheit
   j) Verringerung der Fehlzeiten usw.
2. Vorgesetzter und Gruppenmeister wählen aus den Unternehmenszielen für ihren Bereich geeignete Ziele aus, konkretisieren diese und diskutieren in Gruppengesprächen, an denen sich alle Gruppenmitglieder beteiligen, die vorgestellten Ziele. Hierbei sind auch Fragen der Messbarkeit, der Bewertung, des Zeitraumes u. a. zu erörtern.
3. Wenn innerhalb der Gruppe eine Übereinkunft über die vorgesehenen Ziele erreicht wurde, werden diese zwischen dem Vorgesetzten und dem Gruppenmeister/Gruppensprecher vereinbart.

Führungstechniken 9.4

4. Am Ende des Zeitraumes erfolgt eine Beurteilung und Bewertung des Zielerreichungsgrades als Grundlage für die Entgelt- bzw. Prämienberechnung.
5. Für die nachstehenden 3 Kurzbeispiele von Zielvereinbarungen gilt ein zeitlicher Rahmen von 6 Monaten.

Kurzbeispiele einer **Zielvereinbarung** mit Bewertung (in Punkten):

❶ Die Gruppe verkürzt die Durchlaufzeit für die Fertigung des Produktes X um mindestens 5 %.

sehr gut	gut	befriedigend	unbefriedigend
> 10 %	8 – 10 %	5 – 7 %	< 5 %
9	6	3	0

❷ Die Gruppe verbessert den Nutzungsgrad der Maschinen in der Abteilung Y um mindestens 6 %.

sehr gut	gut	befriedigend	unbefriedigend
> 10 %	8 – 10 %	6 – 7 %	< 6 %
6	4	2	0

❸ Die Gruppe verbessert ihre Zusammenarbeit, damit Lieferterminüberschreitungen vermieden werden.

sehr gut	gut	befriedigend	unbefriedigend
– summarische Bewertung, qualitatives Ziel[1] –			
12	8	4	0

Die Bewertung sollte für mehrere Teil- oder Handlungsziele erfolgen, z. B. für 6–8 Ziele. Die erreichten Punktzahlen werden addiert, in einer Tabelle zusammengestellt und mit den Geldwerten für eine Einzel- oder Gruppenprämie in Verbindung gebracht.

Zu M. b. O. gehören in der Regel auch **Stellenbeschreibungen,** in denen u. a. Ziele, Aufgaben und Kompetenzen des Mitarbeiters festgelegt werden. Es wurde schon gesagt, dass die Mitarbeiter einen großen Spielraum für selbstständiges Arbeiten und Handeln haben. Wo Zielvereinbarungen mit einem

---

[1] Beispiel (3) ist im Gegensatz zu den Beispielen (1) und (2) ein qualitatives Ziel, das zahlenmäßig nicht eindeutig messbar ist. Hier muss daher eine summarische Bewertung vorgenommen werden.

einzelnen Mitarbeiter getroffen werden, ist eine Einzelstellenbeschreibung zweckmäßig. In den Fällen aber, in denen M. b. O. für eine Gruppenarbeit eingesetzt wird – und das ist heute im Allgemeinen die Regel –, bietet sich eher eine Aufgaben- und Tätigkeitsbeschreibung für die gesamte Arbeitsgruppe an. Das schließt nicht aus, dass darin auch für einzelne Gruppenmitglieder je nach deren Tätigkeitsfeld und Aufgabenstellung in der Gruppe individuelle Hinweise enthalten sind (siehe auch Kap. 6).

Kritik

M. b. O. ist ein geschlossenes Führungssystem, das alle Führungsfunktionen von der Zielfindung bis zur Kontrolle einschließt. Es ist sowohl Planungs- und Kontrollinstrument für die Unternehmensleitung als auch ein Mittel zur Leistungssteigerung bei Führungskräften und Mitarbeitern. Es ist außerdem in den kooperativen Führungsstil eingebettet. Alle Mitarbeiter wissen, was man von ihnen erwartet und woran ihre Leistung gemessen wird. Zur Zielerreichung ist eine gute Zusammenarbeit zwischen Vorgesetzten und allen Mitarbeitern in der Gruppe erforderlich. Die Mitarbeiter werden bei der Erfüllung ihrer Aufgaben nicht allein gelassen. Vielmehr ist es Aufgabe von Vorgesetzten und der Geschäftsleitung, die Mitarbeiter bei der Erreichung ihrer Ziele zu unterstützen. Dazu gehören Mitarbeiterinformationen, Mitarbeiter-(Gruppen-)Gespräche, gemeinsame Zwischenerfolgskontrollen, Zielüberprüfungen, evtl. auch Zieländerungen, Aktionsprogramme, Einzelmaßnahmen.

Zusammenfassend ist zu sagen, dass M. b. O., zweckmäßig organisiert und richtig durchgeführt, ein dynamisches Führungsmodell von großer praktischer Bedeutung und hoher Effizienz ist.

9.4.2 Management by Delegation (M. b. D)

Bei diesem Managementsystem werden Aufgaben, Kompetenzen und Verantwortung auf die Mitarbeiter übertragen. Die Mitarbeiter führen die an sie delegierten Aufgaben selbstständig und eigenverantwortlich durch.

Das Prinzip der Delegation entspricht modernen Führungsgrundsätzen und ist in unterschiedlichen Formen in Deutschland weit verbreitet. Der Vorgesetzte wird durch dieses Führungsprinzip wesentlich entlastet. Für die Mitarbeiter sind Teilhabe an Führungsaufgaben, Selbstständigkeit, Eigenverantwortlichkeit, Eigeninitiative wichtige Motivationselemente. Einige Grundregeln sollten bei jeder Delegation beachtet werden:

1. Die Arbeitsgebiete der Mitarbeiter müssen voneinander genau abgegrenzt und die übertragenen Aufgaben und Kompetenzen klar definiert werden. Das geschieht vielfach in ausführlichen Stellenbeschreibungen.
2. Die übertragenen Aufgaben müssen den Fähigkeiten des Mitarbeiters entsprechen.

3. Es sollten weniger Einzelaufgaben, sondern anspruchsvolle Aufgabenblöcke oder ganze Aufgabenbereiche dauerhaft übertragen werden.
4. Mit den Aufgaben müssen in gleichem Umfang auch Kompetenzen und Befugnisse übertragen werden.
5. Bezüglich der Verantwortlichkeit, die im Normalfall nicht teilbar ist und ganz beim Vorgesetzten liegt, erfolgt bei M. b. D. im Allgemeinen eine Aufteilung der Verantwortung in Führungsverantwortung und Handlungsverantwortung.
   a) Die **Führungsverantwortung** liegt beim Vorgesetzten. Er ist für die richtige Mitarbeiterauswahl, den Mitarbeitereinsatz, die Mitarbeiterinformation, die Mitarbeiterführung und die Mitarbeiterkontrolle zuständig und verantwortlich.
   b) Der Mitarbeiter übernimmt die **Handlungsverantwortung** für sein Tun und Unterlassen in seinem Verantwortungsbereich.
6. Der Mitarbeiter darf die ihm übertragenen Aufgaben nicht an den Vorgesetzten zurückdelegieren oder an andere Mitarbeiter weiterdelegieren. Der Vorgesetzte sollte einmal delegierte Aufgaben nicht zurückfordern.
7. Der Mitarbeiter erledigt seine Aufgaben selbstständig und eigenverantwortlich. Der Vorgesetzte darf im Normalfall in den Entscheidungsbereich des Mitarbeiters nicht eingreifen (außer bei Fehlern, bei Ausnahmeregelungen oder in besonderen Ausnahmefällen).

9.4.3 Das Harzburger Führungsmodell

Die deutsche Version des Führungssystems Management by Delegation (M. b. D.) ist das sog. Harzburger Modell, das in Deutschland entwickelt wurde, hier einen hohen Bekanntheitsgrad erreicht hat und nach wie vor weit verbreitet ist.

Grundgedanken
Das Harzburger Modell arbeitet nach dem Prinzip der „Führung im Mitarbeiterverhältnis" und der „Delegation von Verantwortung". Führung im Mitarbeiterverhältnis bedeutet Abkehr vom autoritären Führungsstil und ausschließlich kooperative Führung.

Delegation von Verantwortung besagt, dass von oben nach unten Gesamtaufgaben und Kompetenzen für fest umrissene Arbeitsbereiche dauernd übertragen werden, nicht dagegen Einzelaufgaben. Die Delegation erfolgt von einer Vorgesetztenebene auf die nächste bis hin zum letzten Vorgesetzten, der noch unterstellte Mitarbeiter hat. Man geht von der Idee aus, dass qualifizierte, selbstbewusste, kritische Mitarbeiter einen fest umrissenen Wirkungsbereich wünschen mit bestimmten Aufgaben, die sie selbstständig wahrnehmen können. Für die ihnen unterstellten Mitarbeiter erwarten sie dabei gleichzeitig Weisungsbefugnis.

9 Personalführung

Das Unternehmen nutzt das geistige Potenzial und das Engagement seiner Mitarbeiter und erreicht, dass die Qualität der Entscheidungen auf allen Ebenen verbessert wird. Die Vorgesetzten und Mitarbeiter identifizieren sich mit ihrer Aufgabe und werden durch sie motiviert.

Inhalt

Kernstück des Harzburger Modells sind die „Stellenbeschreibungen" (s. Kap. 6) und die „Allgemeine Führungsanweisung" (s. Kap. 9.4.7). Die Stellenbeschreibung legt den organisatorischen Rahmen eines Verantwortungsbereiches fest und regelt u. a. die Über- und Unterstellung, die aktive und passive Stellenvertretung, das Ziel der Stelle sowie die Einzelaufgaben, die der Stelleninhaber in eigener Verantwortung wahrzunehmen hat. Die Allgemeine Führungsanweisung enthält einen Katalog von Grundsätzen, Regeln, Rechten und Pflichten für Vorgesetzte und Mitarbeiter, die ein einheitliches Führungsverhalten in einem Unternehmen sicherstellen sollen.

Während im Allgemeinen die gesamte Verantwortung ausschließlich beim Vorgesetzten liegt, teilt auch das Harzburger Modell die Verantwortung auf. Dem Vorgesetzten obliegt die Führungsverantwortung, die die richtige Auswahl der Mitarbeiter, deren Einsatz, die Zielvorgabe, die Information und Förderung der Mitarbeiter sowie die Dienstaufsicht und Kontrolle umfasst. Dem Mitarbeiter wird die Handlungsverantwortung übertragen, d. h., er ist für sein Tun und Lassen in seinem Verantwortungsbereich allein verantwortlich.

Eine der wichtigsten Aufgaben des Vorgesetzten ist die Dienstaufsicht und Kontrolle, die nicht delegiert werden kann. Durch die Kontrolle, die insbesondere eine Leistungskontrolle ist, stellt der Vorgesetzte fest, ob der Mitarbeiter seine Aufgaben richtig erfüllt und das Ziel der Stelle erreicht. Ergeben sich durch Fehlverhalten oder Fehlentscheidungen Mängel oder gar eine akute Gefahr, so darf der Vorgesetzte in den Entscheidungsbereich des ihm unterstellten Mitarbeiters eingreifen; ebenso in besonderen außergewöhnlichen Fällen, die ihm vom Mitarbeiter gemeldet werden müssen. Als Ergebnis der Dienstaufsicht und Kontrolle hat der Vorgesetzte die Pflicht zur Anerkennung oder Kritik. Ebenfalls nimmt er eine Beurteilung seines Mitarbeiters vor. Der Vorgesetzte muss sich schließlich auch für eine leistungsgerechte Vergütung seines Mitarbeiters einsetzen.

Der Mitarbeiter hat die Pflicht, die ihm übertragenen Aufgaben und seine Verantwortung gewissenhaft wahrzunehmen. Eine Rückdelegation oder Weiterdelegation von Aufgaben ist dem Mitarbeiter nicht gestattet. Er kann in seinem Verantwortungsbereich nach eigenem Ermessen frei entscheiden. Die dazu notwendigen Vollmachten werden ihm zu diesem Zweck von der Geschäftsleitung übertragen. Der Mitarbeiter muss seinen Vorgesetzten beraten, informieren, über die Entwicklung und außergewöhnliche Fälle in seinem Bereich berichten. Informationspflicht besteht auch gegenüber anderen Stellen, z. B. bestimmten Stabsstellen.

Für Mängel muss der Mitarbeiter im Rahmen seiner Handlungsverantwortung selbst einstehen. Er kann sich nur entschuldigen, wenn er nachweisen kann, dass sein Vorgesetzter seiner Informationspflicht sowie der Pflicht zur Dienstaufsicht und Kontrolle mit anschließender Kritik und Korrektur nicht nachgekommen ist.

Das Harzburger Modell nennt als Kommunikations- und Führungsmittel Anerkennung und Kritik, Mitarbeiterbeurteilung, Mitarbeitergespräch und -besprechung, Mitarbeiterinformation, Dienstaufsicht und Kontrolle.

Vorteile
Das Harzburger Modell bietet eine Reihe von Vorteilen:

- Eine Überzentralisation wird durch Dezentralisation abgelöst;
- alle Entscheidungen werden auf der Ebene und von den Mitarbeitern getroffen, die dazu befähigt sind und die besseren Detailkenntnisse besitzen;
- Vorgesetzte werden von Routinearbeiten entlastet und können sich grundsätzlichen Aufgaben zuwenden;
- der Betrieb bricht nicht zusammen, wenn die Unternehmensspitze vorübergehend abwesend oder unbesetzt ist.

Kritik
Von der Wissenschaft wurde und wird das Harzburger Modell oft als kompliziert, starr, überholt und unpraktikabel abgelehnt. Praktiker dagegen bescheinigen dem Harzburger Modell die Fähigkeit, Führungs- und Organisationsprobleme optimal lösen zu können.

In der Tat ist das Harzburger Modell in Betrieben der deutschen Wirtschaft weit verbreitet, wenngleich einige Mängel nicht zu bestreiten sind:

Es ist hauptsächlich ein Ausführungsmodell. An der Zielfindung im Sinne von M. b. O. sind die Mitarbeiter nicht in gleicher Weise beteiligt. Sie haben zwar auch ihre Ziele zu erfüllen, aber es handelt sich um einmal festgelegte allgemeine Ziele der Stelle, die mehr statisch und weniger dynamisch sind. Natürlich müssen die Stellenziele auch mit den Unternehmenszielen korrespondieren. Außerdem ist die Kontrolle eine einseitige vom Vorgesetzten ausgehende Maßnahme, an der die Mitarbeiter in der Regel nicht beteiligt werden. Schließlich besteht die Gefahr, wenn dagegen nichts unternommen wird, dass die „Organisation" überbetont wird und damit verkrustet und möglicherweise nicht mehr in der Lage ist mit der Entwicklung Schritt zu halten.

Aufgrund dieser Nachteile ist die Tendenz in der Anwendung des Harzburger Modells in der Praxis rückläufig.

Bezüglich seiner Effizienz ist noch anzumerken, dass sich das Harzburger Modell umso besser bewähren kann, je mehr überwiegend gleichartige, sich wiederholende, relativ gut strukturierte Arbeitsaufgaben bewältigt werden müssen.

9.4.4 Management-by-Techniken als Teilsysteme

Nachfolgend werden 4 Management-by-Techniken besprochen, die nicht zu den geschlossenen Systemen gezählt werden können, weil sie nur einzelne Führungsfunktionen herausstellen. Sie haben dennoch eine beachtliche Bedeutung und einen hohen Bekanntheitsgrad erlangt.

9.4.4.1 Management by Exception (M. b. E.)

Man kann dieses System auch als Führung nach dem Ausnahmeprinzip bezeichnen. Es beruht ebenfalls auf der Grundlage der Delegation von Verantwortung und geht von der Überlegung aus, dass die Geschäftsleitung oder die oberen Vorgesetzten nicht alle betrieblichen Vorgänge selbst kennen und entscheiden müssen. Sie beschränken sich auf die Erledigung von außergewöhnlichen Fällen. Alle anderen Vorgänge werden von den Mitarbeitern entschieden. Zu den **außergewöhnlichen Fällen** zählen zwei Bereiche:

a) Vorgänge von besonderer Wichtigkeit. Diese sind der Geschäftsleitung oder den oberen Vorgesetzten zur Entscheidung generell vorbehalten;
b) Vorgänge, die sich außerhalb der festgelegten Rahmenrichtlinien bewegen und damit eine Ausnahmesituation darstellen.

Jeder beauftragte Mitarbeiter kann bestimmte Aufgaben innerhalb festgelegter Rahmenrichtlinien selbstständig und eigenverantwortlich erledigen und die notwendigen Entscheidungen treffen. Es werden ihm Ziele in Form von Sollwerten (z. B. Standards) vorgeschrieben, an denen die erreichten Leistungen gemessen werden. Überschreiten bei diesem Soll-Ist-Vergleich die Abweichungen zum Negativen eine bestimmte Grenze, liegt eine Ausnahmesituation vor, die dem Vorgesetzten mitgeteilt werden muss, damit dieser eingreifen und die notwendigen Entscheidungen im Ausnahmefall treffen kann. Gemeldet werden müssen nur negative Abweichungen, weil nur sie ein Einschreiten des Vorgesetzten erforderlich machen.

Durch dieses Führungssystem sollen Vorgesetzte von Routineaufgaben entlastet werden und sich stärker ihren Führungsaufgaben zuwenden können. Die Mitarbeiter sollen einen interessanten, ihren Fähigkeiten und ihrem Engagement entsprechenden Aufgabenbereich selbstständig bearbeiten können und von der Aufgabe her motiviert werden.

Voraussetzungen für die Durchführung von M. b. E. sind:

a) Festlegung der Vorgänge von besonderer Wichtigkeit, die der Geschäftsleitung zur Erledigung vorzulegen sind;
b) Festlegung eines genau abgegrenzten Aufgabengebietes für jeden Mitarbeiter zur selbstständigen Entscheidung, versehen mit den notwendigen

Entscheidungsbefugnissen und mit der Maßgabe, dass der Mitarbeiter die Verantwortung für seine Entscheidungen trägt;
c) der Aufgabenkatalog enthält Rahmenrichtlinien, die der Mitarbeiter möglichst erreichen oder in positiver Weise überschreiten soll;
d) gleichzeitig müssen Grenzwerte für die negativen Abweichungen festgelegt werden, die die Meldepflicht an den Vorgesetzten als Ausnahmesituation auslösen.

In der Erfüllung dieser Voraussetzungen liegen oft nicht geringe Schwierigkeiten für die Realisierung dieses Systems. Ausnahmesituationen können z. B. sein:

a) Überschreiten eines vorgegebenen Sollwertes um 5 %, z. B. bei den Personalkosten, Maschinenstillständen, Reklamationen usw.;
b) Unterschreiten eines vorgegebenen Sollwertes, z. B. 3 % bei der Produktion, Leistung usw.;
c) Vorgabe eines oberen Euro-Wertes, der z. B. beim Einkauf, bei der Rabattgewährung, der Darlehenszusage usw. nicht überschritten werden darf;
d) Vorgabe eines unteren Euro-Wertes, der z. B. beim Verkauf nicht unterschritten werden darf.

Das M. b. E. ist hauptsächlich ein Entscheidungssystem, obwohl es auch Elemente der Zielvorgabe und der Kontrolle enthält und ohne die notwendige Information und Kommunikation nicht auskommt. Als nachteilig muss angesehen werden, dass nur negative Abweichungen zur Kenntnis der Vorgesetzten gelangen, nicht dagegen positive Abweichungen, was sich auf die Motivation der Mitarbeiter nachteilig auswirken kann. Besser würden auch positive Abweichungen als besondere Leistungen der Mitarbeiter dem Vorgesetzten signalisiert. Das hätte weiter den Vorteil, dass der Vorgesetzte die positiven Abweichungen in seine weiteren Planungen einbeziehen und verwerten kann. Schließlich sollten auch die Sollwerte und die Abweichungen nicht einseitig von den Vorgesetzten festgelegt, sondern gemeinsam mit den Mitarbeitern vereinbart werden.

9.4.4.2 Management by Motivation (M. b. M.)

Grundgedanke ist die Führung der Mitarbeiter durch Motivation. M. b. M. kann nicht als selbstständiges Führungssystem angesprochen werden, weil seine Inhalte weitgehend auch Bestandteil anderer Führungssysteme sind. Außerdem wird das Hauptgewicht auf die Führungsfunktion „Realisation" (Veranlassen einschl. Motivieren) gelegt.

Grundlage ist die durch Maslow begründete und durch Herzberg u. a. weitergeführte Motivationstheorie, wonach jegliches menschliches Handeln, ob beruflich oder privat, geistig-seelische Beweggründe hat. Führung durch Motivation macht es erforderlich, in den Betrieben solche Bedingungen zu schaffen, die in der Lage sind Mitarbeiterbedürfnisse, -wünsche, -ziele und -erwartungen zu befriedigen. Aufgabe des Vorgesetzten ist es, diese Wünsche des Mitarbeiters zu erkennen und sie mit den betrieblichen Zielen möglichst in Einklang zu bringen.

Möglichkeiten der Motivation bieten die insbesondere von Herzberg herausgestellten Motivatoren wie interessante Arbeitsaufgabe, Anerkennung der Leistung, Verantwortung, Selbstständigkeit, Selbstentfaltungs- und Selbstverwirklichungsmöglichkeiten. Weitere Anreize können in der stärkeren Mitwirkung der Mitarbeiter bei der Zielbildung, Mitsprache und Mitbestimmung bei der Durchführung, Ablösung der Fremdkontrolle durch die Selbstkontrolle liegen. Auch das sog. Jobenrichment, worunter wir die qualitative Anreicherung der bisherigen Arbeitsaufgabe verstehen, muss hier genannt werden. Schließlich erfordern alle neuen Formen der Zusammenarbeit, insbesondere auch die Gruppenarbeit, hoch motivierte Mitarbeiter.

Bei der Führung durch Motivation ist zu beachten, dass als Ansatzpunkt für die Motivation vornehmlich die sozialen und psychischen Bedürfnisse ausgewählt werden, weil es sich hier sozusagen um „permanente" Bedürfnisse handelt. Im Gegensatz dazu gehen von physischen Bedürfnissen, wenn und solange sie befriedigt sind, keine motivationalen Wirkungen aus. Führung durch Motivation hat den Mitarbeiter zum Ziel, der nicht ausschließlich arbeitet, um Geld zu verdienen, sondern auch seine Selbstgestaltungs- und Selbstverwirklichungsbedürfnisse befriedigen möchte. Er will kein Befehlsempfänger sein, sondern an der Lösung betrieblicher Probleme aktiv mitwirken.

9.4.4.3 Management by System (M. b. S.)

Management by System ist ein Führungsmodell durch Systemsteuerung. Früher verstand man darunter ein Prinzip, durch das aufgrund genau festgelegter Verfahrensordnungen und rationeller Durchführungsmethoden die verschiedenen mehr oder weniger selbstständigen Betriebsabteilungen organisatorisch miteinander verknüpft wurden und auch deren Information und Kommunikation untereinander sowie mit bestimmten Stabsstellen und der Unternehmensleitung sichergestellt war. Das geschah früher notwendigerweise durch ein zweckmäßiges Formularsystem.

Heute versteht man unter M. b. S. ein computergestütztes Informations- und Steuerungssystem. Es liegt der kybernetische Gedanke des Regelkreises mit dem Prinzip der Selbststeuerung zugrunde und die einzelnen Betriebsabteilungen werden heute gerne als selbstständige und sich selbst steuernde Regelkreise angesehen, deren Vorgesetzte u. a. eine bestimmte „Regelverantwortung" im Sinne einer Eigensteuerung haben.

Wichtig ist, und das macht das sog. Managementinformationssystem (MIS) aus, dass die einzelnen selbstständigen Regelkreise vertikal und horizontal so miteinander vermascht werden, dass daraus ein selbststeuerndes Gesamtsystem entsteht. Die computerunterstützten Teilsysteme als insbesondere auch ein computerunterstütztes Gesamtsystem sind von hohem und unverzichtbarem Wert für jeden Vorgesetzten, der den Wunsch nach schneller und allumfassender Information hat, um dadurch die Sicherheit seiner Entscheidungen zu verbessern (siehe auch Kap. 10.8).

9.4.4.4 Management by Ideas (Leitbildorientierte Führung)

Es wird versucht, dem Mitarbeiter eine spezifische „Unternehmensphilosophie" nahe zu bringen und von den Mitarbeitern erwartet, dass sie ihr Denken, Handeln und Entscheiden im Innenverhältnis wie nach außen an diesem Leitbild orientieren. Mit diesem Leitbild will das Unternehmen seine eigene, unverwechselbare Identität finden und diese auch im Rahmen der Öffentlichkeitsarbeit nach außen hin verbreiten. **Corporate Identity, Unternehmenskultur** sind die Stichworte. Führungsgrundsätze, die weniger anwendungsbezogene Regeln vermitteln, sondern eher wertorientierte Aussagen treffen, sollen eine partnerschaftliche Zusammenarbeit zwischen Geschäftsleitung, Führungskräften und Mitarbeitern ermöglichen. Gemeinsam wird versucht durch Arbeit in Gruppen Ideen und Verbesserungsvorschläge einzubringen, die die Akzeptanz und die Qualität der Produkte weiter steigern und damit auch die Zufriedenheit der Kunden und Lieferanten gewährleisten (siehe auch Kap. 9.4.8).

9.4.5 Management-by-Techniken von geringer Bedeutung

Über die bisher besprochenen Management-by-Systeme hinaus gibt es weitere Vorschläge, die aber zum größten Teil diesen anspruchsvollen Namen nicht verdienen, weil sie vielfach nur einen, manchmal vagen Gedanken zum Führungskonzept erheben. Zum Teil enthalten diese Systeme aber interessante und beherzigenswerte Detailaspekte, die in dem einen oder anderen Fall sicherlich nützlich sind. Man sollte diese für sich allein sonst schwachen Systeme daher nicht von vornherein verwerfen. Im Übrigen finden sich etliche Ideen in anderen in diesem Buch besprochenen Management-by-Systemen wieder. Einige Systeme werden im Folgenden stichwortartig erklärt.

a) Management by Information: Führung durch Mitarbeiterinformation. Grundgedanke ist, dass jeder Mitarbeiter für die Erfüllung seiner beruflichen Pflichten ausreichende, aufgabenbezogene Informationen benötigt und dass er darüber hinaus auch weitere unternehmensbezogene Informationen wünscht. Das erhöht die Qualität der Aufgabenerfüllung, die Sicherheit der Entscheidungen und die Motivation. Mithilfe der EDV ist auch eine schnelle und umfassende Mitarbeiterinformation leicht möglich (siehe auch Kap. 9.5.4).

b) Management by Innovation: Führung durch Erneuerung und Verbesserung. Im Vordergrund steht die Überlegung, dass immer neue oder verbesserte Produkte, Verfahren usw. zu entwickeln sind, um das Unternehmen konkurrenzfähig zu halten. Kreativitätstraining, Methoden der Ideenfindung (Brainstorming u. a), Konferenzen, Diskussionen werden zur Erarbeitung neuer Lösungen systematisch eingesetzt. Innerhalb der modernen Führungsmethoden steht KVP = kontinuierlicher Verbesserungsprozess heute im betrieblichen Alltag hoch im Kurs.

c) Management by Breakthrough: Durchbruchorientierte Führung. Das gesamte Unternehmen soll einen grundlegenden Wandel hinsichtlich seiner Produktpalette, der Beschaffungs- und Absatzwege, der internen Ablauforganisation usw. erfahren, dadurch zum (neuen) Erfolg geführt werden und das Ergebnis absichern. In diesem Konzept kommt eine stark aggressive Firmenpolitik zum Ausdruck.

d) Management by Participation: Führung durch Beteiligung an den Entscheidungen. Dieses System beteiligt die Mitarbeiter in starkem Maße an der Entscheidungsfindung und geht davon aus, dass – ähnlich wie bei M. b. O. – die Mitarbeiter sich mit den selbst getroffenen Entscheidungen voll identifizieren und ihre Leistungen verbessern.

In einer Variante wird unter diesem Konzept manchmal auch die finanzielle Beteiligung der Mitarbeiter am Unternehmen, also die Miteigentümerschaft eines Mitarbeiters, verstanden. Dabei wird erwartet, dass ein Miteigentümer sich verstärkt für die Belange „seines" Unternehmens einsetzt.

e) Management by Decision Rules: Führung durch Entscheidungsregeln. Hier wird ein Katalog mit Entscheidungsregeln aufgestellt, aus dem ersichtlich ist, was in den einzelnen Fällen getan werden muss. Den Mitarbeitern soll dadurch Gelegenheit zu schnellerer und einheitlicher Entscheidung ohne Zeit raubende Rückfragen bei den Vorgesetzten gegeben werden. Wichtig ist, dass der Regelkatalog für alle Mitarbeiter und Vorgesetzten verbindlich ist. Auch für das obere Management darf es keine Ausnahmen geben. Der Katalog mit Entscheidungsregeln mag zwar bequem sein, er verhindert aber auch Entfaltung von Eigeninitiative und Eigenverantwortung der Mitarbeiter. Dieses System findet in der Praxis kaum Anwendung, weil es schwierig ist, einen allumfassenden Regelkatalog aufzustellen und weil die Negativeffekte bei einer möglichen Anwendung deutlich überwiegen.

f) Management by Results: Ergebnisorientierte Führung. Results bedeutet Betriebsergebnis oder Betriebsgewinn. Die Leiter der einzelnen Verantwortungsbereiche verpflichten sich bestimmte Zielvorgaben zu erfüllen. Es ist ihre besondere Aufgabe, Kosten einzusparen und die Produktivität zu verbessern. Voraussetzung sind Verantwortungsbereiche mit Entscheidungsbefugnissen, die das Betriebsergebnis verbessern können. Es sind Ähnlichkeiten mit dem M. b. O. erkennbar.

g) Management by Teaching: Führung durch Mitarbeiterbildung. Bei diesem System wird Wert auf eine gute Ausbildung und eine ständige Anpassungs- und Aufstiegsfortbildung der Mitarbeiter gelegt. Jeder Mitarbeiter soll so weit wie irgend möglich gefördert werden. Wichtig ist, dass die so geförderten Mitarbeiter im Unternehmen auch entsprechende Entfaltungs- und Aufstiegsmöglichkeiten erhalten; andernfalls besteht die Gefahr der Abwanderung in andere Betriebe. Im Rahmen der Personalentwicklung sind hier auch Beförderungs- und Karriereprogramme in Form von Nachfolgeplänen, Laufbahnplänen und Laufbahnmodellen zu erwähnen.

h) Management by Direction and Control: Führung durch Aufsicht und Kontrolle. In diesem Führungssystem wird autoritär geführt. Als Prinzipien gelten Befehlen und Gehorchen. Der Chef bestimmt und kontrolliert. Alles geht über seinen Schreibtisch. Dieses unzeitgemäße Führungssystem ist – wenn überhaupt – nur in kleinen, überschaubaren Betrieben durchführbar. Motivationale Elemente sind nicht erkennbar. Initiative und Arbeitsbereitschaft werden unterdrückt.

9.4.6 D.I.B.-Managementsystem

Die Bezeichnung D.I.B. ist eine Abkürzung für den Urheber dieses Modells (Deutsches Institut für Betriebswirtschaft, Frankfurt/Main).
Drei Grundsätze bestimmen das W.E.G.-Leitbild dieses Modells:

W = Wachstum
E = Entwicklung
G = Gewinn

Management wird in diesem Modell dargestellt als die Verknüpfung von Führungssystem und Leitungssystem.
 Das **Führungssystem** umfasst die folgenden 5 Managementtechniken zur Führung und Förderung der Mitarbeiter:

- Führungsgrundsätze
- Analyse der Führungsorganisation
- Funktionsbeschreibungen
- Führungsinformation
- Mitarbeiterbeurteilung und -förderung

Es geht hierbei um die Frage: **Wie soll geführt werden?**

9 Personalführung

Das **Leitungssystem** enthält die folgenden 5 Managementtechniken zur Planung und Steuerung der Unternehmung:

- Unternehmenszielsetzung
- Analyse der Leitungsorganisation
- Planung, Budgetierung, Leistungsstandards
- Managementinformationssystem
- Controlling und Steuerung bzw. Regelung

Beim Leitungssystem lautet die Fragestellung: **Was soll erreicht werden?** Verbindendes Glied zwischen dem Führungssystem und dem Leitungssystem ist das Managerverhalten, das sich insbesondere in den folgenden 5 Management-by-Systemen verkörpern soll:

- Management by Objectives
- Management by Delegation
- Management by Participation
- Management by Exception
- Management by Results

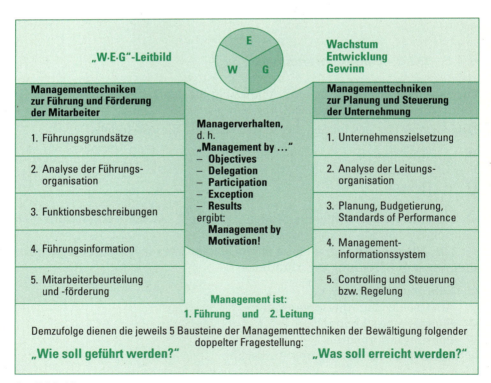

Das D.I.B.-Managementsystem

Führungstechniken 9.4

Es wird gefolgert dass durch das Zusammenwirken dieser 5 Management-by-Systeme, deren sich die Führungskräfte des Managements bedienen, als Ergebnis das Management by Motivation entsteht.

Das D.I.B.-Modell ist kein neues Modell, sondern wurde aus verschiedenen bekannten Managementsystemen zusammengestellt. Es geht einmal von einer Aufgabenstellung und zum anderen von Arbeits- und Führungstechniken aus. Wichtig für den Erfolg ist nach dieser Konzeption aber nicht allein die Führungstechnik, sondern die **Persönlichkeit** der Führungskraft. Daher kommt der Ausgestaltung der Management-by-Systeme durch den Vorgesetzten eine überragende Bedeutung zu.

Dieses Modell nimmt außerdem in Anspruch, ein umfassendes zukunftsorientiertes Managementsystem zu sein, das in der Lage ist sich Veränderungen, die Wirtschaft und Gesellschaft dem Unternehmen auferlegen, flexibel anzupassen.

Das D.I.B.-Managementsystem wird in der Literatur gerne in einer inzwischen nahezu typischen Brückenform grafisch dargestellt. Die auf der vorhergehenden Seite wiedergegebene Abbildung findet sich gleich lautend in: Bisani, Personalführung, Wiesbaden, und Olfert/Steinbuch, Personalwirtschaft, Ludwigshafen (Rhein).

9.4.7 Führungsgrundsätze

Auch Führungsgrundsätze haben in den letzten Jahren gewisse inhaltliche Veränderungen erfahren. Am Anfang ihrer Entwicklung standen verbindliche Führungsanweisungen, die den Charakter von Dienstanweisungen hatten. Als in den 50er-Jahren R. Höhn das sog. „Harzburger Modell" als erstes geschlossenes Konzept für Mitarbeiterführung und Betriebsorganisation entwickelte, baute er es auf zwei Säulen auf: der Stellenbeschreibung als Codifizierung des sachlichen und fachlichen Tätigkeitsbereiches und der allgemeinen Führungsanweisung als schriftliche Fixierung des Verhaltensbereiches aller Mitarbeiter. Höhn hielt es für wichtig, detaillierte und verbindliche Regeln für die Praktizierung des kooperativen Führungsstils, für die Durchführung der Delegation von Aufgaben und Verantwortung, für die Rechte und Pflichten von Vorgesetzten usw. aufzustellen und alle Mitarbeiter auf deren strikte Einhaltung zu verpflichten.

Diese strengen Führungsanweisungen wurden später modifiziert und unter Bezeichnungen wie Führungsrichtlinien, Leitsätze für die Führung, Leitsätze für die betriebliche Zusammenarbeit oder einfach Führungsgrundsätze weiterentwickelt.

Als vorrangiges Ziel gilt die Leistungsfähigkeit der gesamten betrieblichen Organisation zu steigern und eine Vereinheitlichung und eine gewisse Normierung der Verhaltensweisen aller Mitarbeiter und Vorgesetzten im Betrieb zu erreichen.

9 Personalführung

Heute sind im Allgemeinen moderne, zeitgemäße Organisationsformen und Führungsmittel Gegenstand von Führungsrichtlinien wie z. B.:

- der kooperative Führungsstil
- Delegation von Aufgaben und Verantwortung
- Zielvereinbarungen und Zielkontrolle
- das betriebliche Informationswesen
- Qualitätsmanagement (TQM)
- Qualifikationsmanagement (Personalentwicklung)
- Projektarbeit in Teams und Gruppen
- kontinuierlicher Verbesserungsprozess (KVP)
- Konfliktmanagement
- partnerschaftliche und vertrauensvolle Zusammenarbeit mit Lieferanten und Kunden

In jüngster Zeit fließen verstärkt Gedanken der Corporate Identity, der Unternehmenskultur oder Unternehmensphilosophie in die Führungsgrundsätze ein.

Es ist erkennbar, dass neben anwendungsbezogenen Regeln häufig auch wertorientierte Aussagen getroffen werden, die geeignet sind Grundwerte und Grundhaltungen des Unternehmens widerzuspiegeln.

Die in der Praxis anzutreffenden Führungsrichtlinien sind sehr unterschiedlich. Es werden nachstehend 3 aktuelle Beispiele von Führungsgrundsätzen besprochen, die alle sehr unternehmensspezifisch gehalten sind und daher auch hinsichtlich Aufbau, Zielsetzung und Inhalt z. T. stark voneinander abweichen.

9.4.7.1 Der W. Bertelsmann Verlag GmbH & Co. KG, Bielefeld

Statt mit besonderen Führungsrichtlinien zu arbeiten, stellt dieses Unternehmen seine „Philosophie des lernenden Unternehmens" mit einem „Leitbild für den Weg in die Informationsgesellschaft" in den Vordergrund. Das Leitbild enthält die folgenden Leitthemen:

W. Bertelsmann Verlag ...

- *das Unternehmen*
- *der Fachverlag*
- *der Mediendienstleister*
- *der kreative Partner*
- *der zuverlässige Partner*
- *der gesellschaftliche Partner*

Als Beispiel wird das letztgenannte Leitthema „Der gesellschaftliche Partner" im Wortlaut wiedergegeben:

> **W. Bertelsmann Verlag – Der gesellschaftliche Partner**
>
> Wir achten die Werte demokratischer Ordnung und den freien Wettbewerb. Gesetze und Verordnungen werden von allen Mitarbeitern/Mitarbeiterinnen eingehalten. Bedienstete von Behörden und öffentlichen Institutionen unterstützen wir bei der Erfüllung ihrer Aufgaben.
>
> Wir bieten Menschen Chancen, indem wir eine überdurchschnittliche Zahl an Ausbildungs- und Praktikumsplätzen zur Verfügung stellen und eine gute Ausbildung anbieten. Wir unterstützen Schulen bei ihren Kontakten zur Wirtschaft.
>
> Wir sind im verantwortungsbewussten Umgang mit der Umwelt ein vorbildliches Unternehmen. Alle Mitarbeiter/-innen beteiligen sich an dieser Verantwortung durch den sorgfältigen Umgang mit Rohstoffen, Energie und Verbrauchsmaterialien. Unser Umweltmanagement richtet sich nach dem aktuellen EU-Standard.
>
> Einen Teil unseres Ertrags verwenden wir für die Förderung sozialer Einrichtungen und unterstützen ehrenamtliches Engagement.
>
> Aus Tradition fühlen wir uns der Stadt Bielefeld und der Region Ostwestfalen/Lippe verbunden und leisten unseren Beitrag zur Förderung dieses Standorts.

9.4.7.2 Führungsleitlinien des Versandhauses Otto, Hamburg

Diese Führungsleitlinien enthalten 7 Themenfelder mit je einem Kernsatz und einigen weiteren Erläuterungen zu jeder Kernaussage. Die Themenfelder mit den Kernsätzen lauten:

Präambel – Wir wollen begeisterte und qualifizierte Mitarbeiter und schaffen die Voraussetzungen dafür.

1. *Zusammenarbeit*
   Wir arbeiten miteinander, nicht gegeneinander.
2. *Delegation*
   Wir übertragen Verantwortung, nicht nur Aufgaben.
3. *Information*
   Wir informieren umfassend und rechtzeitig, nicht erst, wenn wir gefragt werden.
4. *Feed-back*
   Wir wollen ein permanentes, faires und gegenseitiges Feed-back, nicht nur Kritik bei Misserfolg.
5. *Mut machen Risiken einzugehen*
   Wir fördern Mut und Ideenreichtum, nicht nur Fehlervermeidung.
6. *Konflikte*
   Wir nutzen Konflikte als Chancen für eine bessere Lösung und verschließen uns nicht den Argumenten der anderen.
7. *Mitarbeiterentwicklung*
   Wir wollen unsere Mitarbeiter fördern, nicht nur fordern.

9 Personalführung

4. Feed-back

Wir wollen ein permanentes, *faires* **und** gegenseitiges **Feed-back, nicht nur** Kritik bei *Misserfolg*.

➡ Gegenseitiges offenes Feed-back erleichtert die Lösung von Problemen in der Zusammenarbeit.

➡ Wir wollen Rückmeldungen über das eigene Führungsverhalten.

➡ Eine gute Leistung muss als Erfolg erlebt werden können.

➡ Kritik muss fair sein und zwischen Sache und Person unterscheiden. Sie endet nicht im Aufzeigen von Schwächen, sondern enthält Lösungsansätze.

6. Konflikte

Wir nutzen Konflikte als **Chancen** für eine bessere *Lösung* und verschließen uns nicht den *Argumenten* der anderen.

➡ Angst vor Konflikten führt zu Stillstand.

➡ Konflikte bieten Chancen für Entwicklung.

➡ Wir wollen Konflikte konstruktiv aufgreifen

➡ und offen sein für andere Meinungen.

➡ Im Konflikt darf es keine Verlierer geben, denn aus Verlierern werden Gegner.

Als Beispiele folgen zwei Originalthemenfelder:

9.4.7.3 Führungsleitsätze der Fordwerke Köln

Mission, Values and Guiding Principles – Auftrag und Verpflichtung, Grundwerte und Führungsleitsätze –, so lauten die von Ford International entwickelten Führungsgrundsätze, die weltweite Geltung haben und „our worldwide Corporate Culture" repräsentieren.

Auftrag und Verpflichtung

Der Ford-Konzern spielt weltweit eine führende Rolle in der Automobilindustrie sowie im Banken- und Versicherungswesen. Daraus ergibt sich für uns die Verpflichtung, zum Vorteil und Nutzen unserer Kunden ständig an der Verbesserung unserer Produkte und Dienstleistungen zu arbeiten. Nur so kann unser Unternehmen gedeihen und letztlich eine angemessene Verzinsung des eingesetzten Kapitals erwirtschaftet werden.

Führungstechniken 9.4

> **Grundwerte**
>
> Ebenso wichtig wie die Verpflichtung selbst ist die Art und Weise, wie wir diesen Auftrag in die Tat umsetzen. Der Erfolg des Unternehmens wird entscheidend durch die folgenden Werte bestimmt:
>
> **Menschen** – Unsere Mitarbeiter sind unsere Stärke. Sie sind unser geistiges Kapital und prägen unser Ansehen und unsere Leistungsfähigkeit. Engagement und Zusammenarbeit gehören für uns zu den wichtigsten Werten.
>
> **Produkte** – Unsere Produkte sind das Ergebnis unserer Arbeit. Sie sollen den Wünschen unserer Kunden entgegenkommen, denn so wie unsere Produkte gesehen werden, so werden auch wir gesehen.
>
> **Erträge** – Erträge sind letztlich der Maßstab dafür, wie erfolgreich wir den Erwartungen unserer Kunden mit unseren Produkten entsprechen. Gewinne sind notwendig für unser Wachstum und Bestehen am Markt.
>
> **Leitsätze**
>
> **Qualität ist oberstes Gebot** – Um die Zufriedenheit der Kunden zu erreichen, muss die Qualität unserer Produkte und Dienstleistungen unsere erste Priorität sein.
>
> **Der Kunde steht im Mittelpunkt unserer Arbeit** – Unser Handeln gilt dem Wohle und dem Interesse unserer Kunden. Wir müssen Produkte und Dienstleistungen liefern, die besser als die der Konkurrenz sind.
>
> **Ständiges Streben nach Verbesserungen ist wesentlich für unseren Erfolg** – Wir müssen uns bemühen hervorragend zu sein in allem, was wir tun. Das gilt für unsere Produkte, deren Sicherheit und Preiswürdigkeit sowie für unsere Dienstleistungen, unsere gesellschaftlichen Beziehungen, unsere Wettbewerbsfähigkeit und Ertragskraft.
>
> **Die Mitarbeiter einzubeziehen ist uns eine Selbstverständlichkeit** – Wir sind eine Gemeinschaft. Gegenseitige Achtung und gegenseitiges Vertrauen bestimmen unser Handeln.
>
> **Händler und Lieferanten sind unsere Partner** – Das Unternehmen muss mit den Händlern, den Lieferanten und seinen anderen Geschäftspartnern Beziehungen zum beiderseitigen Nutzen unterhalten.
>
> **Integrität erlaubt keine Kompromisse** – Die Führung unseres Unternehmens muss weltweit in einer Weise wahrgenommen werden, die von sozialer Verantwortung geprägt ist und dem Unternehmen wegen seiner Integrität und seines positiven gesellschaftlichen Beitrags Achtung verschafft. Niemand darf bei uns wegen seines Geschlechts, seiner Rasse, Nationalität oder Weltanschauung benachteiligt werden.

9.4.8 Leitbild – Leitideen – Leitbildbeauftragter

Leitbilder sind Ausdruck einer Unternehmensphilosophie in konkreter Form. Zwischen der „gelebten" Organisation, verkörpert durch die Mitarbeiter, und der Unternehmenskultur dürfen keine Abweichungen entstehen. Diese Teilbereiche dürfen nicht differieren, also voneinander abweichen. Damit einer solchen Differenz vorgebeugt wird, bieten sich Leitbilder an, die vor dem Hintergrund einer Unternehmensphilosophie aufgebaut werden.

Durch diese **Leitideen,** die über eine schriftliche Fixierung (Leitbild) sowohl die Mitarbeiter selbst, aber auch externe Personenkreise (Kunden, Lieferanten, Bewerber) erreichen, sollen die grundsätzlichen Unternehmensziele verdeutlicht und vermittelt werden.

Ein Leitbild kann inhaltlich u. a. wie folgt aussehen:

- Wir sind ein modernes Dienstleistungsunternehmen.
- Wir sind für Wettbewerb.
- Unsere Personalarbeit gehört mit zur Visitenkarte des Unternehmens.
- Die Kundenzufriedenheit ist unser oberstes Ziel.

Mit einem Leitbild erhofft sich das Unternehmen von den Mitarbeiter/Mitarbeiterinnen im Besonderen:

a) eine höhere Identifikation mit den betrieblichen Zielen,
b) eine Stärkung der Eigenverantwortung der Mitarbeiter.

Beim Leitbild handelt es sich um eine Sammlung von Grundsatzentscheidungen und ein Bekenntnis zu dem **„was wir sind"**. Leitbilder haben nur dann einen Sinn, wenn sie von den Mitarbeitern als verbindlich anerkannt und „verinnerlicht" werden. Eine Umsetzung kann nur in einem langfristigen Prozess erreicht werden. Es hat keinen Zweck, sich nur theoretisch mit einem Leitbild auseinander zu setzen, sondern es muss „bewusst" gemacht werden. Leitbilder sind besonders für Dienstleistungsunternehmen von Bedeutung, da hier eine starke Identifikation der Mitarbeiter mit den Unternehmenszielen eine unbedingte Voraussetzung für das Erreichen der Unternehmensziele ist. In diesem Zusammenhang sei erwähnt, dass Leitbilder in gewisser Weise auch *visionären* Charakter haben und auf künftige Tätigkeitsfelder nach dem Motto: „Wir wollen ..." hinweisen. Die Umsetzung von Leitideen ist wiederum eine *kontinuierliche* Aufgabe eines Managementprozesses. Damit eine Realisierung besser erfolgt, können sog. **Leitbildbeauftragte** (Mitarbeiter/-innen) benannt werden. Sie haben die Aufgabe, immer wieder die Verpflichtungen des Leitbildes aufzugreifen und in „Erinnerung" zu bringen.

Im Gegensatz zu Führungsgrundsätzen handelt es sich bei einem Leitbild mehr um eine *spezifische* Unternehmenskultur für die Mitarbeiter, die neben Führungsrichtlinien eine Existenzberechtigung hat.

Leitbilder unterscheiden sich von Führungsgrundsätzen auch durch eine höhere Flexibilität und Dynamik. Menschen können sich von Leitbildern schneller lösen als von „gewachsenen" Kulturen im Unternehmen. Letztendlich sind Leitbilder aber auch „Sollvorstellungen", wo niedergelegt wird, was als machbar und wünschenswert erscheint.

Aufgaben

1. Analysieren Sie die besprochenen Managementsysteme sorgfältig nach Vor- und Nachteilen.
2. Prüfen Sie, inwieweit die einzelnen Managementsysteme die 6 Führungsfunktionen Zielsetzung, Planung, Entscheidung, Realisation, Kontrolle,

> Kommunikation abdecken und auf welche Funktionen sie hauptsächlich abstellen.
> 3. Versuchen Sie aus den dargestellten Managementsystemen ein optimales Modell zu entwickeln, das möglichst viele Vorteile übernimmt und wesentliche Nachteile ausschaltet, das dabei aber dennoch praktikabel bleibt.

9.5 Führungsmittel

Von Vorgesetzten erteilte Weisungen können gut ausgeführt werden oder auch misslingen. Ergibt die Kontrolle, dass Weisungen korrekt durchgeführt wurden, sollten Vorgesetzte dies erkennen, anerkennen und loben. Werden dagegen Weisungen schlecht ausgeführt, müssen Vorgesetzte auch dies bemerken und beanstanden. Anerkennung, Lob auf der einen, Kritik, Tadel auf der anderen Seite sind betriebliche Führungsmittel im engeren Sinne, deren sich Vorgesetzte in richtiger Dosierung stets bedienen sollten. Darüber hinaus gibt es als weitere Führungsmittel die Kontrolle, die Mitarbeiterinformation, das Mitarbeitergespräch, die Mitarbeiterbesprechung und die extremen Führungsmittel, die nachstehend näher besprochen werden sollen.

9.5.1 Kontrolle

Zu den Führungsfunktionen Zielsetzung, Planung, Entscheidung und Realisierung gehört als wesentliches Element auch die Kontrolle.

Bei der Kontrolle geht es in der Regel darum, festzustellen, ob vorgegebene oder mit dem Mitarbeiter vereinbarte Ziele auch erreicht wurden oder ob Abweichungen eingetreten sind. Es müssen daher genau formulierte Ziele vorliegen, die quantifizierbar und nachprüfbar sind (operationalisierte Ziele) und es müssen klare Maßstäbe (z.B. Qualitätsanforderungen, Maße, Gewichte, Toleranzen usw.) als Sollwerte vorhanden oder gemeinsam mit dem Mitarbeiter vereinbart worden sein, an denen die erreichten tatsächlichen Werte gemessen und Abweichungen festgestellt werden können (Soll-Ist-Vergleich). In einer Abweichungsanalyse werden die Gründe erforscht und Entscheidungen über Nachbesserungen oder sonstige Konsequenzen gezogen.

Wir können folgende Arten von Kontrollen unterscheiden:
1. **Fremdkontrollen:**
   a) **Kontrollen durch den Vorgesetzten**
      durch ständige oder stichprobenartige Kontrollen.

9 Personalführung

Folgen: Der Mitarbeiter steht in großer Abhängigkeit zum Vorgesetzten; seine Selbstständigkeit wird dadurch nicht gefördert, sondern eher behindert.
Wenn allerdings der neue Mitarbeiter nur wenig mit der Arbeit vertraut ist oder wenn es sich um eine sehr komplizierte Arbeit handelt, kann die Kontrolle durch den Vorgesetzten geboten erscheinen.

b) **Kontrollen durch besondere Kontrollstellen**
Häufig werden Kontrollen – vor allem Endkontrollen – auch durch anonyme Kontroll- und Prüfstellen durchgeführt, die über die notwendige technische Ausstattung und besondere Fachkräfte verfügen.

c) **automatische Kontrollen**
durch selbstständig arbeitende Prüf- und Messgeräte.

2. **Selbstkontrollen:**
Hier kontrolliert sich ein Mitarbeiter selbst oder eine Mitarbeitergruppe führt gemeinsam die Selbstkontrolle durch. Bei der Selbstkontrolle müssen Regeln über den Umfang der Kontrollen vorliegen. **Vorteile:**
   a) Selbstkontrollen der Mitarbeiter entlasten den Vorgesetzten, der sich auf Stichproben beschränken kann.
   b) Selbstständiges, verantwortungsvolles Denken und Eigeninitiative der Mitarbeiter werden gefördert.
   c) Fehler können korrigiert werden, ohne dass andere davon erfahren. Selbstkontrollen sind immer angebracht bei qualifizierten, guten Mitarbeitern, evtl. auch älteren Mitarbeitern, und bei teilautonomen Arbeitsgruppen im Betrieb, wenn Prüfungshilfsmittel für die Kontrollen zur Verfügung stehen.

Nach dem **Gegenstand der Kontrolle** kann weiter unterschieden werden:
a) die **Erfolgs- oder Ergebniskontrolle,** durch die geprüft wird, ob bzw. inwieweit ein geplantes Ergebnis eingetreten ist;
b) die **Verfahrenskontrolle,** die das geplante Arbeitsverfahren mit dem tatsächlich angewendeten Arbeitsverfahren vergleicht.

Der Vorgesetzte führt aus Anlass einer Kontrolle stets ein Kontrollgespräch mit dem Mitarbeiter bzw. der Mitarbeitergruppe durch. Gegenstand dieses Gespräches ist eine Bewertung der Leistung entweder als Anerkennung/Lob oder als Kritik/Tadel.

9.5.2 Anerkennung und Lob

Anerkennung ist weniger als Lob. Anerkennung bedeutet, dass Vorgesetzte die Leistungen erkennen und akzeptieren. Die Anerkennung durch ein freundliches „Danke", durch ein kurzes „gut gemacht" usw. ist schon bei einer durchschnittlichen Leistung angebracht. Die Mitarbeiter brauchen ja Orientierungsmittel, ob sie richtig arbeiten. Nehmen Vorgesetzte Leistungen an, ohne sich zu äußern, wissen die Mitarbeiter nicht, woran sie sind. Sie brauchen die Anerkennung als eine Bestätigung, dass sie auf dem richtigen Wege sind und so weiterarbeiten dürfen. Ein anerkennendes Wort ist besonders wichtig bei eintöniger Arbeit. Warum soll der Vorgesetzte Mitarbeitern, die einfache, mechanische Arbeiten verrichten, nicht einmal sagen: „Was Sie da tun, ist sehr wichtig!" oder einem Arbeiter, der z. B. als Bote tätig ist, sagen: „Sie sind ein zuverlässiger und schneller Bote!" Solche Worte der Anerkennung können Wunder wirken. Eine Normalleistung sehen und anerkennen bedeutet oft, dass man Fähigkeiten, Interesse und Leistungswillen des Mitarbeiters steigert.

Jede überdurchschnittliche Leistung verdient über die bloße Anerkennung hinaus ein Lob. Lob ist mehr als Anerkennung. Eine gute Art, ein Lob auszusprechen, ist die Frage: „Wie haben Sie das nur geschafft?" Es ist sicher nicht leicht, Lob und Anerkennung richtig zu dosieren. Häufiges Lob kann sich leicht abnutzen. Man lobe daher nur überdurchschnittliche Leistungen. Auch sollte nur die Leistung, nicht der Mitarbeiter gelobt werden. Derselbe Mitarbeiter kann heute eine gute, morgen eine schlechte Leistung erbringen. Vielleicht muss ich morgen den eben gelobten Mitarbeiter kritisieren.

9.5.3 Kritik und Tadel

Kritik und Tadel sind ebenfalls wichtige Führungsmittel. Wo sie wegen einer mangelhaften Leistung angebracht sind, darf der Vorgesetzte sich dieser unangenehmen Aufgabe nicht entziehen. Der Mitarbeiter könnte sonst annehmen, er arbeite „tadellos". Die Kritik ist überwiegend sachbezogen. Sie richtet sich nicht gegen Mitarbeiter, sondern gegen schlechte Arbeitsergebnisse. Kritik soll helfen künftig Fehler zu vermeiden und die Leistung zu verbessern.

Der Tadel dagegen ist überwiegend personenbezogen. Er richtet sich gegen eine falsche Arbeitseinstellung und Arbeitsgesinnung und ist dort angebracht, wo Vorgesetzte nicht nur objektiv ein Arbeitsergebnis, sondern auch mangelnde Leistungsbereitschaft zu beanstanden haben.

Kritik erfolgt am besten in Frageform, nachdem man zuvor die guten Eigenschaften betont hat: „Was meinen Sie selbst zu Ihrer Arbeit?", „Wie konnte das passieren?", „Wollen wir das durchgehen lassen?" usw. Man erreicht auf diese Weise am ehesten, dass Mitarbeiter ihre Fehler einsehen und bereit sind die Arbeit nachzubessern und alles zu tun, um Fehler künftig zu vermeiden. Den Tadel kann man ebenfalls in Frageform anbringen. Wenn eine mangelhafte Arbeitsbereitschaft zu tadeln ist, muss der Vorgesetzte auch die Person des Mitarbeiters, nicht nur sein schlechtes Arbeitsergebnis, in den Tadel einbeziehen. Sowohl Kritik als auch der Tadel dürfen niemals in der Öffentlichkeit oder vor Mitarbeitern ausgesprochen werden. Sie sollten stets mit einer Aufmunterung enden.

9.5.4 Die Mitarbeiterinformation

Arbeitsteilung und Spezialisierung in den Betrieben können zu sachlicher und menschlicher Isolierung der Mitarbeiter führen. Diese überschauen dann die betrieblichen und arbeitstechnischen Zusammenhänge nicht mehr. Aus diesem und anderen Gründen ist die Mitarbeiterinformation für Betriebe und deren Vorgesetzte ein unverzichtbares Führungsmittel. Eine umfassende Mitarbeiterinformation dient u. a. folgenden **Zielen:**

- Darstellung und Verdeutlichung betrieblicher und arbeitstechnischer Zusammenhänge.
- Steigerung des Selbstwertgefühls und der Verhaltenssicherheit der Mitarbeiter.
- Stärkung des Vertrauens zwischen Betrieb, dessen Vorgesetzten und Mitarbeitern.
- Verhinderung von Gerüchten und unkontrollierter Meinungsbildung.
- Stärkung der Motivation und Sicherung der Arbeitsbereitschaft.

REFA definiert Information als eine Nachricht, die eine für den Empfänger wesentliche Aussage enthält. Die Mitarbeiterinformation hat somit die Aufgabe, unerwünschtes Nichtwissen bei den Mitarbeitern zu beseitigen.

Gegenstand und Inhalt der Mitarbeiterinformation können in 3 Gruppen eingeteilt werden und umfassen u. a.:

Aufgabenbezogene Informationen	Unternehmensbezogene Informationen	Mitarbeiterbezogene Informationen
Was Mitarbeiter wissen **müssen**	Was Mitarbeiter wissen **sollten**	Was Mitarbeiter wissen **möchten**
Informationen über die Arbeitsaufgaben	Informationen über Lage und Entwicklung des Unternehmens	Informationen aus der „Betriebsfamilie"
Arbeitsaufgabe, Arbeitsanweisung, Arbeitsergebnisse, Arbeitssicherheit, Gesetze u. Verordnungen, Leistungserfassung, Entlohnung, Soziale Leistungen.	Umsatz, Kosten, Gewinn, Auftragslage, Zukunftsaussichten, geplante Veränderungen in – Organisation – Produktionsprogramm – Unternehmensstruktur.	Veranstaltungen, Prüfungen, Jubiläen, Beförderungen, Auszeichnungen, Pensionierungen, auswärtige Besucher, sonst. betriebliche Neuigkeiten.

Betriebliche Informationen können von oben nach unten, von unten nach oben, als Quer- und Diagonalinformationen ihren Weg nehmen. Wichtig ist, dass die Informationen beim Empfänger auch ankommen. Sonst liegt keine

Beseitigung von Nichtwissen vor. Zum Beispiel muss ein Aushang von den Mitarbeitern auch gelesen und zur Kenntnis genommen werden. Daher sollten Informationen immer klar, ausführlich, glaubhaft, rechtzeitig und wiederholt gegeben werden.

An **Informationsmitteln** stehen z. B. zur Verfügung für

- **mündliche Informationen**
  Anweisungen, Gespräche, Besprechungen, Telefonate,
- **schriftliche Informationen**
  E-Mail, Intranet, Aushänge, Rundschreiben, Briefe, Werkszeitschrift,
- **optische Informationen**
  CD-ROM, DVD, Videos, Filme, Dias, Plakate, Schaubilder, Schaukästen.

Für ein gut funktionierendes innerbetriebliches Informationssystem sind die Geschäftsleitung, die Vorgesetzten aller hierarchischen Führungsebenen, betriebliche Funktionsträger usw. verantwortlich. Zum Teil bestehen für Arbeitgeber, Betriebsrat und weitere Vorgesetzte auch gesetzliche Informationspflichten. So ist z. B. jeder Vorgesetzte gehalten, ständig und wiederholt Sicherheitsbelehrungen zur Unfallverhütung vorzunehmen.

9.5.5 Das Mitarbeitergespräch

Das Mitarbeitergespräch findet in der Regel zwischen einem Vorgesetzten und einem Mitarbeiter statt. Informiert der Vorgesetzte gleichzeitig mehrere Mitarbeiter, liegt eine Mitarbeiterbesprechung vor.
    Nach Inhalt, Anlass und Zweck eines Gespräches kann man u. a. folgende Arten unterscheiden:

- **Vorstellungsgespräch,**
  z. B. bei einer Bewerbung, vor einer Einstellung oder vor einer Versetzung (s. auch S. 137 ff.).
- **Einführungsgespräch,**
  das in der Regel nach erfolgter Einstellung oder Versetzung am ersten Arbeitstag des Mitarbeiters stattfindet (s. auch S. 147 ff.).
- **Gespräche zur Erteilung von Weisungen,**
  Vorgabe von Arbeitszielen, Delegation von Aufgaben und Verantwortung unter Hinzufügung von Ort, Zeit und weiteren Rahmenbedingungen für die Durchführung der erteilten Weisungen bzw. der übertragenen Aufgaben und Verantwortung (s. auch S. 229 ff.).
- **Kontrollgespräch,**
  das in Ausübung der Dienstaufsichts- und Kontrollpflicht des Vorgesetzten zu führen ist, etwa zur Entgegennahme und Besprechung der Arbeits-

ergebnisse oder des Arbeitsverhaltens. Je nach dem Ausgang der einzelnen Erfolgskontrolle kann dieses Gespräch folgende Unterformen annehmen (s. auch S. 259 ff.):

bei gutem Arbeitsergebnis	bei Beanstandungen
Anerkennung	Kritik
Lob	Tadel

- **Beurteilungsgespräch**
  im Anschluss an eine Mitarbeiterbeurteilung (s. auch S. 198).
- **Persönliches oder privates Gespräch,**
  um das in der Regel der Mitarbeiter bei persönlichen Problemen oder privaten Anliegen den Vorgesetzten bittet. Es kann sich hierbei auch um ein Beratungsgespräch oder ein Förderungsgespräch handeln, bei welchem die Initiative vom Vorgesetzten ausgeht.
- **Austrittsgespräch,**
  wenn ein Mitarbeiter aus dem Betrieb ausscheidet (s. auch S. 160).

Gelegentlich werden die Gespräche, die ein Vorgesetzter in seiner Vorgesetzteneigenschaft mit einem unterstellten Mitarbeiter führt, auch Dienstgespräche genannt. Von ihnen müssten dann persönliche oder private Mitarbeitergespräche unterschieden werden.

Mitarbeitergespräche aller Art sollten nach Möglichkeit getrennt vom Arbeitsplatz, in der Regel unter 4 Augen, ohne Hast, nicht in gereizter Atmosphäre, verbindlich und freundlich im Ton stattfinden. Der Vorgesetzte sollte die Gespräche gut vorbereiten und präzise führen.

Am Ende wird das Gesprächsergebnis noch einmal zusammengefasst und festgehalten. Jedes Gespräch sollte nach Möglichkeit einen versöhnlichen Ausklang finden.

9.5.6 Die Mitarbeiterbesprechung

Eine Mitarbeiterbesprechung als Führungsmittel liegt vor, wenn der Vorgesetzte gleichzeitig mit mehreren oder allen unterstellten Mitarbeitern kommuniziert. Anlässe für eine Mitarbeiterbesprechung können ein gegenseitiger Informationsaustausch, die Vorbereitung von Entscheidungen und die Klärung von Missverständnissen sein. Der Vorgesetzte gewinnt durch Mitarbeiterbesprechungen Einsicht in die soziologische Struktur seiner Arbeitsgruppe, erkennt Stärken und Schwächen seiner Mitarbeiter, verbessert seine Entscheidungsgrundlagen für den richtigen Personaleinsatz und für sonstige Entscheidungen. Er kann ferner die eigenen Pläne und die Vorhaben der Geschäftsleitung erläutern, diese zur Diskussion stellen und die Mitarbeiter um

Stellungnahme, Vorschläge, eigene Ideen bitten. Die Mitarbeiter werden dadurch an der Entscheidungsfindung beteiligt, erkennen größere Zusammenhänge und zeigen meist ein besseres Verständnis für getroffene oder künftige Entscheidungen. So stärken Mitarbeiterbesprechungen das Vertrauen zwischen Vorgesetzten und Mitarbeitern und tragen zur Verbesserung des Betriebsklimas bei.

Mitarbeiterbesprechungen können regelmäßig oder bei Bedarf angesetzt werden und auf den verschiedenen hierarchischen Ebenen stattfinden. Sie müssen sorgfältig vorbereitet und nach einer festgelegten Themenfolge abgewickelt werden. Der Leiter muss die Besprechung fair und objektiv führen. Beschlüsse und Ergebnisse müssen in einem Protokoll festgehalten und auch durchgeführt werden.

9.5.7 Körpersprache und Menschenkenntnis

Die seelischen Abläufe des Menschen haben einen starken Einfluss auf körperliche Vorgänge. Beide Bereiche sind eng miteinander verbunden. Worte, die wir hören oder lesen, oder Bilder, die man sieht, werden gefühlsmäßig empfunden und zeigen sich in entsprechenden Reaktionen. Spätestens seit Freud weiß man, dass Seele und Körper eine Einheit bilden und in einer Wechselwirkung zueinander stehen.

Der Mensch ist ein komplexes Wesen. Wir erleben das durch sein **Ausdrucksverhalten.** Er lacht und weint, und das nicht immer nur aus Freude, sondern auch bei Trauer und Leid. Die Art und Weise, wie sich Führungskräfte verhalten, ist entscheidend für das Bild, das sich die Mitarbeiter von ihnen machen.

Dieses so entstandene (subjektive) Urteil ist jedoch häufig unbefriedigend. Erst nach einer längeren Beobachtung kann eine relativ zutreffende Beurteilung erfolgen. Es besteht aber auch die Gefahr, bestimmte körperliche Verhaltensweisen fehlerhaft auszulegen. Körpersprache ist also nur in Verbindung mit einer aktuellen Situation und mit Stimmungen zu analysieren.

Der überwiegende Teil der körpersprachlichen Signale ist mehrdeutig, d. h., sie können durchaus verschiedene Ursachen haben. So ist es z. B. möglich, dass sich hinter einer bestimmten körperlichen Ausdrucksform eine Krankheit verbirgt. Eine schmerzhafte Bandscheibenerkrankung kann schon dazu führen, dass der Betroffene ständig die Sitzpositionen verändern muss. Eine solche Reaktion darf dann nicht dazu führen, dass man Rückschlüsse auf die Persönlichkeitsstruktur zieht.

Letztendlich geht es bei der Körpersprache um Zeichen oder Signale, die jemand benutzt, damit die Umwelt ihn versteht, wie er erlebt werden will und was in ihm vorgeht. Bemerkenswert ist, mit welcher Präzision die Menschen derartige Signale beobachten und versuchen sie umgehend zu deuten bzw. zu entschlüsseln.

9 Personalführung

Körperhaltung, Gangart, Stimmlage gehören mit zu den interessanten körpersprachlichen Vorgängen. Körpersprache ist auch *wahrheitsgemäßer* als das *gesprochene* Wort. Der Mensch spürt sehr schnell, wenn sich „körperliche" und „wörtliche" Sprache nicht decken.

Beispiel: Wenn sich ein Sachbearbeiter an seinen Abteilungsleiter mit der Bitte wendet, eine fertig gestellte Aufgabe zu beurteilen, wird er schon an den körperlichen Ausdrucksformen sehr schnell spüren, was sein Vorgesetzter meint. Wenn sich der Abteilungsleiter mit einem abschätzigen Grinsen, aber wohlwollend über das Arbeitsergebnis äußert, fallen „körperliche" und „wörtliche" Sprache auseinander und der Sachbearbeiter kann keinesfalls zufrieden sein. Frust und Enttäuschung werden zurückbleiben.

Körpersprache kann im Übrigen sein:

- beherrscht   unbeherrscht
- schnell   langsam
- zuwendend   ablehnend
- offen   zurückhaltend
- gekünstelt   natürlich
- interessiert   desinteressiert
- widerspruchsfrei   widersprüchlich
- sicher   unsicher
- ängstlich   frei
- zuwendend   abweisend
- einladend   abwehrend

Körpersprache und wörtliche Sprache können gleichzeitig eingesetzt werden, um eine Aussage zu verstärken. Jedoch kann Körpersprache auch das gesprochene Wort ersetzen oder abschwächen.

So haben allein schon Blicke einen hohen Aussagewert. Besonders dann, wenn zusätzlich noch Hände und Arme, als die eigentlichen Werkzeuge des Handelns, zur Unterstützung eingesetzt werden. Hier weiß der Empfänger einer Botschaft sogleich Bescheid. Von daher hat eine telefonische Unterredung einen anderen Stellenwert als eine Erörterung unter persönlich Anwesenden.

Es würde zu weit führen, das gesamte Spektrum der Körpersprache vorzustellen. Hierzu wird auf die vorliegende spezielle Fachliteratur verwiesen. Jedoch sollen einige typische und allgemein gültige Verhaltensmuster kurz dargestellt werden.

1. Eine mit offener Handfläche (Handteller) nach oben zeigende Geste bedeutet Offenheit bzw. ein offenes Darlegen, Zuwendung zum Partner.
2. Wird der Handteller in die umgekehrte Richtung, also nach unten geführt, bedeutet dies, Aufkommendes zu unterdrücken bzw. Unangenehmes ab-

zuwehren. Es hat dämpfenden Charakter. Besonders die Benutzung beider Hände hat eine verstärkende Bedeutung.
3. Wenn die **Hand** zu einer Faust geschlossen wird, liegt darin eine nach innen gerichtete Spannung vor. Es darf auf einen aktiven Willensvorgang geschlossen werden. Man wendet sich dann dem eigenen „ICH" zu. Es kann aber auch bedeuten, mit der eigenen Faust Gedanken festzuhalten. Die Faust ist aber auch ein Indikator für den Drang zur Aggression (Wut).
4. Mit auf den Rücken gelegten Händen will man nicht stören. Hierdurch wird eine gewisse Zurückhaltung ausgedrückt; man zieht sich aus dem aktuellen Geschehen zurück.
5. Werden die Hände in die Taschen „versteckt", entsteht beim Gegenüber evtl. das Gefühl einer Bedrohung. Das „Verstecken" der Hände kann aber auch eine kompensatorische Bedeutung haben, d. h., es wird eine innere Unsicherheit verdeckt oder überwunden. Werden die Hände spontan in die Taschen gesteckt und bleibt die Spannung erhalten, kann dies auch ein Entschluss zum Abbruch der augenblicklichen Beziehung sein.
6. Die **Finger** spielen eine wesentliche Rolle. Je nach Fingerhaltung kann eine Handgeste oft eine eigene Bedeutung bekommen. Man denke nur an das bekannte V-Zeichen, das für „victory" (Sieg) steht. Der nach oben gerichtete Daumen bedeutet „o. k." (alles in Ordnung). Eine weitere Einsatzmöglichkeit der Finger ist bekannt in Geheim- oder auch Symbolsprachen (z. B. Taubstummensprache). Zum Teil wird die Auffassung vertreten, dass der Mensch, der seinen Daumen weit von den übrigen Fingern abspreizt, eine ausgeprägte Individualität besitzt und unabhängig ist. Wird jedoch der Daumen in die Innenhand (Handteller) gelegt und mit den übrigen Fingern geschlossen, kann dies ein Hinweis auf eine schwache Persönlichkeit mit wenig Energie sein. Dieser Ausdruck kann aber auch heißen, dass im Augenblick die Fähigkeit zu einer schwierigen Entscheidung verloren gegangen ist. Ist dieser Zustand überwunden, verschwindet die Fingerstellung wieder; der Daumen wird gelöst.
7. Auch der **Zeigefinger** symbolisiert eine Willenshaltung. So wird der Zeigefinger z. B. für Hinweissignale mit eingesetzt. Ein Hinweissignal ist zum Beispiel: „in eine bestimmte Richtung schauen und dorthin nicken". Soll jedoch das Ziel genau angegeben werden, verwenden wir den Zeigefinger. Er wirkt symbolisch wie ein Pfeil, der abgeschossen wird. Wenn an Pfeil gedacht wird, kann der Zeigefinger auch als Waffe (Pfeil) dienen. Besonders Redner, man denke an Pressekonferenzen, benutzen dieses Mittel. Wenn der Redner dann gleichzeitig beide Zeigefinger einsetzt, seine Stirn in Falten legt und die Augen weit öffnet, kann angenommen werden, dass etwas Wichtiges mit großer Aufmerksamkeit mitgeteilt wird und die Reaktionen des Publikums sorgfältig beobachtet werden sollen.
8. Die **Augen** werden besonders mit seelischen Zuständen in Verbindung gebracht. Hält der Mensch die Augen weit geöffnet, will er viel aufnehmen. Es ist u. a. auch ein Hinweis auf geistiges Interesse. Ein einseitig zugeknif-

fenes Auge wird zur heimlichen Verständigung verwendet; insbesondere, wenn der Kopf noch seitlich geneigt wird.
Blicke können unangenehm sein. Sie können brennen, entfachen, spotten, durchbohren usw. So sagt der Volksmund: „Blicke können töten." Wir wissen jedoch, dass dieser Eindruck lediglich durch die Verengung oder Erweiterung der Pupille entsteht. So kann sich bei Betrachtung eines angenehmen Objektes die Pupille erweitern; im umgekehrten Fall bleibt sie verengt.

Ein nicht zu unterschätzendes Führungsmittel ist der Blickkontakt. Gemeint ist nicht ein „Anstarren" oder „Hindurchsehen". Dies würde Erniedrigung und Nichtbeachtung bedeuten. Mit Blickkontakt wird das gesprochene Wort verstärkt und der jeweilige Gesprächspartner kann die Reaktion des anderen „ablesen". Führungskräfte versuchen manchmal unangenehme Dinge ohne Blickkontakt anzusprechen. Damit wird dem Gesprächspartner ein Weitersprechen erleichtert.

Durch den Blickkontakt erkennt man auch den Status des Menschen. Dies soll an einem Beispiel verdeutlicht werden: Herr Meier wird zu seinem Abteilungsleiter Schulze gerufen. Meier nimmt an, dass ihm ein Fehler unterlaufen sei und deshalb eine Beanstandung erfolgen soll. Meier betritt das Zimmer von Schulze und wird sicherlich sofort nach informativen Signalen im Gesicht des Abteilungsleiters suchen. Schulze schaut jedoch zum Fenster hinaus und fordert Meier (ohne Blickkontakt) auf Platz zu nehmen. Daraufhin folgt die Kritik in einem sehr rüden Ton.

In diesem Fall handelt es sich um eine doppelte Bestrafung. Zum einen, weil man Meier *„keines Blickes würdigt"*, und zum anderen erfolgt die Beanstandung der geleisteten Arbeit in einem rüden, unangepassten Ton. Blickkontakt herzustellen, wäre besser gewesen. Dadurch wäre Interesse signalisiert worden. Jedoch führten in unserem Fall eine passive Dominanz und passive Unterlegenheit zum Wegblicken. Die Folge ist ein sich noch vergrößernder Abstand von Meier und Schulze, der sicherlich eine Belastung für die weitere Führungsarbeit ist.

Bei der **Mimik** handelt es sich um die Bewegung der Gesichtsmuskulatur. Sie ist nicht zu verwechseln mit der Physiognomik (Lehre vom Erscheinungsbild des Menschen; speziell Gesichtsausdruck), die immer wieder ins Kreuzfeuer der Kritik gerät. Die Mimik ist ein Ausdrucksphänomen; die Pantomimik beinhaltet Ausdrucksbewegungen des ganzen Körpers.

Aus einem starken Mienenspiel kann u. a. auf innere, gefühlsbetonte Erlebnisse geschlossen werden. Dies zeigt sich z. B. im Hochziehen der Augenbrauen, im Rümpfen der Nase usw.

Die Körpersprache ist für die betriebliche Führungsarbeit ein wichtiger Faktor, der *„Spuren"* hinterlässt. Im Wesentlichen geht es um Blickkontakt, Mimik und Gestik sowie Körperhaltung und Sprechweise (Tempo und Stärke).

9.5.8 Umgang mit Konflikten

Überall, wo Menschen zusammenleben oder zusammenarbeiten, entstehen Spannungen oder Konflikte. Entweder liegen Verstöße gegen allgemein anerkannte soziale Normen vor, z. B. in der Familie, im Betrieb usw., oder es prallen zwischen zwei oder mehreren Personen oder Gruppen von Personen unterschiedliche, gegensätzliche Forderungen, Interessen, Motive, Bedürfnisse, Erwartungen aufeinander. Wir sprechen hier im Allgemeinen auch von sozialen Konflikten, der häufigsten Konfliktform im betrieblichen Alltag, aber durchaus auch in anderen sozialen Organisationen. Da bei diesen sozialen Konflikten immer mindestens zwei Personen beteiligt sind, nennen wir diese Art von Konflikten auch interpersonale Konflikte.

Eine andere Art und Qualität des Konfliktes ist gegeben, wenn innerhalb einer Person zwei oder mehrere unterschiedliche Motive aufeinander stoßen und eine Entscheidung getroffen werden muss. Hier liegt ein intrapersonaler Konflikt vor. Zu dieser Art von Konflikten gehören die sog. Motivkonflikte oder auch Gewissenskonflikte genannt, wenn es sich um ethisch relevante Entscheidungen handelt.

Sodann haben **Rollenkonflikte** eine gewisse Bedeutung. Da jeder Mensch in der Regel mehreren verschiedenen Gruppen angehört und jede Gruppe an ein Gruppenmitglied bestimmte Anforderungen oder Erwartungen stellt, die in ihrer Summe die Rolle eines Mitglieds dieser Gruppe ausmachen, kann es bei einer Person zwischen zwei oder mehreren Rollen zu einem Rollenkonflikt kommen. Ein solcher Fall ist z. B. gegeben, wenn sich ein Mann am runden Geburtstag seiner Ehefrau entscheiden muss, ob er an seinem obligatorischen Kegelabend oder an der abendlichen Geburtstagsfeier in seiner Familie teilnimmt. (Konflikt zwischen Freizeitrolle und Familienrolle = **Interrollenkonflikt**.)

Es gibt aber auch den Fall, dass an eine bestimmte Rolle, z. B. die Führungsrolle eines Industriemeisters, von verschiedenen Angehörigen der Gruppe unterschiedliche oder gegensätzliche Forderungen und Erwartungen gestellt werden. Wenn die Geschäftsleitung z. B. hartes, autoritäres Durchgreifen erwartet, die Mitarbeiter sich aber einen „humanen" Vorgesetzten wünschen, ist für den Meister die Konfliktsituation gegeben. Er muss sich irgendwie entscheiden. (Konflikt an **eine** Meisterrolle aus zwei gegenläufigen Erwartungen der Organisationsmitglieder dieser Gruppe = **Intrarollenkonflikt**.)

Wir haben es bei diesem letzten Beispiel mit dem typischen Fall zu tun, dass der Meister, wie viele Vorgesetzte, häufig im Spannungsfeld zwischen Geschäftsleitung und unterstellten Mitarbeitern steht und gewissermaßen auf zwei Schultern trägt.

Konflikte werden, auch heute noch, häufig als etwas Negatives angesehen. Oft gilt die Devise, Konflikte möglichst zu vermeiden. Hierbei wird übersehen, dass Konflikte auch etwas Nützliches bewirken können. Das ist immer dann der Fall, wenn durch eine vernünftige Konfliktlösung Verbesserungen in der betrieblichen Organisation, im zwischenmenschlichen Miteinander, in der Qualitätssicherung usw. eingetreten sind.

Eine besondere Art von Konflikten kann durch Schikanen, Intrigen, Feindseligkeiten usw. in sozialen Organisationen entstehen. Konflikte dieser Art werden im Allgemeinen als **Mobbing** bezeichnet. Der Begriff Mobbing stammt aus der englischen Sprache (to mob) und bedeutet so viel wie anpöbeln, angreifen, bedrängen, attackieren. Nach Angaben von Gewerkschaften sind es hunderttausende Erwerbstätiger, die von Vorgesetzten unter Druck gesetzt, schikaniert oder beleidigt werden. Nach der Umfrage eines Pharmainstituts waren 19,5 % der Erwerbstätigen schon einmal Ziel einer Mobbingattacke. Bei den Mobbingopfern schwindet nicht nur die Motivation, sondern sie nehmen auch Schaden an ihrer Gesundheit. Depressionen, Herzprobleme, Magen- und Darmbeschwerden, Kopfschmerzen, Schlafstörungen, Gereiztheit und allgemeine Lustlosigkeit sind häufig Folgen solcher Mobbingangriffe.

Mobbingattacken müssen nicht immer vom Vorgesetzten ausgehen und sich gegen die unterstellten Mitarbeiter richten. Umgekehrt können sich auch Mitarbeiter zusammenrotten und ihren Vorgesetzten schikanieren. Beispiele aus dem Schulbereich, wo die Elternschaft oder die Schüler einem Lehrer arg zusetzen, sind bekannt. Schließlich besteht auch die Möglichkeit, dass sich Mitarbeiter untereinander befehden.

Da Mobbing das Betriebsklima vergiftet und Mobbingopfer fast immer physische oder psychische Schäden davontragen, ist energisches Einschreiten gegen Mobbingversuche oder Mobbingangriffe dringend geboten.

Die Ursachen für betriebliche Konflikte wie ganz allgemein für soziale Konflikte sind sehr mannigfaltig. Daher ist es auch schwierig, Empfehlungen allgemeiner Art für die Lösung von Konflikten zu geben. Vielleicht sind die folgenden Hinweise, die in Anlehnung an Udo Stopp (Praktische Betriebspsychologie, 8. Aufl. 1997, Stuttgart) gegeben werden, hilfreich:

Phasenmodell zur Konfliktlösung

1. Definition der Konfliktart
2. Ermittlung von Gegenstand und Zielrichtung des Konflikts
3. Ursachen des Konflikts feststellen, ob z. B. betriebsintern oder -extern
4. Gründe für die Konfliktursachen ermitteln, ob z. B. objektive oder subjektive Gründe
5. Befragung der Beteiligten und Ermittlung ihrer subjektiven Auffassung zu den einzelnen Gründen
6. Konfliktlösungsversuch durch Beseitigung, Neutralisierung oder Institutionalisierung der objektiven Konfliktursachen
7. Konfliktlösungsversuch durch Beseitigung der subjektiven Konfliktursachen
8. Regeln für die Austragung von Konfliktursachen aufstellen, die noch nicht abgestellt werden konnten

Führungsmittel 9.5

Konfliktlösungsmöglichkeiten können sein:

a) Beseitigung = Ausschalten der Konfliktursachen
b) Neutralisierung = die Spannungsursachen verringern
c) Versachlichung = sachliche Gründe gehen vor persönlichen Beziehungen oder Einflüssen
d) Institutionalisierung = betriebliche Stellen und Richtlinien werden zur Austragung von Konflikten geschaffen

Aufgaben

1. Was halten Sie von folgendem Standpunkt: „Wir sind als Betrieb dafür bekannt, dass wir gut zahlen, dafür verlangen wir von unseren Mitarbeitern aber auch eine ordentliche Leistung! Darüber hinausgehendes Lob erwarten unsere Mitarbeiter nicht!"?
2. Worin unterscheiden sich Kritik und Tadel? Nennen Sie Beispiele, wann Sie als Vorgesetzter das Führungsmittel „Kritik" und wann Sie das Führungsmittel „Tadel" einsetzen würden.
3. Nennen Sie Grundsätze, die der Vorgesetzte sowohl bei einem Kritikgespräch als auch beim Tadel unbedingt beachten muss.
4. Äußern Sie sich zu folgenden Redensarten:
    a) „Häufiges Lob verwöhnt und motiviert nicht mehr!"
    b) „Reichliche Kritik macht stur und nutzt am Ende nichts mehr!"
5. Überlegen Sie, welche Disziplinarmaßnahmen von einem Vorgesetzten im Betrieb heute angewandt werden könnten.
6. Welche der von Ihnen genannten Disziplinarmaßnahmen können vom Vorgesetzten bzw. Betrieb nicht ohne Zustimmung des Betriebsrates durchgeführt werden?
7. Informieren Sie sich anhand der Speziallitatur über die Arten, Bezeichnungen und die Gliederung der Führungsmittel nach dem „Harzburger Führungsmodell".
8. Worin unterscheiden sich Inter- und Intrarollenkonflikt? Nennen Sie Beispiele aus Ihrem eigenen Umfeld zu beiden Konfliktarten.

10 Elektronische Datenverarbeitung in der Personalwirtschaft

10.1 Historische Eingliederung

Datenverarbeitung ist so alt wie die wirtschaftliche Tätigkeit des Menschen. Wenn ein Schiff beladen wurde, wurden Stücklisten für Proviant und Ladung usw. geführt.

Neue Datenverarbeitung beinhaltet das Gleiche, wenn auch mit Schlagworten wie Logistik nicht nur Modernität angedeutet wird, sondern der heutige Umfang an Leistung weit über das reine Zählen hinausgeht.

EDV (**E**lektronische **D**aten**v**erarbeitung) nutzt seit Erfindung von Datenverarbeitungsmaschinen deren Vorzüge hinsichtlich ständig gewachsener Geschwindigkeit und Gedächtnisleistungen. Zu Beginn wurde die EDV als Konkurrenz zur menschlichen Intelligenz angesehen und als neuer Jobkiller (ähnlich der Mentalität der Maschinenstürmer bei Aufkommen der Dampfmaschinen und ersten mechanischen Automaten) empfunden. Auch die Gewerkschaften erkannten sehr schnell, dass diese Entwicklung zwar die Arbeitsprozesse drastisch verändert, aber ohne sie keine moderne Fabrikation oder Dienstleistung konkurrenzfähig angeboten werden kann. Zudem hat sich die Erkenntnis durchgesetzt, dass EDV nicht nur bestimmte Arbeitsplätze wegrationalisiert (Schrift-, Maschinensetzer verloren bei Zeitungen schlagartig ihre herausragende Bedeutung bei der Herstellung von Zeitungen), sondern eine Vielzahl von neuen Arbeitsplätzen mit anderen Qualifikationen geschaffen hat.

Betrachtet man die EDV im Betrieb, so ist auch heute noch ein Grundgerüst bestimmter Komponenten vorhanden.

Grundsäulen der betrieblichen Datenverarbeitung

10.2 Standardsoftware im Betrieb

Kehren z. B. Frauen nach einigen Jahren in den Betrieb zurück, vermissen sie die traditionelle elektrische Schreibmaschine. Textverarbeitung zur Erstellung von Angeboten, Anschreiben aller Art wird ausschließlich mithilfe von Computern durchgeführt.

Mittlerweile ist der Traum der EDV-Fachleute früherer Tage, „das papierlose Büro", Realität geworden. Zu Beginn der Einführung produzierten trotz anders lautender Versprechen alle EDV-Systeme mehr Papier als zuvor, heute kann bei geschultem Personal jeder Vorgang vollelektronisch abgewickelt werden.

Hierzu ein Beispiel: Ein namhaftes Unternehmen für Büroordner und Ablagesysteme hat ein Softwarepaket auf den Markt gebracht, bei dem der Benutzer keinen Ordner mehr in die Hand nimmt, aber dennoch eine nach logischen Gesichtspunkten gestaltete Ablage vornimmt.
  Konkretes Beispiel: Ein Schreiben kommt per Fax im Rechner an, wird verteilt (im betrieblichen Computernetz, **Intranet**), gelesen und nach Stichwort abgelegt, ohne je ausgedruckt worden zu sein.

Die oben angesprochenen Grundsäulen der betrieblichen Datenverarbeitung sollen im Folgenden voneinander abgegrenzt werden:

10.2.1 Textverarbeitung

Die Textverarbeitung kann viel mehr, als nur Texte schreiben, speichern und drucken. Sie kann z. B. vermischt mit einer Adressendatei Serienbriefe erstellen, die ein sehr persönlich wirkendes Anschreiben ergeben, und das mit minimalem Aufwand. Hierbei wird ein Standardtext nur *einmal* erstellt und mit einer *einmal* erstellten Adressdatei verbunden.

10.2.2 Tabellenkalkulation

Die Tabellenkalkulation, oft auch Spreadsheet genannt, kann man sich als einen nahezu unendlich großen Bogen mit Zeilen (waagerecht) und Spalten (senkrecht) vorstellen. Die von den Linien gebildeten Kästen (Zellen) werden für verschiedene Zwecke genutzt.

Hierzu ein Beispiel: Alle Posten einer untereinander stehenden Liste einer Rechnung sollen addiert und die zugehörige Mehrwertsteuer errechnet werden.
  Lösung: Unter allen Posten benötigt man in *einer Zelle* (B25) nur *einen* kurzen Befehl, z. B. = Summe(B12 : B24), so werden alle Positionen der Spal-

te B, der Zeilen 12 bis 24 addiert. Der Doppelpunkt steht hier für *bis;* man sieht, der Doppelpunkt vermeidet alle Zellen einzeln aufzulisten. Vorteilhaft ist, dass jede Änderung einer Position sofort als neue Summe berechnet wird. Die Mehrwertsteuer lässt sich als einfache Operation berechnen z. B. (= B25*16/100). Die Tabellenkalkulation kann mit ihren vielen tausend Zeilen und Spalten somit genutzt werden, auch komplizierte und sehr umfangreiche Wechselbeziehungen zu berechnen oder Auswirkungen bestimmter Faktoren im Voraus sauber zu analysieren (s. a. Planspiele im Betrieb).

Da die Tabellen durch ihre Zahlenfülle dazu neigen, unübersichtlich zu werden, gibt es die Möglichkeit grafischer Darstellungen, die an beliebiger Stelle in die Tabelle eingefügt werden können. Säulen-, Tortendiagramme usw. werden je nach verändertem Zahlenmaterial sofort neu gezeichnet und aktualisiert.

10.2.3 Datenbanken

Datenbanken verwalten alle im Betrieb anfallenden Daten, z. B. Mitarbeiter, Kunden, Material, Artikel, Gebäude, Fuhrpark, Lieferanten usw. Ein Anruf im Unternehmen reicht aus, um zu klären, ob und in welcher Menge ein bestimmter Artikel am Lager ist.

Beispielhaft wird hier die Verknüpfung einer Personaldatenbank mit unterschiedlichen Ansprüchen dargestellt.

Quelle: Olfert/Steinbuch, Personalwirtschaft, S. 381

Bei Darstellung der drei Standardblöcke (Textverarbeitung, Tabellenkalkulation, Datenbank) wird erkennbar, dass jeder für sich allein nützlich ist, aber damit nur traditionelle Aufgaben gelöst werden, die man früher auch mit anderen Mitteln, wenn auch langsamer, nutzen konnte. Erst die Verknüpfung aller drei Blöcke bringt den wirklichen Vorteil der elektronischen Datenverarbeitung voll zur Geltung.

Einmal im Unternehmen gespeicherte Daten, z. B. Kundenadressen, werden anschließend von allen anderen Abteilungen benutzt. (Motto: einmal erfassen – mehrfach nutzen). Grafische Darstellungen aus der Tabellenkalkulation können in die Textverarbeitung übernommen werden usw.

Aus diesen Ausführungen sollte klar werden, dass ein Betrieb nur Software anschafft, die diese Querverbindungen zulässt. Das heißt, es kann nicht in jeder Abteilung z. B. eine andere Textverarbeitung, nach Geschmack der Mitarbeiter, verwendet werden, da die Durchlässigkeit nicht immer gegeben ist.

10.3 Branchensoftware

Da Betriebe nur bis zu bestimmten Punkten vergleichbar sind, kommen häufig so genannte Branchensoftwarepakete zum Einsatz.

Hierunter ist zu verstehen, dass z. B. Handwerksbetriebe andere Anforderungen an Software stellen als Industriebetriebe mit erheblich höherer Arbeitsteilung und anonymeren Strukturen aufgrund ihrer Größe.

Hierzu einige Beispiele:

Arbeitszeiterfassung auf Baustellen kann nicht die gleiche sein wie in einer Fabrikationshalle.

In einem Industrieunternehmen gelten bestimmte tarifliche Rahmenbedingungen. Großbetriebe haben bei kontinuierlicher Fertigung bis zu 30 verschiedene Möglichkeiten, die Arbeitszeit auf Wochen, Monate, Jahre aufzuteilen. Hieraus ergibt sich die Forderung, nicht nur jeden Tag die Stunden (Stechuhr) zu erfassen, sondern über lange Zeit hinweg Vorausplanungen nicht nur zeitlicher Art wie Urlaubspläne usw. zu führen, sondern den Einsatz der Mitarbeiter umfassend zu organisieren. Hierzu zählt eine Bestandsaufnahme aller Mitarbeiter inkl. ihrer Qualifikationen und persönlicher Daten (Alter, Betriebsdatenerfassung) sowie daraus abgeleiteter aktueller Einsatzpläne, Lebensarbeitszeitkonten, bedarfsgerechter Arbeitszeitplanungen usw. Ohne EDV-Einsatz wäre eine solche Flexibilisierung nicht zu praktizieren.

Gleichzeitig ist bei der Einsatzplanung nicht nur auf die bereits im Unternehmen vorhandenen Mitarbeiter zu schauen, sondern bei den heutigen technisch anspruchsvollen Produktionsprozessen ist rechtzeitig Vorsorge zu treffen für Ersatz von ausscheidenden Mitarbeitern unter Berücksichtigung von zukünftig erforderlichen Qualifikationen. Modellrechnungen bei Produktionszunahmen beziehen sich hierbei nicht nur auf neue Hallen und Produktionsmittel, sondern in besonderer Weise auch auf umzuschulende oder neu einzustellende Mitarbeiter.

Bei der Beschaffung neuer Mitarbeiter können EDV-Programme ebenfalls eingesetzt werden.

10.4 Neue Medien

10.4.1 CD-ROM, DVD

Nicht nur durch Erstellung von Software, die das Unternehmen potenziellen Bewerbern vorstellt, z. B. mithilfe von multimedialen Datenträgern (CD-ROM mit 650 Millionen Zeichen auf einer Compactdisk) sondern auch mit Texten,

Bildern und Tönen können Aktionen miteinander verknüpft werden. So könnten auch Eignungstests für bestimmte Bereiche bereitgestellt werden.

10.4.2 Internet

Die Präsenz eines Unternehmens im Internet (**Homepage** = erste Seite beim Kontakt auf dem Bildschirm) gehört zunehmend zu einer Selbstverständlichkeit. (Anmerkung: Die oben genannten Standardsoftwarepakete bieten bereits die Möglichkeit, Daten aller Art für das Internet aufzubereiten.) Moderne Unternehmen bieten neuen Mitarbeitern über Internet die Möglichkeit, sich zu informieren oder sich selber vorzustellen bzw. auf diesem schnellen Wege Informationen auszutauschen.

Wie kann ein Unternehmen **Anschluss ans Internet** erhalten?

Das Internet ist eine weltweite Verbindung (Vernetzung) von Computern. Die Verbindung wird über die Telefonleitung hergestellt. Damit der Computer mit anderen Computern in Verbindung treten kann, muss die Sprache technisch gleichartig sein. Dies wird durch die Benutzung einheitlicher Software garantiert. Ein Unternehmen konnte auch bisher mit anderen Unternehmen über das Telefon Daten austauschen. Hierzu benutzt man ein **Modem** (Kunstwort aus: **Mo**dulator und **Dem**odulator), das die Texte in Töne übersetzt, damit die Telefonleitung sie transportieren kann wie ein Gespräch. Auf der Gegenseite werden aus den Tönen wieder Texte mithilfe des Demodulators. Der Unterschied zum Internet liegt darin, dass nur diese beiden Unternehmen kommunizieren, da sie sich über die Art der Übertragung geeinigt haben.

Im Internet benutzen *alle* den internationalen Standard, damit sind automatisch Millionen von Teilnehmern auf der ganzen Welt nicht nur miteinander verbunden, sondern es kommen noch viele vorher nicht vorhandene Angebote hinzu. Jeder Teilnehmer an dieser Art der Kommunikation kann eine **Homepage** erstellen. Hierbei wird/werden eine/mehrere Seite/n für den Bildschirm entworfen, äußerlich sieht diese Seite wie ein buntes Bild aus. Sie hat aber durch die nicht sichtbaren Schalter, die sich hinter Texten wie „Unser neuestes Produkt" verbergen, den man mit der Maustaste nur anzuklicken braucht, völlig neue Eigenschaften erhalten. Dieser Text hat nun die Funktion eines Schaltknopfes (engl. **Button**) durch eine spezielle Textschreibweise (**html**, hypertext markup language = eine spezielle Beschreibung eines Dokumentes mit beliebigem Inhalt: Text/Bilder/Töne/Video/Programme, ...) erhalten. Diese Art, durch bloßes Anklicken weitere Texte, Bilder, Videosequenzen o. Ä. aufzurufen, heißt Verknüpfung (engl. **Links**). Damit eröffnet sich für ein Unternehmen nicht nur die Möglichkeit, alle seine Geschäftsbereiche zu demonstrieren, sondern, was noch viel wichtiger werden wird, allen Kunden neben der bloßen Darstellung der Produkte auch noch die unmittelbare

Kleine Begriffskunde zu aktuellen EDV-Anwendungen im Betrieb 10.6

Möglichkeit zur Bestellung durch bloßes Anklicken zu geben (E-Commerce, E-Business = Geschäft auf elektronischer Basis).

Die Computer sind im Internet nicht mehr direkt miteinander verbunden, sondern über Unternehmen, die diese Dienstleistungen gegen Gebühr erbringen, sog. Versorger (engl. **Provider**). Man muss sich also bei demjenigen Provider anmelden, der hinsichtlich Zugang am günstigsten für den jeweiligen Kunden ist. Hierbei gibt es Gebührenstrukturen ähnlich denen von Handybetreibern, Vielbenutzern, ... Diese Anbieter von **Internetleistungen** verbinden nicht nur mehrere Computer miteinander, sondern liefern umfangreiche Dienstleistungen mit. Dienste wie Fahrplanauskunft, Börsenberichte, Nachrichten, Wetterbericht bis zu Satellitenfotos gelten als Standard. Sehr interessant ist die Möglichkeit, ohne eine Bibliothek aufzusuchen, über so genannte **Suchmaschinen** weltweit nach beliebigen Begriffen zu fragen. Ein Suchwort wie z. B. „Auto" bringt naturgemäß zigtausend mögliche Antworten. Die Verknüpfung mehrerer Worte führt dagegen ähnlich einem Thesaurus (Ansammlung sinnähnlicher Begriffe) zu einer gezielten Suche und damit automatisch zu aktuellen Informationen, nicht nur über Gebrauchtfahrzeuge.

Da die Seiten von den Providern nahezu kostenlos zur Verfügung gestellt werden, wird ein Großteil des Internets durch einzelne kleine Reklamezeilen, die auf den Seiten mitgeliefert werden, refinanziert. Auch dies kann für ein Unternehmen interessant sein, sich auf bestimmten Seiten in Erinnerung zu rufen.

Eine mögliche Internetadresse, z. B. **http://www.hightec.de,** lässt das Unternehmen auf dem Stand der Zeit erscheinen, genauso wie ein elektronischer Briefkasten (engl. **E-Mail**), z. B. **info@hightec.de,** neben Telefon und Fax auf dem Briefkopf die Zukunftsorientiertheit demonstriert.

10.5 EDV im Betrieb

Eine menschenleere Fabrik, der Traum einiger Fabrikanten um die Jahrhundertwende, ist dank schnellster Computer und Roboter (korrekt: Handhabungsautomaten) in Japan Realität. Dort bauen Roboter Roboter ohne menschliche Produktionsleistungen.

In Deutschland ist man davon weit entfernt. Da viele Industrieprodukte sich ständig an Kundenwünsche anpassen müssen, ist eine solche Fertigung nicht sinnvoll. Dennoch ist die Automatisierung auch in deutschen Fertigungen sehr weit fortgeschritten.

10.6 Kleine Begriffskunde zu aktuellen EDV-Anwendungen im Betrieb

Einige Schlagworte, teilweise aus dem englischsprachigen Raum, haben auch in Deutschland einen hohen Stellenwert erlangt.

BDE: **B**etriebs**d**aten**e**rfassung (hier nur personalwirtschaftlich), Erfassung und Verarbeitung von personenbezogenen Daten
- aktive Mitarbeiter (Angestellte, Arbeiter, Auszubildende, Praktikanten, …)
- weitere Personenkreise (Rentner, ausgeschiedene MA, Aushilfskräfte, Bewerber)
- Arbeitsplatzdaten (Arbeitseinsatzplanung, Arbeitsentlohnung)
- Tätigkeitsanforderungs- und Fähigkeitsdaten
- Führungshilfsdaten (Personalstrukturdaten)

Anmerkung: Diese Daten gehören nicht nur in den Aufgabenbereich der Personalwirtschaft, sondern auch in andere Unternehmensbereiche wie z. B. Kostenstellen-, Kostenartendaten der Finanzwirtschaft.

CAD: **C**omputer **A**ided **D**esign; computerunterstützter Entwurf, Entwicklung, Konstruktion

CAP: **C**omputer **A**ided **P**laning; computerunterstützte Planung, Technische Planung

CAE: **C**omputer **A**ided **E**ngineering; computerunterstützte Projektierung (CAD + CAP)

CAM: **C**omputer **A**ided **M**anufacturing; computerunterstützte Fertigung, Anlagensteuerung, von Arbeitsvorbereitung über die Fertigungssteuerung bis zur Betriebsdatenerfassung

CAQ: **C**omputer **A**ided **Q**uality Assurance; computerunterstützte Qualitätsprüfung, heute oft Qualitätsmanagement (s. a. TQM, KAIZEN, KVP)

CIM: **C**omputer **I**ntegrated **M**anufacturing; Gesamtsteuerung eines Betriebes

PPS: **P**roduktions**p**lanung und -**s**teuerung

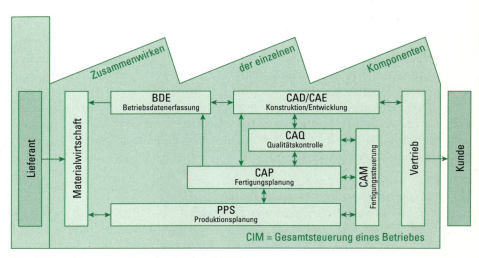

Schaubild zum Zusammenwirken der einzelnen CIM-Komponenten

Kleine Begriffskunde zu aktuellen EDV-Anwendungen 10.6

Wenn man das Schaubild auf Seite 278 ansieht, wird man eine Mehrfachverknüpfung der verschiedenen Untersysteme feststellen. Um all diese Systeme funktionsfähig zu erhalten, ist die Datenverarbeitung auf verschiedenen Ebenen organisiert.

Großrechenanlagen steuern und koordinieren Prozesse oberhalb der Prozessrechner. Prozessrechner sind mit eigener Intelligenz ausgestattet, sodass sie auch ohne die Großrechneranlage die Produktion in einzelnen Bereichen aufrechterhalten können.

Die Prozessrechner koordinieren maschinennahe Steuerungen wie z. B. speicherprogrammierte Steuerungen (SPS) oder Rechner mit Sonderaufgaben wie Erfassung von Messwerten usw.

Ziel der Verknüpfungen ist die umfassende aktuelle Information über Maschinen, Material, Personal, Gebäude usw. Die Fertigung muss ebenso einwandfrei funktionieren wie z. B. die Erfassung der Mitarbeiterdaten zur korrekten Abrechnung.

Weitere EDV-Begriffe aus personalbezogenen Unternehmesbereichen:

CALL: **C**omputer **A**ided **L**anguage **L**earning (Einüben von Sprachkenntnissen, auch berufsbezogen, ohne festes zeitliches Raster)
CBT: **C**omputer **B**ased **T**raining (Lernen mit Multimedia, also einer Mischung aus Ton, Bild, Video und Text, sowie Situationsaufgaben)
Hinweis: Die multimedialen Lernansätze greifen alte Erkenntnisse über Lernstrategien auf. Man lernt umso besser, je mehr Sinne (Kanäle) am Lernprozess beteiligt sind. Aber bisher waren Maschinen nur im reproduktiven Bereich möglich. Erst interaktive Lernprogramme führen zu dem gewünschten Lerneffekt (lesen, hören, selbst anwenden).
CAI/CAL: **C**omputer **A**ssisted **I**nstruction/**C. A. L**earning; WBT Webbased Training, E-Learning computerunterstütztes Lernen

Spätestens seit der leittextorientierten Lernmethode haben Lernprogramme nicht nur für Auszubildende Einzug in die Betriebe gehalten. Ein Computer ist immer verfügbar, hat unbegrenzte Geduld und ist, richtig eingesetzt, in der Lage, Kenntnisse zu vermitteln oder beim Kennenlernen neuer Verfahren im Betrieb Hilfestellungen zu geben. Der zwischenmenschliche Kontakt wird damit nicht überflüssig, sondern nur ergänzt. Welcher Mitarbeiter hat schon die Zeit, seine Kenntnisse im hektischen Alltag an seine Kollegen weiterzugeben.

Praktisches Anwendungsbeispiel aus der internationalen Industrie
Wie weitgehend heute bereits EDV-Systeme weit vor der Fertigungsphase genutzt werden, zeigt das Beispiel eines amerikanischen Flugzeugherstellers. Dieser lässt von seinem neu zu entwickelnden Flugzeug keine papiernen Unterlagen (Blaupausen) anfertigen.

Stattdessen produzieren drei Entwicklungsteams rund um den Globus nur an Bildschirmen mithilfe von CAD usw. komplette Konstruktionszeichnungen, die nach 8 Stunden Arbeit von einem Team zum anderen via Satellit weitergegeben werden. 16 Stunden später ist das Flugzeug schon wieder ein großes Stück weiterentwickelt. Dies spart Entwicklungszeit, gleichzeitig stehen für alle weiteren Produktionsschritte komplette elektronische Datensätze über alle Teile zur Verfügung, aus denen weitere Steuerbefehle für Bohrungen, Biegungen, Verbindungen und andere Produktionsschritte abgeleitet werden können. Hierbei entfallen mögliche Übertragungsfehler bei Bezeichnungen und Maßen.

10.7 Simulationssoftware im Betrieb

Kinder arbeiten in ihrer Freizeit mit pädagogisch wertvollen (intelligenten) Computerspielen. Sie konstruieren Siedlungen, Städte, Infrastrukturen usw., versuchen sich als Big Boss einer Traumfirma, üben kaufen und verkaufen.

Auch erfahrene Mitarbeiter können mit neuen Softwarepaketen allein oder gegen aktive Mitbewerber in Simulationen (Planspielen) antreten. Der Erfolg dieser Weiterbildung ist umso größer, je wirklichkeitsnäher die gestellten Probleme und Aufgaben sind. Oft benötigt man einige Stunden Vorbereitung, die realistischen umfangreichen Rahmenvorgaben in das System einzugeben, um dann mehrere Tage lang erbittert um die bestmögliche Lösung oder den größten wirtschaftlichen Erfolg zu kämpfen. Somit findet neben der gewünschten fachlichen Weiterbildung oft auch noch ein Zuwachs an Teamfähigkeit statt, nicht zuletzt deshalb sind solche professionellen „Spiele" sinnvoll, da der Zuwachs an Motivation auch aus der Freude im Umgang mit Situationen erwachsen kann. Eine einmal getroffene Entscheidung kann nur durch weitere Entscheidungen im Verlauf des Planspieles korrigiert werden. Daraus resultiert die Notwendigkeit, in sehr kurzer Zeit viele Entscheidungen zu treffen.

Anmerkung: Im betrieblichen Alltag wird häufig die mangelnde Bereitschaft, notwendige Entscheidungen zu treffen, beklagt. Nach einem solchen Training, in dem Grenzsituationen (ähnlich einem Flugsimulator) durchlebt werden können, erwächst eine größere Sicherheit im Umgang mit unternehmerischen Situationen und Entscheidungen.

Hier sei daran erinnert, dass sich früher dieses Training z. B. auf betriebliche Fallstudien bezog; dabei erarbeitete man eine mögliche Problemlösung. Man konnte sie aber nie hinsichtlich ihrer tatsächlichen Auswirkungen und Konsequenzen beurteilen und prüfen. Hier bietet der einzelne Computer oder ein vernetztes System, verbunden mit einer unendlichen Fülle von Variationsmöglichkeiten, ein weites Trainingsfeld, das man nicht nur Auszubildenden oder Jugendlichen überlassen darf!

10.8 MIS: Managementinformationssysteme; Informationssystem für Führungskräfte

Diese Systeme erscheinen auch unter folgenden Bezeichnungen:
Mitarbeiterinformationssystem, Personalinformationssystem, Personalverwaltungssystem, Integriertes Verarbeitungs- und Informationssystem für Personaldaten oder auch Personaldatenbanken mit integrierten Verwaltungssystemen.

Manager möchten sich auf das Wesentliche in einem Unternehmen konzentrieren. Doch was ist bei der unendlichen Fülle von Daten in einem Großunternehmen das Wesentliche? Hierbei soll ihnen die EDV helfen, indem Daten nach bestimmten Gesichtspunkten zusammengefasst und dann ohne viele Computerkenntnisse möglichst nicht als Tabelle, sondern als anschauliches Bild abgerufen werden können. Die aktuelle Schnittgeschwindigkeit einer Maschine ist nicht das Datum, was ein Manager braucht, wohl aber der aktuelle Stand von Projekten. Hierbei gibt es viele Probleme, die wirklich relevanten Daten sinnvoll aufzubereiten. An dieser Stelle gibt es häufig auch Stabsstellen, die je nach Anforderungen auf die betrieblichen Daten Zugriff haben. Das früher angestrebte allumfassende Informationssystem für alle Manager eines Unternehmens ist aufgrund hoher individueller Ansprüche, verbunden mit hohem Entwicklungsaufwand und mangelnder Akzeptanz, bei den Führungskräften einem eher auf die jeweilige Aufgabe bezogenen kleineren Teilinformationswesen gewichen (s. a. Kap. 9.4.4.3).

Zu dieser Art von Informationsystemen gehört u. a. das **Personalinformationssystem.** Nach J. Hentze (UTB-Verlag) stellt dieses System mithilfe technischer, methodischer und organisatorischer Mittel personal- und arbeitsplatzbezogene Informationen den Führungskräften, Personalsachbearbeitern und Arbeitnehmervertretern diejenigen relevanten Informationen zur Verfügung, die sie zur Bewältigung ihrer Führungs- und Verwaltungsaufgaben im Personalbereich benötigen. Hieraus geht klar hervor, wem man den Zugriff auf personenbezogene Daten gestattet (z. B. aufgrund des Datenschutzgesetzes oder eigener betriebsinterner Richtlinien, die mit allen im Betrieb am Entscheidungsprozess beteiligten Personen abzustimmen sind).

Beispiele aus der Praxis für solche Informationssysteme:

IPIS Integriertes Personalinformationssystem der Ford AG,
PEDATIS Computerunterstütztes Personalinformationssystem der VAG,
PIS Personalinformationssystem der BASF AG
und viele mehr (Persis, Pass, ...).

10.9 Datenschutz im Betrieb

Datenschutz im Betrieb gliedert sich in mehrere Hauptbereiche.
Zum einen in den Bereich: **Welche Personen dürfen auf welche Daten zugreifen?**

Hierzu wird in jedem Unternehmen ein besonderer Schlüssel entwickelt. Ein Mitarbeiter des Fuhrparks braucht keinen Zugriff auf Fertigungsdaten. Persönliche Daten wie Urlaubsregelungen, Entlohnungen, Krankentage usw. gehen sicherlich nur die Personalabteilung oder unmittelbare Vorgesetzte etwas an; die Höhe der Zinsen für laufende Kredite der Firma wiederum einen anderen Mitarbeiterkreis. Neuentwicklungen sind ebenfalls nicht nur vor den Mitbewerbern zu schützen, sondern auch vor unbeteiligten Mitarbeitern des eigenen Unternehmens und Dritten.

Um all diesen Anforderungen gerecht zu werden, ist jeder Betrieb laut **Bundesdatenschutzgesetz** (BDSG) verpflichtet sehr sorgfältig mit personenbezogenen Daten umzugehen. Hierbei spielt auch das Betriebsverfassungsgesetz hinsichtlich mitwirkungs- und mitbestimmungspflichtiger Angelegenheiten (§§ 83, 87, 92 BetrVG) eine große Rolle.

Im **Personalstammdatensatz** können enthalten sein: Personalnummer, Familienname, Anschrift, Eintrittsdatum, Austrittsdatum, Kontoverbindung, Merkmale zur Lohnfindung, Kinderzahl, Lohnsteuerschlüssel, Kirchensteuerschlüssel, Sozialversicherungsschlüssel, Beitragsgruppenschlüssel sowie verschlüsselt Geschlecht, Konfession, Staatsangehörigkeit, Familienstand.

Bei der Einführung und Nutzung von Personalinformationssystemen hat der Betriebsrat in bestimmten Fällen ein Mitbestimmungsrecht (§ 87 BetrVG).

Im BDSG von 1977 sind Regelungen zur Gestaltung eines Personalinformationssystems enthalten. Hiernach hat der Arbeitnehmer u. a. ein Auskunfts-, Berichtigungs- und Löschungsrecht der über ihn gespeicherten Daten (§§ 27, 28 BDSG).

Das BDSG sieht ausdrücklich einen betrieblichen Datenschutzbeauftragten zur Überwachung (§ 28 BDSG) vor, und zwar ab mindestens 5 Arbeitnehmern und automatischer personenbezogener Datenverarbeitung (dies trifft bei PC bereits zu). Der Datenschutzbeauftragte ist verantwortlich für den Schutz der personenbezogenen Daten, aber nicht weisungsgebunden.

Hier folgen einige **Kontrollbegriffe in Bezug auf Anforderungen an den Datenschutz:**

- Unbefugten den Zugang verwehren (Zugangs-/Benutzerkontrolle).
- Unbefugte Entfernung von Daten verhindern (Abgangskontrolle).
- Unbefugte Eingabe, Kenntnisnahme, Veränderung, Löschung verhindern.
- Kenntlich machen, wer zu welchem Zeitpunkt welche Datensätze aufgerufen, gelesen, verändert, gelöscht oder kopiert hat. (Eingabe-/Auftrags-/Transport-/Übermittlungs-/Organisationskontrolle)

Arbeitnehmer haben sehr wohl Verständnis für den Einsatz von Rechnern bei der Lohn- und Gehaltsabrechnung. Darüber hinausgehende Speicherungen von persönlichen Daten (z. B. Hobbys, private Interessen, ...) für dispositive Zwecke sind und bleiben Gegenstand von Meinungsverschiedenheiten.

Die Speicherung von Daten hat neben rechtlichen auch wirtschaftliche Aspekte. Da ein Betrieb wirtschaftlich denken muss, sollte der Aufwand zum Aufbau eines Informationssystems eher Kosten sparen als verursachen. Ein echter Kosten-Nutzen-Vergleich ist jedoch kaum möglich (ähnlich dem Aufwand in der Werbung). Zwar sind die Gerätekosten (Hardware) zur Speicherung drastisch gefallen, aber der personelle Aufwand zur Erzeugung, Erfassung und Auswertung von Daten bleibt bestehen. Zusätzlich sei darauf hingewiesen, dass Daten nach ihrer Erfassung *regelmäßig* überprüft und gepflegt werden müssen. Ältere Daten werden sehr schnell wertlos. (Anmerkung: Die Einführung neuer Postleitzahlen oder von ISDN-Tel-Systemen, Verbreitung von Handys usw. ergaben nur für den Bereich Adressen einen enormen Aktualisierungsbedarf.)

10.9.1 Ermittlung von Personaldaten

Um zu Personaldaten zu kommen, können verschiedene Verfahren benutzt werden:

- Personalfragebogen (direkte persönliche Befragung)
- Betrieblichen Datenerfassung (Beurteilungen, Mitarbeitergespräch)
- Staatliche Stellen (weitere Stellen, Agentur für Arbeit, evtl. früherer Arbeitgeber)

Auch bei den genannten Verfahren sind einschlägige Vorschriften des BDSG zu beachten. Um die Effektivität eines personenbezogenen Datenverarbeitungssystems zu gewährleisten, sind bestimmte Prinzipien einzuhalten:

- alle Daten möglichst nur einmal erfassen (redundanzfrei),
- alle Daten EDV-gerecht aufbereiten (z. B. Postleitzahl und Ort separat erfassen),
- die Datenbank muss erweiterungsfähig sein,
- Daten müssen durch hierarchische Passwörter, Zugangsberechtigungen usw. vor unbefugtem Zugriff gesichert werden,
- Daten sollen auswertungsunabhängig von einzelnen Programmen verwaltet werden (Alle Daten, auch ältere, können über neue oder alte Programme aufgerufen werden!),
- die Daten werden in getrennten Tabellen (Dateien) erfasst (relationale Datenbanken), um den Zugriff auf Daten leichter organisieren zu können.

Hierzu ein Beispiel aus der Praxis: Tabelle 1 enthält alle Tariflöhne und die zugehörige Schlüsselnummer, Tabelle 2 alle Mitarbeiter und nur die Schlüsselnummer. Somit kann kein Unbefugter beim Aufruf eines Datensatzes eines Mitarbeiters die tatsächlichen Lohnwerte einsehen, wenn er nur die Anschrift des Mitarbeiters aktualisieren möchte.

10.9.2 Personalstatistik

Alle anfallenden Personaldaten werden üblicherweise statistisch aufbereitet. Hierbei werden personenunabhängig personalwirtschaftliche Kennzahlen ermittelt.

- **Personalstruktur:** Anzahl aller Arbeiter oder Angestellten bezogen auf die Gesamtbelegschaft (s. a. Kap. 2.3.3)
- **Personalbewegungen** (z. B. Fluktuationsquote): bezogen auf einen Berichtszeitraum
- **Arbeits- und Ausfallzeiten** (z. B. Krankenquote): monatliche Ausfallstunden bezogen auf die Gesamtstunden
- **Löhne und Gehälter:** Entwicklung der Entgelte aller Arbeitnehmer
- **Sozialleistungen:** Durchschnittswerte je Mitarbeiter

10.10 Technischer Datenschutz

Ein weiterer Bereich beinhaltet den **Datenschutz in technischer Hinsicht.** Hierbei muss zu jedem Augenblick der benötigte Datenbestand verfügbar sein, denn sowohl nach Stromausfall als auch nach Brandkatastrophen müssen Vorgänge vollständig rekonstruierbar sein. Dies bedeutet umfangreiche Maßnahmen zur Datensicherung in Form von Kopien. Heute können Daten natürlich auch ohne Datenträgertransport mithilfe von Verschlüsselungen (Kryptologie) an andere Orte transportiert und dort als Sicherungskopien hinterlegt werden.

Neben den oben genannten Hierarchien zum Gebrauch der Daten gibt es hier eine zweite Hierarchie durch das Datenbetreuungspersonal. Nur wenige zuvor festgelegte Datenverarbeitungsfachleute dürfen die sensiblen Systeme und Netze betreuen. Hiermit wird nicht nur der einzelne Datenbestand geschützt, sondern auch möglicher Einschleusung von unerwünschten Programmen (Viren) vorgebeugt, die zum Zusammenbruch von Steuerungsprozessen und damit großen finanziellen Verlusten führen können.

Genauer Umgang mit Strukturen und Leistung von Datenbanksystemen kann der einschlägigen Software-Literatur oder den Handbüchern der Softwarehersteller entnommen werden.

Auskunftspflicht der Betriebe
Die Nützlichkeit der EDV wird nicht zuletzt durch die Verpflichtung zur Auskunfterteilung innerhalb und außerhalb des Betriebes erkennbar. Hier einige auch unter datenschutzrechtlichen Gesichtspunkten interessante Stellen:

innerhalb des Betriebes:
- Geschäftsleitung, Vorgesetzte, Personalleitung, Personalsachbearbeiter, Mitarbeiter.

außerhalb des Betriebes:
- Sozialversicherungsträger
- Finanzamt
- Kreditinstitute
- Versicherungen
- Verbände, Kammern
- Behörden (Statistisches Landesamt, Ordnungsamt, Umweltschutzbehörden).

Aufgaben

1. Entwerfen Sie ein Datenschutzkonzept für eine Ihnen bekannte Arbeitsgruppe/Abteilung.
2. Welche Gefahren drohen Mitarbeitern und Unternehmen bei Nichtbeachtung des Datenschutzes?
3. Welche Stellen haben ein berechtigtes Interesse auf bestimmte Daten Ihres Unternehmens? Fertigen Sie bitte folgende Tabelle an: Stelle / welche Daten / Besonderheiten / Bemerkungen.
4. Untersuchen Sie den aktuellen Software-Markt auf Angebote zu integrierten Software-Lösungen. Stellen Sie Leistungen und Kosten gegenüber.
5. Beschreiben Sie den Weg eines Schreibens vom Entwurf bis zum Empfang in einer weit entfernten Firma unter dem Aspekt, kein Papier mehr einzusetzen.
6. Wieso sind Datenbanken unter allen Softwareprogrammen für die Mitarbeiter besonders wichtig?
7. Erläutern Sie neuere Entwicklungen auf dem EDV-Markt zu modernen Speichermöglichkeiten und ihre Einsatzgebiete.
8. Worin liegen beim Einsatz des Internets Ihrer Meinung nach Chancen für Mitarbeiter und Unternehmen?
9. Wie hoch schätzen Sie die Gefahren für sich und Ihr Unternehmen ein, die vom Internet ausgehen?
10. Beschreiben Sie technische Möglichkeiten, sich vor unerwünschten Folgen durch das Internet zu schützen. (Informieren Sie sich dazu in aktuellen Veröffentlichungen.)
11. Entwerfen Sie eine Homepage für ein Unternehmen Ihrer Wahl.
12. Welche aktuellen Möglichkeiten gibt es, Sie beruflich weiterzubringen durch Einsatz von Computern und geeigneter Software?
13. Informieren Sie sich auf dem Software-Markt, ob es Programme oder Angebote gibt, die Ihnen beruflich weiterhelfen könnten.

Stichwortverzeichnis Personalwirtschaft

3
3M-Checkliste 22

4
4-Stufen-Methode 147

7
7 W 229

A
Abrechnung 49
Abschiedsgespräch 161
Abschiedsinterview 160
Abtretungsverbot 141
Agentur für Arbeit 113
AIDA-Formel 120
Akkordlohn 82
Altersstruktur 53
Amtsautorität 207
Anerkennung 260
Anerkennungsphase 17
Anfechtung 154
Anforderungen 103, 105
Anforderungen
 an Datenschutz 282
Anforderungsanalyse 181
Anforderungsermittlung 178
Anforderungsmerkmale 103
Anforderungsprofil 168
Angelegenheiten, personelle 66
Angelegenheiten, soziale 65
Angelegenheiten, wirtschaftliche 69
Angestellte 120
Angestellte, leitende 69
Anhörungsrecht 64
Anlage, vermögensbildende 89
Anordnung 230
Anpassungsfortbildung 36
Anpassungsqualifikation 163
Anweisung 230
Anzeigen, gestalten 119, 121
Anzeigen, individuelle 126
Anzeigengröße 121
Anzeigentermin 121
Arbeit, Produktionsfaktor 28
Arbeiterbewertung 178
Arbeitnehmeranteil 92
Arbeitnehmersparzulage 89, 92
Arbeitnehmerüberlassung (AÜG) 114
Arbeitsausfallzeiten 284
Arbeitsbeschreibung 104, 181
Arbeitsbewertung 177
Arbeitsbewertung, analytische 181 ff.
Arbeitsbewertung, summarische 179
Arbeitsdirektor 35
Arbeitseinweisung 147
Arbeitslohn 80
Arbeitsplatz, neuer 146
Arbeitsplatzdatenanalyse 105
Arbeitsplatzgestaltung 66, 104
Arbeitsplatzmethode 100
Arbeitsproben 131, 135
Arbeitsrichtlinien 51
Arbeitsteilung 30
Arbeitsunterweisung 147
Arbeitsverhältnis, Auflösung 154
Arbeitsvertrag, befristeter 79
Arbeitsvertrag, Inhalt 138, 140
Arbeitsvertrag, unbefristeter 79
Arbeitszeitplanung 275
Arbeitszergliederung 149
Arbeitszeugnis 159
Assessment-Center 60, 202
Aufgabenbeschreibung 242
Aufhebungsvertrag 153
Auflagenhöhe 122
Aufsichtsrat 71
Aufstiegsfortbildung 36
Aufstiegsqualifikation 163
Auftrag 230
Ausbildungswesen 169
Ausfallzeiten 284
Ausgleichsquittung 157
Auskunftspflicht
 der Betriebe 160, 284
Ausschlussfristen 142
Ausschussprämie 186
Austrittsgespräch 156, 264
Austrittsinterview 156, 160
Auswahlinstrumente 129
Auswertungsphase 198
Auszahlung 89, 93
Auszubildende, Vertretung 62
Autorität, betriebliche 207
Autorität, fachliche 206 f.
Autorität, persönliche 207

Ä
Änderungskündigung 155

B
Bankfachwirt 42
Bedarfsermittlung 167
Bedürfnispyramide 214
Bedürfnisse 212
Befehl 230
Begriffskunde, EDV 278
Beitragsgruppenschlüssel 282
Belastung 181
Beobachtungsphase 196
Bertelsmann 254
Berufsbildung 67
Beschreibungsphase 197
Beschwerderecht 64
Beteiligung
 am Produktivvermögen 90
Betrieb 31
betriebliche Bildungspolitik 10
betriebliches Bildungswesen 10, 13
betriebliches Personalwesen 10
betriebliches Sozialwesen 10, 12
Betriebsänderungen 70
Betriebsdatenerfassung, BDE 275, 278
Betriebsrat 62, 143
Betriebsvereinbarungen 64, 78
Betriebsverfassungsgesetz, BetrVG 62, 95
Betriebsverfassungsrecht 62
Betriebszugehörigkeit 155
BetrVG 62
Beurteilung, regelmäßige 167
Beurteilung, freie
 und gebunden 195
Beurteilungsbogen 189, 193
Beurteilungsfehler 199
Beurteilungsgespräch 198, 264
Beurteilungsgrundsätze 189
Beurteilungskriterien 189
Bewerberanzeigen 113
Bewerbung Auswertung 131
Bewerbung schriftliche 129
Bewerbungsschreiben 129
Bewerbungsunterlagen 129
Bewertungsphase 197
Bildungspolitik, betriebliche 10
Bildungsträger 44
Bisani 234, 237, 253
Blake/Mouton 233
Blickkontakt 268
Braintrust,
 Brainstorming 223, 250
Branchenanalyse 130
Branchensoftware 275
Bundesangestelltentarif, BAT 180
Bundesdatenschutzgesetz, BDS 282

C
CAD 278
CAE 278
CAI/CAL 279
CALL 279
CAM 278
CAP 278
CAQ 278
CBT 279
Change Management 24, 26
Checkliste 3M, TQM 22
chiffriert 127
CIM 278
Clique 217
Coaching 170
Corporate Culture 256
Corporate Identity 56, 249, 254
Costcenter 240

D
DIB Managementsystem 251
Datenbank, Personal 274
Datenschutz im Betrieb 281
Datenschutz, technischer 283
Datenschutzbeauftragter 282
delegieren 235
DEÜV, Daten ... 115, 143
diktieren, Reifegrad 235
Direktionsrecht 62
Dirks 210
Divisionale Organisation 223, 239

Stichwortverzeichnis Personalwirtschaft

E

e-buisness 277
e-commerce 277
E-Mail 277
EFZG 142
Egoismus 199
Eigensteuerung 248
Eignungsprofil 168
Eignungsfeststellung 134
Eignungsmerkmale 103
Eignungstest psychologisch 135
Einarbeitungskosten 146
Einführungsgespräch 147, 263
Einführungsschrift 147
Einigungsstelle 63, 71
Einkommensteuer 87
Einsatzbedarf 96
Einstellung 67, 138
Einzelakkord 82
Einzelarbeitsvertrag 79
Einzelmaßnahme, personelle 67
Einzugsstelle 88
Emotionelle Intelligenz, EQ 107
Empathie 108
Entfaltungsbedürfnis 214
Entgeltformen 80
Entgeltfortzahlung 86
Entgeltregelungen 183
Entlassung 157
Entleiher 115
Entlohnung, gerechte 75
Entscheidungsregeln 250
Entwicklungsanalyse 130
Entwicklungsbeurteilung 188
Erfolgskontrolle 171, 260
Ergänzungsqualifikation 163
Ermittlung von Personaldaten 283
Ersatzbedarf 97
Erster Eindruck 200

F

Fabrik interne, fraktale 226
Fachkompetenz 209
Fachvorgesetzter 221
Fliesssatzanzeige 121
Fluktuation, -quote 55, 284
Fluktuationsrate 146
FMZ, Führen mit Zielen 185
Ford 256
Formulare 51
Fortbildung, berufliche 36
Fragebögen, biografische 136
fraktale Fabrik 26, 240
Freistellungsbedarf 97
Fremdkontrolle 259
Friedrichs 14
Führen, Funktionen 204
Führer, informeller 217
führerlose Gruppendiskussion 136
Führungsanweisung, allgemeine 244
Führungsebenen 225
Führungsgrundsätze 253
Führungskonzeptionen 219
Führungsmittel, -extreme 259

Führungsrichtlinien 253
Führungsstil, Laissez faire 232
Führungsstil, autokratisch, autoritär 231
Führungsstil, bürokratisch 231
Führungsstil, charismatisch 231
Führungsstil, kooperativer 232
Führungsstil, patriarchalisch 219, 231
Führungsstile, aktuelle 231
Führungsstile, traditionelle 219
Führungsstilkontinuum 232
Führungssysteme 219
Führungstechniken 238
Führungsverantwortung 243
Führungsverhalten 219, 231
Funktionsmeister 221, 227
Funktionssystem 221

G

Gardner 107
Gefühlsmanagment 108
Gehalt 83, 284
Gehaltsabrechnung 93
Gehaltsbestandteile, sonstige 86
Gehaltsfestsetzung 77, 189
Gehaltskonto 89
Geheimhaltungspflicht 64
Geldakkord 81
Geldfaktoren 87
Gemeinkostenersparnis-Prämie 186
Genfer Schema 182
gerechte Entlohnung 75
Gesichtspunkte, soziale 155
Gewerbsmäßigkeit 114
Gewinnbeteiligung, Durchführung 89
Gewinnverwendung 91
Globalisierung, Märkte 24
Golemann 108
Golembiewski 228
Gruppen, formelle, informelle 217
Gruppenakkord 82
Gruppenbildung, überlappende 227
Gruppendiskussionen, führerlos 136
Gruppenorganisationsmodell 228
Gruppenprämie 186
Gruppensprecher 226
Günstigkeitsprinzip 79
Gutachten, graphologische 135

H

Halo-Effekt 199
Handlungsverantwortung 243
Harländer 227
Hartz-Reform
Harzburger Modell 243, 253
Headhunter 158
Hentze 281
Hersey / Blanchard 235
Herzberg 212, 247
Hierarchie 206

Höhn 253
homepage, betriebliche 276
Homo oeconomicus 212
Human Relations 217
Humankapital 58
Hygienefaktoren 214

I

Ichkompetenz 209
Industriefachwirt 44
Industriemeister 2000 37
Industriemeister, -prüfungen 37, 38
Industriemeisterausbildung 39
Innovationsphase 14
Insourcing 60
Instanzenweg 223
Integrationsphase 14
Intelligenz, emotionale 107
Intelligenz-Quotient, IQ 106
Intelligenzbegriff 106
Interessenausgleich 70
Internet 276
Intranet 272
intro- extrovertierte Typen 210
Investition 91
IT-Weiterbildung 44

J

Jobenlargement 225
Jobenrichment 225, 248
Jobrotation 225
Jugendvertretung 62
Jung 210

K

KAIZEN 20
Kennzahlenmethode 98
Kleber-Effekt 200
Kleinanzeigen 122
Kommando 230
Konflikte, zwischenmenschliche 269
Konfliktlösung 270
Können 181, 208
Kontinuierlicher Verbesserungsprozess 17
Kontrolle 259
Kontrollgespräch 263
Kontrollmeldung 115
Körpersprache 265 f.
Krankenkasse 88
Krankenquote 284
Krankenversicherung 88
Kretschmer 210
Kritik und Tadel 261
Kryptologie 284
Kunden-Lieferanten-Beziehung 17
Kundenzahlen 99
Kundenzufriedenheit, KVP 18, 258
Kündigung, außerordentliche 67, 154
Kündigung, fristgemäße, fristlos 67, 154

Stichwortverzeichnis Personalwirtschaft

Kündigung, ordentliche 67, 141, 154
Kündigungsfristen 154
Kündigungsschutzgesetz 155
Kündigungsverbote 155
Kurzbewerbung 117
KVP, kontinuierlicher Verb.
    Proz 17, 224, 226, 240, 250

L

Laufbahnmodelle 168
Lean production,
    flache Organisation 206, 224
Lebenslauf 130
Lebenslaufanalyse 130
Leiharbeitnehmer 114
Leiharbeitsverhältnis 116
Leistungsbeurteilung 188, 192
Leistungstest 136
Leitbild,
    -beauftragter 254, 257, 258
Leitideen 257
Leitsätze für die Führung 253
Leitungssystem 252
Lewin 231
Lichtbild 131
Likert 227, 236
Liniensystem 220
Links 277
Lob 260
Lohn 80
Lohnbestandteile, sonstige 89
Lohngruppenverfahren 180
Lohnkonto 89
Lohnsteuer 87
Lohnsteuerklassen 87

M

Management 246
Management
    by Breakthrough 250
Management
    by Decision Rules 250
Management by Delegation 242
Management by Direction
    and Control 251
Management by Exception 246
Management by Ideas 249
Management by Information 249
Management by Innovation 250
Management by Motivation 247
Management by Objectives 239
Management by Participation 250
Management by Results 250
Management by Systems 248, 252
Management by Teaching 251
Management by Techniken 246
Management Informations-
    system 248, 281
Managementführungskreis 205
managerial-grid 233
Mangelbedürfnis 214
Maslow 212, 247
Matrixorganisation 223
Mc Gregor 215
Medien, neu 275
Mehrarbeit 85

Mengenlohn 81
Menschenkenntnis 210, 265
Menschentypen 210
Mentor 147
Methodenkompetenz 209
Mimik 268
Mitarbeiter 208
Mitarbeiterbesprechung 264
Mitarbeiterbeurteilung,
    Bogen 188, 193 f.
Mitarbeitergespräch 167
Mitarbeiterinformation 262
Mitarbeiterinformations-System 281
Mitarbeitererkenntnis 210
Mitarbeitermotivation 212
Mitarbeiterqualifikation 106
Mitarbeitertypen 210
Mitbestimmung 63, 71, 143
Mitbestimmungsgesetz v. 1952 72
Mitbestimmungsgesetz v. 1976 73
Mitbestimmungsrecht 63
Mitwirkungskompetenz 209
Mitwirkungsrecht 63, 64
Mobbing 270
Modem 276
Monotonie 227
Montan-Mitbestimmungs-
    modell 72
Motivation, intrinsisch,
    extrinsisch 216
Motivationsprozesse 213
Motive 209
Muda, Muri, Mura,
    3M-Checkliste 22
Multi-Medial Lernen 279

N

Nachfolgepläne 168
Nachweisgesetz 139
Nebentätigkeit 141
Neigungsgruppe 217
Neubedarf 96
Normalleistung 82

O

Olfert 253, 274
operatinalisierte Ziele 259
Organisation, divisional 223
Organisationsformen, neuere 223
Organisationsstrukturen, flach 225
Otto Versand 255
Outplacement-Berater 158
Outplacementmaßnahmen 26, 158
Outsourcing 26, 59, 110

P

partizipieren 235
Paten im Betrieb 147, 151
Patriachalisches System 219
Pensumlohn 80
Personalmarketing 138
Personalabwesenheit 54
Personalakten 166
Personalanwesenheit 54
Personalarbeit, soziale Ziele 46
Personalarbeit, wirtsch. Ziele 46
Personalaufwendungen 56, 75

Personalbedarfsberechnung 98
Personalbedarfsplanung,
    kurzfristig 98
Personalbedarfsplanung,
    langfristig 98
Personalbedarfsplanung,
    Methode 98
Personalbedarfsplanung,
    mittelfristig 98
Personalbedarfsplanung,
    qualitativ 95, 103
Personalbedarfsplanung,
    quantitativ 95, 98
Personalberater 127
Personalbeschaffung, interne 112
Personalbeschaffung, externe 113
Personalbeschaffungs-
    planung 95, 112
Personalbestand 52
Personalbeurteilung 188
Personalbewegungen 284
Personalcontrolling 58
Personaldateien 166
Personaldatenanalyse 105
Personaldatenbank 283
Personaleinführungsplanung 95
Personaleinsatz, gesteuert 128, 145
Personaleinstellung 138
Personalentgelt 80
Personalentlassung 154
Personalentwicklung,
    -splanung 52, 95, 162
Personalentwicklung, Träger 164
Personalfachkaufmann 16, 40
Personalfehleinstellung 128
Personalfragebogen 133
Personalfreisetzungs-
    planung 95, 153, 156
Personalführung 9, 204
Personalinformationssystem 281
Personalkostenplanung 95
Personalleasing 114
Personalmanagement 8
Personalmarketing 8
Personalorganisation 10, 50
Personalplanung 95
Personalpolitik, betriebliche 7, 11
Personalserviceagentur (PSA)
    114 f.
Personalstammdatensatz 282
Personalstatistik 52, 284
Personalsteuerung 145
Personalstruktur 284
Personalunterlagen 143
Personalverwaltung 50
Personalwerbung 120
Personalwesen 13
Personalwesen, Aufgaben 49
Personalwirtschaft 7
Personalwirtschaft, -slehre 9
Personalwirtschaftspolitik,
    betriebliche 9, 11
personelle Angelegenheiten 66
personelle Einzelmaßnahmen 67
Persönlichkeit, -skompetenz 209
Persönlichkeitstest 136